知识的秩序
与环流

孙青 著

甲午战争早期史叙的
知识史考察

社会科学文献出版社
SOCIAL SCIENCES ACADEMIC PRESS (CHINA)

目　录

引　论

　　作为东亚近代极为重要的历史事件，中日甲午战争（1894—1895）自爆发后就受到国际社会的强烈关注，战争结束后又成为社会各界热烈讨论的议题并延续至今。中日甲午战争是指 19 世纪末日本侵略中国和朝鲜的战争。按中国干支纪年，战争爆发的 1894 年为甲午年，故称甲午战争。日本称"日清战争"，朝鲜半岛称"清日战争"，西方国家称"第一次中日战争"。1894 年 7 月 25 日丰岛海战爆发，8 月 1 日中日两国正式宣战。由于日本蓄谋已久，而清朝决策层在战和之间犹豫不决，因而迎战仓皇。这场战争以中国战败、北洋水师全军覆没告终。清政府迫于日本军国主义的军事压力，于1895 年 4 月 17 日签订了《马关条约》。由于这场战争对近代中国的军事、政治、思想等不同方面都产生了极为深远的影响，学界已经开展了诸多研究，相关成果极为丰富，其中尤以军事史方面的成果最为突出。本书立足知识史脉络，将研究的焦点从战争转向战史，从史实重建转移至知识的秩序与流转，从东亚三国及东西方的跨国空间中，考察有关近代战争知识的生成机制、基本形态及流转过程，并在此基础上探讨近代东亚知识生成的主要特征及新动力。

一　甲午战争早期史叙①的生成

由于清朝中国是甲午战争参战国，并且战争的正式通信、调度及指令基本是依托王朝文书行政机制展开的，因此这些在战地日常奏报、恤忠劝战、应付调查等具体行政环节生成的公文书，如奏报（主要为北洋大臣、海关总税务司通过枢译两署上传下达）、咨会（主要为北洋大臣与黑龙江将军、吉林将军衙署、国史馆等机构之间的平行文移）、谕旨等，都不同程度地对战况、战局进行反复叙述、解释、证明甚至评价，又通过随时成为王朝官修史机制的史源而变成官方史叙文本。

与此同时，甲午战争是人类历史上较早有非参战国媒体随军观战及报道的国际战争。除了交战国日本的军方宣传机构和民间媒体，英、美、法、意等西方诸国都有持日本政府采访许可证的战地记者随军。来自战地的信息遂得以文字和图像的形式向外传递。集中报道战事的中文媒体，如上海的《万国公报》、香港的《香港华字日报》② 等，则以前述西方媒体报道为主要信息来源，对其进行摘译与评论。本地媒体如《点石斋画报》等有时会根据《万国公报》的转述来配图评述，进行三次传播。

值得注意的是，除了战地报道，关于甲午战争的历史叙述早在战争尚未结束时就已经出现，并以专著、文献辑录、评论汇编等形式刊行于世。1895

---

①　本书交替使用"历史叙述""史叙"，用来指涉各种对战争的记述，这种记述基于经验见闻（而非逻辑推断或虚构想象）所作，强调历时性视角并追求某种"内在一致性"。其具体形式可以包括文本、图像及其他衍生文类。它们中的大部分会以"史""纪""本末""颠末""history"等确定的文类标识做自我界定，有些则不以固定的物理文本形式呈现，而是停留在流动中的片断"叙述"状态。行文中用到的"叙史"，是指制作和生产这些历史叙述及对其进行编纂的主动或被动行为。之所以不用学界习用的"历史叙事"来概括和指称，是因为在笔者所处理的对象中有不少"事务化"程度高于"事件化"的汉文馆阁书、史文本等，这些对象当然包含在史叙中，而不太适合用历史叙事统括。由于这些历史叙述的风格、形式和结构在本书讨论的时段与区域正发生一些重要的变动，而这些变动本身又是此项研究观察和讨论的对象之一，因此不宜进一步做概念边界过于清晰的静态界定。

②　《香港华字日报》1895 年 1 月创刊时中文报头题写为《香港华字日报》，英文报头为 *The Chinese Mail*。自 1906 年 10 月 1 日起改中文报头为《华字日报》。王炳耀引述时为 1895 年，虽简称其为"《华字日报》"，但此处仍应按报刊当年实际所用报头"《香港华字日报》"行文（下同）。

年前后，中文、西文、日文世界都已有不少此类出版物。虽然它们的主要信息来源之一仍是前述日本舆论监控下的媒体，但又与新闻报道有着很大的区别：从内容到形式都是以史志的面目出现的。因此，这些以史叙形式书写与出版的战史就有两个值得注意的特征。其一，跨越了单一民族国家的边界：同一部战史的书写者、书写语言、出版地及目标读者可能分属于不同国族；其二，即时书写与传播消弭了史叙与事件之间的时间隔断。

如果借用海登·怀特（Hayden White）讨论历史叙述的视角，这些战史与现实之间的区别，已经不再局限于客观的"时间"与"空间"属性，而变成了内在的叙述形式本身，它们皆着眼于将战争放到更具"普遍性"的整体时空背景下去陈述：为事件与现象排序分类，建立其与"过去"及"未来"的因果逻辑关系，并进行评价与预判。[①] 在替纷繁复杂、千头万绪的战争实况寻求"一致性论述"的各种历史叙述策略中，基督教文明决定论下的"文明"与"野蛮"对峙观及"弱肉强食"竞替原则下的社会有机体论是两个主要解决方向。这两种对于战争因果及发展趋势的主要解说，随着战地舆论报道与紧随其后的"历史叙述"很快在全球范围内流传开来，并对参战的中日两国及旁观的西方世界产生了深远而实质的影响。

在中国，1895 年后，辑自《香港华字日报》的王炳耀编《中日战辑》、以广学会《万国公报》为背景的《中东战纪本末》等文本流布于口岸城市并上达"天听"；姚锡光等战争亲历者根据参战人员日记及口述回忆编著的《东方兵事纪略》畅销于武昌，洪弃生《瀛海偕亡记》刊于台岛。此外还有几十种同类战辑、战纪、白话战史、诗文奏疏汇编、年画版画等图像史传刊行。

日本方面除了严格管控舆论报道，也十分重视战史的刊行。对于西方国际社会，他们以英文著史，宣传文野对峙论，强调自身自明治开始就已是一个现代文明法治国家，遵守国际法原则。1895 年，井上辻吉以英语写成 *A Concise History of the War Between Japan and China*（《日中战争简史》），在东京、大阪同时出版，又著英语插图战史 *Scenes from the Japan-China War*（《日中战争现场》）在东京出版。

---

① 海登·怀特：《元史学：19 世纪欧洲的历史想象》，陈新译，译林出版社，2013。

1897 年，山田德明与 F. 沃灵顿·伊斯特莱克（F. Warrington Eastlake）合著的 *Heroic Japan : A History of the War Between China & Japan*（《英雄日本：中日间战史》）在伦敦出版。[1] 同年又有有贺长雄的 *La guerre Sino-Japonaise au point de vue du droit international*（《日清战役国际法论》）在巴黎出版等。对于其国内社会，1894 年后，诸多宣扬弱肉强食、民族主义、国家主义的"日清战史"纷纷出版，有私家著述亦有官方修纂。各种周边读物如画册、幻灯片、军歌战舞集、儿童夜话集等更是汗牛充栋，目的是加强全国战争动员及战后宣传。

在西方国家，各种以"中日战史"为名的史著亦纷纷出版。如 1895 年特兰布尔·怀特（Trumbull White）出版的 *The War in the East : Japan, China, and Corea*（《东方战争：日本、中国、朝鲜》），1896 年弗拉迪米尔（Vladimir）在纽约与伦敦同时出版的 *The China-Japan War Compiled from Japanese, Chinese, and Foreign Sources*（《中日战争：汇编自日本、中国和外国的资料》）等。在英、美、德、法各国，各种文字著成的甲午战史出版了不下十数种。

上述种种"战史"在甲午战争结束前后的较短时期内迅速形成，并借助各种现代媒体与出版渠道流布全球。作为历史叙述，它们在形式上有不同于战地报道的显著特征：除信息更为综合外，最大的特点应该在于形式上追求整体性叙述框架与因果逻辑序列。这些战史不一定都是编年体的史传，但即使是文献汇编，仍然有明显的解释方向选择。如持"文明决定论"的广学会的《中东战纪本末》将森有礼的《文学兴国策》作为附录同刊同售，暗示了中国战后的自救方向应该是改造文明。

作为一种富有特色的知识，各国关于甲午战争的早期历史叙述，既是后世开展研究的基本材料，对于日后具体的知识形态，特别是战史编纂也产生了十分深刻的影响，确立了基本的叙述框架与因果逻辑序列。并且，作为战争宣传动员的舆论手段之一，它们又承担了向参战国朝野及西方国际社会（family of nations）论证战争合法性，指示与动员战后行动方向的功能。因此，对上述以不同文字出现的早期战史进行知识史的整理、分析与研究，并

---

[1] F. Warrington Eastlake and Yamada Yoshi-aki, *Heroic Japan : A History of the War Between China & Japan* (London: Sampson Low, Marston & Company Limited, 1897).

厘清其在全球范围内流传的历史过程与机制，将有助于我们从一个跟以往不同的角度，去更好地理解 1894—1895 年那场对于中日两国、东亚乃至国际社会都产生了深远影响的战争，为深入认识近代东亚知识生产与流转的新动向提供一个不可多得的观察点。

二　甲午战史研究：在历史经历与历史叙述之间

总体来说，与本书主题相关的研究主要分布在下面几个领域：甲午战争研究、近代国际关系史研究、出版史传播史研究、文学史研究与美术史研究。大体上，讨论战争"历史经历"的研究十分丰富，涉及战争"历史叙述"的讨论还不多见，从知识史角度正面进行的探讨尚待展开。

海内外学者对于甲午战争"历史经历"的清理与研究目前已经颇为充分。自 1894 年底战争即将结束到 1930 年代，海内外便已有相当多的战史著述以"史志"形式来评述战争。由于著述者各自的身份、立场不同，史著在战争的起因、战役的具体经过、战败的原因等基本问题上存在很大分歧。1930 年代至 1949 年，中国国内出版了一大批有关甲午战争的著作，集中梳理了战争的具体历史过程，也开始讨论军事、外交等方面的专业性问题。其中王钟麒的《中日战争》（1930）是中国第一部全面叙述甲午战争过程的专著，参谋本部第二厅编印《甲午中日战争纪要》（1935）则第一次从军事史角度系统叙述了海战与陆战的具体战役。1949 年至今，国内外学者的研究已经从新中国成立初期集中于人物评价拓展到各相关领域，细节十分丰富，其中影响较大的有戚其章、戴逸、石泉、孙克复、关捷、姜鸣、海军司令部《近代中国海军》编辑部的研究等。① 可以说

---

① 戚其章：《中日甲午威海之战》，山东人民出版社，1962；戚其章：《北洋舰队》，山东人民出版社，1981；戚其章：《甲午战争史》，人民出版社，1990；戚其章：《甲午战争国际关系史》，人民出版社，1994；戚其章：《甲午战争与近代中国和世界》，人民出版社，1995；戚其章：《国际法视角下的甲午战争》，人民出版社，2001；戴逸编写《北洋海军》，中华书局，1963；石泉：《甲午战争前后之晚清政局》，三联书店，1997；戚其章、孙克复、关捷：《甲午中日海战史》，黑龙江人民出版社，1981；孙克复：《甲午中日战争外交史》，辽宁大学出版社，1989；戚其章、孙克复、关捷：《甲午中日陆战史》，黑龙江人民出版社，1984；姜鸣：《龙旗飘扬的舰队》，上海交通大学出版社，1991；海军司令部《近代中国海军》编辑部编著《近代中国海军》，海潮出版社，1994。

遍及军事、外交、政治、经济、财政、思想、情报、舆论等各个方面。至于海外的研究，日本在二战后开始从资料情报整理转向专深。随着两国关系的正常化，有不少严肃认真的著作出版，其中比较著名的有井上清、中塚明、朴宗根、高桥秀直、桧山幸夫、大谷正、原田敬一等的研究。①

百余年来，海内外关于甲午战争历史经历的成果已然十分丰富，为我们展开"历史叙述"的讨论提供了坚实的基础和可靠的参照对象。相对于具体历史经历，国内学术界有关甲午战争"历史叙述"的研究则要薄弱得多。现有的相关讨论主要见于文学史、新闻史、美术史等领域。

1948 年，阿英编《中日战争文学集》由北新书店出版。全书分奏疏、论著、诗词、杂文、小说五部分，收录各类有关战争的叙事，并不局限于狭义的文学作品。《中日战争文学集》② 前有序例和阿英的长篇介绍文字《甲午中日战争文学论》，后附《甲午中日战争书录》，收集了与战役有关的专著书目 23 种，史料衰辑颇为丰富，此为国内关于甲午战争叙述史的开辟之作。21 世纪前，国内除文学史领域有几篇零星论文根据阿英所辑文献做简单文本分析外，并无其他专门研究。2001 年后，开始有一些论文涉及媒体对战争的报道与战后的史著，但主要集中于广学会的《万国公报》和《中东战纪本末》，且多是简单的梳理介绍。此后，又有戚其章、王铁军的论文开始涉及海内外其他关于甲午战争的表述。③ 近年来，文学史、美术史、新闻史等领域又有一些论文涉及战争

---

① 井上清『日本の軍國主義』東京大学出版会、1953 年；中塚明『日清戦争の研究』青木書店、1968 年；朴宗根『日清戦争と朝鮮』青木書店、1982 年；高桥秀直『日清戦争への道』創元社、1995 年；檜山幸夫『日清戦争：秘蔵写真が明かす真実』講談社、1997 年；檜山幸夫『近代日本の形成と日清戦争：戦争の社会史』雄山閣出版、2001 年；大谷正、原田敬一編『日清戦争の社会史：「文明戦争」と民衆』フォーラム・A 企画、1994 年；大谷正『日清戦争：近代日本初の対外戦争の実像』中央公論新社、2014 年。
② 阿英是编于 1948 年北新书店初版时，所用书名为《中日战争文学集》，前附《甲午中日战争文学论》，后附《甲午中日战争书录》。至 1958 年中华书局版，改用书名《甲午中日战争文学集》，前附《甲午中日战争文学论》改为《关于甲午中日战争的文学》，并删去附录《甲午中日战争书录》。
③ 戚其章：《西方人研究中的旅顺大屠杀》，《社会科学研究》2003 年第 4 期；王铁军：《日本的中日甲午战争研究》，《日本研究》2009 年第 1 期。

表述的问题。① 2014 年为纪念甲午战争 120 周年,中国画报出版社和三联书店分别选译了一些西方媒体有关甲午战争的图片和文字报道出版。② 2015年,刘文明又选编了七种西方人回忆录中有关甲午战争的章节出版。③ 不过这些对战争"叙事"的研究大多聚焦于小说、新闻报道及配图,而没有针对相关知识的生成与流转展开讨论,问题意识亦别有侧重。

　　从日本方面近年来的研究情况来看,媒体与战争、战争中的舆论控制与宣传政策、战争的叙事与表述等问题已经渐成相关领域的热点。从最初宗泽亚的《清日战争(1894—1895)》简单讨论"战争媒体"开始,④ 研究者渐次通过分析甲午战争中参战军士日记和书信、军歌战舞、媒体报道,战后的演剧、幻灯片、绘画、小说、史传等,深入讨论日本如何通过叙述战争达到对内动员与规训国民性,对外以"文明""法治"形象加入国际社会等目的的历史过程。⑤ 此

① 许军:《〈说倭传〉史料来源及作者考辨》,《文献》2013 年第 4 期;谢家模、任昆石:《漫话日本战争画》,《世界美术》1990 年第 3 期;唐权:《清末版画中的甲午战争》,《21 世纪经济报道》2014 年 9 月 9 日;吕志国:《东亚三国甲午中日战争叙事比较研究——以甲午战争爆发后二十年间的小说为中心》,硕士学位论文,山东大学,2015;郭海燕:《有关甲午战争宣战前日本报刊对中国报道的研究——以〈朝日新闻〉报道李鸿章及清军动向为中心》,《社会科学战线》2014 年第 10 期;任勇胜:《作为媒体行为的朝鲜特派员——甲午战争前期朝日新闻通讯报道的媒介研究》,《汉语言文学研究》2017 年第 4 期。
② 赵省伟编,张维懿、兰莹译《遗失在西方的中国史:英国画报看甲午战争》,中国画报出版社,2020;万国报馆编《甲午——120 年前的西方媒体观察》,三联书店,2015。
③ 刘文明编《西方人亲历和讲述的甲午战争》,浙江大学出版社,2015。
④ 宗泽亚:《清日战争(1894—1895)》,世界图书出版公司北京公司,2012。
⑤ 大谷正『兵士と軍夫の日清戦争:戦場からの手紙をよむ』有志舎、2006 年;井上祐子『日清・日露戦争と写真報道:戦場を駆ける写真師たち』吉川弘文館、2012 年;大谷正・福井純子編『描かれた日清戦争:久保田米僊『日清戦闘画報』』創元社、2015;越智治雄「「威海衛陥落」論——日清戦争劇を観る」『国語と国文学』42(11)、1965 年 11 月;木下直之「画家たちの日清戦争」『芸術新潮』44(12)、1993 年 12 月;大谷正「「新聞操縦」から「対外宣伝」へ——明治・大正期の外務省対中国宣伝活動の変遷」『メディア史研究』(5)、1996 年 11 月;谷藤康弘・井上芳保「国民創出装置としての日清戦争」『社会情報』8(2)、1999 年 3 月;福永知代「久保田米僊の画業に関する基礎的研究(2) 久保田米僊と日清戦争—『国民新聞』におけるルポルタージュを中心に」『お茶の水女子大学人文科学紀要』(57)、2004 年 3 月;三輪公忠「「文明の日本」と「野蛮の中国」——日清戦争時「平壌攻略」と「旅順虐殺」のジェイムス・クリールマン報道を巡る日本の評判」『軍事史学』45(1)、2009 年 6 月;細淵清貴「日清戦争従軍日記の特色に関する一考察」『人間文化』(26)、2009 年 11 月;大久保遼「明治期の幻燈会における知覚統御の技法:教育幻燈会と日清戦争幻燈会の空間と観客」『映像学』(83)、2009 年 11 月 25 日;土屋礼子「日本の大衆紙における清仏戦争と日清戦争の報道」『Lutèce(リュテス:(转下页注)

外，也有专题研究涉及了日本近代军事组织官修战史的问题。

从上述回顾可以看出，国内外学界关于甲午战争具体历史过程的研究已经相当丰富与坚实，借用海登·怀特讨论历史叙事的分析范畴来看，这些研究大多可归于"历史经历"层面。这一层面丰富的研究成果为我们从知识史角度进一步讨论战争史叙打下了坚实的基础，提供了关于知识生成与流转的可靠参照。

不过，关于甲午战争的史叙与其他形式的战争表述既有关联又有很大区别。新闻报道是片断式的，以集中描述单个事件为主，而史志则追求连贯性与整体性，试图为纷繁复杂的历史事件找到一致性的表述线索，两者的出版动机、策略与传播机制也自有特点。现有研究的不足在于：第一，关于战争具体"经历"的讨论，大体不太重视1930年以前的战史著述，偶在研究综述中提及亦以其"简陋粗糙"而轻之。第二，涉及战争表述的编集还基本停留在满足"好奇心"阶段，没有将关于战争"历史经历"的研究成果与"历史叙述"文本结合起来进行整体考察。因此，学术界尚未能对全球范围内有关甲午战争的早期历史叙述展开系统搜集与整理，亦未展开关于出版史、传播史方面的史实重建工作，更没有在此基础上进行史叙的文本分析与比较研究。

有鉴于此，本书希望在上述方向上略做探索，以甲午战争期间及战后近30年，全球范围以中、日、西文书写、出版的"即时"战争史叙为研究对象，从文献搜集、整理、考订入手，考察这些文本在19、20世纪之交形成与流传的具体情况，在此基础上讨论"战争入史"机制在近代发生的转变及背后的历史动因与影响，并将讨论从甲午战争的史叙形式分析拓展至考察相关知识的秩序与流转，进而思考近代知识生产与传播的新特征。

（接上页注⑤）Études de langue et littérature française）』（37）、2009 年；石倉和佳「独歩と蘇峰——『国民新聞』における日清戦争報道より」『関西英学史研究』（5）、2010 年；松村啓一「新聞特派員の日清戦争報道：京都『日出新聞』特派員堀江松華の記事をめぐって」『戦争責任研究』（77）、2012 年；吉馴明子「日清戦争義戦論とその変容」『明治学院大学キリスト教研究所紀要』（48）、2016 年 2 月；渡边桂子「近現代史部会 日清戦争における武官・新聞記者の従軍依頼と政府・軍による対応：外国人従軍者に対する規定からみる」『日本史研究』（645）、2016 年 5 月；塚本隆彦「旧陸軍における戦史編纂——軍事組織による戦史への取組みの課題と限界」『戦史研究年報』（10）、2007 年3 月。

三　在知识史脉络中定位战史

在研究取径上，概而言之，此项研究是从知识史的角度去观察甲午战史。亦即正面考察甲午战争知识生成、改编、流转、承传等过程及它们的运作机制与基本形态，兼及近代东亚战史的形成过程与近代知识生产的时代动向。

在甲午战争相关知识的诸多面相中，本书侧重关注的是其秩序与流转。书中借"秩序"与"流转"这两个表述来强调探讨的重心不是事件（甲午战争）本身，而是相关知识的生成语境、外在形式及这些知识在社会与空间两个方向的流转。这一重心是由本书考察的主题决定的。

自福柯出版《事物的秩序》以来，文化史学家常常用"秩序"这个概念探讨知识的形态或"结构"，尤其是知识的等级与分类体系。[①] 在《书籍的秩序》一书中，罗杰·夏蒂埃（Roger Chartier）主要使用"秩序"表达三个方面的内涵：（1）书籍自身的"秩序"，即给读者指引解读方向的文本装置；（2）出版主管机构实施的审查措施；（3）书籍的外在物质形态。[②]"秩序"的内涵已有所拓宽。彼得·伯克（Peter Burke）在知识史的脉络中，对这个概念进行了更加明确的阐释。在福柯的基础上，他界定了"秩序"的内涵，他认为，"特定文化当中知识的主要形式和组织，再加上与它们紧密相关的社会价值，共同构成了一个体系"。[③] 换句话说，知识史脉络中的秩序是一个体系，主要包括知识的主要形式和组织及相关的社会价值。在阐释这个概念的过程中，他提到了与知识有关的机构（学校、大学、档案馆、实验室、博物馆、新闻编辑室）和传播媒介（写本还是印本）。本书采用的"秩序"概念大致参考了上述学者的界定，主要包含三个方面的内

---

① Michel Foucault, *The Order of Things : An Archaeology of the Human Sciences* (New York: Vintage Books, 1973), pp. xv-xxiv. 该书法文版书名为《词与物》，但福柯更倾向于使用"事物的秩序"，后来英文版使用了这个书名，故"秩序"一语来自福柯本人。

② Roger Chartier, *The Order of Books : Readers , Authors , and Libraries in Europe Between the Fourteenth and Eighteenth Centuries*, trans. by Lydia G. Cochrane (Stanford: Stanford University Press, 1994), pp. vii-ix.

③ 彼得·伯克:《什么是知识史》，章可译，北京大学出版社，2023，第40页。

容：（1）知识的形式或结构，即知识存在的基本形态，如文类、叙述风格与结构等；（2）知识的建制，即知识生成、流转与使用的制度脉络，包括官僚制度（特别是文书行政制度）、清国史馆、军事院校等；（3）知识空间，即围绕某种知识的生产、流转与使用形成的社会文化空间，这种空间经常体现为开放度不等的社会圈子或群体，如高层官员、军校师生、大众读者等。主要意图是希望借助这组概念，来"锚定"看似流动无形的知识。借此我们或将发现，特定时空中的知识建制、空间及相关的其他形式正在被合力打散，并开始建构某种新的知识秩序。

无论是在知识史领域还是在科学史领域，学者们对过于强调知识与情境之间的关联已有越来越多的警醒与反思。伯克在阐释"秩序"这个概念时，就指出"体系""本身并不是滴水不漏的"，知识的边界"很容易穿越"，也就是说，知识有流动性和开放性的面相。[①] 同样，詹姆斯·A. 西科德（James A. Secord）在科学史领域倡导"流转中的知识"这一研究路径，建议开展"知识实践史"研究，以此取代主流的"语境中的科学"路径。他认为如此方可避免对知识的地方性和特殊性的过度强调，去正面考察知识是"如何旅行的"。[②] 与上述两位学者一样，笔者是在"穿越"或"旅行"的意义上使用"流转"这个表述的。因此，在本书中，"流转"同时包含了跨越社会和地理边界的旅行，即在社会层面横向或纵向地从某一群体渗透、传播至另一个群体，从地理层面从某一区域、国家流转至另一区域、国家。还需稍加赘言的是，这种活动未必是从一地到另一地的单向流动，而可能是在两地或多地之间多向、多次发生的流动，故是一种知识的"环流"。[③]这一点对于理解近代的知识流动颇为重要。

基于类似的问题意识，本书尝试围绕甲午战争的早期史叙，探讨有关中

---

① 彼得·伯克：《什么是知识史》，第41页。
② 詹姆斯·A. 西科德：《知识在流转》，薛凤、柯安哲编《科学史新论：范式更新与视角转换》，吴秀杰译，浙江大学出版社，2019，第357、363、366页。
③ 张伯伟指出："'环流'的视角所见者，则是曲折的、错综的、多元的流动，而且这种流动还是无休止的。"张伯伟：《明清时期女性诗文集在东亚的环流》，《复旦学报》2014年第3期，第105页。本书行文兼用"流动""流通""环流"，在论及多向流动时一般使用"环流"。

国近代知识生产、流转及应用的问题。实际上，将这一历史个案放到知识史的脉络中去定位，就是希望能借此探讨晚清至民初与此关联的知识形式、建制与空间的新动向，下面就对此稍加说明。

首先，任何知识都有自身的"躯壳"，或者说都需要"容器"，这就是知识的形式，具体包括文类、叙述结构与风格等，没有具体形式的知识是不存在的。特定的知识，具体以何种形式呈现，取决于传统、实际需求等因素。不同的形式，不仅"装入"的知识本身未必相同，而且这些内容之间的关系（顺序）也可能有所差别。比如，明清王朝在陈述战争经过时，有"写事"与"记人"两种不同的方向，两者各有自身的形式。前者以叙述军情为主，意在及时汇报战况；后者以状写人物为主，旨在报恤劝忠。在各种战争叙述中，又有"事务化"与"事件化"的分野。具备"事务化"风格的陈述，深嵌于王朝国家的文官体系与行政流程，以不同部门、级别之间的文书流转结构为其基本编排线索；而在具备"事件化"风格的叙事当中，文书流转的"结构"基本让位于以事件自身的来龙去脉为基准的叙述线索，不同部门、级别之间的差序被置于辅助位置乃至被完全抹平。从这层意义上说，形式赋予了知识某种秩序。新问题、新眼光为新形式的出现提供了动力或契机，近代意义上独立战史的出现就是一个典型的例子。基于上述问题意识，本书尝试讨论近代战争叙述有哪些传统的形式，这些形式在讨论战争知识、陈述军事活动等方面各有哪些特征，还将特别关注近代意义上的战史是如何在东亚兴起的。

其次，知识的生产、流转与使用并不是凭空发生的，大多与具体的知识建制息息相关。新建制的出现常常会对知识形式提出新要求，进而也为新形式乃至新知识的产生提供动因。反过来，新形式、新知识的出现亦会协助新建制顺利运转，甚至有可能将其正当化。因而，本书在讨论甲午战争早期史叙时，便将侧重关注这些叙述生成的建制脉络。比如，在考察晚清官方史叙的生成过程方面，主要探讨了清王朝的日常文书行政、馆阁书史体系、国家劝忠之典等；在考察日本的官方史叙时，主要探讨了明治日本国防体系的海陆军分野对战史编纂的影响；在考察民间私修战史问题时，则关注近代口岸报业体制在战事报道、战史编纂与流通中扮演的重要角色。此外，还论述了近代军事教育与培训体制在近代战史编纂与流通中所起的重要作用。

最后，知识的生成、流通与使用还涉及特定的场域或人际关系，此即知识空间，这是围绕知识的生产、流通与使用形成的社会圈子或群体。这些空间的规模、社会构成、开放度和持久性可能相距甚远。本书第六章讨论《平定教匪纪略》的颁赐与流转，最初这个文本是在很小范围的群体里流通的，这意味着最初能够接触到这个文本的人际空间是相对狭小、封闭的。相较而言，到19世纪末《中东战纪本末》出现时，它的流通空间不仅规模更大，社会构成也更为复杂，还完全突破了国家、语文甚至阶层的边界。新知识形式的出现可能与新建制的出现有关，而新建制、新形式本身又可能改变知识原有的空间图景，开辟新的空间，甚至突破原有的政治、语言、人群与文化边界，导致跨国空间的兴起。本书第六章所讨论的近代战史就是一个例子。近代意义的"战史"先后兴起于18世纪末的法国、德国，又迅速传至荷兰等当时在全球贸易中拥有特殊位置的国家，与近代军事教育体系的建立密切相关。19世纪中期后，这一近代知识形式随相关建制传入东亚，催生了东亚的新建制与新形式，同时开始聚合与此关联的专业人群与开辟新的知识空间。这是一个知识内容、形式及建制"旅行"的典型事例。

具体到近代中国，晚清民初时期是知识秩序发生剧烈变动的时代。一方面，多数知识的传统形式、建制与空间仍在发挥作用；另一方面，新的知识形式、建制与空间相继出现，并给原有知识秩序的不同面相带来不同程度的冲击。那么，晚清民初原有的知识秩序是什么，这一秩序又是如何发生变动的，便是本书关注的。

除了引论、结语，本书主体内容共分七章，主要围绕甲午战争知识的生成与流转，大致从三个方面讨论近代知识秩序的变动。前两章主要讨论晚清中国在甲午战争持续及结束后短期内形成的官方、民间史叙，是为本书的第一部分。这一部分主要处理的问题是，清季朝野不同的史叙机制在围绕甲午战争做即时叙史时涉及的具体运转实况、历史过程、空间结构（包括物理空间和社会空间）及由此产生的不同文本在知识取向上的异同。

第二部分由第三章至第五章构成。这三章分别探讨海外以汉文、和文①、西文三类文字书写的甲午战史。这一部分主要处理的问题是，在 19、20 世纪之交东亚军事、政治、外交环境急剧变动的情况下，围绕甲午战争的各类史叙，如何在语文形式方面跨越国族疆界、穿透不同阶层旧有的读写区格，如何在论证内在模式上打破史源所属文类的旧有知识阶序，以及如何在新的知识制作、社会传播与观念交流机制中重建"战史"的标准化论域。

第三部分由第六章和第七章构成。这两章尝试从战史文类与知识空间两个不同的知识史专题，对甲午战争史叙展开讨论，观察战史知识与形式如何在欧亚大陆两端及东亚各国之间"旅行"，新文类的流转又如何带来知识空间的形成。这一部分主要处理的问题是，装载军事知识和战争史叙的不同文类形式（在晚清中文论述中经常被分别表述为"兵法"与"史略"），如何在中日两国的国家现实环境变动（清朝中国从嘉道开始不断加剧的内外军事压力，明治日本则为明治维新后的国家国防体系重建）中发生变化、融合与更新；对甲午战争的战时报道、情报译写及战史互译等附着于实际军政机制而展开的活动与生成的跨语际共同文本，又为"战史"这一近代标准化的军事知识形式开辟了怎样的知识空间。

总体而言，本书从文献搜集、整理、版本考订、内容编译入手，以知识史、历史叙述等相关理论与方法为基础，结合史学史、书籍史、社会史等研究方法与手段，将甲午战争在战争过程中及战后短期内出现的"即时"史叙，置于全球现代国家建设（modern state building）、国际"文明"秩序缔结、多元现代性形成的背景下去加以讨论。尤其是，试图从知识史的视野，从这个案例出发，去观察相关史叙成立背后的机制性结构（秩序）及其变迁。如此，这项研究或能在丰富甲午战史研究的同时，对推进近代知识秩序及其转型的讨论亦有所裨益。

---

① 为区分现代日语与明治时代处于变化中的日语书面语，本书使用"和文"来指称 19 世纪中叶至 20 世纪初的日语书面语。

第一章

日常行政与清季甲午战争官方史叙

甲午战争不仅是世界上最早在全球范围内被观察、报道与评论的国际战争之一，关于它的史叙还深嵌于王朝国家的文书行政运作，几乎与战事的发展相伴而生。这一过程非但颇为特殊，更绕织于中国修史形式萌发重大转折之际，逐渐汇入近代知识生发机制转型的历史脉络，十分值得关注。

学界以往对甲午战争的研究，重心大多在战事过程而非史叙形式，并在裒辑各类"战史"文本之时，常详于私家记叙而略于官方书写。① 这可能与仅将甲午前后各类相关叙事视为复原"真实"战争过程的证据这一较为单一的取向有关。这类学术取向显然无意将历史叙述的众说纷纭还置于战事入史的各种原初脉络，以观察其生成及机制，进而讨论背后流光暗转的知识生产与嬗递。若将辨析"真伪"视为唯一评价准绳，清廷的官方表述显然不比私家记叙或民间刊刻细节丰富、议论自由，又常有形式限制及对内容的去取与改窜，为史家采撷所慎。不过，一旦将视角转投于叙史本身，就会发现，甲午战争的官方叙史至少在两个方面值得深入追问。其一，各种有关战事的官方表述是如何在与政治过程密切绾结的不同制度机制中形成的？其二，随着晚清民初的政治、经济变动，这类生成于国家军政事务过程的史传文本是如

① 参见阿英编《甲午中日战争文学集》，中华书局，1958；戚其章《甲午战争史》，上海人民出版社，2014。

何发生变化的，它们又是怎样逐步进入国家正式史传文类并与近代史叙新形式发生联结的？这两个问题都和传统王朝既有官方修史机制在 19 世纪的发展密切相关，对于厘清近代史学转折及知识生成的复杂脉络十分重要。

关于战争的官方叙述原先分散于与传统政治过程及修史程序相伴生的各种文书形式之中：有些出于沟通内外的日常文书流转之制，有些从属于国家劝忠之典，有些则成于王朝撰修书史之常务。到 19 世纪末 20 世纪初，有一些重要转变显露了出来：一者，甲午战后近代武备军事教育的具体内容发生转变，催生了本土战争专史的新形式；二者，在口岸城市由资本推动的民间修史（如《光绪朝东华录》）与官方史叙文本日益彼此渗透。那些成于制度过程的历史叙述，除了累积于官修史传，遂有了新的史志化趋势，渐渐与旧有官方史传的修史机制及意图解纽。到民初清史馆撰修《清史稿》时，不仅修传的史源已突破了清国史馆旧稿的范围，而且大量采撷各种民间编纂、刊行史叙，官传去取原则也从着眼于国家劝忠待遇的"宁滥无遗"转向正史的"千秋论定"宗旨。这一转变也构成了中国近代史部转折及相关知识生发机制嬗变颇为重要的历史脉络。要理解上述转变，就必须先厘清转变发生前官修史叙的机制性脉络。下面就从甲午战争官方叙事文本的形成与史志化趋势去展开这一讨论。

第一节　复调共述的馆阁书史机制

清代有关甲午战争的官方史叙文本，其具体形式有档册（由枢廷、京内各衙署日常累积编纂）、起居注、实录、国史馆传稿等。就叙史而言，其经纬主要有记事与叙人两类。记事者或分散在依时序编排的起居注、实录、《夷务始末记》（稿本）① 中，直接采撷公文，几近于文献汇编；或以片段

---

① 参见冯明珠《〈光绪朝筹办夷务始末记〉述介》，《故宫学术季刊》第 5 卷第 2 期，1987 年冬季；冯明珠《再论〈清季外交史料〉原纂者——兼介台北故宫藏〈光绪朝筹办夷务始末记〉》，中国第一历史档案馆《明清档案与历史研究论文集》上册，新华出版社，2008；《夷务始末记》（光绪二十一年正、二月），台北"故宫博物院"藏（下略），编号：故宫 008412；《夷务始末记》（光绪二十一年七、八、九月），编号：故宫 008415；《夷务始末记》（光绪二十一年十、十一、十二月），编号：故宫 008416。

散入国史馆所修传、志底稿，于民初移交至清史馆后各有去向。叙人者则以国史馆所编各种将士臣僚单传、合传存世，几经改易，按例划一处理，稿本众多。

就清代官方修史机制而言，其脉络异常丰富，呈现出多线并进的复调叙史形态：设起居注馆注记本朝皇帝言行，按期结束成册；设国史馆负责编撰本纪、传、志、表；每自新帝登基内阁则设实录馆修前朝实录，并随时进呈皇帝参阅；军机处下设方略馆修兵事方略；至晚清，总理各国事务衙门（又称总署、译署，下文简称"总理衙门"）还根据日常抄录的清档册等材料，编纂道咸以降各朝《夷务始末记》（稿本），等等。① 于是，这些馆阁衙署的文书行政工作便自然与累积修史素材密切关联：日常公文的文本按各种原则被定期编纂、加工成档册，有的成为不同体裁官方史叙的素材，有的就直接被汇编成史稿史传。关于甲午战争各阶段战事的官方史叙文本，也是在上述行政文书的日常流转中逐渐成文、转录定型、累积与入史的。

值得注意的是，这些史叙文本并不是在战事终了之后方才形成，而是在与战事相伴生的行政过程之中不断生成。并且，这些行政过程又是高度制度化的。直接参与战事的各军、政部门在日常政务沟通中形成的战况奏报、谕旨确认、纠劾查处、恤功参罪等公文，以及围绕国史馆修传而进行的履历查询咨会等文移，随时以各种形式汇总、摘抄、编辑、归档，从而累积为史叙文本。这些归档活动与战事相始终，依战事进程而动，却又与上述清代多头并进、体式多样的馆阁书史制度密切绾结。这就有可能使得相关史叙在逐渐获得线性发展线索的同时，也具有了复线呈现的形态。

---

① 参见乔治忠《中国官方史学与私家史学》，北京图书馆出版社，2008；谢贵安《清实录研究》，上海古籍出版社，2013；庄吉发《整修清史刍议——以清史本纪为例》，氏著《清史论集》（二），台北：文史哲出版社，1997；陈捷先《清代起居注馆建置考》，氏著《清史杂笔》（一），台北：学海出版社，1977；夏宏图《清代起居注的纂修》，《档案学研究》1996 年第 3 期；李鹏年《国史馆及其档案》，《故宫博物院院刊》1981 年第 3 期；王钟翰《清国史馆与〈清史列传〉》，《社会科学辑刊》1982 年第 3 期；乔治忠《清代国史馆考述》，《文史》第 39 辑，中华书局，1994；唐益年等：《清代档案与清史修撰》，《清史研究》2002 年第 3 期；邹爱莲《清代的国史馆及其修史制度》，《史学集刊》2002 年第 4 期；王记录《百余年来中国古代史馆制度研究述评》，《殷都学刊》2007 年第 2 期。

就这些史叙文本的形成而言，至少与三类国家政务的日常运转密切缔结。它们包括以章奏、谕旨等来沟通内外政务军情的日常文书行政；上述以馆阁档册、起居注稿本、国史馆长编档册、筹办夷务史末稿本等形式转录定型的修史之政；宣付史馆立传、设祠立祭，以调取档案修撰将士臣僚传稿来推进的国家劝忠之典。这三类政务彼此关联，文本互相递转，渐次形成了关于战事的官方史叙。总体而言，因其相对固定的形式，叙史的经纬按照写事与记人两个方向展开，很少有自战前冲突起至战争善后讫本末俱全、分期确定的整体史叙。要厘清其中的因由，须从文本形成的上述国家政务环节来加以考察。

清朝的修史之政规范了有关甲午战争清政府官方史叙文本的存档与编纂形态，有必要对此略做梳理。

在入关前，清已用满文记录文书并编为"档子"。其中，就出现了较为严格以编年记事形式汇纂成册的"汗的档子"，不同于其他完全按类散存的行政文书档案。① 至崇德元年（1636）底，皇太极诏修《清太祖武皇帝实录》成书，为"清入关前第一次正式的修史活动"，虽"在体例和书法上，并未遵循汉族政权官修实录的规范"，但确在修史意图和进书仪式方面"大体上仿从了明朝的制度"。② 至康熙朝，朝廷除开馆纂修实录和圣训外，另创方略之书，以纪事本末体裁记录平定三藩的武功，内容以直接汇录朝廷有关谕旨、诏令及臣工奏议等各行政过程出现的文书为主。康熙二十九年（1690），会典馆修成清代第一部具有制度例典性质的《大清会典》。同年，又设国史馆，编纂功臣列传。综此以观，清代的官方修史活动从最初就与政府实际行政过程紧密缠绕。不仅在修史目的上有劝忠、制典等明确的日常行政诉求，在叙述形式上也因为起居注、实录、圣训、会典、会典事例等体裁多有直接采用产生于各行政环节的公文，以编代叙的情况，使得相关史叙留有强烈的行政表述印记。这一叙史特点至清中后期日趋明显。

---

① 乔治忠：《中国官方史学与私家史学》，第 73 页。
② 乔治忠：《中国官方史学与私家史学》，第 74 页。

根据学界已有研究，清代官修史的格局至乾隆朝基本成形，"主要表现于本朝当代史的纂修，由起居注、实录、圣训、国史、方略、会典、功臣传等几大系列史籍，组成了官修当代史的整体布局，囊括了编年、纪传、纪事本末、典制史、人物传记等各种体例。……成为整个官方史学活动中比较稳定、始终保持的纂修内容"。①

在清代历朝所修的会典中，官修史活动是归于翰林院职掌之下，又以"撰修书史"合称混叙的。也就是说，在具有行政法典性质的官方制度定位中，"官修史"任务并没有被从撰修大量史部以外的书籍（如《日讲四书解义》《日讲书经解义》《佩文韵府》《佩文斋书画谱》《春秋传说汇纂》《康熙字典》《渊鉴类函》等）等翰林院日常编纂事务中特别析出。② 无论修史还是修书，涉及前朝或本朝，皆为翰林院案头的常规政务文责。"修史"并没有得到特殊超然的区隔，这一点是值得特别注意的。

从实际制度执行而言，此时成形的官修史格局由以下四类机构组成："长开内廷三馆"即起居注馆、国史馆、方略馆，"例开之馆"如实录馆、玉牒馆等，不定期复开以续修专史之馆如会典馆等，"特开之馆"如明史馆、明纪纲目馆、通鉴辑览馆、"三通"馆等。除方略馆实际上由军机处兼管之外，其余皆属内阁总领。四者的区别是，长开之馆常设不闭；例开之馆每朝按例开馆，书成闭馆，于下一朝按例复开；不定期复开之馆则开馆、闭馆之期无定例，但未来将再复馆以续修专史这一点是确定的；特开之馆书成即撤，不再复馆。③ 这种长开、例开、不定期复开、特开等设馆形式，实际上也表明，设置各类纂修书史的馆阁是围绕具体修书实务需要而定的，在制度定位与设置上未必有超然于国家日常政务的特别诉求。

既然这类馆阁"纂修书史"活动在制度设定上多属于翰林院日常公务，

① 乔治忠：《中国官方史学与私家史学》，第 79 页。
② 昆冈修，刘启瑞纂《钦定大清会典事例》第 1049 卷《翰林院·职掌　纂修书史》，光绪二十五年重修本（下略）。
③ 昆冈修，刘启瑞纂《钦定大清会典事例》第 1049 卷《翰林院·职掌　纂修书史》。

又例须向内廷衙署调阅其所编档册，并随时可以对省、道、府、县等各级官府征集文献，严格依据行政文书来编纂史籍，因而综以观之，修史活动无疑也与国家的实际行政过程紧密缠绕，本身即属日常文书政务之一。也正因如此，今人一旦将清代"官方修史"活动与日常政务过程区格开来独立去看，便会深觉不仅官修史体例极为多样，修史馆阁的制度定位及行政归属亦复显得颇为繁复与交错。

甲午战争的官方史叙文本，即是在清代这一与日常行政过程绾结共生的馆阁书史修纂制度架构中成形的。具体形式有档册（由枢廷、京内各衙署日常累积编纂）、起居注、实录、国史馆传稿等。其中，国史馆的纪、传、志、表，尤其是传稿为馆阁修史的主要形式。而传稿还有一个史叙以外极为重要的行政功能，相对于解释过去或指导未来而言，更着眼于修传时的当下——奖恤劝忠。到清代后期，它已经与日常旌表、设祭祠祀等制度联结在一起，成为前述国家劝忠之典不可分割的一部分。下面就对这些问题展开讨论。

第二节 战时文书流转与战事入史

1894年7月30日清廷发出照会，周知各国中日"失和"进入战争状态，8月1日又以宣战谕旨布告全国。实际上，在这两个正式文告发布前的数月及以后，另不断有各种文字表述形成于涉及战事触发及推进的日常行政环节中，同样成为日后官方史叙的来源与文本基础。

甲午战争期间，清廷的战时日常文书流转主要以在天津的北洋大臣、直隶总督李鸿章衙署为枢纽展开。清代自同治九年（1870）天津教案后，裁撤三口通商大臣，改设北洋通商大臣，并成为直隶总督兼差。此举实际上扩大了其职权范围，由直隶一地进而拓展至包括整个渤海湾的北洋地区。① 正因直隶总督需兼北洋事务，故开始在保定（直隶总督驻地）和天津（北洋

---

① 参见章开沅主编《清通鉴》第4册，岳麓书社，2000，第234页。

大臣驻地）"轮驻"。根据季节气候情况，在"每年于海口春融开冻后移扎"天津，"至冬令封河"再回保定，但"天津遇有要件，亦不必拘定封河回省之制"。① 甲午战争爆发时，正值开河时段，直隶总督兼北洋大臣李鸿章在天津办公，且因战争需要，便留津居中指挥陆路各军及北洋水师。同时，协助北洋大臣处理防务、交涉、朝鲜事务的津海关道②和负责信息情报沟通的中国电报局③亦在天津，因此形成了前线、后方诸多文书在天津汇总流转之局面。

1894 年 6 月，李鸿章候朝鲜求援电文至即电告总理衙门，并以北洋水师提督丁汝昌率"济远""扬威"二舰赴仁川、汉城护商，调直隶提督叶志超领淮军精兵 1500 名赴朝，同时电令驻日公使汪凤藻以中国保护属邦出兵朝鲜事照会日本外务省。④ 在战事发生、发展至终结的整个过程中，北洋大臣以电报、信函、章奏等各种形式不断收发公文以沟通军情政务，这些往复公文常对战事做一些目标、侧重及程度各异的文字表述，其中有不少渐次被直接采用、累积或裁汰截取，成为官方史叙的一部分。

北洋大臣涉及战事的公文，计与以下各类政、军单位和人员⑤的往复最为频繁：中枢衙署、清廷外交使节、各国驻华使节、各口海关税务司、前线作战人员及相关京内外官员。

其中，下行或平行公文涉及清廷的外交使节包括"朝鲜袁道"⑥，"朝鲜

---

① 参见《清穆宗实录》第 50 册，同治九年十月壬子，中华书局，1987，第 1051—1052 页。
② 津海关道设立后实际上一直协助北洋大臣处理朝鲜事务，维持清朝对朝鲜的宗主权。参见尤淑君《津海关道与 1880—1894 年中朝关系的变化》，《史林》2024 年第 1 期。
③ 参见郭海燕《李鸿章与近代中朝军事通讯网的建立——以架设朝鲜半岛电报线为中心的研究》，《聊城大学学报》2015 年第 6 期；韩晶《晚清中国电报局研究》，博士学位论文，上海师范大学，2010；薛轶群《万里关山一线通——近代中国国际通信网的构建与运用（1870—1937）》，社会科学文献出版社，2022。
④ 参见《寄译署》（光绪二十年五月初一日辰刻），顾廷龙、戴逸主编《李鸿章全集》第 24 册，安徽教育出版社，2008，第 44、46 页。
⑤ 这里大致罗列的仅是最常与北洋大臣有涉及战事与交涉陈述之公文往还的单位和人员，而不是全部在甲午战争期间与北洋大臣有公文往还者。
⑥ 指当时在朝鲜任"钦差驻扎朝鲜总理交涉通商事宜"的袁世凯，因其品阶为升用道补用知府，在当时往来函札、公文中常被称为"朝鲜袁道"，李鸿章即多用此简称。

唐守"①，驻日公使汪凤藻，驻俄、德、奥、荷公使许景澄，驻英、法公使龚照瑗，驻美公使杨儒等。公文发出地涉及汉城、东京、彼得堡、柏林、巴黎、伦敦及华盛顿等。另外，俄驻朝公使韦贝（C. Weber）、朝鲜平安道监司闵丙奭等也与北洋大臣有电报往来，叙及局势与战况；各国驻华使节，如日驻华公使小村寿太郎，朝鲜驻津督办徐相乔，俄驻华公使喀希尼（A. P. Cassini）、巴参赞（巴布罗福，Aleksandr Ivanovich Pavlov），美国驻营口领事等；海关税务司，如海关总税务司赫德（Robert Hart）、津海关税务司德璀琳（Gustav von Detring）、江海关税务司裴式楷（Robert Edward Bredon）、山东烟台税司、朝鲜仁川税司等；前线作战人员，如直隶提督叶志超、北洋水师提督丁汝昌、北洋水师总兵林泰曾、铭军统领提督刘盛休、四川提督宋庆、聂士成、奉军统领左宝贵、奉军总兵记名提督聂桂林、威海卫统领戴宗骞、吉林将军长顺、盛京将军裕禄、北塘炮台统将吴育仁、奉天练军盛字营都统丰升阿、张文宣、毅军统领马玉昆、盛军统领卫汝贵、盛军马队统领吕本元、孙显寅、依克唐阿、北洋水师兵舰"广乙"号兵弁、将士林国祥等十八名、小站卫汝成、大沽副将罗荣光、登州章高元等；相关京内外官员，如津海关道盛宣怀②、户部左侍郎兼总理衙门大臣张荫桓、两广总督李瀚章、两江总督刘坤一、湖广总督张之洞、湖南巡抚吴大澂、山西巡抚张煦、台湾巡抚邵友濂、钦差定安、江苏按察使陈湜、直隶按察使兼前敌营务处总理周馥、烟台东边道刘含芳、总理威海水路营务处兼工作处事宜候补道员牛昶昞、直隶涌永道招商局会办沈能虎、营口道善联、通州道张桂公等。③ 至于上行公文，北洋大臣主要通过京内总理衙门、军机处、大高殿督办军务处（中后期）来奏报战况军情与局势变化，并接收通过它们下发的朱批、谕旨等。

———————

① 指唐绍仪。袁世凯称病回国期间，唐在朝鲜代理其职务。
② 如前所述，津海关道"铃辖海防兵弁"为北洋大臣办理外交和军务的主要助手，"实掌北洋枢要"。盛当时还身兼总理后路转运事宜、轮船招商局督办、中国电报局总办三个职务，因此战时由他收发及转呈李鸿章的军情汇报极多。
③ 顾廷龙、戴逸主编《李鸿章全集》；陈旭麓等主编，季平子等编《盛宣怀档案资料·甲午中日战争》（上），上海人民出版社，2016。

从空间来看，清朝对战争的各种上游官方文字表述，大体就产生于这一以天津为枢纽的公文递转网络并开始进入了流通。文本信息搜集、编撰、交换、沟通于税务司各口岸、外交使节各停驻点、前线各战场之间，并波及南北诸重要军、政辖区。除北洋大臣本身的文档留底外，文书的递送与归集则以北京为终端。

就前节所述以记事为经纬的史叙而言，这些日常文书行政链环上形成的各种文本无疑构成了它们的主干。其中较为集中叙述战事者有三：以北洋大臣为枢纽的军情奏报、朝廷正式发布的公告或奖惩谕旨、以翰詹科道官员为主的纠劾弹章。

一 军情奏报

战争期间，北洋大臣收到来自各方的信息后对北京奏报军情。军情奏报可以粗略分为三类：日常军报（逐日接仗情形奏报）、定时军情汇总（十天或半月一次的"前敌紧要军情汇报"）、专折详奏（详细奏报接仗与失守情形、陈述前线将官功过、关于较为重大战事的章奏或调查回复等）。由于三类奏报的时效、详略和目的各有不同，因此需要稍做区分。

1. 日常军报

自 1894 年 6 月底李鸿章遣丁汝昌率舰"护商"、叶志超引军"剿匪"赴朝起，该北洋大臣即自天津以电报将"所有筹备事宜及逐日军报……前后具奏，并随时电达总理各国事务衙门代奏在案……于各路电报关涉倭事者，无不密电总理衙门代为陈奏，不拘朝夕，随时上闻。有一日数电、一电数事者"，[①] 形成了逐日将从各方收到的军情向朝廷汇总通报的惯例。如光绪二十年六月初二日（1894 年 7 月 4 日），有关日本在朝鲜的动态，李鸿章与驻扎在旅顺的四川提督宋庆间有一收一发电报 2 通、托转驻朝鲜叶志超电报 1 通、发往驻汉城的袁世凯电报 2 通、收到回电 1 通。在收到这些信息后，李鸿章即行择要转奏，当日计有寄往总理衙门的军情电报 5 通，收到回

---

① 李鸿章：《奏报前敌紧要军情（附一件）》（光绪二十年八月十八日具奏），军机处档折件，台北"故宫博物院"图书文献处藏（下略），编号：故机 135470。

电 1 通。

这些逐日军报由于首先考虑时效与迅捷，其对战局的描述重点往往不在详备精准，更极少涉及战场实况及全局分析（这些可以在信息日趋完整后再行补叙）。如光绪二十年六月二十四日，驻日公使汪凤藻来电询问前一天中日在牙山口的接仗情形，李鸿章于当日"申刻"①电复："二十三日，日兵船在牙山口遇我兵船，彼先开炮接仗。由陆赴平壤之军甫入韩境，英、俄与法、德、义又合力令日退兵，未知何如。鸿。"②六月二十七日，汪凤藻致电李鸿章续报了从日本了解到的军情。次日"酉刻"，李鸿章据此转寄总理衙门补充奏报"汪使沁电续报，倭'吉野'快船被我'济远'击伤。二十四日牙山陆军又战，未详胜负云。鸿"。这几通战报的重点在于当时条件下了解到的运兵情况、外交局势和前线战果，对战场具体情况则未能详及。

相比较而言，李鸿章前一日回复朝廷查问时的叙述反而要详备许多。当天午时，李鸿章收到总理衙门来电传达谕旨，查问四天前牙山口海面的接仗情形及后续战况："本日奉旨：叶志超一军兵力本单，经李鸿章添兵接应，忽被倭人击沉一船，闻伤人不少。究竟登岸之兵若干，现在牙山海口运船阻隔，又无电信可通，我军处此危地，粮饷、军火如何接济，近日有无倭兵与叶军接仗，如何探听确信，着李鸿章速筹办理，以慰廑系。其前往义州、平壤各军如何调度情形，一并复奏。钦此。沁午。"李于酉刻即电复：

> 沁电敬悉。查叶志超一军在牙山者原有二千余人，二十一二日"爱仁""飞鲸"两船运兵起岸共一千七百人。只"高升"船载九百五十人二十三日全被倭船击沉，仅昨据法兵船救起受伤兵勇四十二、外国水手三，送回烟台。顷东海关道刘含芳电：德商轮送仁川华商来烟，据该商王香圃面称，二十四由仁赴牙，途遇前充仁川巡捕某从牙来云，二

---

① 这里的地支时刻应该是北洋大臣衙署发出这份电报时标注的时段，大约相当于 24 小时制的 15—17 点。当时电报局收发电文单据所录则有更为精确的时间。感谢四川大学历史文化学院张文洋老师在这个问题上给予的帮助。

② 《复日本汪使》，顾廷龙、戴逸主编《李鸿章全集》第 24 册，第 166 页。

十三叶与倭开仗，倭兵三千死一千余，我兵伤亡百余。倭兵已往北退。闻叶军要往水原府等语。此信当确，唯电线既断，海口运船又阻，粮饷、军火无从接济，尤虑子药缺乏，只有于无可设法中随时妥筹。至前往义州之卫汝贵、马玉昆两军，据报已进扎义州前路三十余里。探闻平壤已被倭分兵先据，鸿即电饬该将等稳扎稳打，先图立脚，再谋制胜，并催左宝贵等赶紧驰往策应。请代奏。鸿。①

这份三百多字的复奏，除了陈述丰岛海战及牙山之战双方伤亡情况，还交代了情报的信源，同时说明了采取的军事应对措施，相较于转呈汪凤藻情报的那通逐日军报而言，增加了对信息的初步汇总、分析和因果陈述。有意思的是，这里双方伤亡战损数字是不准确的，战报几乎接近讹传。② 由此可见，甲午战争期间以北洋大臣为枢纽而展开的逐日军报惯例，对前线动态做了最初步的文字陈述，多以简短迅捷的电奏形式由总理衙门代递。其间，有一些针对朝廷专门查询的复奏开始汇总北洋大臣得到的各类前线信息（无论是讹传或确信），将叙述焦点从战争动态渐渐聚拢到事件。随着战事的推进，另有两种军务汇报形式逐渐出现，它们对前线战况做了与逐日军报程度不同的信息加工与陈述。

2. 定时军情汇总（前敌紧要军情汇报）

光绪二十年八月十四日中日在平壤发生战事，十八日北洋大臣李鸿章上奏朝廷，提出增加定期军情汇总奏报："现在前敌各军在平壤者，逐日交绥，所有侦探、布置、接仗各情形尤关紧要。除仍随时电达外，应将各电之关系前敌战事者，分日摘录，或旬、或半月汇齐奏报一次，以备稽查。"当日即将"八月初一日起至十六日止录出各电，汇缮清单"作为该折的附片，同时"敬呈御览"。③ 该折在两日后（八月二十日）获朱批

① 《寄译署》，顾廷龙、戴逸主编《李鸿章全集》第24册，第176页。
② 戚其章：《甲午战争史》，第78页。
③ 李鸿章：《奏报前敌紧要军情（附一件）》（光绪二十年八月十八日具奏），军机处档折件，编号：故机135470。

"知道了",遂沿为定例,王文韶署理北洋大臣时仍延续执行,① 直至战争结束。

北洋大臣从各方每日来电中挑选与战事相关的内容,每十天或半个月定期汇总上奏,这种战时情报文书制度对有关战事的陈述做了进一步加工。虽然呈奏时于文字上大体不加更改,对信息却做了选择。这些经过摘选的陈述通过章奏归档程序汇束成册后,成为修史馆阁可以查阅的档案文献,并由于此时的官方修史形式本身有不少已近乎文献汇编,便直接就进入了史传表述。

3. 专折详奏

除随时汇报的日常军报和定时军情汇总外,每当较为重要的战事发生,北洋大臣及参战将领还常以专折详细汇报战况,多为针对朝廷有关"接战情形"、"失守情形"、前敌将官临敌表现等特别问询而做的回复,以便于朝廷据此迅速做出奖惩判断,随时监督军事与激励士气。如 1894 年 9 月 15 日"大东沟海战"后,北洋大臣李鸿章于 10 月 5 日向朝廷奏报海战接战阵亡情况,② 随后又奏报平壤陆战中高州镇总兵左宝贵"力战阵亡"的详细情形。③ 10 月 7 日,李又奏报"广乙"号兵船管带林国祥战功。④ 随后,其又分别具奏要求褒奖"定远""镇远"海战出力员弁及"请奖恤西员",同时出奏为参战的北洋水师洋员汉纳根(Constantin Alexander Stephan von Hanneken)请赏提督衔,并请求为"定镇等七舰阵亡受伤等弁勇分别等差

① 王文韶折、清单(光绪二十一年二月十三日)称:"所有筹办事宜及逐日军报经前督臣李鸿章及臣随时密电总理各国事务衙门转奏,仍应将各电分日摘录,或一旬或半月汇齐奏报一次,以备稽查。"军机处录副奏折,中国第一历史档案馆藏(下略),档号:03-6031-028、03-6188-032。

② 李鸿章:《奏为查明海军在大东沟口外接仗力挫贼锋并查明兵船管带各员死事惨烈情形等由》(光绪二十年九月七日具奏,九月九日获朱批),军机处档折件,编号:故机136052。

③ 李鸿章:《奏为记名提督广东高州镇总兵左宝贵在平壤力战阵亡等由》(光绪二十年九月九日获朱批),军机处档折件,编号:故机136053。此系附片。

④ 李鸿章:《奏为广东广乙兵船管带游击用尽先都司海安营守备林国祥前调赴朝鲜牙山护送运船途遇倭船截住开炮轰击等由》(光绪二十年九月九日具奏),军机处档折件,编号:故机136057。此系附片。

酌拟恤赏"等。① 这些出于具体军务行政环节的战况专折，在陈述上则出现了渐次聚焦单一战事过程与细节的倾向。

如果对这三类军务汇报的编叙做一个比照，我们将发现，史叙文本的逐步形塑，乃是完成于有强烈实际行政目标的公文流转层级之中，逐步裁汰充实，按一定方向由信息而沉淀为叙事乃至叙史的。

4. 三类军情奏报的比较

清代自乾隆十三年（1748）废除奏本后，内外臣工对皇帝言事的上行文书归于奏折与题本两种形式，并在实际行政沟通中渐以奏折为重。到甲午战争时，日常军报又主要通过电奏（电信）这一形式，逐日汇集于军机处，由其缮递，上达天听。军机处每天收到由总理衙门代奏的来自北洋大臣或其他涉及中日军务之督臣的"电信"，会在当日或隔日抄缮呈递（其中也有个别"未缮递"的情况）。与此同时，军机处会对每日收到的"电信"做抄录归档处理。对收信标注"收件"与"缮递"两个日期，依次抄入"电报档"；由军机处发出的电寄谕旨则被抄入"电寄档"。

如前所述，北洋大臣在中日正式宣战之后还有一个特殊的军事奏报方式——定时军情汇报。也就是说，他会在几日后从自己在一段时间（往往是十日）内发往军机处的逐日电奏中，选出认为"各电之关系前敌战事者"——具体来说是涉及"所有侦探、布置、接仗各情形"② 等方面内容的电报重新排序汇总抄录，再以专折加附片的方式呈奏。

比照甲午战争期间的日常军报、定时军情汇总和专折详奏这三类时效、范围和呈奏目的不尽相同的主要战报，就能初步看到有关具体战役的叙述轮

---

① 李鸿章：《奏为遵保定远镇远海战出力员弁由（附清单一件）》（光绪二十年九月二十五日获朱批），军机处档折件，编号：故机 136411；李鸿章：《海战请奖恤西员片》，顾廷龙、戴逸主编《李鸿章全集》第 15 册，第 467 页；李鸿章：《奏为洋员汉纳根在海军当差此次在船督战尤为出力请赏加提督衔以示优异由》（光绪二十年九月二十五日获朱批），军机处档折件，编号：故机 136417；李鸿章：《奏为先将定镇等七舰阵亡受伤各弁勇分别等差酌拟恤赏等由》（光绪二十年九月二十五日获朱批），军机处档折件，编号：故机 136412。第三条为附片。

② 李鸿章：《奏报前敌紧要军情（附一件）》（光绪二十年八月十八日具奏），军机处档折件，编号：故机 135470。

廓是如何从连绵混成的军事冲突与例如侦探、布置、接仗等一系列边界模糊的相关事务中被界定出来，又在叠次发生的文书行政过程中逐渐增削成形的。

北洋大臣李鸿章在光绪二十年八月二十九日以专折汇奏八月十七日至二十七日的军情。这件奏折的附片是一份清单，汇总抄录了李鸿章挑选出来在此期间"关系前敌战事"的电奏。下文以军机处在这十日间的"电报档"归档抄件与这份清单进行比照。首先看李鸿章从日常电奏中究竟选择了哪些作为"军报"来汇奏，其次看这十日内军机处共收到多少件电奏，哪些是与前线军务相关的。

在军机处事后抄录入《电报档》的归档副本中，这十天共计登录收到的电奏有 67 件，其中来自北洋大臣李鸿章的有 43 件（十七日 4 件、十八日 4 件、十九日 4 件、二十日 2 件、二十一日 5 件、二十二日 4 件、二十三日 3 件、二十四日 3 件、二十五日 6 件、二十六日 6 件、二十七日 2 件）。在李鸿章八月二十九日的这十日军报汇抄所附清单中，另有 3 件未被抄入《电报档》，其中二十日发出的有 1 件，二十三日发出的有 2 件。

也就是说，在这十天中，李鸿章至少向军机处发出了 46 件电奏。[①] 这些电奏都与战局有关，被收入十日军情汇总清单的"军报"计有 36 件。其中与大东沟战役相关的有 12 件：2 件涉及战备，4 件直接陈述接仗情形，6 件涉及中日双方人员、战舰的后续战损估算；与平壤战役相关的有 7 件：6 件直接陈述前线接仗情形，另 1 件是讨论平壤战前城防和重新布防问题的。其余的十多件都事关交战区域的运兵布防、筹饷、辎重、情报等问题及一些

① 清单汇录的电奏末尾所缀为北洋大臣发件时刻，因北洋的十天（光绪二十年八月十七日至八月二十七日）军情汇报是按照发件时刻来计算的，故在计算清单所汇电奏时，便按北洋"发件"日来统计。《电报档》在件首登记的则是军机处"收到"和"缮递"的两个时间，在计算《电报档》所收电信时，照《电报档》影印本编目做法，仍按"收到"日来系件。在大多数情况下，北洋发件和军机处收件会在同一日，只是时刻不同，而若遇到发件时刻较晚，就会出现收件隔日的情况。从这十天的情况来看，北洋发件和军机处收件时刻的差异具体影响到的有 1 件，即《电报档》系在"八月十七日子刻"下的"聂士成安州十五日来电"其实是八月十六日由北洋发出的，由该件末尾所缀韵目代日为"谏"字可知。因此在统计时，未将此算入这十日间李鸿章与军机处之间收发的电信内，因此得到李鸿章在这几天至少向军机处发出 46 件电奏的结论。

朝、日间或中、日间的小规模遭遇战。而那未被编入十日军情汇总清单的 10 件北洋逐日电奏其实也与中日战局有关，其中有 6 件是关于挪垫购枪款、进口兵轮、舰艇、枪械等后勤军需事务的；有 3 件是大隈重信对中日战局的条陈情报及有关捉拿日本奸细、查明日本购置军火数量等情报事务的；另有 1 件寄出而未被缮递的事关彻查"泰安"号兵轮事件的复旨。① 这些都没有被汇抄入清单再次呈报。

因此可以看到，李鸿章这十天里的逐日电奏涉及前方用兵与后方军需调动、情报工作及战场调查等内容。到了军情汇奏时，涉及后方军务的电报被剔除了。不过，有关日后被称为"大东沟海战"和"平壤陆战"两场战役接仗情形的那 10 件电奏在十日汇抄的 36 件电奏中并不占较大比重，也没有从与布防相关的那些小遭遇战中被突出来，加以特别排序。

在文字上，军情汇总和原电奏基本一致，其中有几种变动较为常见。

第一，往往会将李鸿章所呈电报的原发电者职衔删去或改写。如《奏报前敌紧要军情（附一件）》（下文简称"《清单》"）第 2 条作"叶志超盐申电递安州转电"，《电报档》抄录原电奏的文字为"叶提督盐申电安州转电"②。又如《清单》第 4 条作"叶志超咸午专足递安州转电云"，《电报档》为"叶提督咸专足安州转电云"③。《清单》此条同样补出"递"字，并将"叶提督"改为"叶志超"并去掉职衔。《清单》第 10 条作"丁提督、洋人泰乐尔及汉纳根皆受伤"，《电报档》为"丁军门、洋人泰乐尔及汉纳根皆受伤"。《清单》第 13 条文字作"左宝贵欲痛剿殆尽"，《电报档》为"乃左镇欲痛剿殆尽"等。

第二，将所有原电奏末尾所缀的发件人"鸿"字和韵目代日的发件时刻改为数字记日和地支记刻。如《清单》第 1 条末尾为"十七日申刻"，《电报档》抄的原电奏后缀为"鸿筱申"；《清单》第 3 条件末尾为"十

---

① 参见中国第一历史档案馆编《清代军机处电报档汇编》第 10 册，中国人民大学出版社，2005，第 136—266 页。

② 《电报档》此处还少了一个"递"字，似非漏抄，应是原电如此，因《清单》第四条也有相同增补。

③ 似漏抄代表时刻的"午"字。

七日申刻"，《电报档》抄录的原电奏后缀为"鸿筱酉"① 等。

第三，《清单》在有些内文信息上会与《电报档》抄录的原电奏有出入，有些还是比较重要的信息。这种讹误可能是出在《电报档》抄录环节，也有可能是《清单》对原电奏做了修改。如《清单》第 15 条"为平壤失守事"叙述杀敌人数，其文字作"昨晚与张哨官带队在要隘口巡哨，一逃兵称平壤十一至十五大小百余战，我兵均胜"，《电报档》抄录原折为"昨晚与张哨官带队在要隘口巡哨，问一逃兵，称平壤十一至十五大小百余战，我兵均胜，杀倭兵万余"。八月二十九日汇抄呈递的清单少了《电报档》抄录原电时的"问"字和"杀倭兵万余"五字，似不太可能为抄手误植补出。若这一删改确实出于李鸿章汇抄呈递的过程，那么定时军情汇奏这一军报形式就对逐日电奏的动态叙述做过事后校正与修订。

除北洋大臣外，军机处在这十天里另收到 21 件来自交战、后勤与防务区域疆臣的相关电奏，其中与后勤军需相关的有 10 件，与战况及防务调整有关的有 8 件，涉及整体战局事务的有 2 件，其他事务 1 件。在这 21 件电奏中，关于平壤战役的奏报共 2 件：八月二十日收到盛京将军裕禄等"为左宝贵阵亡及筹备防务事"电奏 1 件、八月二十一日收到黑龙江将军依克唐阿"为奉旨带兵前往奉天驻扎九连城事"电奏 1 件。② 也就是说，八月十七日至二十七日这十天里，军机处共收到与战事相关的日常电奏至少有 67件（另有 2 件电奏是与战事完全无关的），其中与大东沟战役直接相关的共12 件，与平壤战况直接相关的计 9 件。而这 21 件与重要战役相关的电奏，是依战事动态的发展，混植于其他 46 件军事叙述中渐次陈述的，在最初并没有被当作对一个独立事件的专题描述去叙述、奏报与汇总。对于独立战事的专题详述，要在另一个行政环节中聚焦与成形，即战役之后责任人出于回

---

① 此处《清单》缮递本的"申刻"与《电报档》的"酉"不合，两者应有一处抄错。

② 在这些电报中，闽浙总督谭钟麟 3 件、出使美国大臣杨儒 1 件、南洋大臣刘坤一 3 件、台湾巡抚邵友濂 4 件、出使英国大臣龚照瑗 2 件、盛京将军裕禄 3 件、黑龙江将军依克唐阿 1件、署黑龙江将军增祺 1 件、两广总督李瀚章 1 件、吉林将军长顺 1 件、湖广总督张之洞 1件。参见《清代军机处电报档汇编》第 10 册，第 141—250 页。

复朝廷质询、保举或参奏前线将弁以便随时激励士气等具体目标而做出的专折具奏。

相较于日常军报和定时军情汇总，对于战役的专折详奏其陈述针对性要更强，往往首先是为朝廷对重要战役的责任调查而做的全面回复。这类专折常有多次奏报，每次奏报各有侧重或内容前后修正的情况出现。如光绪二十年六月二十五日辰刻，李鸿章以专折电寄总理衙门汇报丰岛海战的战况。

> 前派津队二千余，雇英商轮三只分运牙山接应叶军，因英轮挂英旗，当可进口，并派海军"济远""广乙"两船往牙口迎护登岸。顷"济远"管驾方伯谦回报，二十一二日，英轮"爱仁""飞鲸"装兵抵牙，均陆续上岸。二十三日辰，突有倭兵船多只在牙口外拦截我兵船，彼先开炮聚攻，"济远"等竭力拒敌，鏖战四点钟之久。"济远"中弹三四百个，多打在望台、烟筒、舵机、铁桅等处，致弁兵阵亡十三、受伤二十七，幸水线边穹甲上有钢甲遮护，只有一处中弹，机器未损。
>
> 倭船伤亡亦多。午时，我船整理炮台损处，倭船紧追，我连开后炮，中伤其望台、船头、船腰，彼即转舵逃去。但见"广乙"交战，中敌两炮，船已歪侧，未知能保否。又，运送军械之"操江"差船适抵牙口，被倭船击拿。英轮"高升"装兵续至，在近牙小岛西南，亦被倭船击中三炮，遂停轮而沉等语。鸿查，华、倭现未宣战，倭船大队遽来攻扑我巡护之船，彼先开炮，实违公法。我船甚单，赖"济远"钢甲尚坚，苦战支持，未至大损。"广乙"则闽厂所造铁皮小船，中炮即形歪侧，现尚未知下落。至"高升"系怡和商船，租与我用，上挂英旗，倭敢无故击沉，英国必不答应。除接仗详细情形及伤亡弁兵查明再奏外，已饬海军提督丁汝昌统带铁快各船驰赴朝鲜洋面，相机迎击。续再驰报，乞先代奏。鸿。[①]

---

① 《寄译署》（光绪二十年六月二十五日辰刻），顾廷龙、戴逸主编《李鸿章全集》第24册，第168页。

此折于次日（六月二十六日）缮递①后，军机处即据以奏请朝廷布告各国并明发谕旨对日撤使宣战。②两日后（六月二十八日），清廷照会各国公使，③并于七月初一日明发宣战谕旨④邸抄全国。

该折缮递的次日（六月二十七日），清廷曾继续下旨催问后续情况。⑤李鸿章即于当天下午酉刻以前节所述更为详细的奏报复旨，补出信息来源和当时得到的伤亡数字。⑥

七月十三日，李鸿章具折奏请奖励于丰岛海战中救助落水将士的法、德、美三国船主；八月二十日，翰林院侍读学士文廷式奏请超擢在海战中"忠勇御敌奋不顾身"的"广乙"管带林国祥；九月初九日，李鸿章奏复以林国祥接任管带"济远"的谕旨。这些专折都比较详细地陈述了一部分战况。

> 再，倭人于六月二十三日在朝鲜牙山洋面，乘我无备，击沉租用英国"高升"轮船，内装载兵勇九百五十人。二十四日，法国利安门兵船行至该处，从"高升"船桅顶及漂流舢板中救出兵勇四十二人及"高升"舵工升火三人。当船沉时，凫水逃入海岛各弁兵，经德员汉纳根送信，停泊仁川之德国"伊力达斯"兵船驶赴该岛，载回兵勇一百十二人，并"高升"水手升火八名。汉纳根又于烟台会同德兵船主商之英国"播布斯"兵船，再往该岛载回弁勇八十七名。先后送至烟台，

---

① 《收北洋大臣电》（六月二十五、二十六日缮递），《清代军机处电报档汇编》第 9 册，第 226—229 页。

② 《奏报日兵已在牙山击我兵船万难姑容请明发谕旨并布置进兵事宜》，军机处档折件，编号：故机 134246；中国第一历史档案馆编《清代军机处随手登记档》第 139 册，国家图书馆出版社，2013，第 284 页。

③ 《照会各国公使转达各该国为日本悖理违法首先在朝鲜开衅情形》（光绪二十年六月二十八日），军机处档折件，编号：故机 134255。

④ 《德宗景皇帝实录》第 344 卷，光绪二十年七月一日。亦见北平故宫博物院编《清光绪朝中日交涉史料》第 16 卷，1932，第 2 页。

⑤ 参见《附译署来电》，顾廷龙、戴逸主编《李鸿章全集》第 24 册，第 175 页。

⑥ 《寄译署》，顾廷龙、戴逸主编《李鸿章全集》第 24 册，第 175 页。

均经妥为抚恤，分起回营……①

再，朝鲜小阜岛之战，倭人突出击我运船，"济远"既伤，"操江"被掳，独"广乙"兵船管带林国祥奋不顾身，与之鏖战，倭三舰皆受伤。及船身被炮将沉，犹能激励士卒，开足机力，突撞倭"松岛"铁舰之腰，与之俱没。盖粤东四舶本系木质轮船，唯船头碰铁一枝尖利坚劲，该管带出全力以御敌，遂能尽此船之用。事后倭人深讳其败，而各国海军之观战者均啧啧然称仰其人，幸船没后凫水得救……②

再，广东"广乙"兵船管带游击用尽先都司海安营守备林国祥，前调赴朝鲜牙山护送运船，途遇倭船截住，开炮轰击，极力还炮，中敌甚多。嗣倭炮猛攻，雷舱、雷筒、望台、图房均被轰毁，仍竭力抵御，直至舱内火起，适当倭船追击"济远"之际，乘间向南驶避，至海岛搁浅，火未救灭，全船被焚。当时接仗大略情形，业经臣电致总理各国事务衙门奏闻。③

李鸿章首次专折奏报战况时，侧重于交战的伤亡与损耗情形；而在后续与战事相关的请奖与复命奏折中，则对交战情形做了细节更丰富的陈述，例

---

① 《请奖法德美三国船主片》，顾廷龙、戴逸主编《李鸿章全集》第 15 册，第 393 页；《奏为倭人于六月二十三日在朝鲜牙山洋面乘我无备击沉租用英国高升轮船由装载兵勇九百五十人等由》（光绪二十年七月十八日奉朱批"着照该衙门知道"），军机处档折件，编号：故机 134676。此系附片。

② 《奏为广乙兵船管带林国祥忠勇御敌奋不顾身请超擢任用》，军机处档折件，编号：故机 135496。该片为文廷式《奏请严饬海军与倭决战折》的附片，军机处接奏日期为光绪二十年八月二十日。参见《清代军机处随手登记档》第 139 册，第 571 页。另见《附件一 文廷式奏请擢用奋战之管带林国祥详片》，《清光绪朝中日交涉史料》第 20 卷，第 1608 件。

③ 参见《奏为广东广乙兵船管带游击用尽先都司海安营守备林国祥前调赴朝鲜牙山护送运船途遇倭船截住开炮轰击等由》（光绪二十年九月初七日具奏，九月初九日获朱批"该衙门知道"），军机处档折件，编号：故机 136057；顾廷龙、戴逸主编《李鸿章全集》第 15 册，第 452 页。前文献为附片。

如添出"各国海军之观战者"之类第三者视角的陈述，① 着重描述将士作战表现等。这些出于汇总战损、奖恤、劝战等于战时必不可少之行政环节的文书表述，渐渐开始将战争朝向更适于"观看"的方向呈现。较之于日常军务电报与定时军情汇总内容的繁杂与视角多元，专折奏报汇拢视角、充实局部细节的倾向颇为明显，这一点当与这些奏报的具体行政目的有关。

光绪二十年十月二十四日，旅顺失守。二十六日，李鸿章在收到东边道刘含芳发来的前线溃员讯问汇报、"金龙"船探报及来自英国兵船"播布斯"号的观战情报等前线交战信息后，即撰折请总理衙门代奏失守战况并自请议罪（"是旅顺已失，救援无及，愧愤莫名，应请从重治罪"）。② 二十八日戌刻，总理衙门转来电旨，除询问与安排相关后续军事部署外，要求李鸿章继续将"旅顺失事详细情形着迅速具奏"。③ 李鸿章遂于当日以专题"奏为查明旅顺失守详细情形恭折复陈"，由五百里加急驿递至京。该折在十一月初一日获得朱批"览奏均悉"。④ 其所称信息仍源自刘含芳在二十七日发往北洋的续报，乃根据由民船救起的"溺水之记名提督黄仕林，水雷营帮带官孔玉祥、何青云及雷兵七人，送至烟台询悉"，其"所言与前电相同，而情事较为详晰"。⑤ 可以说，关于战事的细节是在实际公文流转的过程中逐渐朝向特定方向明晰丰富起来的。

除作为战报信息中枢的北洋大臣外，参战将领也会在事后具专折回复朝廷的查问或随时参、保以激励前方。这类针对调查的复奏，往往与战事的发生有一定时间差，叙述更加明确。如平壤之役主要将领、帮办北洋军务、四川提督宋庆，就曾在战事结束后的九月二十四日至十一月十五日，出奏回复

① 《明治二十七八年日清战史》的讲法和中方基本一样，仅在人数上有区别，中方说救了87人，日方说71人。
② 《寄译署》（光绪二十年十月二十六日戌刻），顾廷龙、戴逸主编《李鸿章全集》第25册，第190—191页。
③ 《附译署来电》（光绪二十年十月二十八日戌刻），顾廷龙、戴逸主编《李鸿章全集》第25册，第196—197页。
④ 《呈李鸿章奏查明旅顺失守详细情形等折件记旨单》（光绪二十年十一月初一日），军机处录副奏折，档号：03-5720-01。
⑤ 《旅顺失守折》，顾廷龙、戴逸主编《李鸿章全集》第15册，第499—500页。

之前朝廷要求查实的"平壤之役统将卫汝贵叶志超等被参各情"。① 并在次年九月二十四日，具折保奏在平壤战役中"临敌奋勉异常出力"的马玉昆等员。②

如前所述，这些关于战况的详奏，最重要的实际行政目的之一就是奖恤前线员弁或参奏责任人员，以便朝廷激励劝战。出奏者主要是战事总负责北洋大臣或如盛京将军裕禄这样的涉战区域疆臣。因此，这些"查参失守文武各员""自请严议"折往往在汇总了各方调查后，于撰折陈述时会偏重于员弁接仗表现或解释致败的主客观原因，而非交战双方的战后技术分析。如光绪二十年十月十九日盛京将军裕禄呈奏《安东凤城失守查参文武各员折》，主要陈述的是"安东无城可守""凤城虽有城池仅只本城兵役"等客观原因。③ 而李鸿章在八月二十二日关于平壤败退"自请严议"的奏折中，则以约 2000 字详细描述了卫汝贵、马玉昆、左宝贵、丰升阿等将领在前线的苦战经过。折中屡有以战场第一视角描述的文字，力陈"此次各军血战之苦，数十年所未见"。比如"又由江东县北路渡来大股，及成川之贼万余人同时来攻江自康营，该提督与左宝贵、丰升阿亲督数千人设伏夹攻，至晚倭势始弱，各军奋力齐上，追至四里外，生擒及割取首级二百余名，枪毙不计其数。我军共伤亡三百余人"；又如"左宝贵力疾亲督三营并诸将迎头血战，倭抵不住，始退。左宝贵奋勇前追，忽胸前中枪阵亡。甫收队回城，而倭渐又逼近，各军苦战五昼夜，子尽粮绝，战死沟壕者不忍目视"。④ 这些特征一则与公文的信源为参战人员口述回忆有关，二则与公文的特定行政目

① 宋庆：《奏为遵旨查办平壤之役统将卫汝贵叶志超等被参各情据实复奏事》（光绪二十年十一月十五日），军机处录副奏折，档号：04-01-16-0243-111。

② 《奏为马玉昆等员临敌奋勉异常出力请准仍照原拟奖励事》（光绪二十一年九月二十四日），军机处附录奏折，档号：03-5907-146。

③ 《中日甲午战争档案汇编》对于这份折件的系日有误，按光绪二十年十月十九日军机处已记录了关于这份折件的朱批"另有旨"，该折当不晚于十九日呈递。参见《裕禄为报安东凤凰城失守请旨惩处文武各员的奏折》，辽宁省档案馆编《中日甲午战争档案汇编》，辽宁人民出版社，2014，第 168—175 页；《十月十九日裕禄等奏拟批呈进》，军机处档折件，编号：故机 137064。

④ 李鸿章：《奏为倭兵猛扑平壤诸军退至安州拨实奏参并自请严议》（光绪二十年八月二十二日具奏，八月二十四日奉朱批"另有旨"），军机处档折件，编号：故机 135601。

标相吻合。

除前述北洋大臣从驻外使节、特殊地区专职道、前线作战单位等处获得的接战状况汇报并据此以上述三类公文形式呈奏之外，涉战区域疆臣也会就战事与各交战地区的责任官员之间以平行咨文或上行禀文等调查、沟通处置结果，形成公文流转。如吉林将军长顺为"驻朝鲜叶志超、聂士成部与倭接仗情形"给总理衙门的咨呈（光绪二十年八月六日）；光绪二十年十月十二日至十五日，凤凰城守尉佑善、凤凰防御景云、署东边道库大使吴廷沅等分别就凤城失守问题给盛京将军裕禄的禀文；安东县巡检俞宝仁为安东县失守经过给裕禄的禀文；十月二十一日至十一月十三日，裕禄为报安东凤凰城失守请旨查参文武各员的奏折等。① 这些上下行环节产生的文书，也会将有关战事纷繁复杂的信息聚拢到特定的观察点上来形成描述。

综上而观，专折详奏这一奏报形式由于时效较晚，对各类信息的汇总度较高，具奏目标更为明确，于战事官方史叙文本的形成而言，就较前述两类奏报处于叙事化程度更高的下游文本位置。对战役的陈述边界清晰，剔除了与交战相伴生的冲突、战备、情报、布防等过程，而聚焦接战时的将弁行动、功罪及战损等。可以说，专折对战役过程的陈述都是围绕这类行文重心展开的，这种特征又往往通过文献归档、史馆修传等形式进入官方史叙文本并保留了下来。

二　朝廷谕旨

除前述上行的军务汇报外，朝廷公开诏告或以"廷寄"方式通过总理衙门或军机处下发给相关大臣的谕旨更是战争官方史叙的重要文本。实录、起居注等官修史书便常常直接援据采录。

光绪二十年六月二十八日，清廷先由总理衙门"照会各国公使转达各该国为日本悖理违法首先在朝鲜开衅情形"，向各国发出对日宣战照会。两天后又明发谕旨，经由内阁诏告全国，"倭人渝盟肇衅，无理已极，势难再

_____

① 参见《中日甲午战争档案汇编》。

予姑容，着李鸿章严饬派出各军，迅速进剿，厚集雄师，陆续进发，以拯韩民于涂炭"，① 宣布对日出兵。这道谕旨后来被归入《洋务档》，并修入《德宗景皇帝实录》。关于宣战照会和谕旨出台的详细过程，戚其章先生已有非常详细的考订。大致情况是，1894 年 7 月 25 日丰岛海战发生，英国公使欧格讷（Nicholas O'Coner）当天即至总理衙门表示，英、俄、德、法、意国会"合力逼着日本讲理"。26 日，总理衙门接到北洋大臣李鸿章前节所述电奏，汇报前线情况。27 日，总理衙门又接到李转述驻英公使龚照瑗从英国外交部得到的信息，判断形势在列强的干预下稍为缓和，便按下拟好的宣战照会，发电北洋询问李有关"布告各国"事宜具体到"应如何措词，以臻周密"的意见。② 28 日，李鸿章电复总理衙门，对其所拟宣战照会在陈述和措辞上的要点发表了意见。

> 倭先开战，自应布告各国，俾众皆知衅非自我开。似宜将此案先后详细情节据实声叙，钧署拟稿必臻周妥。内属国一节，朝鲜与各国立约时均声明在先，各国虽未明认，实已默许，可否于文内轻笔带叙。斯我先派兵非无名，后来各国调停议结亦暗伏其根。③

李鸿章建议，应当强调朝鲜是中国的"属国"，这一点也是朝鲜在与列强立约时自己声明过并得到默认的，有案可据。若朝廷在照会这种正式公告中明确这一点，有利于论证出兵及各国调停的合法性。李鸿章的这一建议被总理衙门采纳，在之后官方有关甲午战争的史叙中得到明确表述和规范定位。

---

① 《清代军机处随手登记档》第 139 册，第 295 页；中国第一历史档案馆编《光绪帝起居注》第 10 册，光绪二十年岁次甲午七月初一日乙亥寅刻，广西师范大学出版社，2007，第 371—372 页。

② 《附译署来电》（光绪二十年六月二十五日亥刻到），顾廷龙、戴逸主编《李鸿章全集》第 24 册，第 171 页。

③ 李鸿章：《复译署》（光绪二十年六月二十六日辰刻），顾廷龙、戴逸主编《李鸿章全集》第 24 册，第 172 页。

为照会事，前因朝鲜全罗道有乱民滋事，该国王备文请援，经北洋大臣奏明我朝廷，因该国前两次变乱均经中国为之勘定，故特派兵前往，不入汉城，直赴全城一带进剿。该匪闻风溃败，我军抚恤难民，方谋凯撤，讵日本亦派兵赴韩，托名助剿，实则径入汉城，分踞要隘。嗣又屡次添兵至万余不止，竟迫胁朝鲜不认中国藩服，开列多款逼令该国王一一遵行。查朝鲜为中国属邦历有年所，天下皆知，即该国与各贵国立约时均经声明有案，日本强令不认，于中国体制有碍，已失向来睦谊。至比邻之国劝其整理政务，原属美意，但只能好言劝勉，岂有以重兵欺压逼勒强行之理。此非但中国不忍坐视，即各国政府亦皆不以为是。……中国念各国共敦和好之意，断不肯遽与开衅，致生灵涂炭，商务有伤。后虽添兵前往保护，亦距汉城尚远，不至与日本兵相遇启衅。何意该国忽逞阴谋，竟于本月廿三日在牙山海面突遣兵轮多只，先行开炮，伤我运船，并击沉挂英旗英国"高升"轮船一只。此则衅由彼启，公论难容。……今特将日本悖理违法首先开衅情事始末，备文照会贵大臣转达贵国政府查照。须至照会者。①

照会采纳了李鸿章的建议，强调朝鲜历来为中国的"属国"，与中国有"藩服"关系，以此解释虽然"我先派兵"但"衅非自我开"，并按照北洋的军报陈述了日本先炮伤中方"运船"并击沉张挂英国国旗的英轮"高升"号这一情况，以证"衅由彼启"。② 这些陈述要点在后来的战史中都保留了下来。

7月30日总理衙门向各国公使发出照会后，8月初即收到法国、比利时、美国、德国、意大利、俄国等国公使的照会，纷纷回复以"日本开衅始末已转达本国""中日失和事已悉即译达本国"等语。除此之外，

① 《照会各国公使转达各该国为日本悖理违法首先在朝鲜开衅情形》（光绪二十年六月二十八日具奏），军机处档折件，编号：故机134255。
② 参见《奏报日兵已在牙山击我兵船万难姑容请明发谕旨并布置进兵事宜》，军机处档折件，编号：故机134246；《韩事决裂遵拟办理次第由》（光绪二十年六月二十六日），《清代军机处随手登记档》第139册，第284页。

总理衙门还咨北洋大臣请其令人将照会译成"洋文"登报，以使各国知闻。①

在向各国发出照会两天后，清廷又以明发谕旨晓谕内外臣工，并经由邸抄②与报刊"宫门抄"等传播形式向全国臣民宣布对日进入战争状态。

> 谕内阁：朝鲜为我大清藩属，二百余年，岁修职贡，为中外所共知。近十数年来，该国时多内乱。朝廷字小为怀，叠次派兵前往截［勘］定，并派员驻扎该国都城，随时保护。本年四月间，朝鲜又有土匪变乱，该国请兵援剿，情词迫切，当即谕令李鸿章拨兵赴援。甫抵牙山，匪徒星散。乃倭人无故派兵，突入汉城，嗣又增兵万余，迫令朝鲜更改国政。种种要挟，难以理喻。我朝抚绥藩服，其国内政事，向令自理。日本与朝鲜立约，系属与国，更无以重兵欺压，强令革政之理。各国公论，皆以日本师出无名，不合情理，劝令撤兵，和平商办。乃竟悍然不顾，迄无成说，反更陆续添兵。朝鲜百姓及中国商民，日加惊扰，是以添兵前往保护。讵行至中途，突有倭船多只乘我不备，在牙山口外海面，开炮轰击，伤我运船。变诈情形，殊非意料所及。该国不遵条约，不守公法，任意鸱张，专行诡计，衅开自彼，公论昭然。用特布告天下，俾晓然于朝廷办理此事，实已仁至义尽。而倭人渝盟肇衅，无理已极，势难再予姑容，着李鸿章严饬派出各军，迅速进剿，厚集雄师，陆续进发，以拯韩民于涂炭。并着沿江沿海各将军督抚，及统兵大臣，整饬戎行，遇有倭人轮船驶入各口，即行迎头痛击，悉数歼除，毋得稍有退缩，致干罪戾。将此通谕知之。③

---

① "七月初一日发北洋大臣李鸿章文　浮签：倭事布告各国照会，请饬译洋文登报并山海等处筹防由。"《倭事布告各国照请饬译洋文登报并预筹山海关等处防务》（光绪二十年七月初一日发文），总理各国事务衙门档案全宗·朝鲜档，"中央研究院"近代史研究所档案馆藏（下略），馆藏号：012503302039。

② 《邸报》光绪二十年七月初一日。

③ 《清实录》第 56 册，中华书局 1987 年影印本，第 396 页。

这件宣战谕旨后来不仅进入了清朝官方的各类馆阁档册及官修书史（如起居注），① 又进入《德宗景皇帝实录》，② 亦被翻译成英文，刊登于上海的《字林西报》（*The North-China Daily News*），或被英译邸报（*Translation of the Peking Gazette*）转录，③ 从而进入了跨语际史叙流转的正式机制。

三　翰詹科道的纠劾弹章

除前述以北洋大臣为枢纽，通过枢、译两署上行之军报奏章及朝廷谕旨外，在京翰詹科道等文官在由各种公私渠道得到各类前线信息后，也会迅速以专折条陈分析议论战局，参奏责任官员，并据此建议奖惩前线将弁。④ 在丰岛海战中日正式接仗之前，御史吏科给事中余联沅就在六月初七日奏请"为日本兵犯朝鲜，请饬刘铭传、刘锦棠分赴南北洋帮办军务"；六月十五日礼部右侍郎志锐出奏，"奏陈日本人谋占朝鲜事机危急请速决大计"；六月十七日福建道监察御史安维峻出奏，请朝廷明诏声讨"日本负约之罪"并明降谕旨对"心怀携贰"的朝鲜国王"责其从敌之罪"；六月二十一日江南道监察御史钟德祥出奏对朝鲜兵事"密陈管见"并另折"奏陈朝鲜被日本启衅之由"，以及建议朝廷对驻日公使汪凤藻"严加诘问"。

自光绪二十年六月二十三日丰岛海战起，继而牙山陆战告急，到六月二十七日成欢驿之战北洋陆军受重创，七月初一日清廷颁布宣战明旨，再到八月十七日平壤失守，淮军精锐退至鸭绿江，朝鲜全境沦于敌手，直至八月十八日黄海海战北洋舰队失利，短短月余间，甲午战争全局胜负初定。在这阶段战事高速推进的过程中，弹章不绝。如七月十六日钟德祥弹劾李鸿章、叶志超、丁汝昌畏战。同日，掌江西道监察御史王鹏运弹劾李鸿章"狃于和议，着着落后，坐失事机，致令夷兵先据汉城，叶志超孤军坐困……"八

① 《光绪帝起居注》第 10 册，第 371—372 页。
② 《清实录》第 56 册，第 396 页。《德宗实录》第 344 卷 "光绪二十年七月一日" 条前标注 "记注" 二字，乃指此条史源来自起居注馆的当日起居注。
③ "Imperial Decrees," *The North-China Daily News*, 3 Nov. 1894, p. 4; Imperial Decrees/Declartion of War Against Japan, *Translation of the Peking Gazette 1894* (Shanghai), 1895.
④ 庄吉发先生曾对战争期间翰詹科道官员的弹章做过详细梳理，并归纳陈述了其中各类主张。参见庄吉发《中日甲午战争期间翰詹科道的反应》，氏著《清史论集》（二）。

月二十日，翰林院侍读学士文廷式弹劾军机处、总理衙门"专恃北洋，然始则调兵稽迟，继则海军畏怯，近切粮运濡滞……"① 九月二十一日，文廷式又为洋员汉纳根等请授实官，并请为殉国的副将邓世昌于威海卫建祠。② 十月六日，江南道监察御史管廷献出奏建议针对前线"督师无人"的情况"简派大员，统兵赴援，以固根本而维大局"。

出自翰詹科道的这些弹章，往往会先根据具奏人了解到的信息，概述前线战况。如前述文廷式弹章附片《请擢用奋战之管带林国祥详片》，描写丰岛战役如同亲见："再朝鲜小阜岛之战，倭人突出击我运船，'济远'既伤，'操江'被掳，独'广乙'兵船管带林国祥奋不顾身，与之鏖战，倭三舰皆受伤。及船身被炮将沉，犹能激励士卒，开足机力，突撞倭'松岛'铁舰之腰，与之俱没……"③

清代自康熙三十九年后，朝廷复令"嗣后各省督抚、将军、提镇以下，教官、典史、千把总以上官员贤否，若有关系民生者，许科道官以风闻入奏"，④ 因此，上述翰詹科道针对前线的弹章，即同样常以"以臣所闻""近闻""复闻"等用语笼统交代出奏依据，只在极少数情况下方述及所奏具体信源。如前述志锐主战奏章写道："奴才近日证以传闻，参诸洋报，皆言北洋大臣李鸿章与译署大臣主持此事，一味因循玩误，辄借口于衅端不自我开，希图敷衍了事。"可见，甲午战争期间翰詹科道的参奏陈述中，信息的准确并不是重点和必要条件，根据道听途说就可以陈述战况和发表意见，因此这些以论为主的陈述就构成了官方史叙中的另一类元素。

---

① 文廷式：《翰林院侍读学士文廷式奏请严饬海军与倭决战折》，《清光绪朝中日交涉史料》第 20 卷，第 1608 件。

② 文廷式：《奏为洋员汉纳根等抗倭著成成效请授实官酌给奖励并副将邓世昌殉勇烈请于威海卫建祠事》（光绪二十年九月二十一日），军机处录副奏折，档号：04-01-01-1000-047。

③ 《附件一 文廷式奏请擢用奋战之管带林国祥详片》，《清光绪朝中日交涉史料》第 20 卷，第 1608 件。

④ 昆冈修，刘启瑞纂《钦定大清会典事例》第 83 卷"吏部六十七·处分例·言官奏事不实"，第 4676 页；《大清圣祖仁皇帝实录》三卷之二百一，康熙三十九年九月至十月，丁卯。

四　军、政衙署间的平行文移

除上述几类上下行文书外，还有一些平行文移如总理衙门等收到的战况军情咨会等，也对战事有较为详细的信息汇总与陈述，并流向该衙门的清档册，从而成为相关战争官方史叙的来源。如光绪二十年八月六日，长顺以咨呈向总理衙门汇报边境战况和防务，咨文称：

为咨呈事，光绪二十年八月初六日准帮办珲春副都统恩咨开，光绪二十年七月二十六日据朝鲜庆兴都护府使兼陆路通商事金禹铉禀称，本月二十三日承本道按抚使闵钟然函开，本月初七日至汉城，情形今才探得，倭奴自前月二十一日占据宫内四城门，派兵把守，西门则牢锁，未料其何意，畿内安山、南阳、水原、广州、杨州等地皆被扼要屯驻。叶、聂两帅去二十七日牙山下陆，于杨城素沙地杀倭奴千余。华兵以众寡不敌，自退于京距三百里之地公州营苦待后援云，而倭人旋以大捷夸张回军……今初五日，倭兵一千下陆于元山，二舰继至，自元山安边抵京，一路倭兵粮马络绎不绝……京电既绝，不通事机，自此思维，不容不急告珲衙以听确算。兹以专函祈即转详等因……伏祈垂鉴等情。据此，本帮办查倭寇既得元山，则咸镜北道所属地方与珲春仅隔一江，险要处所均在韩地……当经本帮办电准贵督办将军电奏在案。兹据该府使补具印文前来，除饬侦探倭贼情形随时具报外，相应咨会，为此合咨，查照转咨等因，准此。正在备文咨呈间，又据三岔口垦务局记名副都统恩桂以七月二十日密查得三岔口东南大乌蛇沟河东距街三十余里，此处系俄界，现有俄国马兵二百名在彼设有帐房数处，日夜屯聚侦探情形，仍以避瘟为词。……一切该俄加意防范，时为密探等情禀报前来，相应备文转报。为此咨呈贵衙门，谨请查核施行，须至咨呈者。右咨呈钦命总理各国事务衙门。①

———————

① 《长顺为报驻朝叶志超聂士成部与倭接仗情形给总理各国事务衙门的咨呈》，《中日甲午战争档案汇编》，第52—58页。

这件吉林将军长顺的咨文是对当天珲春副都统恩祥咨文的转陈。恩祥原咨内有关朝鲜宫内局势和牙山战况部分，是据朝鲜"庆兴都护府使兼陆路通商事"金禹铉七月二十六日致珲衙禀文之原文照录的。至于金禹铉的信息，则又是从朝鲜咸镜北道按抚使闵钟然函报而来。恩祥在准备这道咨呈的时候，同时还得到了国内三岔口垦务局记名副都统恩桂有关三岔口边境俄兵军事部署动态的密报，便也写入了咨呈。

这是一份典型的边境日常军事监测呈报。当公文流转到珲春副都统这里，关于中朝之间军事实况两个汇总了的情报，是被作为两个没有直接关联的边境动态抄录在一起呈报的。在叙述时既没有将事件特别剥离，也没有赋予前后因果脉络。这显然是一种高度事务化的陈述。文书之间的关联性是由吉林将军长顺在转抄行咨总理衙门这一环节中添加的。

关于边境的军情战况以禀文、咨文等上行、平行公文形式，在朝鲜咸镜北道、朝鲜庆兴都护府、珲春辖下三岔口垦务局到珲春副都统衙门间层层转抄、概述、汇总流转，赋予关联，再由吉林将军全文咨达在北京的总理衙门，最后归档入该衙门的清档册。

随着公文陈述自然发生的层层裁汰、增补、汇总，使得战争的面貌在文字层面逐渐清晰起来。通过馆阁归档及清廷既定的起居注、实录、国史馆"本纪""志""传""表"稿本、"方略"等制度性修史过程，这类公文直接进入修史之典，逐渐沉淀为官方战争史叙诸多规范表达的依据。

第三节　劝忠赐恤与甲午战争官修诸传稿

有关传统王朝官修史体制，学术界积累了相当多有价值的研究。讨论最初发端于史学史与历史文献学领域，接续《史通》分类史籍体例的传统，或清理历朝官修史的脉络，或依据会典等政书文献详述修史制度沿革，细致厘清历朝各类官修史籍的存世文献情况等。①此后，这一问题又引发了史学理论及制度史范畴的进一步探索。有研究者通过细察历代官修史传的史源，注意到不同体例的史书之间，在叙史功能上具有彼此依存的互补性关联。②也有研究者敏锐地注意到，纪传体史书虽然以人为叙述单位，实质上却是"以事为本"的，这是因为王朝政务文书与史传叙述之间存在直接的联系。③不过，因为断代史研究的分期，现有讨论基本上没有涉及 19、20 世纪之交帝制终结前后的情况。而传统王朝官修史机制在这一时期却发生了近代转型，清代官方馆阁修史稿本不仅是民初纪传体"正史"收官之作《清史稿》最基本的史源，官修史与国家文书行政之间绾结、解纽及逐渐向下开放的历史过程，更构成了中国近代史学转型的重要背景，需要找到深入讨论这一问题的具体切入点，甲午战争历史叙述的生成过程，正好为此提供了颇为适合的切入点。

如前所述，史叙文本的形成，至少与日常文书行政、馆阁书史常务与国家劝忠之典这三类王朝政务的日常运转密切绾结。这几类政务彼此关联，文本互相递转，形成了关于战事的官方史叙。前文讨论了日常文书行政与史叙文本之间的关系，本节则主要考察甲午战事阵亡将领的入史问题。笔者从以记人为经纬的王朝劝忠之典入手，分析甲午阵亡将领清季民初官修诸传稿，考察其史叙文本递转、裁汰与固定的历史过程，以讨论清代战事入史的旧有制度脉络及其近代转型。

---

① 庄吉发：《清史馆与清史稿：清史馆未刊纪志表传的纂修及其史料价值》，《文献足征——第二届清代档案国际学术研讨会会议论文集》，台北："故宫博物院"，2005；邹爱莲：《清代的国史馆及其修史制度》，《史学集刊》2002 年第 4 期；乔治忠：《增编清朝官方史学之研究》，天津古籍出版社，2018；谢贵安：《清实录研究》。

② 如李纪祥论述了纪事本末体史书如何从以事为篇摘抄《资治通鉴》的工具书演变为独立史书体例的历史过程，逯耀东认为《史记》"列传"与"本纪"之间的关系类似"传"之于"经"。参见李纪祥《袁枢〈通鉴纪事本末〉与"纪事本末体"》，《时间、历史、叙事——史学传统与历史理论再思》，台北：麦田出版公司，2001；逯耀东《列传与本纪的关系》，氏著《抑郁与超越：司马迁与汉武帝时代》，三联书店，2008。

③ 聂溦萌：《中古官修史体制的运作与演进》，上海古籍出版社，2021；唐雯：《〈旧唐书〉中晚唐人物列传史源辨析——以〈顺宗实录〉八传为中心》，《中华文史论丛》2022 年第 2 期。

一 "宁滥无遗"——国家劝忠之典

甲午战争时期，除围绕战事的各类情报、公文转递，以及馆阁书史修纂过程中对档案的日常累积、汇编等主要行政过程外，有关战争的官方史叙，特别是参战将领立传入史，主要与朝廷激励战事的劝忠之典密切相关。

清代素重"酬绩劝忠"的"饰终之典"，①以礼部祠祭清吏司总其事，对"王公大臣""官员兵勇士民""外藩国王"等不同政治身份人员的身后待遇各有详细的制度规定。大体上分为涉及臣工葬仪规制的"恤典"及有关其身后祭祀的"祠祀"两项主要内容。清前期，对身故臣工根据其品级、任职年限、有无战功等，分别给予"遣官祭葬""遣官临丧视祭葬""读文致祭""止给祭品，无祭文，不立碑""予谥""立碑"及赐予"致祭银""造坟工价银""立碑工价银"等各种不同层级的待遇。其中，对"文武官阵亡者"则"不论品级，具题候旨遵行"。在祠祭方面，大致有建专祠，入京师昭忠祠，附祀原籍府城关帝庙、城隍庙，阵亡者入于阵亡地方之府城昭忠祠内"居中设位致祭"等之别。此外，还有"赠官""荫恤"等附加推恩。②

嘉道以降，地方兵事频仍，太平天国运动后，清廷的"劝忠之典"有三个明显的变化。

首先，进入恤忠名单的人员范围迅速扩大到乡勇、土司官兵、村民、革职官员等朝廷正式文武员额以外的群体。如嘉庆四年（1799），"谕，嗣后乡勇阵亡，俱着一体议恤"；嘉庆七年，"议准八旗官员兵丁于京师入祠致祭，外省兵丁乡勇，各附祀于该籍府城之关帝庙、城隍庙……春秋二次，由该地方官承祭"；嘉庆八年，"谕，所有阵亡受伤及立功后病故各民壮，俱着

---

① 《清实录·大清世祖章皇帝实录》，中华书局，2008；《礼部·恤典》，昆冈修，刘启瑞纂《钦定大清会典事例》第499卷。

② 《礼部·恤典》，昆冈修，刘启瑞纂《钦定大清会典事例》第499卷。学界现有研究多将其归于中国古代的"奖赏制度""旌表制度"等之下，加以断代讨论，分疏沿革，颇多钩沉与发明。本处尝试在清代固有的政务设置框架内讨论这类行政过程，因此多依据会典等清朝官修政书的表述而展开。参见王彦章《清代的奖赏制度研究》，博士学位论文，浙江大学，2005，绪论。

照乡勇议恤之例，<u>一体咨部</u>，给予恤赏”，又“奏准乡勇自卫村堡，力屈阵亡者，与在官阵亡兵丁乡勇，<u>一体入祠立传</u>”；道光二十四年（1844），又议准“<u>土司官兵阵亡伤亡者俱立传入祠</u>”，“<u>村民阖门殉义，奉旨追赏职衔者</u>”，“<u>革职官员在军营效力，阵亡伤亡，并立传入祠</u>”。①

其次，主事权向省以下沉降。有关各地方受恤者的题名、事迹审核与建祠入祀等事宜，从礼部转归各路统兵大臣、督抚等实际主持，礼部的职能简化为存案登记。咸丰四年（1854），“谕，前经降旨着各路统兵大臣暨各该都督，迅速查明逆匪经过地方阵亡乡勇，除例得请恤外，其有激于义愤，杀贼殒身者，无论防剿逆匪土匪，准令绅民于各该地方建立总坊，一并题名，并从祀忠义祠……唯向来建坊入祠之案，例皆按年汇题，由部核复，未免往返需时，所有各处绅民杀贼遇害，即由<u>各路统兵大臣</u>及各该督抚查明，着于<u>该州县</u>申详到时，即行遵旨建坊入祠，随时咨部存案，俾免稽延”。②

最后，各地修建的功臣专祠大量增加。清初自顺治十一年敕建功臣专祠“于广宁门外”，“岁以春秋仲月致祭定南王谥武壮孔有德并妃白氏李氏”，此后京师功臣专祠历朝皆有增建，少则一处，多则数处。③自顺治十四年开始，“敕建忠节祠于湖广，祀湖广辰常镇总兵官左都督徐勇”。此后这种修在就任地及本籍的“直省功臣专祠”历朝皆有增建，以祭祀一些有显著功勋的文武官员，但总体上数量有限。④至同光年间，各地建专祠祭祀的情况大大增加，以致礼部不得不奏请“各省专祠宜择隙区旷土，毋侵民居，并禁改毁志乘名迹、圣贤祠墓”，并得到允准。甲午战争后，各地功臣专祠几致泛滥，“江、浙、河南、直隶、山东祀<u>李鸿章</u>，直隶、奉天、河南、安徽祀<u>宋庆</u>，安徽及芦台祀<u>聂士成</u>，湖南、江西、安徽、江宁祀<u>刘坤一</u>，广西、云、贵祀<u>冯子材</u>，安徽、湖南祀<u>曾国华</u>，甘、新祀<u>陶模</u>，直隶、安徽祀<u>马玉</u>

①　《礼部·恤典·官员兵勇士民恤典》，昆冈修，刘启瑞纂《钦定大清会典事例》第 497 卷。
②　《礼部·恤典·官员兵勇士民恤典》，昆冈修，刘启瑞纂《钦定大清会典事例》第 497 卷。
③　《礼部》，《大清会典则例》第 84 卷，文渊阁四库全书本；《礼部·群祀·功臣专祠》，昆冈修，刘启瑞纂《钦定大清会典事例》第 453 卷。
④　《礼部·群祀·直省功臣专祠》，昆冈修，刘启瑞纂《钦定大清会典事例》第 453 卷。

昆，……奉天建三贤祠，祀文祥、崇实、都兴阿，又祀左宝贵、依克唐阿、长顺。……于时各省纷请立专祠，谕毋滥"。①

显然，着眼于劝忠酬绩的恤典，是清朝一项涉及众多行政部门与纵贯各行政层级的重要日常政务。比如，道光二十四年有"应得恤典查例具奏之旨"，要求"文职行吏部，武职行兵部，满洲、蒙古、汉军并行该旗"，去查实该人"历任事迹"以确定适用的恤例，报送礼部。到同治元年又谕："议政王军机大臣查明诸臣死事情形，择其战功卓著，忠绩懋昭，足以表式人伦者，开单呈览。"此外，参与撰拟祭文、致祭、宣读祭文的部门，涉及内阁、翰林院、礼部、太常寺、鸿胪寺等京内衙署及各"该旗都统""原籍督抚""参佐道府大员"等京外各级文官武职。②

在这一行政过程中，撰写致祭文、碑文、"宣付史馆立传"、"立传入祠"等被视为重要的单项可叠加待遇加以细致规定。如顺治二年"定，大臣病故者，旗下官由该都统咨送吏部，汉官具呈吏部，查明转行到部，给予祭葬"。"（顺治）八年定，民公、侯、伯、精奇尼哈番内，有任内大臣、都统、大学士、尚书、镇守将军者，由部具题候旨立碑，致祭一次，内院撰文，遣官读文致祭。如世袭公、侯、伯、精奇尼哈番，止给祭品，无祭文，不立碑。虽系世袭，而在任勤劳已满三年者，仍给祭文，由部具题，候旨立碑。二品、三品官，给予祭品……。有战功者，吏部分别移送到部，具题请旨立碑。"道光二十四年，又在祭文的拟稿部门上细分出层级，从统一由"内院"撰拟，转而分为"翰林院撰拟""内阁撰拟"两种不同的层级待遇，还议准"予谥官员祭文翰林院撰拟，不予谥者均由内阁撰拟"及"八旗官员，本家择日报部，礼部将祭文誊黄"。另外，如前所述，同年又议准阵亡的土司官兵立传入祠。同治四年，朝廷为与太平军作战中阵亡的僧格林沁亲王颁下特旨，除"准其入祀京师昭忠祠"外，"其死事地方及该亲王出师省份，均着建立专祠"，并且"生前事功，宣付史馆立传"。③

---

① 赵尔巽等：《清史稿》第10册，中华书局，1977，第2607—2608页。
② 《礼部·恤典·官员兵勇士民恤典》，昆冈修，刘启瑞纂《钦定大清会典事例》第497卷。
③ 《礼部·恤典·王公大臣恤典》，昆冈修，刘启瑞纂《钦定大清会典事例》第499卷。

因此，围绕上述撰拟祭文、立传入祠而进行的调阅、核查、开列编订受恤人生平及功绩的工作，实际上是在日常政务框架下展开的，调动了从京内各部衙到省道府县各行政层级，主要依据它们按常规程式积累的文书档案。有关甲午战争的以传记为体例的官方史叙，也正因有这样一个脉络，故并不是在完全孤立的事后修史活动中成形的，而是深嵌于朝廷的日常政务运作，并以在不同政、军机构流转的各种文书为起点。下面以在凤凰城战役阵亡的将领永山为例，阐述官修传稿的成立过程，揭示其与朝廷劝忠之典的内在关联。

二　围绕"宣付史馆立传"的文书流转

光绪二十年十一月十九日，随黑龙江将军依克唐阿在辽东战场作战的汉军正白旗籍四品衔三等侍卫永山，于凤凰城反攻战役的一次遭遇战中"血战阵亡"，时年 27 岁。此前，依克唐阿为了补充辽东战场的兵力，于奉天、吉林、黑龙江三省所属旗民中招募了 14 营新兵，与自己带去的 8 营马步兵共同组成 22 营"黑龙江敌忾军"。这些临时招募的士兵常常"拐带"武器临阵脱逃，先后竟至不下数百人之多。在永山阵亡的这次战役中，也有哨官景奇等人临阵脱逃。前线师旅方殷，需要尽快恤功罚罪以激励战事，并且永山当时是除左宝贵之外在对日作战中阵亡的唯一高级将官。因此，五天后（二十四日），依克唐阿在军营中即以一折二片向朝廷具奏。[①]与此同时，将有关"哨官景奇等临阵脱逃严拿正法"的奏片行咨吉林将军衙门。[②]

朝廷在十二月初一日收到这报恤参罪的一折二片后，当天即朱批"另有旨"，并颁下上谕令"依克唐阿查明请旨分别奖恤"。[③]

于是，各相关衙署围绕永山议恤与立传这两项相关联的行政目的正式展开了公文流转。根据中国第一历史档案馆藏军机处录副奏折（片）、汇抄于

---

① 《黑龙江将军送永山战殁事迹咨文》，《永山传包》，传稿（包）-传包，台北"故宫博物院"图书文献处藏（下略），编号：故传 008670。

② 《关于将临阵脱逃官兵严拿正法的文件（三件）》，《中日甲午战争档案汇编》，第 275 页。

③ 《清代军机处随手登记档》第 140 册，第 2 页。

清国史馆为修传事务而行咨的各衙门咨文原稿，以及辽宁省档案馆藏黑龙江、吉林、盛京各将军衙门档案等几个来源，能大概清理出上述两个脉络公文流转的基本情况。

十二月十一日，兵部行咨依克唐阿，向他转达了从内阁抄出的上述明发上谕。二十二日，依克唐阿收到兵部咨文和转来的谕旨，即饬营务处将"其阵亡统领永山战迹履历……速造专文"，于次年正月初八日与前述原奏一折二片"钞粘备文"，一起咨送国史馆。二月初六日，国史馆收到咨文后归档待修。①正月二十六日，依克唐阿又向朝廷代奏永山之兄骑都尉寿山的谢恩折。②四月十九日，兵部片复国史馆对永山履历的查询，后者于四月二十六日将此复片存档。③闰五月，正白旗汉军都统衙门向国史馆回复查询永山出身的咨文。④五月十一日，兵部根据依克唐阿前述原折片所述和谕旨批复，议定了永山恤典的详细办法并向朝廷具奏，当日就得到了"依议钦此"的回复。兵部奉到朱批后，行咨吏、礼、工三部具体执行，并抄单行咨黑龙江将军衙门知悉。永山最终获得"比照一二品大员带兵统领出征阵亡"的恤例——恤银900两，并议给骑都尉世职，在"袭次完时，给予恩骑尉世袭罔替"。⑤

此后，围绕国史馆立传而展开的各种咨文往来仍继续流转。光绪二十二年四月初八日，兵部准到黑龙江将军衙门咨来的收文确认后，再次将永山的履历、恤例等详情抄单行文国史馆，以备修传。次年三月初一日，接任黑龙江将军恩泽又行咨国史馆，将该衙门兵司转呈的黑龙江城副都统衙门咨送永山履历册——有关"侍卫永山平生战功事迹及籍贯、旗佐、姓名、食俸、当差出身履历、何年月在何地方阵亡，并加恩、予谥、议给世职，及三代嗣息各节逐细查明造具清册"一册报送该馆，国史馆在五月十

① 《黑龙江将军送永山战殁事迹咨文》，《永山传包》，传稿（包）-传包，编号：故传008670。
② 依克唐阿：《奏为代奏骑都尉寿山之弟永山阵亡奉旨优恤附祠立传谢恩事》（光绪二十一年正月二十六日），军机处录副奏折，档号：04-01-16-0245-019。
③ 《部复永山转查片文》，《永山传包》，传稿（包）-传包，编号：故传008670。
④ 《正白汉复永山出身咨文》，《永山传包》，传稿（包）-传包，编号：故传008670。
⑤ 《永山履历册》，《永山传包》，传稿（包）-传包，编号：故传008670。

九日将这份咨文存档。①同年五月十三日，领侍卫内大臣处行咨国史馆，转去正白旗续办事章京溥实等查实永山履历的复片，以回复该馆此前去文"片查该员系何旗分、由何项出身并历任升迁各年月日，希即详细声复过馆，以便纂辑"的要求。国史馆满、汉提调于五月十五日、廿三日阅毕存档。②至此，有关永山立传的文书流转历经两年半的时间，大体上就结束了。

对于这次战役的临阵脱逃者，自依克唐阿以附片上奏朝廷，并平行文移行咨吉林将军衙门后，清廷于光绪二十年十二月初一日颁下另一道明旨，一面要求依克唐阿对阵亡官弁兵勇"查明请旨分别奖恤"，一面又令盛京、吉林等将军一起参与抓捕，对"哨官景奇、恩喜、福成……一体严拿，解交依克唐阿军营，即行正法"，并着兵部知道处理。兵部职方司从内阁抄出这道谕旨后转咨上述衙门。其中，吉林将军衙门又分别札饬双城堡协领和查街处委营官荣贵、委参领萨斌图以遵照查拿，并札行八旗各佐校等在"各地方文武旗民衙门访察"，如果发现"本军号衣字样及毛瑟开斯洋枪"，要追究来历以查找逃兵。③

有关凤凰城反攻战役的这次报恤参奏，是甲午战争期间前线与后方间的行政常态。其中，有关恤功立传的公文流转，先后涉及辽东战场的黑龙江将军，黑龙江将军衙门下属的营务处、兵司，朝廷及拟发谕旨并汇抄存档的军机处与内阁、兵部、吏部、礼部、工部、正白旗汉军都统衙门、领侍卫内大臣处、黑龙江副都统衙门、翰林院、国史馆等机构；有关追拿及查访临阵脱逃兵弁的行文，则先后流经辽东的黑龙江、吉林、盛京等将军衙门及其下属兵司、朝廷及拟发谕旨的军机处与内阁、兵部、双城堡协领、查街处委营官和委参领、八旗各佐校等。

在文书行政的流程下，凤凰城反攻战役的战场叙事首先被拆分成"一折二片"三件公文分别叙述，然后由谕旨概括与确认。平行转咨或下行文

① 《黑龙江将军移送永山战功事迹咨文》，《永山传包》，传稿（包）-传包，编号：故传008670。
② 《正白旗复永山履历片文》，《永山传包》，传稿（包）-传包，编号：故传008670。
③ 《关于将临阵脱逃官兵严拿正法的文件（三件）》，《中日甲午战争档案汇编》，第275页。

移时，各衙门以"等因""前来"等公文用语为断引述来文，在其后叠加陈述自己的处理动作，并补充本衙署调查得来的信息。出于朝廷劝忠之典的这类公文流转，在层层套叠中积累下来的表述全部进入传包，成为清国史馆修传的史叙来源。

如前所述，这些史叙来源公文的起点，是当时尚在辽东战场前线作战的"前黑龙江将军"依克唐阿。他以《为缕陈战状在事出力及伤亡官弁兵勇吁恳天恩从优奖叙折》一折与《血战捐躯之统领永山恳恩追赠予谥片》《哨官景奇等临阵脱逃等因片》二附片，分别叙述辽东战场有关凤凰城反攻战役的前后因果、行军线路及各具体接仗的战况，陈述永山在行军与交战尤其是阵亡时的表现和官兵临阵脱逃的情形。为分析史叙文本在公文流转中逐渐成形的具体情况，现将这件奏折和第一件附片全文照录于下。先来看《为缕陈战状在事出力及伤亡官弁兵勇吁恳天恩从优奖叙折》的内容。

> 奏为缕陈战状在事出力及伤亡员弁兵勇，吁恳天恩从优奖恤，以示鼓励而慰忠魂，恭折驰奏，仰祈圣鉴事。窃奴才奉命征倭，先后与贼接仗，均各随时电报总署及督办军务处代奏在案。唯其中伤亡将士临时未得悉书，接仗情形所报或有详略，迄计数月以来，大小十余仗，伤亡数千人，除将收复蒲石河，击败长山子、岔路口、草河城等处巨股窜贼，已经详陈不计外，所有草河岭以后血战及死事情状不得不为圣主缕陈之。
>
> 方草河岭之战也，我军因山路崎岖，三面受敌。该步队统领营官等绕山越涧，披荆力战，而马队统领永山亦令各将士下马步行，分道猛进。彼此枪炮环施，子如雨注，数十里外皆云声震山谷，如迅雷疾发，终日不止。维时奴才亲登山头指挥将士，见寿山、永山在南路山脊冲锋陷阵，戈什哈伤亡几尽，犹统率所部猛攻。富保、德恒、恩海等俱各奋力直前。廖源带队争枪贼炮伤勇四名。亲见我军炮毙贼目二名，随获贼帽，检得汉字名片二纸：一曰第一等军曹稻井藤太郎，一曰第五师将军第十二队坂井四郎。此十月二十八日草河岭血战终日之情形也。

自是以后，雨雪连日，<u>我军昼夜相持不休。至十一月初三日午刻，</u><u>与东窜之贼在关道口获一胜仗</u>，贼即却回。时探报赛马集各处吃紧，先派步队一营守<u>北分水岭要隘</u>，以塞贼冲。方拟力攻草河口，与聂士成联络。讵初四日贼以三四千人翻山扑我行营，随又添来千余人，抄我后路，是以<u>有崔家房之失</u>。辛初六七八等日，新军继到四营，声势稍壮。赛马集之贼，黉夜潜逃，赶即会商聂士成合力夹攻。十三日同抵同远堡。十四日接仗，而该军仅以马队二百余人顺大道且战且退。奴才所步［部］之兵，力战终日至暮，该军步队赶到已无及矣。是日，奴才几不能军，犹暂扎林东沟，收拾残队，聂士成亦退至奴才军后。<u>此金家河失事之所由来也。</u>

先是，初十日统领寿山、永山率步队营官恒玉、廖源、寿长、宝寿、庆德各营，马队营官崇玉、全德各营，由崔家房白水寺谢家堡转战而前，<u>十五日在四棵树大获一胜</u>。十六，统领扎克丹布、德英阿等营赶到，<u>合攻克龙湾，跟踪追剿抵至草河北岸</u>，距凤凰城仅八里。十七日乘胜渡河至法家岭底。十八日<u>肉薄凤城</u>，恒玉率其所部攻入东门，已就得手。讵城内伏兵突起，城外援贼大至，将我军四十余名截断城中，悉没于阵。<u>统领三等侍卫永山，身先士卒，率队策应，连受枪伤，洞胸阵亡。</u>兵力不支，伤亡几半，幸经寿山等各营分投往援，贼始稍却，我军亦即收队。时值复州、海城相继失守，辽阳南路军情吃紧，于是撤回分水岭下马塘一带扼扎，联络大高岭各军兼顾辽东门户，<u>此永山等连日苦战死事惨烈之实在情形也。</u>

查奴才所部始以镇边马步八营三获胜仗，自添新军步队三营，而岔路子、草河城、草河岭、关道口、崔家房各战俱极为得力，其后陆续所到七营未及休息，谨遵十一月十二日总署转到电旨击贼惰归，即分两路进攻。该新旧各营，日夜从事于炮火风雪之中，莫不踊跃效命，誓灭倭寇。不意兵分势弱，寡不敌众，以致两路皆挫，未能制胜。<u>奴才咎固难辞，唯在事出力统领营哨各官兵勇等，大小十数战，仅挫三次，余皆获胜，先后毙贼二千余名，不无微劳足录。</u>其阵亡官弁兵勇等，尤属为国捐躯，深堪悯恻，合无吁恳天恩垂念将士，准其从优奖恤，以示鼓励，而慰忠魂之处，出自逾格鸿慈，除将官兵弁兵勇陆续查明造册咨部外，所有官兵出力伤亡恳恩奖恤各缘由，理合恭折驰奏，伏乞皇上圣鉴训示。谨奏。①

　　依克唐阿的奏折可大致分为五个部分。第一部分说明了奏折的事由。依克唐阿奏称，他"奉命征倭"后，"先后与贼接仗，均各随时电报总署及督办军务处代奏在案"，不过，"唯其中伤亡将士临时未得悉书，接仗情形所报或有详略"，因此有必要将"草河岭以后血战及死事情状"专折详报。第二部分报告了草河岭血战情形。在这场战事中，清军三面受敌，由于山路崎岖，马队统领永山"令各将士下马步行，分道猛进"。依克唐阿还交代了寿山、永山、富保、德恒、恩海、廖源等将领在此役奋力杀敌的战绩。第三部分说明了金家河失利的原因。草河岭战役后，清军在关道口获一胜仗，随即探报赛马集各处吃紧，有数千日军直扑清军行营，致有崔家房之失。数日后，援军赶到，依克唐阿与聂士成合力夹攻日军，不幸战事失利，清军"几不能军"。第四部分详述了永山等在凤凰城阵亡情形。寿山、永山率马步队各营由崔家房等地转战而前，在四棵树打一胜仗，又攻克龙湾，并成功渡过草河。其后清军在凤凰城东门遇伏，永山率队策应，"连受枪伤，洞胸阵亡"。在最后一部分，依克唐阿以"查"字开头，首先引出对所部失利的回顾和总结，然后话锋一转，回到该折主旨：战事虽然失利，"唯在事出力统领营哨各官兵勇等，大小十数战，仅挫三次，余皆获胜，先后毙贼二千余名，不无微劳足录。其阵亡官弁兵勇等，尤属为国捐躯，深堪悯恻"，因此奏请朝廷"从优奖恤，以示鼓励"。

---

① 《月折档·光绪二十年十二月（一）》，军机处档折件，编号：故枢 004360。又参见《黑龙江将军送永山战殁事迹咨文》（内公文装叙转抄），《永山传包》，传稿（包）-传包，编号：故传 008670。该光绪二十年十二月（一）"月折档"的第四号内抄录了当日该奏折。另外《黑龙江将军送永山战殁事迹咨文》内也套叠抄录了这份奏折作为上游公文。因原折未见，而能见到的上述两种转录，文字稍异。此为清代公文、档件转抄时的常态。此处引文则以月折档为准。

再来看依克唐阿《血战捐躯之统领永山恳恩追赠予谥片》的内容。

再，马队统领四品衔三等侍卫永山，自奏调镇边军差遣委用，迭充营官统领差使，纪律严明，所在兵民相安，于剿办马贼颇著战功。奴才此次出征，该侍卫踊跃请行，誓灭狂寇。迩来大小十余战，阵阵军锋，无不怒马当先，摧坚执锐。有时山路崎岖，马队不得手，该侍卫即下马步战，奋不顾身，贼有深畏马队之语。

初十日，因分队进剿，该侍卫慷慨流涕，自请独当一路，坚称不取凤凰城誓不复还。奴才当以好言安慰，嘱其勿太性急，并属该侍卫胞兄员外郎步队统领寿山与之偕行，相机进取。去后奴才行至草河口，心仍不安，即饬统领扎克丹布及新到之统领德英阿，共率步队三营前往援应。殊该侍卫转战而前，深入敌所，直薄凤凰城。昼夜相持数日，至十九日卯刻，贼三面猛扑，该侍卫力战，左臂受伤一处，右额颅受伤一处，犹复亲持枪械，击毙悍贼数名，督队前进，至洞胸一伤，倒地晕绝。忽大呼而起，戈什扶之，坚不肯退，口喃喃嘱兵勇好辅寿山杀贼而逝。

查该侍卫现年二十七岁，前吉林将军富明阿次子，幼而学文，心识忠义，长而伟武，胸有甲兵，黑水钟灵，仅受虎贲之职，青年赍恨，宜邀凤诏之褒。核其捐躯情节，实与"以死勤事者"祀之例相符。现值军情吃紧，各路统兵之将，除左宝贵而外未闻有人殉节。兹该侍卫死难情形，较左宝贵尤为惨烈，其战功亦不相下，合无仰恳天恩俯赐，饬部从优议恤，可否加恩追赠予谥，并将该侍卫列入昭忠祠祀典，附入其父富明阿黑龙江省专祠，由地方官春秋致祭，以彰忠烈而慰英魂。至其战功事迹，相应请皆宣付史馆，续于富明阿列传之后。出自逾格鸿施，奴才为激励将士效命疆场起见，理合附片叩恳天恩。是否有当，伏乞皇上圣鉴训示施行。再该侍卫之子庆顺、庆铭尚幼，将来及岁，应如何录用之处，恭候圣恩。合并声明，谨奏。①

这是专门奏请奖恤永山的一件附片，大致可分为三个部分。第一部分首先简述了永山的品衔、军纪和言行，继而概括了他在战事爆发后立下的战功："迩来大小十余战，阵阵军锋，无不怒马当先，摧坚执锐。有时山路崎岖，马队不得手，该侍卫即下马步战，奋不顾身，贼有深畏马队之语。"第二部分详细说明了十一月十九日他在凤凰城阵亡的经过。第三部分以"查"字开头，领出依克唐阿奏请主旨。首先指出永山的捐躯情节，"实与'以死勤事者'祀之例相符"，继而强调目前各路统兵之将，除左宝贵外未闻有人殉节，而且永山死难情形"较左宝贵尤为惨烈，其战功亦不相下"，最后恳请朝廷"从优议恤"，"加恩追赠予谥"，"将该侍卫列入昭忠祠祀典，附入其父富明阿黑龙江省专祠，由地方官春秋致祭"，"至其战功事迹，相应请旨宣付史馆，续于富明阿列传之后"。

从依克唐阿报恤折片来看，这类公文在行文中有两个较为明显的特点。

第一，具奏人明确表示这个专折与之前的日常军报存在区别，后者略于阵亡将士的"死事情状"，并且只涉及迎击"巨股窜匪"的较大战事，对草河岭等规模不大但伤亡严重的"血战"常不述及。这显示出日常军报与这类为恤忠而行的奏报公文在描述战争时侧重点有所不同：军报着重汇报影响战局走向的较重要战役及其胜负结果，陈述较多以点状聚焦呈现；恤忠奏报则着眼于将士们在接仗中的血战功绩，因而常常按时间和行军线路详细描写。这与为参战人员随时请功罚罪而行的专折奏报，在叙事上有类似的线性展开倾向。这些细微的区别，随着出自不同行政流程的文书进入各衙署不同的档案累积、汇编程序后，分别进入如国史馆传稿、实录馆实录稿本等不同

① 依克唐阿：《奏为马队统领四品衔三等侍卫永山战死请从优议恤并附祠致祭宣付史馆事》（光绪二十年十二月初一日），军机处录副奏折，档号：04-01-16-0243-127。此件朱批奏片是前述十二月初一日依克唐阿《为缕陈战状在事出力及伤亡官弁兵勇吁恳天恩从优奖叙折》的附片，中国第一历史档案馆在整理时于件末墨笔所填具奏日期有误，编目并将出奏人误植为"盛京将军裕禄"。《月折档·光绪二十年十二月（一）》，军机处档折件，编号：故枢 004360；《黑龙江将军送永山战殁事迹咨文》（内公文装叙转抄），《永山传包》，传稿（包）-传包，编号：故传 008670。

类型的官修史传，就会使官方战争史叙显示出复调共述的倾向。

第二，由于恤忠之典在行政上有一些不成文的具体指标，如"毙敌人数""缴获器械""胜负战绩""捐躯情节（言行）"等，大致满足才能申请获得相应规格的祭葬、祠祀、入传、世职等"饰终"待遇，因此出奏人在撰写相关报恤奏疏时就会从这些角度去描述。如前述依克唐阿奏报就在折片中提及具体毙敌人数甚至姓名，如"伤勇四名""炮毙贼目二名""捡得汉字名片二纸：一曰第一等军曹稻井籐太郎，一曰第五师将军第十二队坂井四郎""大小十数战，仅挫三次，余皆获胜，先后毙贼二千余名"等；列举"争抢贼炮""随获贼帽"等战利缴获物；描述具体的捐躯情节，如"日夜从事于炮火风雪之中，莫不踊跃效命，誓灭倭寇""该侍卫慷慨流涕，自请独当一路，坚称不取凤凰城誓不复还""该侍卫力战，左臂受伤一处，右额颅受伤一处，犹复亲持枪械，击毙悍贼数名，督队前进，至洞胸一伤，倒地晕绝。忽大呼而起，戈什扶之，坚不肯退，口喃喃嘱兵勇好辅寿山杀贼而逝"等。与这类描述相似，兵部、正白旗等向国史馆咨送传主事迹履历时，也常常会从这几个方向去开列内容。显然，这些叙述倾向是与恤忠之典的行政程序密切关联的。从国史馆修永山传记的各版草稿、缮递本、黄绫进呈本到民初清史馆稿本来看，该依克唐阿折片对"永山死事"的描写不少被原样抄入。那么，这些叙述又是在怎样的公文流转机制中被逐渐固定的？

如前所述，朝廷在收到依克唐阿上述报恤参罪折片后，当天即朱批"另有旨"，并颁下两道谕旨：　一道专门发布对永山恤事的行政决议，另一道则是针对其他阵亡将士及临阵脱逃者赏功罚罪的指令。现录谕旨内容于下。

依克唐阿奏统领马步之侍卫力战受伤身死请旨优恤等语。四品衔三等侍卫永山带队剿贼，每战冲锋破敌，奋不顾身。十一月十九日直薄凤凰城力战，身受多伤，立时殒命，死事情形甚为惨烈，实属忠勇可嘉。永山着交部从优议恤，加恩予谥，并列入昭忠祠，附入伊父富明阿黑龙江省专祠。其战功事迹，宣付史馆立传。伊子庆顺、庆铭着俟及岁时由该旗带领引见，候旨施恩。该部知道，钦此。

依克唐阿奏请将打仗出力及伤亡员弁兵勇奖恤一折片，依克唐阿所部各军自十月二十八日以后，在草河岭等处迭次与倭人接仗，先后毙贼二千余名，尚属奋勉出力。其阵亡官弁兵勇，为国捐躯，殊堪悯恻，即着依克唐阿查明请旨，分别奖恤。另片奏请将临阵脱逃之哨官拿办等语……①

这两道谕旨根据依克唐阿原折片所述，概括了受恤者的接仗时间和地点、毙敌人数、平时战绩、死事情节等项内容。除了以此作为行政决议的依据，同时在行政流程中赋予了这些内容包括表述以最权威的确认，使之得以成为此后各类官修史叙的依据。

清代公文没有现代的断句和标点，却有固定的形式传统——公文装叙（套叠）结构。学界一般认为，这一官方文移的格式传统由先秦一直延续到民国，历史极为悠长，却又"不见诸国家律典"，属于一种行业技术，代代私相传授。②民国学者徐望之将其概括为"依据、引申、归结"三段结构和"引叙""自叙"两类"公文叙法"。其中关于"引叙"的叙法，徐氏归纳说："引叙云者，述而不作，乃所以叙其依据之由来，而绝不参加己见者也。"③沈蕾认为："装叙结构公文即由引叙形成……如果一个案件引起一系列连锁行文，其中的每一个行文都要叙明收到的来文。"她认为，这样做的原因是为了在信息沟通效率低下的垂直抄文行政时代，"能够使收文者详细了解事情的来龙去脉……一方面，可以据以判别收到的来文是否有充足的理据；另一方面，可以正确理解来文意图并采取得当行动"。④既然在公文流转中层层套引照录来文，是清代文书行政追求效率、精确性与合法性的内在技术规则，那么与这

---

① 《光绪帝起居注》第 10 册，第 491—492 页。
② 沈蕾：《清代官府往来文书的装叙结构分析——以〈葆亨咨文〉为例》，《档案学通讯》2019 年第 3 期。
③ 徐望之：《公牍通论》，上海：商务印书馆，1931，第 176—177、194—195 页。
④ 沈蕾：《清代官府往来文书的装叙结构分析——以〈葆亨咨文〉为例》，《档案学通讯》2019 年第 3 期。

个过程绾结在一起的官方史叙文本，也就依此规则逐渐被固定了下来。

如前述光绪二十一年正月初八日兵部行咨国史馆，除了向该馆咨送营务处调阅编写的"永山战迹履历"，还将依克唐阿"原折片钞合粘备文咨行"作为附件一起抄送。这两个文本在这次咨文流转中叠加在一起，成为国史馆修传的资源。① 两年多后，继任黑龙江将军恩泽又再次向国史馆报送了永山的履历册。

……谨将阵亡侍卫永山战功事迹、出身、履历三代嗣息开列于后。

计开：已故四品衔三等侍卫永山，殁年二十七岁，系黑龙江城正白旗汉军西拉布佐领下人，已故前任吉林将军富明阿之次子，于光绪元年恭遇覃恩，蒙赐头品荫生，于光绪八年十月初二日因生父因伤病故，蒙恩着俟百日孝满后由旗带领引见，遵于九年八月二十四日由旗带领引见。当日奉旨：头品荫生永山着赏给三等侍卫，在大门行走，钦此。旋于是年十二月初八日经总理神机营王大臣奏调委充神机营文案处委员。于十三年五月内神机营五年例保，蒙总理神机营王大臣奏奖赏加四品衔。于十五年春经前黑龙江将军依奏调管带镇边军五起马队，驻扎呼兰双庙子一带。于十八年内因在该处剿捕马贼迭擒巨匪，异常出力，蒙将军依加片奏保。奉旨：交部从优议叙。经兵部议给军功加一级，旋于是年内奏委镇边军全起马队统领。

于二十年七月内因倭寇犯顺，奉将军依札派，带领马队随同前赴盛京长甸河口一带进剿，于九月间在蒲石河、悬岩硐子、草河城、草河岭、关道口、崔家房、四颗［棵］杨树、龙湾、长岭子、草河沿、法家岭等处迭获胜仗，并攻拔草河城。于十一月十五六七等日昼夜鏖战，追至凤凰城下，城垂攻拔，于十八日籽药将尽，犹自督兵奋战，直至头颅、手足连受枪伤，复裹伤向前，头目眩晕，口中犹喃喃作督兵杀敌之语。末受洞胸一枪，当时阵亡。当蒙将军依奏陈：前后与倭贼接仗十余次，阵阵军锋无不怒马当先，摧坚破锐。有时山路崎岖，马队不能得

---

① 《黑龙江将军送永山战殁事迹咨文》，《永山传包》，传稿（包）-传包，编号：故传 008670。

手，该侍卫下马步战，奋不顾身，连受枪伤，洞胸阵亡，为国捐躯，深堪悯恻，合无仰恳天恩饬部从优议恤等因。旋于二十年十二月初一日奉上谕：依克唐阿奏调统领马队之侍卫力战受伤身死请旨议恤等语。四品衔三等侍卫永山带队剿贼，每战冲锋破敌，奋不顾身。十一月十九日直扑凤凰城，力战身受重伤立时殒命，死事情形甚为惨烈，实属忠勇可嘉。永山着交部从优议恤，加恩予谥，并列入昭忠祠，附入伊父富明阿黑龙江专祠。其战功事迹，宣付国史馆立传。伊子庆顺、庆铭着俟及岁时由该旗带领引见，候旨施恩。该部知道，钦此。

嗣于二十二年四月初八日准将军衙门咨开，本年三月十一日准兵部咨开议功所案呈所有前事等因，相应抄单行文该将军可也。计单开兵部谨奏为遵旨议恤奏事，内阁抄出光绪二十年十二月初一日奉上谕：依克唐阿奏统领马队之侍卫力战受伤身死请旨优恤等语。四品衔三等侍卫永山带队剿贼，每战冲锋破敌，奋不顾身。十一月十九日直扑凤凰城，力战身受重伤立时殒命，死事情形甚为惨烈，实属忠勇可嘉。永山着交部从优议恤等因。钦此。钦遵到部。臣等谨按定例章程，议给恤银、世职，缮具清单，恭呈御览，应得敕书及祭葬银两，移咨吏、礼、工三部办理。查四品衔三等侍卫永山督队在凤凰城力战，身受多伤立时殒命，经该将军奏请优恤钦奉谕旨交部从优议恤。臣部自应钦遵办理。查统领马队之四品衔三等侍卫永山从优应请比照一二品大员带兵统领出征阵亡例，给恤银九百两，并议给骑都尉世职，袭次完时，给予恩骑尉世袭罔替。该员由侍卫带兵督队，毋庸行查官阶，应准其照例请袭等因，光绪二十一年五月十一日具奏。本日奉旨：依议，钦此。钦遵。以上共当差食俸十三年，剿捕马贼接仗十五次，斩擒胡匪二十六名；出征倭寇一次，大小十三仗，杀贼五十四名，擒贼十七名，夺获枪械十八件。计开三代：曾祖袁常在、祖袁赶年、父富明阿，原任吉林将军。长子庆顺，现年十四岁；次子庆铭，现已病故。①

---

① 《黑龙江将军移送永山战功事迹咨文》《永山履历册》，《永山传包》，传稿（包）-传包，编号：故传 008670。

从这份咨文中可以观察到公文套叠格式逐渐固定史叙的几种具体形式。

首先，套叠引述上游公文依克唐阿原奏、光绪二十年十二月初一日上谕、兵部咨文等相关陈述，层层确认并继承了这些表述的权威性。比如，引述依克唐阿原奏"（永山）前后与倭贼接仗十余次，阵阵军锋无不怒马当先，摧坚破锐。有时山路崎岖，马队不能得手，该侍卫下马步战，奋不顾身，连受枪伤，洞胸阵亡，为国捐躯，深堪悯恻，合无仰恳天恩饬部从优议恤"。又如，谕旨中"四品衔三等侍卫永山带队剿贼，每战冲锋破敌，奋不顾身。十一月十九日直扑凤凰城，力战身受重伤立时殒命，死事情形甚为惨烈"等语，在直接转述奉到谕旨和附单开列的兵部原奏内所套叠谕旨时，就重复抄录了两次。其中兵部原奏本身又节录了谕旨中"四品衔三等侍卫永山督队在凤凰城力战，身受重伤立时殒命"一语，来作为"查"字后的确认性表述。所以，光绪二十年十二月初一日谕旨中的相关表达，在光绪二十三年三月初一日黑龙江将军衙门咨行国史馆的这个永山履历中就被抄录了三次，全部出自这项行政事务的公文流转。

其次，一些上游公文对永山事件的表达，此时已经直接为行咨者直接沿用而不限于套叠引述，如履历第一段中写到光绪二十年凤凰城反攻战时，恩泽就直接按依克唐阿的提法称："……于九月间在蒲石河、悬岩硿子、草河城、草河岭、关道口、崔家房、四颗［棵］杨树、龙湾、长岭子、草河沿、法家岭等处迭获胜仗，并攻拔草河城。于十一月十五六七等日昼夜鏖战，追至凤凰城下，城垂攻拔，于十八日籽药将尽，犹自督兵奋战，直至头颅、手足连受枪伤，复裹伤向前，头目眩晕，口中犹喃喃作督兵杀敌之语。末受洞胸一枪，当时阵亡。"

最后，行咨者恩泽又添加了新的内容：永山一生总计接仗出征次数、毙敌人数、擒贼人数、缴获器械及父祖子息的情况。[①] 这些信息都与恤忠之典的指标性规则有关，也由此全部进入国史馆的永山传记稿本。

---

① 《黑龙江将军移送永山战功事迹咨文》《永山履历册》，《永山传包》，传稿（包）-传包，编号：故传 008670。

三　甲午阵亡将领官修传稿的成立与王朝行政文书表述结构

现存有关永山的 9 个官修传稿（8 个写本、1 个刊行本）大致属于三个彼此关联的脉络。其一是永山传包内国史馆修传留下的稿本。一次初辑一次重辑，共存 5 个稿本，分别为初辑本、删改本、初辑清缮本、重辑校订本和重辑校缮本（胡志泰缮、王宗熙校）。①其二是进呈本，共 307 卷，其中第 36 册为《忠义永山传》（纂修官蔡曾源纂辑、总纂官周爰诹复辑）。进呈本有两个朱丝栏写本留存：一为素纸封面的原纂进呈本，另一为黄绫进呈本。②民初嘉业堂抄本《清国史》收录从清史馆抄出的国史馆列传旧稿，其中的永山传记就抄自这个本子。③其三是民初清史馆所编《清史稿·列传》稿本，为该馆协修朱师辙纂《清史·忠义·永山传》朱丝栏写本单传。④从刊行本的情况来看，民初赵尔巽等撰《清史稿》"列传二百四十七"收甲午阵亡将士七人合传，其中就包括了"日兵入奉""独死凤城"的永山。⑤上述 3 个脉络共 8 个写本、1 个刊行本的官修永山传记彼此皆有关联。其纂修依据或注明或未标，大部分来自前述围绕永山报恤劝忠展开的行政流程中的公文，或辑或删或增补或改写。因此有必要对此稍做比照分疏，以厘清行政公文流转

---

① 《永山传包》，传稿（包）-传包，编号：故传 008670。

② 据庄吉发的研究，清国史馆的写本国史忠义传有"素纸封面，称为原纂进呈本。除素纸封面外，另有黄绫本，于封面饰以黄绫，内含黄绫进呈本与黄绫定本……在朱丝栏写本内冠以'钦定'字样者，则属于黄绫定本……板心书写列传人名"。参见庄吉发《清代国史馆的传记资料及列传的编纂》，《幼狮学志》1980 年第 1 期。《忠义永山传》黄绫本内并无"钦定"字样，应为"黄绫进呈本"。《忠义永山传》，传稿（包）-传稿，编号：故传 000060；《清史满蒙汉忠义传》（307 卷，原题名《稿本清史满蒙汉忠义传》）第 36 册，台北"故宫博物院"图书文献处藏（下略），善本-册，编号：故殿 029888。

③ 《清国史（嘉业堂钞本）》第 14 册，中华书局，1993，第 329 页。

④ 《永山传》，传稿（包）-传稿，编号：故传 006542。此写本为朱师辙署名"忠义"类传，本册为永山、德秀、荣福、德云 4 人单传合册，永山传居首，共 3 页。朱丝栏稿纸书口有"清史馆"三字，传末标注参考出处"国史本传"与"清档案"。

⑤ 赵尔巽等：《清史稿》第 42 册，第 12710 页。另外，在清史馆稿本类传和刊行本《清史稿》的《列传·忠义八》多人合传中的"黄祖莲"部分也有关于永山的传文。参见《姚怀祥列传》，传稿（包）-传稿，编号：故传 007858。此写本内页书目题写为"清史稿·列传·忠义八"。本册共收姚怀祥等甲午战争时期将士 11 人，每传主下或附数人合传，其中黄祖莲传下有涉及永山等人的传文。朱丝栏稿纸书口有"清史馆" 3 字，传末未标资料出处。刊行本为赵尔巽等《清史稿》第 45 册，第 13675 页。

中形成的史叙具体是如何入史的。本节将讨论第一条和第二条脉络的传稿，民初嘉业堂抄本与第三条脉络的传稿将在下节详谈。

先来看国史馆奉旨为永山立传所纂辑的 5 个写本中的初辑清缮本。此本之前有初辑本和删改本两个过程稿本，皆根据依克唐阿原折片、谕旨及兵部与正白旗咨送的履历来编辑撰写，增削公文，以墨笔圈删，贴黄增补，至初辑清缮本方誊抄清晰。此本用朱丝栏稿纸，书口有"三山斋"3 字，每页 8 行，每行 19 格，全稿共 10 页，1073 字，兹引述如下。

永山，姓袁氏，黑龙江驻防附入都京正白旗汉军荣堃佐领下人，吉林将军富明阿之次子，由头品荫生光绪九年八月二十日奉旨赏给三等侍卫，充神机营委员。十三年，经神机营奏保赏加四品衔。嗣因告假回原籍黑龙江修墓。十五年二月二十四日奏闻，奉旨允之。十六年闰二月初七日，经黑龙江将军依克唐阿奏留本省，派充镇边军营官。十九年十月间，在呼兰地面剿捕马贼，十一月，派充镇边军五起马队统领。纪律严明，所在兵民相安，于剿办马贼克（"克"字原作①"颇"）著战功。

二十年七月，随同将军依克唐阿，带领所统马队四营到奉天摩天岭、凤凰城一带驻扎，进剿倭寇。<u>数月之间</u>（"之间"2 字原作"以来"），<u>大小十余战</u>（此处略去"伤亡数千人"5 字），<u>历收复蒲石河，</u><u>击败长山子、岔路口、草河城等处巨股窜贼。方草河岭之战也，我军因</u><u>山路崎岖，三面受敌，</u>（此处略去"该"字）<u>步队统领营官等绕山越</u><u>涧，披荆力战。</u>（此处略去"而"字）<u>马队统领永山</u>（此处略去"亦"字）<u>令各将士下马步行，分道猛进。彼此枪炮环施，子如雨注，</u>（此处略去"数"字）<u>十里外皆闻</u>（"闻"字原作"云"），<u>声振</u>（"振"字原作"震"）<u>山谷，</u>（此处略去"如"字）<u>迅雷疾发，终日不止。将</u><u>士</u>（"将士"2 字原作"维时奴才亲登山头指挥将士"）<u>见永山与其胞</u><u>兄员外郎寿山等</u>（"永山与其胞兄员外郎寿山等"11 字原作"寿山、

---

① 对比对象为前文依克唐阿《为缕陈战状在事出力及丧亡官弁兵勇吁恳天恩从优奖叙折》及附片，下同。

永山"）在南路山脊冲锋陷阵，戈什哈伤亡几尽，永山犹统（此处略去"率"字）所部猛攻。余将（"余将"2字原作"富保、德恒、恩海等"）俱各奋勇（"勇"字原作"力"）直前，（此处略去"廖源带队争枪贼炮伤勇四名。亲见我军"16字）炮毙贼目二名，随获贼帽，检得汉字名片二纸。一曰第一等军曹稻井籐太郎，一曰第五师将军第十二队坂井四郎。

次此十月二十八日，草河岭血战终日（此处略去"之情形也"4字）。旋经报闻，自是以后，雨雪连日，我军昼夜相持不休。至十一月初三日午刻，与东窜之贼在关道口获一胜仗，贼即却回时，探报赛马集各处吃紧。先派步队一营守北分水（"水"字原作"木"）岭要隘，以塞贼冲。方拟力攻草河口。（此处略去"与聂士成联络，讵"7字）初四日，贼突以三四千人翻（此处略去"山"字）扑我行营，随又添来千余人抄我后路，致（"致"字原作"是以"）有崔家房之失。初六、七、八等日，新军继到四营，声势稍壮，赛马集之贼夤夜潜逃，赶即合力来攻（"合力来攻"4字原作"会商聂士成合力来攻"）。十三日抵同远堡。十四日接仗，（此处略去"而该军仅以马队二百余人顺大道其战且退，奴才"20字）所部（"部"原作"步"）之兵，力战终日，（此处略去"至暮，该军步队赶到，已无及矣。是日，奴才几不能军，犹"21字）暂扎林秉（"秉"字应为"东"字之讹，原作"东"）沟。

先是，初十日因分队进剿，永山（"永山"2字原作"该侍卫"）慷慨流涕自请独当一路，坚称不取凤（"凤"字原作"凰"，月折抄档作"凤凰"）城誓不复还。遂（"遂"字原作"统领寿山、永山"）率步队营官（此处略去"恒玉、廖源、寿长宝、寿庆德各营"12字）、马队营官（此处略去"崇玉、金德"4字）各营由崔家房、白水寺、谢家堡转战而前。十五日在四颗（"颗"字原作"棵"）树大获胜仗（"胜仗"2字原作"一胜"）。十六日（此处略去"统领扎克丹布、德英阿等营赶到，合"14字）攻克龙湾，跟踪追剿，抵至草河北岸距凤凰城（此处略去"仅"字）八里。十七日乘胜渡河至法家岭底。十八日肉薄凤城。将士（"将士"2字原作"恒玉率其所部"）攻入东门，已就得手，（此处略去"讵"字）城内伏贼（"贼"字原作"兵"）突起，城外援贼大至。（此处略去"将"字）我军四十余名截断城中，悉殁（"殁"字原作"没"）于阵。（此处略去"统领三等侍卫"）永山身先士卒率队力战，左臂受伤一处，右额颅受伤一处，犹复亲执（月折抄档作"持"）枪械击毙悍贼数名，督队前进又连受枪伤，（此处略去"至"字）洞胸（此处略去"一伤"2字）倒地晕绝，忽大呼而起，戈什扶之，坚不肯退，口喃喃嘱兵勇好辅其兄寿山杀贼而亡（"亡"字原作"逝"）。现年二十七岁。

二十四日，依克唐阿缕陈战状，吁恳天恩从优议恤，加恩追赠予谥并（此处略去"将该侍卫"4字）列入昭忠祠祀典，附入其父富明阿黑龙江省专祠，由地方官春秋致祭，以彰忠烈而慰英魂。（此处略去"至"字）其战功事迹相应请旨宣付史馆（此处略去"续于富明阿列传之后"9字）。出自逾格鸿施，（此处略去"奴才为"3字）激励将士，以为效命疆场者劝等语。奏报入闻。奉上谕：……①依克唐阿……优恤如例。②

　　传稿起首163字叙述永山籍贯履历，内容来自前述兵部及正白旗汉军佐领开出的两份履历单。主体部分叙述永山自光绪二十年七月统领马队四营出征辽阳南路至十一月十八日战死凤凰城的经历，其中501字来自前述依克唐阿奏折（用下划线标出），188字来自此折关于永山报恤的附片（用字下加点标出），并照录上谕139字。全稿只有百余字出自纂辑者本身，主要用于概括、整合几份公文的叙述，可以视为承担史叙"桥接"功能的文字。

---

① 自"上谕"至"优恤如例"共139字，全文抄录前述光绪二十年十二月初一日永山议恤谕旨，前文已录，此略。
② 《永山传包》，传稿（包）-传包，编号：故传008670。

初辑者将行政叙事转变为史叙，主要采取了尽量保留原叙的编辑方式，改动主要在于：一则删去一些不属于个人战功的内容。如辽阳南路战场之前的"伤亡数千人"，略去相关交战中依克唐阿、富保、德恒、恩海、廖源、聂士成等人的姓名、参与情况及具体战功如"廖源带队争枪贼炮伤勇四名"等。二则增补与永山个人相关的细节，如两次增补寿山为永山胞兄，与永山共同作战及永山在阵亡一战中"身先士卒率队力战"等情况。这个案例表明，清国史馆修史作为国家劝忠行政流程上的一环，在修史时有一个明显的叙史倾向，即将对战事的全局描述渐渐聚焦到阵亡将领言行的叙事上来。可以说，晚清的劝忠之典是甲午战争官方史叙最初以点状叙事（而不是如方略一样的线性叙事）存世最主要的制度脉络，这一点应无疑义。

再看胡志泰缮、王宗熙校的重辑校缮本。这个写本之前有一个校订本，应是在初辑本基础上删改增补校订清抄的重辑本，而这个胡、王校缮本则是对重辑本再次校对抄缮以备呈递的本子。此本与之后作为成书进呈的《稿本清史满蒙汉忠义传》中的《永山传》在内容上已经基本一致，可以视为清末国史馆官方史叙最初固定的版本。此本用朱丝栏稿纸，书口、版心皆无字，有几处挖补修订，每页 8 行，每行 19 格，全稿共 5 页，560 字（此本脱漏 2 字）。篇幅缩至初辑本的一半余，兹录传文如下。

永山，袁氏，汉军正白旗人，黑龙江驻防。父吉林将军富明阿，自有传。永山于光绪九年由荫生赏三等侍卫，充神机营委员。十三年，以神机营王大臣奏保赏加四品衔。十五年，回旗。十六年，黑龙江将军依克唐阿奏留本省，委充营官。十九年，统领马队。

二十年七月，依克唐阿督师赴奉天进剿倭寇，驻营摩天岭、凤凰城一带，收复蒲石河。连捷于长山子、岔路口、草河岭（初辑本"岭"作"城"，两个重辑本已更正）等处，永山皆有功。十一月与贼战于关道口、四棵树均胜之。既克龙湾，追剿至草河北岸，乘胜渡河，直（初辑本作"肉"）薄凤凰城。军士攻入者，四十余人，遇伏

贼突起，援贼又大至，四十余人<u>悉战殁</u>。永山率队策应，<u>连受枪伤，
洞胸阵亡</u>。

　　<u>依克唐阿</u>奏称：永山自奏调镇边军差遣委用，纪律严明，所在兵民
相安，于剿捕马贼颇著战功。臣此次出征，该侍卫踊跃请行，誓灭狂
寇，大小十余战，无不怒马当（"先"字脱漏），摧坚破锐。有时山路
崎岖，该侍卫即下马步战，奋不顾身，贼（"有"字脱漏）深畏马队之
语。初十日，因分队进剿，该侍卫自请独当一路，坚称不取凤凰城誓不
复还。及负创倒地，犹强起，坚不肯退，连呼杀贼而逝。见值军情吃
紧，各路统兵之将，除左宝贵而外，未闻有人殉节。兹该侍卫死难情
形，较左宝贵尤为惨烈，恳请敕部从优议恤加恩追赠予谥，并列入昭忠
祠，附入其父富明阿黑龙江省专祠，由地方官春秋致祭。谕曰：<u>四品衔
三等侍卫永山，带队剿贼力战，身受多伤，立时殒命，死事情形，甚为
惨烈，实属忠勇可嘉。永山着交部从优议恤，加恩予谥，并列入昭忠
祠，附入伊父富明阿黑龙江省专祠。其战功事迹，着宣付史馆立传。伊
子庆顺、庆铭着俟及岁时，由该旗带领引见，候旨施恩。</u>寻赐恤如例，
予谥壮愍。①

　　重辑校缮本对初辑本进行了大幅概括、缩写与删节，保留了初辑本
142 字（用单下划线标出），并将揉入其正文的依克唐阿奏片原叙择要
（原片共 617 字）直接以"奏称"二字领出，引用了 212 字（用字下加点
标出），以"谕曰"领出谕旨中 103 字（用双下划线标出，原旨共 154
字）。除了删节，重辑校缮本又根据依克唐阿原奏折所叙，概述永山十一
月在关道口、四棵树、龙湾作战获胜又乘胜从草河北岸渡河直至凤凰城下
的经过。②总体而言，重辑校缮本没有改变初辑本将原公文对辽阳南路战况

---

① 《永山传包》，传稿（包）-传包，编号：故传 008670。
② 《永山传包》，传稿（包）-传包，文献统一编号：故传 008670。馆阁史叙在流转过程中生
　　成的种种形态，限于主题无法在此详谈，此处仅讨论这一历史叙述从清国史馆到清史馆的
　　转变过程。

的线性描述聚焦传主行动的做法，并在史叙中区分了三种等级的叙史文字——纂辑者根据公文概括改写的史叙、奏稿文字和谕旨文字，在文字的论述权威性上隐然层层递进。

至此，围绕永山恤忠而渐次展开的官修史过程已经相当清晰，具有特定行政目的的流转公文最后变成了馆阁史叙。其后，它以国史类传、合传、附传、断代史列传、地方史传等形式留存下来。这些形式虽仍从属于传统的纪传体史书范式，却又主要截取传主阵亡前后参与的战事片段，状言行、录功绩，而并未试图摹写人物的一生行状与全像。这些特征显然与清代劝忠之典及程式化的日常文书行政密切相关，同时使得这些传记实际上已转变为围绕具体战事而展开的官方战争史叙形式之一。

四　从"国家劝忠之典"到"正史千秋论定"

清代自 19 世纪中叶开始内外兵事频仍，相应地，朝廷恤典与国家祭祀的范围急剧扩大并迅速向下沉降。到甲午战争时，不少类似永山的阵亡殉国将弁进入劝忠之典并得以"宣付史馆立传"。除此之外，另有一些主要将领虽未殒身战场，也因为战时功绩而在死后得到类似的祭葬、立传等待遇。大体而言，主要将领会进入国史馆所修的列传"忠义传""臣工列传"等，而阵亡士兵则多被收入"昭忠祠列传"。除永山留有上述 9 个写本传稿外，左宝贵、戴宗骞、聂士成、邓世昌、刘步蟾、宋庆、马玉昆、章高元、杨寿山、依克唐阿、刘永福、丰升阿等参与甲午战争的主要将领，大多有清国史馆官修传稿本及民初清史馆传稿等官修写本传稿存世。除上述以功立传者外，在战争中获罪者如卫汝贵、叶志超、丁汝昌等人其实也有官修史传稿本存世。①

其中，左宝贵有 7 个官修传稿，分别为 4 个清国史馆写本传稿（董鸣鹤缮，陈邦咸、律振声校《左宝贵列传》朱丝栏紫格本，万本端纂辑《左宝

---

① 此处内容有一部分曾先期发表，当时行文有一处明显表述错讹，以"阵亡将弁"概括有传将士，对当时未阵亡，而因战功进入王朝恤忠之典的情况未加区分表述。经读者刘奎先生以邮件赐正，笔者方注意及此而得以更正，特此鸣谢！

贵列传》朱丝栏红格本,《左宝贵列传》朱丝栏紫格复辑本,《左忠壮公传文并序奏章》红绫素笺本);①清国史馆《清史大臣列传》第 95 册《左宝贵列传》朱丝栏黄绫进呈本;②民初清史馆补辑《左宝贵列传》(吴怀清补辑)朱丝栏红格稿本;③清史馆类传"二十三　甲午庚子战死之将"朱丝栏单传稿本。④

戴宗骞有 4 个官修传稿,分别为清国史馆《忠义戴宗骞传》(纂修官蔡曾源纂辑、总纂官周爰诹复辑)朱丝栏紫格清缮本,⑤清国史馆《清史满蒙汉忠义传》第 92 册《忠义戴宗骞传》朱丝栏黄绫进呈本,⑥清史馆《忠义列传　戴宗骞》(骆成昌编辑)朱丝栏红格稿本,⑦以及清史馆补辑《忠义戴宗骞列传》(朱师辙补辑)朱丝栏红格稿本。⑧

聂士成有 8 个官修传稿,分别为 5 个清国史馆写本传稿(薛成麟纂辑《聂士成列传》朱丝栏紫格本、李翰芬《聂士成列传》朱丝栏紫格复辑本两个、纂修官恽毓嘉纂辑《聂士成列传》朱丝栏红格本、龚元凯《聂士成列传》朱丝栏红格再辑本),⑨《清史大臣列传》第 234 册《聂士成列传》朱丝栏黄绫进呈本,⑩清史馆《聂士成传》朱丝栏稿本,⑪以及清史馆类传"二十三　甲午庚子战死之将"朱丝栏单传稿本。⑫

邓世昌有两个官修传稿,分别为清史馆《邓世昌列传》(李岳瑞纂、许雷厚缮)朱丝栏红格稿本,⑬清史馆类传"二十三　甲午庚子战死之将"朱

① 《左宝贵传包》,传稿(包)-传包,编号:故传 009555。
② 《清史大臣列传》第 95 册,台北"故宫博物院"图书文献处藏(下略),善本-册,编号:故殿 004707。
③ 《左宝贵列传》,传稿(包)-传稿,编号:故传 005983。
④ 《左宝贵列传》,传稿(包)-传稿,编号:故传 007687。
⑤ 《忠义戴宗骞传》,传稿(包)-传稿,编号:故传 000484。
⑥ 《清史满蒙汉忠义传》第 92 册,善本-册,编号:故殿 029944。
⑦ 《忠义列传　戴宗骞》,传稿(包)-传稿,编号:故传 006503。
⑧ 《忠义戴宗骞列传》,传稿(包)-传稿,编号:故传 006532。
⑨ 《聂士成传包》,传稿(包)-传包,编号:故传 011527。
⑩ 《清史大臣列传》第 234 册,善本-册,编号:故殿 004846。
⑪ 《聂士成传》,传稿(包)-传稿,编号:故传 007529。
⑫ 《左宝贵列传》,传稿(包)-传稿,编号:故传 007687。
⑬ 《邓世昌列传》,传稿(包)-传稿,编号:故传 006452。

丝栏单传稿本。①

刘步蟾有 6 个官修传稿，分别为 4 个清国史馆写本传稿（陈兆禄缮，律振声、王宗熙校《刘步蟾列传》朱丝栏紫格本，《刘步蟾列传》朱丝栏紫格复辑本，《刘步蟾传》朱丝栏紫格本，《刘步蟾传》朱丝栏红格复辑本）;②清史馆《臣工列传 刘步蟾》（名誉纂修董清峻辑）朱丝栏红格稿本;③清史馆类传"二十三 甲午庚子战死之将"朱丝栏单传稿本。④

宋庆有 7 个官修传稿，分别为 4 个清国史馆写本传稿（恽毓嘉纂辑《宋庆列传》朱丝栏红格本、李端启《宋庆列传》朱丝栏紫格复辑本、田智枚《宋庆列传》朱丝栏紫格复辑本、周以忠《宋庆列传》朱丝栏紫格缮本）,⑤清史馆《宋庆列传》（陈曾则拟、椿祺缮）朱丝栏红格稿本,⑥清史馆重拟《宋庆列传》（陈曾则重拟、许雷厚缮）朱丝栏红格稿本,⑦以及清史馆类传"二十九 光绪末大将"朱丝栏单传稿本 1 个。⑧

马玉昆有 4 个官修传稿，分别为两个清国史馆写本传稿（宣统元年六月钱骏祥纂辑《马玉昆列传》朱丝栏紫格本、钱骏祥《马玉昆列传》朱丝栏紫红格复辑本）,⑨清史馆《马玉昆列传》（陈曾则拟）朱丝栏红格稿本,⑩以及清史馆类传"二十九 光绪末大将"朱丝栏单传稿本。⑪

章高元有两个官修传稿，分别为清史馆《臣工列传 章高元》（戴锡

---

① 《邓世昌列传》，传稿（包）-传稿，编号：故传 007687。
② 《刘步蟾传包》，国史馆传稿（包）-传包，台北"故宫博物院"图书文献处藏（下略），编号：故传 009944。
③ 《臣工列传 刘步蟾》，传稿（包）-传稿，编号：故传 006169。
④ 《刘步蟾列传》，传稿（包）-传稿，编号：故传 007687。
⑤ 《宋庆传包》，传稿（包）-传包，编号：故传 011242。
⑥ 与温绍原、马玉昆的列传订在一册，纂辑者都是陈曾则，因此是一个档号。国史馆传稿（包）-传稿，编号：故传 007114。
⑦ 《宋庆列传》，传稿（包）-传稿，编号：故传 007116。
⑧ 《宋庆列传》，传稿（包）-传稿，编号：故传 007693。
⑨ 《马玉昆传包》，传稿（包）-传包，编号：故传 011241。
⑩ 《马玉昆列传》，传稿（包）-传稿，编号：故传 007114。
⑪ 与宋庆、潘万才等 8 人的列传订在一册，封面题写"二十九光绪末大将"，因此是一个档号。传稿（包）-传稿，编号：故传 007693。

章纂辑）朱丝栏红格稿本，[1]以及清史馆类传"三十 裨将位至专阃"朱丝栏单传稿本。[2]

杨寿山有 3 个官修传稿，分别为两个清国史馆写本传稿（《杨寿山列传》朱丝栏紫格复辑本，[3]王宗熙纂、律振声校《杨寿山列传》朱丝栏紫格本），[4]以及清史馆类传"二十三 甲午庚子战死之将"朱丝栏单传稿本。[5]

依克唐阿有 7 个官修传稿，分别为 4 个清国史馆写本传稿（《依克唐阿传》朱丝栏红格本、《依克唐阿传》朱丝栏紫格复辑本、《依克唐阿列传》朱丝栏紫格复辑本、《依克唐阿列传》朱丝栏紫格缮校本），[6]清史馆《依克唐阿列传》（朱孔彰纂、陈延晖校、陈恩吉缮）朱丝栏红格稿本，[7]朱丝栏清缮副本（朱孔彰纂），[8]以及清史馆类传"十五 将军都统称事大臣有名望者"朱丝栏单传稿本。[9]

刘永福有 1 个官修传稿，为清史馆补辑《刘永福列传》（朱师辙补辑）朱丝栏红格稿本。[10]

丰升阿有两个官修传稿，都是清国史馆的写本传记稿，分别为许业笏纂《丰升阿传》朱丝栏红格初辑本，宣统三年闰六月许业笏《丰升阿列传》朱丝栏紫格复辑本。[11]

卫汝贵有两个官修传稿，分别为清史馆类传"三十五 偾事诸臣"（其

---

① 《臣工列传 光绪章高元等》，传稿（包）-传稿，编号：故传 006032。
② 与郑国魁等 10 人的列传订在一册，封面题写"三十 裨将位至专阃"，因此是一个档号。传稿（包）-传稿，编号：故传 007694。
③ 《杨寿山列传》，传稿（包）-传稿，编号：故传 003759。
④ 《杨寿山列传》，传稿（包）-传稿，编号：故传 003762。
⑤ 与左宝贵、邓世昌、刘步蟾、聂士成的类传订在一册，因此是一个档号。传稿（包）-传稿，编号：故传 007687。
⑥ 《依克唐阿传包》，传稿（包）-传包，编号：故传 010027。
⑦ 《依克唐阿列传》，传稿（包）-传稿，编号：故传 007452。
⑧ 《依克唐阿列传副本》，传稿（包）-传稿，编号：故传 007448。
⑨ 与希元、庆裕等 10 人的列传订在一册，封面题写"十五 将军都统称事大臣有名望者"，因此是一个档号。传稿（包）-传稿，编号：故传 007679。
⑩ 《刘永福列传》，传稿（包）-传稿，编号：故传 007223。
⑪ 《丰升阿传包》，传稿（包）-传包，编号：故传 010307。

弟卫汝成传附后，许雷厚缮）朱丝栏单传稿本，①以及清史馆《臣工列传卫汝贵》（卫汝成传附后，金兆丰纂辑）朱丝栏稿本。②

叶志超与丁汝昌各有 1 个写本官修传稿，为清史馆类传"三十五 偾事诸臣"朱丝栏单传稿本（其中《叶志超列传》为董熙麟缮写，《丁汝昌列传》为王彦缮写）。③

总体而言，这些传稿分别出自两个不同的脉络：一类是清季国史馆撰修列传稿本，另一类是民初清史馆在清国史馆旧稿基础上重行撰修、编次的诸传稿。清国史馆列传稿本又分为修撰过程诸稿与进呈稿本。过程诸稿中有初辑、复辑、清缮、划一传稿本等之分，编辑次数并无定数，因此每传的过程本数量也无定。这些稿本大多汇集于传主的清国史馆传包档内。进呈本为黄绫封面朱丝栏写本，版心有传主姓名，施以朱笔大小圈断。这些本子在清国史馆内以《清史大臣列传》为题，作为善本书归类收藏，有别于传包中的过程稿本。民初清史馆重修本又大体分为单传和类传两种。单传独立成篇，类传合数传为一篇。类传有诸如"十五 将军都统称事大臣有名望者""三十 裨将位至专阃"等编次类名，每篇类传内以传主姓名为标题，各传彼此独立。到了刊行本《清史稿》时，分类原则和类传形式都有了明显的变化。

1914 年，北洋政府在原清国史馆的基础上成立清史馆，"仿照《明史》，继承传统正史体例，大规模启动修史工程"。④1927 年，《清史稿》付印。从清国史馆传稿到《清史稿》列传，甲午战争诸传稿出现了值得注意的变动，具体体现在编纂宗旨、传稿类目和传稿内容等几个方面。

首先，从民初清史馆诸稿本署名情况看，朱孔彰、朱师辙父子都曾参与

---

① 与崇厚、丁汝昌、叶志超、冯义和等四人的列传订在一册，封面题写"三十五 偾事诸臣"，因此是一个档号。传稿（包）-传稿，编号：故传 007699。
② 《臣工列传 补辑光绪丁汝贵》，传稿（包）-传稿，编号：故传 007264。
③ 与崇厚、卫汝贵、冯义和等三人的列传订在一册，封面题写"三十五 偾事诸臣"，因此是一个档号。传稿（包）-传稿，文献统一编号：故传 007699。
④ 庄吉发：《清史馆与清史稿：清史馆未刊纪志表传的纂修及其史料价值》，《文献足征——第二届清代档案国际学术研讨会会议论文集》，第 25 页。

《清史稿》编纂（朱孔彰重辑依克唐阿传稿，朱师辙补辑了永山、戴宗骞、刘永福等传）。朱师辙后来将自己在清史馆任职时积累的各种文件汇为一册，题以《清史述闻》行世。朱氏书中记载，《忠义传》大多依据清国史馆旧有成稿，"复经众手补辑，间有国史外增补者"，[①]而总纂夏孙桐又拟定了《忠义传》的编纂办法，纂修章钰据此总辑诸稿，编定成书。

在其编纂办法中，夏孙桐明确表示，帝制终结后的《清史稿·忠义传》，在选录原则上应该与清国史馆不同。一方面，"国史原传人数猥多……国家劝忠之典宁滥无遗，与正史千秋论定宗旨迥殊，此时无所用其瞻顾"；另一方面，"武官死绥乃其职分，临阵捐躯，勇怯共之，国史可从浑同，正史必应区别，非有勇烈实迹未可滥收"。由此观之，《清史稿·忠义传》在纂辑原则上欲从清朝整体行政框架"宁滥无遗"的"劝忠之典"中脱离出来，转而强调"千秋论定"的正史编纂宗旨。这一定位转变意识是非常清晰明确的。

夏孙桐同时明确了具体的操作办法："见在办法，先将国史原传遍阅，酌定去取，其应取者分两种办法：一归《忠义传》，一提出就事归入列传……至其原传外应增者，官私诸书博采确核，期无遗滥，如此则祛冒滥、阐潜幽，庶此传不致黯然无色。"[②]"就事归入列传"，在原传外博采"官私诸书"，这些办法背后实际上已经蕴含了王朝政务框架内出于劝忠之典的战争史叙随着"国史"转向"正史"发生前述重要转变的动因。

其次，民初清史馆在根据清国史馆诸稿重辑、补辑《清史稿》传稿时，开始将传稿归类编纂，并给予各种标题，诸如"将军都统称事大臣有名望者""甲午庚子战死之将""光绪末大将""裨将位至专阃""偾事诸臣"等。到最终出版刊行时，虽"忠义"类目保留了下来，绝大部分却没有保留分类依据。细观其归卷依据，似与稿本时期有很大区别。区别主要在于，从依据人物自身经历、功罪的共同特征来分类，转变为"以事"成篇——根据人物与重大历史事件的共同关系来归卷。这就突破了恤忠之典行政文本

① 朱师辙：《清史述闻》，三联书店，1957，第71页。
② 夏孙桐：《拟清史"忠义传"办法说帖》，参见朱师辙《清史述闻》，第71—72页。

的结构框架，开始朝向以事件为经纬的叙述方向发生转变。它的主要特征是突破了恤忠的行政框架，试图根据传主主要参与的战事、身份等来定位。这种细微的分类变动，实际上使得以人为中心的战史书写开始向以事件为经纬转变。从史料来源看，清史馆也不再完全依据出于行政流程的公文文书，而是同时采信并选择《中东战纪本末》、《中日兵事本末》①、上海坊刻《清稗类钞》②、黄维翰《黑水先民传》（详后）等同时代民间出版物的史叙。

从正式刊行的情况来看，民初的《清史稿》除丰升阿有表无传外，包括永山在内的上述 15 位将士都有传文。其中章高元传附在孙开华列传后，与冯子材等 6 人的传合在"列传二百四十六"；③永山、左宝贵、邓世昌、刘步蟾、戴宗骞 5 人的传合在"列传二百四十七"；④宋庆、马玉昆、依克唐阿 3 人的传与长顺传一起合在"列传二百四十八"；⑤丁汝昌、卫汝贵、叶志超 3 人的传合在"列传二百四十九"；⑥刘永福传与唐景崧传合在"列传二百五十"；⑦聂士成传与寿山等 4 人的传合在"列传二百五十四"；⑧杨寿山的几句传文附在"列传二百八十一·忠义八"的黄祖莲传内。⑨

最后，看一下民初清史馆修订的传稿在内容上的变动。仍以永山为例。民初清史馆永山传稿有两个：一是清史馆藏朱师辙纂《清史·忠义·永山传》单传写本，⑩另一个是后来刊行的赵尔巽等撰《清史稿》"列传二百四十七"所收甲午阵亡将士七人合传中的永山部分。⑪

---

① 《左宝贵列传》，传稿（包）-传稿，编号：故传 007687。
② 《邓世昌列传》，传稿（包）-传稿，编号：故传 006452。另外，民初清史馆《章高元列传》的史源是"国务院咨送函件"及《清稗类钞》。参见《郑国魁列传》，编号：故传007694。
③ 赵尔巽等：《清史稿》第 42 册，第 12704 页。
④ 赵尔巽等：《清史稿》第 42 册，第 12709—12715 页。
⑤ 赵尔巽等：《清史稿》第 42 册，第 12717—12726 页。
⑥ 赵尔巽等：《清史稿》第 42 册，第 12727—12731 页。
⑦ 赵尔巽等：《清史稿》第 42 册，第 12733—12738 页。
⑧ 赵尔巽等：《清史稿》第 42 册，第 12767 页。
⑨ 赵尔巽等：《清史稿》第 45 册，第 13675 页。
⑩ 《永山传》，传稿（包）-传稿，编号：故传 006542。此写本为朱师辙署名"忠义"类传，本册为永山、德秀、荣福、德云 4 人单传合册，永山传居首，共 3 页。朱丝栏稿纸书口有"清史馆"三字，传末标注参考出处"国史本传"与"清档案"。
⑪ 赵尔巽等：《清史稿》第 42 册，第 12710 页。

朱师辙纂本用朱丝栏稿纸，书口有"清史馆"3字，每页8行，每行20字，共3页，400字。扉页有"已钞"朱色小印，下又以墨笔署"字"字，盖朱色"复钞"小印。封一卷首有"忠义"2字，右下署"朱师辙"3字，左上列"永山　德秀　荣福　德云传"目录。正文卷首墨笔顶格标"清史忠义"4字，于"永山传"篇目下署"辙"字。全稿施以墨点点断，稿尾缀"国史本传　清档案"7字标注所采史料来源。如前所述，清国史馆藏朱丝栏内府写本《清史满蒙汉忠义传》第36册《忠义永山传》，内容与永山传包内的重辑校缮本基本一致。既作为成书进呈，则应是清国史馆所修传记的定稿。这里朱师辙本标注参考的"国史本传"，应该就是指这个本子。

今将此进呈本①与朱纂本对照，将两本重合的文字表述用下划线标出，文字删改处在括号内注明，以考察朱本与清国史馆定本的具体关系。

永山，袁氏，汉军正白旗人，黑龙江驻防，父富明阿，吉林将军，自有传。光绪初（进呈本作"九年"），永山以荫生赏三等侍卫，充神机营委员。十三年，以劳（进呈本作"神机营王大臣奏保"）加四品衔。十五年，回旗。明年，黑龙江将军依克唐阿（进呈本此处多出"奏留本省"4字）委充营官。十九年，领（进呈本作"统领"）马队。

二十年，中日衅启，日军侵奉天。七月，永山从依克唐阿拒日军于摩天岭凤凰城败之（"二十年……败之"39字进呈本作"二十年七月，依克唐阿督师赴奉天进剿倭寇，驻营摩天岭、凤凰城一带"）。收复蒲石河，连捷于长山子、岔路口、草河岭等处，永山皆有功。十一月与敌（"敌"字底稿原作"贼"，墨笔涂改为"敌"）战关道口、四棵树，胜之。遂克龙湾，追至草河北岸，乘胜渡河，直薄凤凰城。军士攻入者四十余人，方搏战（进呈本作"遇伏贼突起"），援敌（"敌字底"稿

---

① 《清史满蒙汉忠义传》第36册，善本一册，编号：故殿029888。

作"贼"，墨笔涂改为"敌"）<u>大至</u>，入城者（进呈本作"四十余人"）<u>悉战殁。永山坚持不退，枪弹洞胸殒</u>（"永山……殒"11字，进呈本作"永山率队策应，连受枪伤，洞胸、阵亡"）。

<u>依克唐阿奏称</u>，永山治军（进呈本作"自奏调镇边军差遣委用"）<u>纪律严明，兵民交颂</u>（进呈本作"相安"），<u>剿捕马贼，叠著战绩。此次出征，踊跃请行，誓灭强敌</u>（"强敌"2字底稿依进呈本作"狂寇"，墨笔涂改为"强敌"）<u>大小十余战，莫不怒马当先，摧坚破锐。有时山路崎岖，即下马步战。敌</u>（底稿作"贼"，墨笔涂改为"敌"）<u>有深畏马队之语。初十日，分道进攻，永山自请独当一路，坚称不取凤凰城，誓不复还。及负创倒地，犹</u>（此处进呈本有"强起，坚不肯退"6字）<u>连呼杀贼而逝。见值军情紧急，各路统兵之将，除左宝贵外，未闻有殉节者。兹该侍卫死难情形，较左宝贵尤为惨烈。恳请优恤予谥，列入昭忠祠，附祀其父富明阿黑龙江专祠。诏允之，赐谥壮愍。子庆顺、庆铭，命俟及岁时带领引见，候旨施恩</u>（"诏……恩"25字，进呈本作"谕曰：四品衔三等侍卫永山，带队剿匪力战，身受多伤，立时殒命，死事情形，甚为惨烈，实属忠勇可嘉。永山着交部从优议恤，加恩予谥，并列入昭忠祠，附入伊父富明阿黑龙江省专祠。其战功事迹，着宣付史馆立传。伊子庆顺、庆铭，着俟及岁时，由该旗带领引见。候旨施恩。寻赐恤如例，予谥壮愍"）。

可以看到，在朱本的400字内有340字与进呈本一致，有16处表述改动。主要是略去传主正常升迁奏保人，描述辽阳南路战事时将史叙主角从依克唐阿转向传主永山，简化描写永山受伤阵亡的细节，将依克唐阿原奏及谕旨从删节直接引用改为概括间接引用等。还有一种较明显的改动，就是将清国史馆旧稿所有作"贼"与"狂寇"之处皆改称"敌"及"强敌"。

可以说，民初清史馆在依据清国史馆旧稿重纂忠义传时，仍然保持了源于清代劝忠之典的行政叙事痕迹，并且进一步将史叙聚焦于传主个人的言行事迹。不过，谕旨、章奏等行政文书在叙事合法性上的差序权力层级，已通过概括、删改、引述等转写方式被拉平了。旧有的公文引叙惯例中"可节不可改"①原则，在叙史时则一并被打破了。

至于1927年刊行的赵尔巽等撰《清史稿》，在"列传二百四十七"目下收甲午阵亡将士七人合传，其中永山部分录文如下。

> 永山，袁氏，汉军正白旗人，黑龙江驻防，吉林将军富明阿子，黑龙江将军寿山弟，以荫授侍卫，归东三省练军。中日战起，从将军依克唐阿军，率黑龙江骑旅驻摩天岭。永山临敌辄深入，为士卒先。与日军战数有功，连歼其将。既克龙湾，乘胜渡草河，规凤凰，依克唐阿策袭其城，檄永山为军锋，偕寿山分率马步队深入攻之。抵一面山，距城八里，张左右翼，各据一坡以待。永山为右翼，尤得地势。敌作散队，伍伍什什冒死前，复以大队横冲我左翼。左翼溃，右翼亦不支，乃相继退。永山独为殿，遇伏，连受枪伤，洞胸踣，复强起督战，大呼杀贼而逝。事闻，谥壮愍，予建祠奉天。②

此稿共218字，其中123字（下划线部分）应是删改自清国史馆、清史馆前述诸旧稿。不过，《清史稿》对永山阵亡一役的描写，与史馆旧稿有非常明显的区别，并没有描述他率四十余人入城作战被截断后路中伏而死，而是详述永山在距凤凰城八里的一面山右翼高地作战，不敌撤退，断后时中埋伏受枪伤而亡。很显然，《清史稿》有另外的史源。

1923年，时任国史编纂处编纂主任的黄维翰编纂刊印了《黑水先民传》25卷，其中的第23卷"清传十三"就有永山传。这个传记后来亦被同年成书、1932年梓刻的闵尔昌《碑传集补》收录。比照黄维翰的这个传记，《清史稿》叙永山战死一役的文字几乎与之完全一致，应是来源于此无疑。黄维翰曾任清兵部职方司主事，又长期任职东三省，辛亥后主持《黑龙江通

---

① 刘宣阁编著《公牍文研究》，上海：世界书局，1946，第28页。
② 赵尔巽等：《清史稿》第42册，第12710页。

志》纂修局务，他的史源可能与这些经历有很大关联。①

作为国家劝忠之典的一个环节，清国史馆（包括民初清史馆依据清国史馆原稿本的补辑）遵旨为上述 13 位阵亡于甲午战争的主要将领先后纂修了不下 72 个传稿，为获罪的 3 人也留下了 4 个传稿。与前述永山传记诸稿相类似，这些传稿大体上严格依照疆臣报恤、朝廷颁旨、部衙行咨、国史馆遵到等行政流程环节中依次产生的各层级公文，来展开以人物为经、战事为纬的叙史，内容往往聚焦于恤忠标准的各行政要素，如杀敌人数、缴获器械、总战绩、阵亡前后言行等。在史叙形式上，由于所据公文原装叙结构内嵌了文字的权力等级，清国史馆传稿因此也留下了相当的印记。虽然在结构上无须保留行政文本的装叙套叠形式，但却从以谕旨为最高层级，多采用节录方式保留原用语，依次降格到对章奏、咨会、履历单等的删引、概述、节纂等不同援引方式。这种史叙内部的合法性与威权性结构，直到民初清史馆的重纂补辑稿才渐渐开放、拉平与消解。在甲午战争的即时叙史中，与国家行政过程紧密绾结，或者说本身即为其中一环的清代官修史政务，随着帝制终结而发生的这些延续与变化，实际上也体现了传统王朝史叙从垄断逐渐向民间开放的内在知识生发机制之转型。

就清代有关甲午战争诸多复调共述的官修史文本而言，有一点颇为值得注意：它们并非全然形成于战事终了之后，其中有不少是在与战事相伴生的行政过程中不断生成的，并且这些行政过程是高度制度化的。关于战争的官方叙述，原先分散于与国家军事、政治过程相伴生的各种文书形式之中。有

---

① 《黑水先民传》收录的永山传全文为："永山，吉林将军富明阿第六子。好读书，慷慨多奇节，以大员子召见，授三等侍卫。自东三省练兵，永山即在行间，分驻呼兰城双庙子间。日本攻高丽，北洋陆军衄于平壤。诏促黑龙江将军依克唐阿率镇边军援辽，永山统马队以从。依克唐阿自宽甸退扼赛马集草河城，与聂士成大高岭之军相犄角。敌军来觇，永山追斩其中尉柳原楠。次日，敌耀兵草河岭，永山自南山冲之，护兵伤亡几尽，仍殊死斗，歼日将斋藤正起。时日军蔓奉天东境，凤凰城则绾毂也。永山偕其兄寿山，率马步队深入攻之。逾草河，抵一面山前，距城八里，张左右翼，各据一坡以待。永山为右翼，尤得地势。敌作散队，伍伍什什，冒死前。寻以大队横冲我左翼。左翼溃，右翼亦不支。乃相继退至冲岭，陷伏，死之。诏予祭葬、世职。入祀昭忠祠。谥壮愍。论曰：永山通经史大义，临敌辄深入，为士卒先，不愧名父之子。使不蹉跌中道，庶几国家干城之选与！"黄维翰：《黑水先民传》，黑龙江人民出版社，1986，第 290 页。

些出于沟通内外的日常文书流转之制，有些从属于国家劝忠之典，有些则成于王朝撰修书史之常务。本节讨论的甲午战争诸传稿，即是在清代这一与日常行政过程绾结共生的馆阁书史修纂制度格局中成形的。我们发现，传稿有一个叙史以外极为重要的行政功能，相对于解释过去或指导未来而言，更着眼于修传的当下——奖恤劝忠。到清代后期，它已经与日常旌表、设祭祠祀等制度联结在一起，成为国家劝忠之典不可分割的一部分。

辛亥革命终结了帝制，馆阁书史修纂作为王朝常规政务亦随之结束。到1914 年，北洋政府在原清国史馆的基础上成立清史馆，"仿照《明史》，继承传统正史体例，大规模启动修史工程"。至 1927 年《清史稿》问世时，清史馆内除"已刊《清史稿》排印本的原稿外，还含有大批未刊纪、志、表、传内容不同的及其他稿本"，[①]以及本书所使用的清国史馆旧有传稿的初辑、复辑、黄绫定本等诸稿本。此时，传记的去取原则和历史叙述的史源、表述都发生了颇为值得注意的变动。那些成形于制度过程的历史叙述，渐渐与旧有官方史传的修史机制与意图解组。着眼于"饰终""恤忠"这类国家人事福利典制主导权，"宁滥无缺"的入传原则与配合进入恤典条款而书写的史叙格式悄然发生了转变。官传去取原则，从着眼于国家劝忠待遇的"宁滥无遗"，转向正史的"千秋论定"宗旨。同时，从甲午时期将领的史传来看，清史馆稿采撷了诸如《中东战纪本末》《中日兵事本末》《清稗类钞》《黑水先民传》等民间纂修、刊行、流行的史叙文本。这些转变与前文所述清史馆稿放弃清国史馆稿在史叙中保留的公文装叙套叠结构及其所内嵌的文字等级，并就此进行悄然删改与重修等取向，无不体现出清王朝旧有战事入史的制度脉络已经发生了深刻的近代转型。

上述这些转变逐渐汇入中国近代史部转型的内在知识生发机制，成为人们理解、叙述与评价过去的重要资源，并参与构筑中国近代知识常识的历史过程中，十分值得展开细致的回溯，以便将常识还置于自身生发与嬗变的历史肌理中，加以对象化，并基于此对相关历史过程展开更为深入的探讨。

---

① 庄吉发：《清史馆与清史稿：清史馆未刊纪志表传的纂修及其史料价值》，《文献足征——第二届清代档案国际学术研讨会会议论文集》，第 25 页。

第二章

清季民初私修甲午战事史叙

甲午战争影响深远，不仅因为它的战果改变了清季内政与外交的格局，更由于它在思想层面引起的一系列联动反应。兵事甫歇之际，各色人等对这场战争的不同认识也逐步形成，它们至少有三个值得注意的发展方向。第一，开始质疑此前30年洋务新政能将国家导向"富强"的认识；第二，为流行于中央与一些省份的制度改革论调提供了论据与师法目标；第三，更为重要的是，中国当时的读写精英阶层与朝野舆论由此趋向于大体接受"文明观"——这一以基督教价值为基础的近代秩序论。

前述紧密绾结于国家文书行政结构内的馆阁日常修史，受到来自实际行政流程的各种限制，其史叙形式局限于职能部门档案文件汇编与史馆传稿，没有太多余地直接传达叙史者本身对于战事的观感。而同时出现的一些民间私修战争叙述，则更多表达了人们对这场战争的看法，并在以后的历史发展脉络中影响日深，甚至反过来构建了近代国人对于历史与自身的认识。

因此，我们有必要重新检视甲午战时及战后数年内，民间这些以史志形式出现的战争史叙，讨论它们具体的表述形式、彼此之间的联系及对于战败基本观感的异同，并考察它们形成与流传的过程。当我们通过这种具体的讨论，把晚清中国的"文明观"与"普遍秩序"还原成一种特殊的历史构造时，便能更细致地去理解一百多年前中日之间的这场战争对于中国近代历史发展与历史认识的深远影响。①

第一节 战后私修的战辑与战纪

与官方史叙类似，清季民间有关甲午战争的文字记载也在战争仍持续时就已经产生了。当时，中、英、日文报纸都有记者（访事员）以各种方式观察战争，持续刊发报道。其中，由广学会主办的《万国公报》是中国集中讨论甲午战争最多的一家报纸。它不仅派出记者，同时注意搜集与战争相关的谕旨、奏章及战后签订的条约等重要文件，并转载其他西文报刊的相关报道，就战局不断以"公论"的名义发表评论文章。②它对甲午战争的一些基本看法，当时就已经产生初步影响了。还有一些参战人员，如聂士成（《东征日记》的作者）、黎元洪（时任"广甲"轮三管轮）等，也在战时留下了日记，并在其中谈论了自己对此战的看法。

1895 年，中国战败，马关议成。立即就有东莞人王炳耀根据报章所载

---

① 学界以往对于甲午战后流行的战争叙述颇有整理，资料方面以阿英汇编出版的《甲午中日战争文学集》最为集中。由中国史学会主持、邵循正等编辑的 7 卷本《中国近代史资料丛刊·中日战争》（新知识出版社，1956）及由戚其章主编的 12 册本《中国近代史资料丛刊续编·中日战争》（中华书局，1986—1996）也节选收录了甲午战后出现的一些主要战纪与战争文学。而零星研究基本停留于书目概述或单个作品的译介背景铺陈，内容分析也常常限于文学史角度。由于它们大体上是在革命史或现代化研究范式下展开的，因此没有对战后人们有关甲午战争的一些基本看法的形成与流传做史料爬梳与专门讨论。就本书所关心的问题而言，这些有益的研究既提供了重要的基础，也留下了有待深入的空间。王林：《〈中东战纪本末〉与甲午中日战争》，《福建论坛》2009 年第 4 期；赵少峰：《略论〈中东战纪本末〉》，《淮北煤炭师范学院学报》2009 年第 6 期；孙玥：《林乐知与〈中东战纪本末〉》，硕士学位论文，上海社会科学院，2013；舒习龙：《姚锡光与〈东方兵事纪略〉》，《历史档案》2006 年第 3 期；舒习龙：《〈东方兵事纪略〉考补》，《北京教育学院学报》2015 年第 1 期；翟文栋：《清末民初文学作品中的甲午战争——以历史小说为中心》，硕士学位论文，浙江大学，2007；朱红娟：《晚清国难小说研究》，硕士学位论文，上海师范大学，2013。

② 《哀私议以广公见论》《续哀私议以广公见论》《三哀私议以广公见论》《四哀私议以广公见论》《七哀私议以广公见论》《八哀私议以广公见论》《九哀私议以广公见论》《重哀私议以广公见论》，《万国公报》第 77—79、81 期，1895 年；第 83—87、90、92—95 期，1896 年；第 96—107 期，1897 年；第 108—110、112—113 期，1898 年。

文件梳理因果，按战争发生发展的时序辑成战史《中日战辑》，在香港文裕堂出版。[①] 此书共分 6 卷：第 1 卷为"中日战机"，第 2 卷为"中日战端"，第 3 卷为"声罪致讨"，第 4 卷为"祸延盛京"，第 5 卷为"遣使议和"，第 6 卷为"傅相议和""台民抗约自立""日攻台南""刘军门遁""日本议还辽东"等。此书汇集了《香港华字日报》所载有关战争的谕旨、奏章、电函及报刊评论文章。其中有些奏章由于没有直接的获取渠道，是从西文报纸转译而来的，因此并不是其本来面目。[②]

同年，还有思恢复生编的《中倭战守始末记》[③]、不著撰人的《谏止中东和议奏疏》[④]、曲阜孔广德所辑《普天忠愤集》等几种关于甲午战争的文献汇编刊行。这几种书大体上是根据战时中外报章所载的谕旨、奏疏、条陈，马关议和的照会、问答、评论及战后的诗文作品等汇编而成，一般按照战争发展的时序及因果线索编排，形式上比较传统。同年还有另一些甲午战争亲历者的回忆留存，如《冤海述闻》《东征日记》，它们主要描述具体战役过程，澄清战争中的一些细节，明确责任者。

陈耀卿 1895 年编印的《时事新编初集》[⑤]也收录了一些有关甲午战争的文献。值得注意的是，此书将文件编在各国形势、政治武备、交涉、风俗、兴衰、制造、商务诸考之后，显然是把战史作为"时务"知识的一部分来看待。同年有一些甲午战争亲历者的叙述出版，如刘坤一的幕僚易顺鼎有

---

① 此书所辑内容九成来自《万国公报》，一成来自其他报刊，如《香港华字日报》。王炳耀序称："《万国公报》所载战事始末最真且切，次则《华字日报》。兹将《公报》登录战务，编辑成书者十之九，采自他报者十之一。颜曰：中日战辑。"《东莞王炳耀煜初序》，王炳耀编《中日战辑》，光绪二十一年香港文裕堂铅活字本，6 卷。该书于封面称附录《水战形图》《陆战地图》《地球全图》《十八省图》《台湾全图》《春秋地图》等，但存世各版本 6 卷以外未见附图。亦见有以《中日战辑图考》为名的印本，光绪二十一年香港文裕堂铅活字本，6 卷。亦见上海书局光绪丙申（1896）仲春石印本，开本缩小，扉页题《中东战纪本末》，页边题《中日战辑》，从序言开始至全部正文为《中日战辑》翻印本。又有森宝阁铅印本、1966 年台北文海出版社中国近代史料丛刊本、1995 台湾大通书局有限公司台湾文献史料丛刊本等。

② 王炳耀编《中日战辑》，第 12 页。

③ 1895 年香港书局石印本。

④ 不著编纂者，扉页题为"邛上草莽书生"撰，光绪乙未香港书局石印本，并收入《近代外祸史》。

⑤ 陈耀卿编《时事新编初集》，清光绪二十一年铅印本。

14 卷刻本《盾墨拾余》印行，其中奏疏两卷，杂稿、电信各 1 卷，《魂北魂东杂记》《魂南记》各 1 卷，叙述各次战役与自己在台湾协助刘永福抗击日军的情况。

1896 年，《万国公报》主笔美国人林乐知（Young Allen）与他的中国笔述者蔡尔康，将该报的战争报道及刊载的谕旨、奏疏、公牍等文件与另一些摘译自其他西报的报道、通讯、评论及自己对于这些"私议"的"公论"等，汇编成 8 卷本《中东战纪本末》出版，对战争中的各主要战役，如平壤战役、黄海战役、辽东战役等都做了详细的梳理。此书问世后影响很大，畅销一时，陆续出续编、三编，更在清末西学大兴、科举改制的背景下，被各种新学书目、汇编类书丛书收入，成了清末有关甲午战争最流行的战史之一。①

此外，《译书公会报》连载过俄国人来迪懋著、胡濬谟译《中日构兵记》，已编成单行本 3 卷，但未出。东亚书局译有《清日战争》《日记中陆海战记》，未出。②另有陈耀卿编《绘图扫荡倭寇纪要初集》③ 等。

1897 年，丹徒人姚锡光作《东方兵事纪略》，在武昌刻印出版。此书为纪事本末体战史，分 6 卷 12 篇：衅始篇第一、援朝篇第二、奉东篇第三、金旅篇第四、辽东篇第五、山东篇第六、海军篇第七、议款篇第八、台湾篇上第九、台湾篇下第十（表第十一、图第十二未刊）。

姚锡光在甲午战时为李鸿章幕僚，1895 年转投山东巡抚李秉衡幕，算是战争的亲历者。与之前出版的一些战纪相比，它以传统史书体裁而不是文献汇编的形式叙述，记录的也不限于一两场战役，因此对以后甲午战史的修撰影响很大。如 1913 年罗惇曧的《中日兵事本末》（1913 年于《庸言》杂

---

① 参见熊月之《西学东渐与晚清社会（修订版）》，中国人民大学出版社，2011，第 497—502 页；《广学会新著〈中东战纪本末〉不日出书托申报馆代售翻刻必究》，《申报》1896 年 4 月 3 日，第 4 张。

② 《增版东西学书录》在"中东战记本末"条下有相关说明，此处"中东战纪本末"为广学会版，而"日记中陆海战记"疑书名有误。参见徐维则编，顾燮光补《增版东西学录》，1902 年石印本，第 10 页。

③ 寄啸山房主人（陈耀卿）：《绘图扫荡倭寇纪要初集》，参见阿英《甲午中日战争书录》，阿英编《中日战争文学集》，第 320 页。

志作为"史料"连载，1926 年被收入中华书局版左舜生选辑《中国近百年史资料》），① 1933 年王钟麟的《中日战争》② 和王芸生的《六十年来中国与日本》中有关甲午战争的章节，基本是转抄辑录姚书的记载。此外，另有 1902 年《杭州白话报》连载"平情子"所演白话战史《中东和战本末纪略》，大体上也是以姚书为底本。

此外，还有洪弃生《中东战纪》《瀛海偕亡记》③两种台湾战场的战争亲历记传世，但影响之广度不如上述诸书。

这些战辑或战史是在战后数年间很快出现的，或撷拾报章，或依据当事人经历编写。日后人们对于甲午战争的一些基本观感，在这些叙述当中其实都能找到源头。④

第二节　私修战史文本的形成

细究甲午战后出现的几种战辑与战纪，其信息来源大概有两个：一个为中外报刊（尤其是《万国公报》）所载的战时报道、评论与一些谕旨、章奏、信函、照会、条约等文件，其中有些还是从西文报道译回中文的；另一个为战争亲历者的笔录、口述。这些战争叙述之间互有影响，又似乎各有源流谱系，因而在诸如战败原因、战败后如何应对等具体问题上观感各异。

1895 年王炳耀辑成《中日战辑》，思恢复生编成《中倭战守始末记》，

---

① "甲午兵事，以丹徒姚君锡光所著《东方兵事纪略》为最详尽，而笔墨颇病冗碎。余既略有异闻，更就当时在军中者考证焉。乃取《姚略》变易简括之，遂成斯编。"罗惇曧：《序》，《中日兵事本末》，《庸言》第 1 卷第 5 号，1913 年。

② 王钟麒撰述，傅运森校阅《中日战争》，吴敬恒等主编《新时代史地丛书》，上海：商务印书馆，1933。

③ 1922 年其子将稿件交予北京大学代印时改名《台湾战纪》。参见黄哲永、吴福助主编《全台文》第 24 册，台北：文听阁图书有限公司，2007，提要，第 1—2 页。

④ 另有文廷式 1896 年《闻尘偶记》稿本，也记录了甲午战争相关的政事逸闻。只是此稿在清末并未刊印，历经战乱，于 1933 年方在《青鹤》杂志连载。1955 年，叶恭绰受文氏后人之托，将原稿送交中国社会科学院近代史研究所，1981 年连载于《近代史资料》，始为世人所知，因此本书并未将此稿纳入考察范围。参见《青鹤》第 1 卷第 1—19 期，1933 年；中国社会科学院近代史研究所编《近代史资料》总第 44 号，中国社会科学出版社，1981，第 23 页。

都明确表示他们依据的是《万国公报》等中外报章。对于别人抢在自己前面出专题剪报辑，广学会其实并不满意，认为他们"钞撮本会中《公报》所刊之《乱朝记》十三首，论说数篇……十不及三四，且于本会命意毫无领会"。因此，林乐知与蔡尔康"积月圆二十度之心血"，编成《中东战纪本末》，"取为振兴中国之一助"。[①]

广学会谓《中日战辑》与《中倭战守始末记》对自己的"命意毫无领会"，实际上是因为上述两个辑录按照战争进程的自然时序编排，无法体现《万国公报》时刻想展示的超越于国家叙事之上的"公论"，即以文明观为基础的普遍秩序。那么这种普遍秩序又如何能通过适当的编排，以单行本的形式体现呢？

1896 年 4 月，《中东战纪本末》刊印出版。此书初编 8 卷，1897 年 2 月增出续编 4 卷，1900 年又出三编 4 卷。该书首先梳理了中日关系的历史，然后汇编有关甲午战争与马关议和的文件，同时将林乐知对中国人、中国文明的评论及改革的建议（《治安新策》八章）编在一起。续编更将日本驻美公使森有礼为寻求东方开化而编著的英文著作 *Education in Japan* 的中译本《文学兴国策》（直译《日本教育》）作为附录出版，暗示了解决问题的方向。这种编辑方式本身即表现出明显的西方"文明"秩序观。通观全书后，读者可以得出这样的观感，甲午战败虽是因为将士不能用命、腐败畏缩之故，但其根本原因是中国文化的落后与堕落、制度的保守，解决之道便是师法日本，寻求西方式的开化文明。《中东战纪本末》为战败找到了一种宿命论式的必然性，这一点很能为李鸿章等与战争直接相关的责任人所接受，因此反响良好，即由孙家鼐上呈光绪帝而达天听，并得到光绪帝的赏识。[②]

然而，也有人对广学会式的解释极为不满。丹徒举人、内阁中书姚锡光原为李鸿章幕僚，曾经被李举荐，随驻日公使何如璋出使日本，担任驻日本

---

① 《广学会新著〈中东战纪本末〉不日出书托申报馆代售翻刻必究》，《申报》1896 年 4 月 3 日，第 4 张。
② 卫理译、金襄如：《上海广学会第十年年会论略》，《万国公报》第 108 期，1890 年；李提摩太著，蔡尔康译《广学会第十一届年报纪略（附年会陈词）》，《万国公报》第 120 期，1898 年。

领事，1895 年转投山东巡抚李秉衡幕，1896 年受湖广总督张之洞命，担任自强学堂总稽查。此后，张之洞办湖北武备学堂，姚又受命为总稽查。姚锡光在山东时曾经亲历战事，对于战败与议和有非常切肤的感受。在武昌期间，他"复检拾余甲午之冬在洋河口军营、乙未之春在东抚莱州行营诸稿，雪泥鸿爪，既用慨然，而国步艰难，四方多故，更非独一人之蓬转萍飘，不堪回首也"，①对战争时有反思。也时常与其他一些亲历战事的将官讨论，②或者关注报纸上发表的一些文件。③从战役中侥幸生还的黎元洪，还将自己的一册笔记《甲申（午）、乙未间中日海战事略》交给姚锡光。从 1896 年 3 月到 10 月，仅从日记记载来看，姚锡光就战争询问各类亲历者共 11 次。显然，这是因为他在酝酿写作一部战史。

直接促使姚锡光下决心撰写战史的原因是，1896 年 5 月 22 日他从叶瀚（浩五）处读到了林、蔡所编的《中东战纪本末》，感到"愤懑欲绝"。姚认为此书"乃杂录成书，绝非本末体裁。如满地散钱，不能贯注；且名曰《战纪》，而于战状甚略。每篇皆浓圈密点如时文、如批点小说，其笔墨则报馆窠臼，殊无可取"。不但体例驳杂，那种报馆的旁观舆论"西人论调"更使他很难接受。④

姚锡光对于《中东战纪本末》的诟病，与广学会本身对《中日战辑》及《中倭战守始末记》的不满实际上十分相似，都集中于编排"体例"，即

---

① 姚锡光：《姚锡光江鄂日记（外二种）》，王凡、汪叔子整理，中华书局，2010，第 75 页。

② "（三月）十二日（4 月 24 日）……午后，王生雅东借张君汉英来。张君，余年家子，盖余同年合肥张楚宝观察士珩之侄也，曾于奉天充毅军后军前营营官，属宋帅祝三庆部下，身与辽东中日之战，为余言牛庄、营口、田庄台失守事甚详，为慨然久之。""二十九日（5 月 11 日）……傍晚，阅《申报》《京报》。晚饭后，至王生雅东等房内，详问伊等以甲午、乙未间与倭人山东战事，将入笔记。归房内，阅《法兰西志略史事》，读韩诗，就寝。""三十日（5 月 12 日）……吴生俊卿来，询伊山东中日战状。"姚锡光：《姚锡光江鄂日记（外二种）》，第 93—94、102—103 页。

③ "（三月）二十六日（5 月 8 日）……检去年四五月间《申报》所载合肥相国赴倭与倭人问答各节，及所拟条约大致。"姚锡光：《姚锡光江鄂日记（外二种）》，第 101 页。

④ 光绪二十二年四月初十日，"余随往商务斋内，向叶浩五茂材假新出之《中日战纪本末》，是书为英人林乐知、上海蔡子黻尔康茂才同辑。……其笔墨则报馆窠臼，殊无足取。特以新书不无可借以钩稽近事，乃托浩五亦与余购一部。……晚间，复抽译《中日战纪》取载电报诸事，并观西人诸论，令人愤懑欲绝。三鼓就寝"。姚锡光：《姚锡光江鄂日记（外二种）》，第 106—107 页。

外在的编排呈现形式。推其原委，问题的症结应在于究竟是采取文献汇编加评注及附录的史辑形式，还是采用纲举目张、因果井然的本末体裁。姚氏的看法当是以本末体裁彰明中日构衅的是非曲直，通过陈述战役经过，明确战败的责任者和具体败因。而对于广学会来说，既然认定战败根植于"文明"上的"落后"，具体是非曲直和战败责任者反而不甚重要，针砭文明上的落后，并指出解决之道才是其着眼点。

虽然对于广学会的战史编纂体例十分不满，姚锡光仍然请叶瀚替他代购一本，以为参考。因为《中东战纪本末》的资料来源是《万国公报》，姚锡光便从叶瀚与姚文甫处借了三个月的报纸来看，结果"见其议论，讥刺中国万状，直不以中国为国，令人愤懑欲绝"。

1896 年 8 月 5 日，姚锡光终于下决心写一部战史。当天，他在日记中写道：

> 拟作《中东兵事纪略》。拟分为八篇：一曰《东方兵事缘始》，一曰《东援兵事纪略》纪我军在高丽境内兵事，一曰《辽东兵事纪略》纪奉天境内兵事，一曰《山东兵事纪略》纪山东境内兵事，一曰《海洋兵事纪略》纪我海军战事，一曰《东渡议和纪略》纪我使臣赴日本行成诸事，一曰《台湾兵事纪略上》纪台湾防守及台北失守诸事，一曰《台湾兵事纪略下》纪台中、台南战守诸事。每篇附以论说，载以地图。[1]

当天他就完成了《台湾兵事纪略上》一篇的十分之六。与林乐知带有决定论色彩的"文明观"不同，姚锡光认为甲午战败不仅是中国的"运数一大节目"，"古今奇变"，并且"关系欧亚两洲全局"。[2]

---

[1] 日记所记日期为光绪二十二年的"六月二十六日"，参见姚锡光《姚锡光江鄂日记（外二种）》，第 138—139 页。

[2] 日记所记日期为光绪二十二年的"六月二十六日"，参见姚锡光《姚锡光江鄂日记（外二种）》，第 139 页。

爬梳姚氏 1896 年的日记，可以了解这部战史主要的资料来源有三个：一为他自己在军营中的案牍记录。二是其他参战者交给他的日记、笔记等文字记录和口述回忆，如黎元洪《甲申（午）、乙未间中日海战事略》、吴质卿《台湾日记》、蒋玉书《海军日记》、陈省三《台湾杂记》等。接受过姚访谈的亲历者计有王雅东、张汉英、黎元洪、范仲木、吴体和、杨佑之、萧雨农、吴俊卿、罗六琴、陈省三、湘军管带洪君、教习知县四川人杨君、沈敦士、尚志高、商德正、吴孝英、直隶县丞湖北人伯莆等 17 人，这些人在甲午战后基本属于武昌阵营。三是林乐知、蔡尔康的《中东战纪本末》及上海石印的《中日战迹图考》。[①]

姚锡光与自强学堂学生王松臣每晚一起译英国人所著甲午战史《中东战纪》，至二更回家，十分有规律。从 1896 年 8 月 5 日决定写作战史开始，到同年 10 月底日记结束，共有 26 晚都有该项记载。

细观甲午战后几年间出现的战辑与战纪，显然有两个主要的源流。

一是从《万国公报》报道到王炳耀《中日战辑》、思恢复生《中倭战守始末》及林乐知、蔡尔康《中东战纪本末》。主要是汇辑报刊，对战败持"文明观"看法，认为与其说中国是败于东邻小国，不如说是败于明治后更"开化文明"的日本。应对之策是改革，并以追求西方式文明为目标，范本是刚刚打败自己的日本。

二是姚锡光《东方兵事纪略》。日后罗惇曧《中日兵事本末》、平情子《中东和战本末纪略》、1930 年代王钟麟《中日战争》、王芸生《六十年来的中国与日本》相关章节，都以姚书为基本骨架与主题资料来源，因此看法也基本一致。

第三节　私修战史的副文本

朱莉娅·克里斯蒂娃（Julia Kristeva）在 1969 年出版的《符号学》一

①　疑为王炳耀《中日战辑图考》，光绪丙申仲春上海书局石印本。

书中，首先提出了互文性（文本间性）术语，旨在强调任何一个单独的文本都是不自足的，其文本的意义是在与其他文本交互参照、交互指涉的过程中产生的。由此，任何文本都是一种互文。而副文本（paratext，又译为"准文本"）一词，是法国文学批评家热拉尔·热奈特（Gérard Genette）在1979年首次提出的。他在1982年对该词做出阐释，并将其归为五种跨文本性（互文性、副文本性、元文本性、承文本性、广义文本性）的类型之一。在1987年出版的专著《副文本》中，他又进一步对其界定与分类做了更细致的分析。①

甲午战后，关于战争的叙述除了以文本的形式呈现，也以各种副文本的形态产生了共生性意义。这类副文本主要产生于史书的刻印出版、宣传广告、汇编索引等流通环节的序跋、附录、列入书目时的分类和摘要及被收入丛书时的类编说明等。许多后来进入国人对这场战争的常识性认知内容，除了来自史叙的正式文本，同时通过这类超越正文又与之密切相关、不可分割的意义共生形式建立起来。而对于知识生成这一重要来源，学界现有的关注度显然不足。

甲午战后出现的各种战辑和战纪，大多拾掇中外报章文字，却又体例各异，体现了对战争的不同认识。或按专题编辑，弱化战役过程，强化胜负之理；或据战役发生的自然时序排列史料，以本末体裁明确因果责任，以便"明耻教战"。

除此之外，正文以外的序跋、附录也与正文形成了一种"互文"，甚至可以说形成了共生性意义。如王炳耀编《中日战辑》在1895年于香港初版时，已经附录有胡燏棻的《变法自强条陈疏》②和叶耀元写给张之洞的筹御倭寇条陈③。胡燏棻在战争期间受命任东征粮台，而叶耀元是京师同文馆与上海广方言馆的优等毕业生，精于算学等"新学"。王炳耀除了根据战争发生、发展、变化的自然时序编排采自《万国公报》的文字，还在篇末附录

---

① 参见陈昕炜《基于副文本体系的序跋文本研究》，《理论界》2014年第1期。
② 《胡云楣廉访（燏棻）奏变法自强条陈疏》，王炳耀编《中日战辑》。
③ 《节录叶君耀元上张香帅书筹御倭策十一条并大纲二十六条附》，王炳耀编《中日战辑》。

了两篇以"时务"与"兴新学"为改革方向的奏疏，使得《中日战辑》除在王炳堃序言中流露了广学会普遍主义文明观的影响外，主要基调仍比较传统，即认为甲午一役败于日本，乃有十分具体的原因，并可以通过具体技术层面的改进，来扭转中日之间的强弱之势。因此，广学会对于这种编排和附录形式表示不满意，称其"于本会命意全无了解"。

类似的情况也发生在广学会自己编的《中东战纪本末》上。在此书出版后不久，广学会将日本驻美公使森有礼写于 1870 年代的教育改革论，以《文学兴国策》为书名翻译出版。在出单行本时，便与《中东战纪本末》进行捆绑销售，在广告上力陈两书齐备方得"完璧"。不久，又将其作为附录，索性与《中东战纪本末》合出。其强调中日之间胜败之势植根于文明优劣，而新的文野分际又以基督教文明为标准，改革的落脚点在于教育改革，这些基本取向是十分清楚的。

甲午战纪后来因科举风向转变而热销，进入天下普通读书人的书囊。它们之所以能在书籍流通中进入一般读书人的购书单，与清末一些流行的新学书目有很大关系。这些书目对于它们的分类与介绍，也完成了战争叙述的进一步意义共生。除广学会自己的营业书目《广学会译著新书总目》列入《中东战纪本末》外，1902 年徐维则编、顾燮光补的石印本《增版东西学书录》也收入了《中东战纪本末》8 卷、《中东战纪本末续编》4 卷、《中东战纪本末三编》4 卷，在简要评论中表示对此书在编订方式上存在异议，但其主要价值在于记录史实、保存资料，故"甲午一役赖以知其始末，他日记中东事者或有所取资也"。[1]另外，1901 年，贵州学政赵惟熙也在其编的《西学书目答问》的"政学第一·史志学"目下，收入了《中东战纪本末》八册、《中东战纪本末续编》四册，评论说"是书芜杂不伦，然于近事时见一斑"，也认为此书在内容上的价值大于体例。[2]

目前所见《东方兵事纪略》有武昌刻本、江西通学斋本与石印本三种。

---

① 徐维则编，顾燮光补《增版东西学书录》第 1 卷《志书第一》，第 106 页。
② 赵惟熙编《西学书目答问》，1901。参见熊月之主编《晚清新学书目提要》，上海书店出版社，2007，第 57 页。

清末新学汇编如邹凌元《通学斋丛书》对其全文收载。《增版东西学书录》在"史志"类"中国人辑著书"下亦收入了此书。

1904 年沈兆祎编《新学书目提要》，对此前流行的各种新学书籍提要钩元，并做简单评论。他在"历史类"目下收了姚书，并认为姚锡光《东方兵事纪略》对于战争事实的记载要比广学会《中东战纪本末》更为可信，因为后者资料汇编式的体例，使人无法了解战争的"成败之迹"。[1]这也从另一个侧面反映了《中东战纪本末》的重点并不在于叙史，而在于"知来"，即根据普遍主义"文明观"的指向来明示中国变革的方向与具体举措。

甲午战后出现的各种战辑或战纪类战争叙述，其序跋、附录及后来的书目都与正文共生了意义。其中有一个值得注意的有趣现象，即通过清末精英的知识分类，战争叙述出现了史志化一面，渐渐脱开胜败强弱的国族立场，可以参考英国、日本、德国参战人员、战争观察家留下的记录、文件等来共同完成表述。

如 1934 年出版、顾燮光编的《译书经眼录》，收入 1902—1904 年续得知见的新学译著，其中有不少来自日本的"东学"著作。这个书目中提到了日本人清香田村维则编的《中东战史》上下两卷，以及金粟斋译日本涩江保《日清鸦片战史》，日本辰巳著《海上权力史论》。并与涩江保著《法国革命战史》，苏州励学社、福州东文学堂分别译出的《欧米独立战史》，南洋公学译日本松井广吉著《意大利独立战史》、吴宗濂译英穆和德著《武志说略》、法腊复勒著《中西启衅始末》，毛乃庸、罗振常译日本松井广吉著《美国南北战史章》，安寄社译日本涩江保著《英国革命战史》、日本松井广吉著《伊大利独立战史》、日本涩江保著《希腊波斯战史》等同列在第 1 卷"史志第一"目下。书目的这种编法显然有将甲午战争的叙述史志化的倾向。

无独有偶，《中东战纪本末三编》以英国炮兵司蒲雷主事所著《东方观战记实》为主要基础，附以各大国观战诸记，美国驻华公使馆、伦

① 沈兆祎编《新学书目提要》第 2 卷《历史类》，上海通雅书局，1903，第 39 页。

敦华使馆讨论战守的电报，以及日本人所得丁汝昌遗墨若干篇以石印留真，加上李鸿章奏疏及《台湾纪事诗》18 首编在一起，顾燮光称其为"信史"。

无论是出于中国"明耻教战"的传统胜败观，还是出于广学会一贯的基督教普遍秩序文明决定论立场，甲午战后的战争叙述通过序跋、附录、书目等"副文本"，渐渐采取更为超脱的视角来讨论战争。它们与战争中晚期出现的正文之间逐渐形成共生意义，从而使得战争叙述进入正规的"史学"分类，进入精英知识领域，或者罗伯特·雷德菲尔德（Robert Redfield）所谓"大传统"，这是一个值得注意的趋势。

第四节　清季民初甲午战史的空间线索

我们发现，中文世界战后数年间出现的各种主要战争表述，在一些基本判断上存在明显的对立。例如战败是否必然，即究竟是"世变"还是"奇变"；战胜者是东邻"倭寇"还是"明治后的日本"；是将战争比喻成春秋时期的吴越之战还是近世欧洲的普法战争；究竟应该用何种体例来编写战史；是采取文献汇编加评注及附录的史辑形式，还是采用纲举目张因果井然的本末体裁。总体而言，存在两个比较清晰的源头与谱系。

此外，这些战争叙述在流通中出现了不同的形态，例如报刊单篇刊载，出版单行本，继出合订本，又再编入丛书，甚至被改编成白话演义本或者图册。在这些不同的形态之间，文本被添加了不同的序跋、附录，形成了新的意义共生关系。在向白话演义本及图册转变的过程中，更是在内容上强化了忠义善恶畛域，塑造了人物角色；叙述视角从报章评论人或亲历者变成了具有全知视角的"说书人"等。这些现象都值得加以讨论。

一　武昌、上海与广东

前述几种战史的主要发售与流通渠道是口岸城市上海的一些书局，如申报馆、格致书室、美华书馆、虹口中西书院、纬文阁、十万卷楼、申昌书局、宝善斋书局、汲绠书庄、六艺书庄、源记书庄、图书集成局等。①

1895 年 7 月，《中倭战守始末记》由江左书林一家以洋四角寄售。②

1895 年 11 月，《谏止中东和议奏疏》石印刊出，以每部洋三角寄在上海各书庄发售。③

1896 年香港文裕堂刊印的《中日战辑》由上海四马路文宜书局（售价洋一元六角）、三马路申昌书室（售价洋一元二角）发售。④ 1897 年，随着科举风向的转变，反应灵敏的上海书商又出一函四本的便携本，售价洋六角，以应科场之需，由上海各书坊及湖南、芜湖、京口、南京宝善分局及金陵词源阁、庚兴钱庄等发售。⑤

1896 年 4 月，孔广德编的战争诗文集《普天忠愤集》，以每部实洋两元在上海由六艺书局发售，并同时由外埠的北京、天津、汉口、苏州、杭州、镇江各书庄代售。⑥

大概由于此书热销，1896 年 5 月底，上海南昼锦里赐书堂书庄私抄六艺书局版，翻印了 3000 部，也在《申报》上登广告出售。1898 年，此书的另一个主要作者张罗澄（山民）在报纸上登告示，指责赐书堂书庄主人戎文彬盗版，并称其翻印书脱漏错讹百出，以致文理不通。⑦此事后来告到公共租界会审公廨，判赐书堂书庄支付洋 100 元稿费给张罗澄。1899 年戊戌政变后，因为政治空气发生了变化，"旧政甫复"，书市敏感，以致《普天忠愤集》滞销，虽经书庄竭力招徕登报推售，仍积压了几百部没有卖出，

① 参见周振鹤编《晚清营业书目》（上海书店出版社，2005），以及《申报》《万国公报》相关书籍广告。
② 《申报》1895 年 7 月 13 日，第 6 页。该书广告连续刊登于 1895 年 7 月 13—15、20、27 日，8 月 3、7、9、24、31 日，9 月 7、14、21、28 日，10 月 5、12、19、26 日，11 月 2、9、16、23、30 日，12 月 7、14、21、28 日；1896 年 1 月 4、11 日的《申报》。
③ 《申报》1895 年 11 月 26 日，第 6 页。该书广告连续刊登于 1895 年 11 月 26—28、30 日，12 月 4、7、11、14、18、21、25、28 日；1896 年 1 月 1、4、8、11 日的《申报》。
④ 《申报》1896 年 11 月 3 日，第 6 页。
⑤ 该书与科场应试选本《皇朝经世三续文编》《中外时务策学大成》列于一条广告内，称"诚为三场必要之书"。参见《申报》1897 年 8 月 14 日，第 4 页。该广告连续刊登于《申报》1897 年 8 月 14、18—21、25、28 日，9 月 1、4、8、11、15、17 日。
⑥ 《申报》1896 年 4 月 30 日，第 4 页。
⑦ 《查究翻板误人》，《申报》1898 年 11 月 2 日，第 7 页。

甚至还因为盗版官司引来讹诈，发生了要挟该书停售的事情。①《普天忠愤集》的书价从 1896 年初发售时每部实洋两元不折不扣，到经历翻印风波后不断下跌。1898 年 11 月，由上海南昼锦里紫文阁以洋 8 角出售，并同时在棋盘街飞鸿阁、十万卷楼等处寄售。1901 年，上海四马路宝善斋以洋 7 角发行。1902 年，日本书商日清书馆最新书籍地图发行所以洋 6 角批发，参与批发的还有英国书商理文轩、中外书会、藻文五彩石印局等。

在清末从甲午到壬寅科举与学制改制的几年间，《普天忠愤集》这类叙述甲午战争的文集战纪，经历了戊戌变政、庚子国变等影响书市冷暖的重要时局变动，仍然不断被翻印发售。除上海本地的书商外，日本和英国的书商也参与了它的发行。售价的走低，除书商促销因素外，实际上也显示这些书籍可能已经从忧心时局的忠愤之"士"的阅读领域，进入了更广大基层读书人的书囊，推动的原因当与科举内容改革有关。

1896 年，陈耀卿编《时事新编》6 册一套，以洋 8 角在上海理文轩书庄、申昌格致书室、千顷堂书坊、新闻报馆账房、龙威阁书坊、博文堂书坊等发售点出售。② 1897 年，坊间多有翻刻，上海棋盘街北首博文书局、南市大东门外大街务本堂书坊以洋 5 角推售。到 1902 年，日本书商日清书馆最新书籍地图发行所也开始发售此书。

1896 年 5 月 5 日，广学会《中东战纪本末》出版，托上海申报馆、申昌书画室、北京路美华书馆、格致书室、虹口中西书院代售，外埠则由《申报》的销售点和教士售书处分售，每部洋 1 元 5 角。③广学会除在上海与外埠利用自己的图书分销点销售《中东战纪本末》外，也延用一贯做法，通过赠书以广流通。④

《中东战纪本末》初编 4000 册，曾通过上述各类分销渠道，在短期内销售一空。1897 年，广学会将日本驻美公使森有礼《文学兴国策》单行本

①《捏名图讹》，《申报》1899 年 8 月 28 日，第 12 页。
②《申报》1896 年 3 月 1 日，第 4 页；1896 年 5 月 15 日，第 6 页。
③《申报》1896 年 5 月 4 日，第 4 页。
④《申报》1896 年 5 月 7 日，第 4 页。

与《中东战纪本末》合订十本，请图书集成局刊印行世，并出《中东战纪本末续编》两本。可能由于销售情况甚佳，又为科场所重，书贾盗刻翻印的情况较多，以至于广学会入禀苏松太道台衙门，出告示禁止。①

此外，广学会还有自己特殊的赠阅渠道。《中东战纪本末》曾经被赠给朝鲜宫内大臣李载纯（由其转呈李氏国王），② 总理衙门总办章京，③ 光绪帝的师傅孙家鼐等。另外，此书还有明治三十一年（1898）日本藤野房次郎译本。④ 可见它很快就流传到了朝鲜、日本等东亚国家。

在清末几次科举改革后，西学逐渐向全国基层读书人普及。甲午战后出现的这些战辑、战纪主要通过上海、武昌等城市的书籍销售渠道流通。受图书市场商业化的驱动，它们以各种形式，由关心时局的"忠愤之士"流向紧跟科举风向的天下普通读书人的书囊。其中一些出自教会或亲历者带有强烈主观色彩的观感，开始通过商业化、普及化而常识化，渐渐构建了一般中国人对1894—1895年中日之间这场战争的认识。

除了进入所谓"大传统"，关于甲午战争的叙事同时通过白话演义、民间文学传说、图像等形式进入了普通民众对于历史的常识性认知，或者说进入了雷德菲尔德所谓的"小传统"。

如后来成为京剧名角程砚秋编剧的罗惇曧，他在甲午战争时曾以幕僚身份参军。战后，罗氏以姚锡光《东方兵事纪略》为基础，参证自己的军中见闻，写成《中日兵事本末》行世。其书文笔雅洁、材料翔实、论说清晰，形式介于文史之间，近于笔记书事之体。此书后来被"平情客"改编成白话演义本《中东和战本末纪略》，自1902年分31期连载于《杭州白话报》。

于是，姚锡光的《东方兵事纪略》便通过罗惇曧的转写，变成了白话

---

① 《钦命二品顶戴霆南分巡苏松太兵备道兼办机器制造局刘为出示谕禁事》，《申报》1897年2月9日，第3页。

② 李载纯：《朝鲜宫内大臣致林君乐知谢赠〈中东战纪本末初续编〉书》，《万国公报》第103期，1897年，第22页。

③ 吴景祺（季卿）、童德璋（瑶圃）：《照录总理衙门总办章京答谢李君佳白送〈中东战纪本末〉书》，《万国公报》第91期，1896年，第27页。

④ 林楽知・蔡爾康著，藤野房次郎訳『中東戦紀本末』東京、1898年。

演义体，在内容和形式上更接近战争文学。如塑造了一些忠奸对立的人物角色，强调善恶忠奸传统伦理，以及突出胜负强弱双方在道义上的倒置与对立。1908 年，武昌开办宣讲所，第一次宣讲的主题是"演说国耻"。说者讲演《中东战纪》时"极其痛快"，以至于"闻者竟至泣下"。其打动民情的程度，竟引发了英国领事的干预。①

在文本以外，甲午战事也以图像的形式呈现。1895 年王炳耀编的《中日战辑》又名《中日战辑图考》，原书应附有"水战形图""陆战地图""十八省图""台湾全图""地球全图""春秋地图"等配图。这些插图有利于解释战况，也使得战争以空间的形态呈现给读者。另外，《时事新编》的编者陈耀卿还编有《绘图扫荡倭寇纪要初集》等。至 1895 年，管斯骏（藜床旧主）所撰《刘大帅（平倭）百战百胜图说》在赐书堂石印出版。书中搜集当时有关刘永福镇守台湾抗击日军侵略事迹的资料，编成图说体通俗读物，类似于连环画。前部分收刘永福、吴光亮、林荫堂等小像十幅和刘永福抗日史事及军务奏稿、檄文告示 15 篇；后部分为图说 32 篇，赞扬刘永福在台中、台南抗击日军的战绩，其中叙述新竹鸡笼山之战、澎湖口之战较为具体。此书还有光绪二十一年刊本。②

除了《点石斋画报》以时事画传统来描绘、报道战争，上海吴文艺斋、筠香斋、文仪斋、沈文雅等旧校场年画的知名店铺也都制作或批发了以甲午战争大小战役为主题的年画。③ 这些画作皆体现了人们对战争的想象与愿景，因而深受普通民众的喜爱，流传很广。

上述语体文、图像作品等，大多是以前述私修战史文本为基础，进行二次转写和创作而来的。对于身处周遭世界中的庶民而言，发生在共同世界的国际战争及相关知识就这样进入了他们的常识。

二　两种战史对致败之因的异见：《万国公报》谱系

王炳耀的弟弟王炳堃在为《中日战辑》作的序言中，表达了此书对战

---

① 《英领事干预宣讲之原因》，《申报》1908 年 6 月 20 日，第 11 页。
② 阿英编《甲午中日战争文学集》，第 17 页。
③ 唐权：《清末版画中的甲午战争》，《21 世纪经济报道》2014 年 9 月 9 日。

败的基本看法。他认为中日之间胜败的关键在于语言文字——日本放弃了烦琐的华文，自"明治崛兴"学"西学"而"遂臻富强"，但是中国由于"不肯更张"而变弱了。

> 夫日本向读中国之书，习中国之文，亦积弱已久。自明治崛兴，深知中国文字烦琐，实困人材，雅慕泰西文字简便，学有实济，毅然去华文，学西学。不二十年，遂臻富强。中国抱负文墨之邦，不肯更张，此二国强弱一大关键。①

这种看法明显带有决定论的色彩，并将一场战争的胜负关键，与明治维新、文字、西学直接联系起来。从此后中国的历史发展来看，这种观感是具有代表性的。

这种普遍主义的视角显然来自广学会的《万国公报》，典型的例子是《哀私议以广公见论》。广学会对于中国战败这种基于生物进化观的文明决定论看法，也希望通过《中东战纪本末》的编辑体例传达出来。1896年4月3日，广学会在《申报》上刊登了一则新书预告。针对市面上已经出现的香港文裕堂铅活字本王炳耀《中东战辑》，广学会称自己的战争专题剪报辑录更加完备，关键是编辑体例更加合理，能做到"树义必坚，摘词无懦"。他们在正文之前冠以《弭兵会记》，其"义"在于"耀德不观兵"，编辑战史不是为了宣扬战争，而是陈述一种秩序内涵"德"。在篇末附录《治安新策》（林乐知对于战争的评论），乃是为了"除弊"——对中国国民性提出批评，"兴利"——对变法维新提出建议。而此前王炳耀的《中东战辑》除了摘录不完备，最大的问题是它以《朝警记》为核心来叙述战争因果的方式，乃是"对本会命意毫无领会"。②显然，姚锡光病其重议论、轻战况之编纂体例，乃是广学会有意为之，并视为"本会命意"的关键所在。因为对广学会来说，"兵"本来不重要，

---

① 王炳堃：《序》，王炳耀辑《甲午中日战辑》，台北：文海出版社，1966，第9页。
② 《申报》1896年4月3日，第4页。

重要的是"德"。

综观《中东战纪本末》全书，它是从所谓报刊"公论"的立场来解释与评论战争的。除了内容上重议论、轻战况，形式上也以文献、报道、评论等文献汇编的形式来叙述战史，淡化具体时序与自然因果。这也是后来被姚锡光诟病为"杂录成书，绝非本末体裁。如满地散钱，不能贯注"的主要原因。

《中东战纪本末》认为，从文明教化论的立场来看，明治后的日本由于接触了西方基督教文明，因此"日本通国之民皆知教化"。到战争的后期，《万国公报》评论"明治维新"能"表武功，有利器，明国体，兴新政，民知教化，避杀戮，以仁心闻于天下"。将战争的失利归咎于制度、政体、国民性甚至中国文化本身，显然将中日之间的战争理解为现代与传统的战争、文明与野蛮的战争、民主国与专制国的战争，而不是其早前评论所认为的，是两个民族国家之间的战争。从《哀私议以广公见论》的命题来看，凡是处于民族国家立场来议论战争的都是"私议"，唯有站在文野之分的高度才能得到"公见"，明白中国战败的真正原因，找到改革救正的方向。

三　两种战史对致败之因的异见：战役亲历者谱系

《东方兵事纪略》的作者姚锡光及其写作的主要资料来源，都是从战场回来的亲历者，其中绝大多数人在甲午战后集中于湖广总督辖区的武昌，出入于总督张之洞所办的一些新式军事与教育机构，如武备学堂、自强学堂等。他们检视战争的着眼点与广学会立场迥异。

姚锡光欲通过书写战史，使世人明白"我所以致败之由，与彼所以毒我之故"。《东方兵事纪略》认为，甲午战争战败的责任在于"封疆之吏""将帅之臣"，认为他们"内无整军经武之谋，外无致命遂志之节"，矛头直指在内的孙毓汶与在外的李鸿章。

在他们看来，回顾与书写战史的根本目的是要像春秋时著名的战败国君臣那样"明耻教战"①，以便强国"雪耻"。战败并不可耻，可耻的是不能雪耻。基于这种强烈的国族主义胜败观，他们认为没有绝对的"弱国"，也没有必然导致战败的"世变"，一切都是"奇变"，因此是可以通过"明耻教战"来改变的。历史上的楚庄王、吴王夫差、越王勾践，近世西欧败于普鲁士的法国，都是由弱迅速转强的榜样。

1895 年，曲阜人孔广德搜罗与甲午一战有关的章奏 29 篇、议论 99 篇、诗 226 首、颂赋各 1 篇、词 7 阕，续二卷增采章奏 32 篇，辑成诗文集《普天忠愤集》12 册，由六艺书局石印，1896 年在上海及外埠发售。《普天忠愤集》的编者孔广德当时流寓上海，是福州将军庆裕的学生，另一名重要作者张罗澄也出自张之洞幕府。他们的立场显然与教会不同，叙述战史的视野放宽到诗赋，编例按诗文体裁分目而不以时序，显然着眼点乃是在于激发国族感情"忠愤"。序称"自来世有大变则有大才应运以拯救于其间"，认为甲午之败虽是"大变"，却并不是什么必然之败、文明之败，因此可以等待"大才"出现而加以逆转，期望读者"因耻生愤，因愤生励"，仍与姚锡光的看法相似，是"明耻教战"式的胜败观念。②

如前文所述，姚锡光对于战争具体战役胜败细节因果的描述，以及可以通过"明耻教战"加以逆转的国族主义胜败观，影响到了后来一系列关于甲午战争的正统战史书写。1933 年王钟麟的《中日战争》就以《东方兵事纪略》为蓝本书写，有些部分是"几十页直抄"。③而王芸生的《六十年来中国与日本》中有关甲午战争的章节，基本是转抄辑录姚书

---

① 宋司马子鱼之言曰："明耻教战，求杀敌也。"夫曰"明耻"，则必有可耻之事，与雪耻之道。播诸命令，勒为成书，昭示国人。所以生其怒敌之心，而作其同仇之气。故古者不以言败为耻，而以不能雪耻为耻。左氏纪楚之业，谓"日讨其国人而训之"，而训辞不详。意者必称召陵城濮之辱，以警其民而生其愤。故能军不罢劳，民无怨渎。至秦孟明三年拜赐之言，吴夫差立人于庭之诏，越勾践尝胆卧薪之烈，或昌言于庶，或喻志与二三臣，要其复仇雪耻之心，其致一也。姚锡光：《东方兵事纪略自序》，《时务报》第 53 册，1898 年。

② 孔广德编《普天忠愤集》，上海 1895 年石印本，自序。

③ "有一类分明是剽窃他人的著作，却腼颜据为己有，如一部讲'甲午战争'的书，里面整页的、接连几十页直抄姚锡光的《东方兵事纪略》，却不曾看见一个引号，想必是手民脱落了罢。"《读标准的书籍　写负责的文字》，罗家伦：《中国人的品格》，中国工人出版社，2010，第 184 页。

的记载。另有 1902 年《杭州白话报》连载"平情子"所演白话战史《中东和战本末纪略》，大体上也是以姚书为底本。他们的看法与当时流行于上海等地的《中东战纪本末》《中日战辑》《中倭战守始末记》《时事新编》等所持的教会普遍秩序立场十分不同。他们认为，甲午之败的责任者是以李鸿章、孙毓汶等为代表的枢机重臣，因为畏战导致局面失控，因此是一次"奇变"，是两个民族国家之间的战争，造衅国日本是非正义的。其转变之机在于明耻辱、强武备、兴教育等技术层面的实际举措，而并不着眼于文化与政治制度改革。可以仿效的对象是普法战争后的法国。如果考虑到作者们各自的现实政治立场，这里的矛头具体所指就颇值得玩味了。

四　甲午战史在中国的空间线索与现实变革的不同走向

早在战争仍在持续时，以《万国公报》为代表的各种报刊便开始以报道、评论的方式形成战争叙述。战争的亲历者也以日记等形态留下了私人记录。战后，这些战争叙述以战辑或战纪的形式结集，并在武昌、上海等地出版刊印，通过清末的图书销售网络行销全国。广学会谱系的战争叙述与武昌的战争亲历者对于战争在一些基本观感上存在差异。例如，前者认为中国之败于明治后的日本是必然的，原因根植在文明上，取"文明决定论"立场看待中国成为战败国；而后者则认为，甲午之败于日本乃是"奇变"，具体责任者是指挥调停战争局势的内外枢臣与"将帅"。与此相应，两者扭转局势的应对之道也不同。虽然都赞同以敌国"日本"为师，广学会系统开出的方案是效仿日本进行"文明教化"的改造，武昌亲历者则从"明耻教战"的传统败局观出发，号召国人通过明了战争具体过程而激发民族感情"忠愤"，从而转弱为强。

这两种战争史叙还有一个重要的分歧，那就是编辑体例。广学会谱系偏重于以专题战辑的形式编排，衷集各国报刊的"私议"，然后由广学会以"公论"的立场来发表普遍主义见解，同时弱化战役经过，凸显国际公例与战争伦理如"弭兵"之德。武昌亲历者谱系则对广学会的编辑方式极为不满，认为它如"散钱满屋"，不能清晰描述战争的因果脉络、胜败之迹。这与两者对战争的基本观感和立场显然是有密切关系的。

上述几种战史的发售与流通渠道主要是口岸城市上海的一些书局，如申报馆、格致书室、美华书馆、虹口中西书院、纬文阁、十万卷楼、申昌书局、宝善斋书局、汲绠书庄、六艺书庄、源记书庄、图书集成局等。① 如前所述，《中东战纪本末》初编 4000 册便是通过这类渠道在短期内销空的。

在清末几次科举改革，西学逐渐向全国基层读书人普及的背景下，甲午战争叙述被各种新学书目、丛书类书收录，因而广泛流传开来。在流通中，它们还被各种新学书目收录。其序跋、附录与清末所流行的一些新学书目对它们的分类、摘要合在一起，与正文形成了意义的共生关系。在这种互文中，它们渐渐进入正规的"史学"分类，进入精英知识领域，成为"信史"，建立了所谓历史的"客观性"。另外，它们又通过白话演义、民间文学传说、图像等形式，进入了普通民众对于历史的常识性认知，或者说进入了所谓"小传统"。在精英知识与民众常识之间承担出入转换之责的，主要是武昌阵营的一些战争亲历者如罗惇曧、姚锡光等人。

总之，甲午战后出现的战争叙述在出版流通时，经历了科举内容改革、戊戌变政、庚子国难、壬寅学制等重大历史变动。它们在商业流通中受图书市场的驱动，从"忠愤之士"流向天下普通读书人的应试书囊。其中一些出自教会或亲历者带有强烈主观色彩的观感，开始通过商业化、普及化而常识化，渐渐构建了一般中国人对这场战争的常识性认知。

---

① 《晚清营业书目》《申报》《万国公报》。

第三章

中国以外的汉文即时甲午战史

1963 年，日本学者河野六郎以"汉字文化圈"的提法来描述古代东亚接触或使用过汉字的国家、地区及部族，如朝鲜半岛、日本、越南、契丹、女真、党项、回鹘等。自此，学术界开始注意到跨越单一民族国家疆界的汉文书写、训释及阅读情况，并对此产生了浓厚的兴趣。[①] 相关研究主要沿着两个彼此关联的问题意识在不同的专门领域内展开：其一是以西嶋定生为代表的汉学家，他们讨论东亚的社会经济与历史文化进程，以及在这一区域内实际遵行的国际秩序，将"使用汉字"视为该区域的共同文化特征及国际关系纽带来加以考察，强调汉文化作为区域文化光源的作用。[②] 其二是东亚语言史研究者从观察语言、文字接触的角度出发，关注中国以外汉字语词创生所产生的影响及近代东亚汉籍的历史脉络等问题。[③]

---

① 龟井孝・大藤時彦・山田俊雄編『日本語の歴史』第 2 巻、平凡社、1963 年、87-160 頁；金文京：《汉文与东亚世界》，上海三联书店，2022，第 6 页。

② 参见西嶋定生『中國古代國家と東アヅア世界』東京大学出版会、1983 年。第二篇「古代東アジア世界の形成」第一章「序説——東アジア世界の形成」、第二章「東アジア世界と册封体制 6~8 世紀の東アジア」。

③ 参见沈国威・内田慶市編『近代東アジアにおける文体の変遷—形式と内実の相克を超えて』白帝社、2010 年；内田慶市・沈国威合編著『言語接触とピジン— 19 世紀の東アジア：研究と復刻資料』白帝社、2009 年；沈国威編著『漢字文化圏諸言語の近代語彙の形成—創出と共有』関西大学出版部、2008 年；陳力衛『和製漢語の形成とそ （转下页注）

　　参考这些研究可以发现，汉字圈近代汉籍的来源、形式与内容相较于古代东亚汉籍有了很重要的变化。变化主要集中在两个方面：其一，内容上，中国以外的汉文读写世界开始出现针对西学典籍文献的东亚汉籍译本，并且开始用汉字来书写例如史学、兵学、法学、政治学、政治制度等近代学科门类范畴内的专业著作和普及教科书等。日本从 18 世纪通过荷兰汲取西洋文明，形成所谓"兰学"，知识精英就以汉文形式对当时接触的西文书籍进行翻译与出版传播，"比如今日视为医学的《解体新书》（1774）、本草学的《六物新志》（1786）及物理学的《气海观澜》（1827）等，都是汉文体"。① 其二，在前述围绕西方近代知识展开译、著活动的过程中，东亚汉文的构词、语法、书面语格式等语文形态，开始发生了有别于古代汉籍的重要转型，并对中国、朝鲜、越南等国家产生不同程度的影响。在东亚"汉字圈"汉籍上述两个变化的历史脉络下，日本近代汉籍就变成了一种十分特殊的知识载体，不仅跨越国族的疆域，更突破了单一来源文化的边界，在全球互动的各类场域中创生知识与叙述历史。下文讨论的围绕甲午战争撰著的日本汉籍，就是此类特殊载体的一个类型。同时，本章将对李氏朝鲜的甲午战争汉文史叙进行考察，并比较它们与中、日同类文本间的异同。

第一节　日本近代汉籍与甲午战争史叙

一　日本的近代汉籍

　　学术界现有的研究表明，古代中国的汉字文明对周遭的朝鲜半岛、日本及越南等地都产生了十分深远的影响，直接进入彼方的书写符码与文本系统，甚至参与建设了当地的读写传统与精英共同文本。日本 8 世纪就有以汉文书写的史书，从 8 世纪末到 10 世纪初的一百多年间，日本官方积极学习

（接上页注③）の展開』汲古書院、2001 年；陳力衛『近代知の翻訳と伝播—漢語を媒介に』三省堂、2019 年；野村雅昭『現代日本漢語の探究』東京堂、2013 年。

① 章清、陈力卫主编《近代日本汉文文献丛刊》第 1 辑，上海古籍出版社，2022，序。

唐朝文化，其本土汉语、文的创作极为繁盛。10 世纪后，日本人发明了注音符号"假名"，和文作为书写符码渐兴。《古今和歌集》等口头文本得以用假名书写记录与流传，宫廷女性文学得以发展，出现《源氏物语》《枕草子》等流传深广的名著。在书写符码上，汉文与假名渐渐各司其职，假名多应用于记录口头及通俗或应用型文本，汉文则普遍用于书写较为正式的精英文本与历史记录等方面。11—13 世纪，日本不少僧侣渡海赴华，接触到两宋时期的士大夫精英文化。回到日本后，他们书写的汉文开始在精英的读写世界占据主导地位，"正如'五山文学'所体现的那样，已经开始形成一种独特的汉文世界，呈现出专业化的写作风格。同时也出现了道元（1200—1253）《正法眼藏·正法眼藏随闻记》这类堪比正宗的汉文著作"。[1]

到了江户时代（1603—1868），日本"朱子学"大兴，儒学基本经典和理学著作成为日本精英阶层的共同文本。日本的"汉学"进入了发展最为盛大的三百年，"各地方藩校等都从学习汉文入手，对汉文文章的理解也逐步加深"。汉文写作渐渐从少数贵族、精英向参与共同政治生活及文化传播活动的一般经史读写群体延伸。当时对朱子学持批评态度的获生徂徕派认为，传统的"汉文训读"只是一种符码翻译，主张从学习同时代真正的汉语开始，理解朱子学真正的文本，从而正确把握它的内涵。由于精英们开始注意汉语口说传统，使得"原本仅限于通商贸易口译的唐话，从偏居一隅的长崎解放出来，波及近畿及江户"。[2] 从此，日本的汉文书写在文章修辞方面已不局限于依据中国的经典文本，开始从汉文口头及通俗文本中汲取养分，也与明清时代的汉语白话文体逐渐步调相协，"除了直接学习汉语口语，白话小说作为教材开始被大量阅读，其情节构成与描写手法在日本得以消化、吸收，以至于在长崎的唐通事周文次右卫门，也开始将日文净琉璃剧本《仮名手本忠臣藏》汉译为白话体的《忠臣藏演义》，后又改名为《海外奇谈》刊刻，广为流传。有趣的是，同时代的日本作家山东京传，还巧妙

---

① 章清、陈力卫主编《近代日本汉文文献丛刊》第 1 辑，序。
② 章清、陈力卫主编《近代日本汉文文献丛刊》第 1 辑，序。

采纳《忠臣藏演义》和《水浒传》这两种白话文本，重新创作出日文小说《忠臣水浒传》，使得该作品的情节描写具有更鲜活的时代气息和汉语表达特色"。① 换言之，日本汉籍的共同经典文本不但范围扩大了，甚至创造出了新的汉字文化圈"共同文本"。

因此，从 18 世纪"兰学"兴起到 19 世纪下半叶进入明治维新，当日本在汲取西洋文明，同时创生自身"现代性"并发生知识转型时，"汉籍"就成了新的重要载体。因为它背后的日本汉文书写传统，业已完成从"共同文本"到书面形式的扩充、替换与创新。1894 年前后，日本对甲午战争的汉文历史书写最初也是深植于这样一条历史发展脉络中的。

二 日本汉籍中的甲午战争史叙

就日本人在明治后期用汉文撰写的甲午战争史叙而言，大致有两种情况。一种是出于前述日本汉籍传统，由作者直接用汉文进行书面表达的；另一种则是对既有和文战史的汉文译写。后者如桥本海关对川崎三郎撰于 1896—1897 年的 7 卷本《日清战史》进行翻译改写，出版了汉文《清日战争实记》。② 前者则又有专史和综合性史书之分，如田村维则 1896 年出版的汉文《征清战史》就属于独立成书的汉籍甲午战史。至于明治时期日本人所撰综合性战史，则体现了他们当时对全球战争局势的认识。从作者们对甲午战争在当时全球各类综合性战争脉络中所做的定位，可以窥见史叙结构化的另一个维度。下面就对此二类稍做分疏。

1. 专史对甲午战史的书写

如前所述，田村维则的《征清战史》是一种以甲午战争为主题的战争专史，这在明治日本的汉籍中并不多见。明治汉籍对甲午战争的历史书写，更多是在综合性史书的叙史经纬中加以定位的。而当时数量庞大的甲午战争

---

① 章清、陈力卫主编《近代日本汉文文献丛刊》第 1 辑，序。
② 此书已由吉辰整理、考订、校注出版。参见桥本海关著，吉辰校注《清日战争实记》，山东画报出版社，2017。另有旅日学者蒋海波专文详细厘清了著者桥本海关的生平、著述及其在 19、20 世纪之交与中国朝野的关联行迹。蒋海波「漢学者橋本海関と中国の維新変法運動」『孫文研究』第 73 号、2024 年 1 月。

专史，又几乎全部是以和文写就。这可能与日本当时将这类史叙与全国性战争宣传紧密结合的政治环境有关。

田村维则，号清香，出身于日本静冈县士族。他有很好的汉文读写能力，并曾致力于对西洋学问的教育普及，著有《洋算难题》（1880）、《初学者英语发音指针》（1887）、《胜海舟传》（1890）、《福岛安正君小传及纪行梗概》（1894）、《征清战史》（1896）等，是日本明治时代中后期颇为典型的知识精英。

《征清战史》1896 年 5 月由东京岛田活版所印刷出版，发行者就是田村维则自己。他当时侨居东京，住在"神田区仲猿乐町五番地"。全书 1册，有正文 55 页（每页双面），篇幅为 3 万多字。扉页有陆军中将川上操六"拔山倒海"题字及引首章"鹿儿岛"和两枚压角章"川上操六""陆军中将"。又有大鸟圭介"至诚茬享天佑"题字。该战史以汉文浅文言书写，自右及左竖排，施以日本的返点符号①。全书不分章节，只在文中相关内容的页眉题写带有标题性质的关键词，多为甲午战争中几次重要的战役，如丰岛海战、成欢、黄海之战、虎山、九连城、岫岩、金州、大连湾、缸瓦寨、盖平城、威海卫、牛庄城、营口、田台庄、澎湖岛等，共有15 处。

田村维则在正文前以 300 余字的自序叙写了日本对外征战的历史，远溯至 2555 年前日本建国之初，近及丰臣秀吉对明朝用兵。又讲述了朝鲜对东亚安全的重要性，并将战争的责任推给清朝，将日本对李氏朝鲜的武力入侵美化为助其"除其秕政，以保其独立"。这一论调与当时正由川上操六主持编纂的参谋本部《明治二十七八年日清战史》是完全一致的。

《征清战史》正文从明治初年"政府遣使朝鲜欲修好，韩廷托事，以摈我国书，后又遣使复弗纳"② 写起，叙写陆军大将西乡隆盛主张"征韩论"的历史背景，继而梳理明治时代日本对李氏朝鲜的一系列交涉活动，以及朝鲜内部金玉均、朴泳孝等"开国党"与亲清廷的"事大党"之间的政争。

---

① 日本人对汉文加点返读，以合日语文法。
② 田村維則編『征清戰史』東京、1896 年、1 頁。

换言之，全书是把甲午战争的起因放在清朝中国、明治日本和李氏朝鲜几十年间交涉活动脉络和区域政治背景中加以定位的。因此，该战史自东亚外交起，至"三国干涉还辽"事件止，与那些仅仅关注战争过程的旧兵史有很大区别。

《征清战史》全书引用了大量各国行政文书，如金玉均与李鸿章往来函札、日本天皇宣战诏书、光绪帝宣战谕旨等。书中记载的中日两国军事、政治、外交制度和兵力情报颇为准确，描述战争过程也十分详细，应是大量参考了官方史源的缘故，故与同时代堪称汗牛充栋的同主题和文私修战史颇有区别。

从知识史的角度来看，田村维则《征清战史》虽以汉文书写，其系日纪事的方式也与清朝中国官修史颇为相似，细读之下却不难发现，它因以外交、军事活动的节点性事件为经纬展开，便有了很强的以日本为主体的事件化叙史特征。并且，《征清战史》在行文中没有表现出任何叙史主体方面的扞格，没有出现如后文所叙《最近支那①史》那样矛盾的情况，在正文中以中国为"我朝"而以日本为"倭"，在眉批等副文本中却又称"我日本军舰"。应该说，1896 年日本人田村维则以汉文书写的这部甲午战争专史，是以明治时代的精英阶层作为目标读者群的。

2. 综合性史书对甲午战史的书写

在明治后期日本人以汉文书写的综合性史书中，石村贞一、河野通之合著的《最近支那史》（1899）与土屋弘所纂的《近世大战纪略》（1906）分别代表了两种不同的类型。前者是在东洋通史的脉络里叙述甲午战争及相关史事，后者则是在明治时代出现的综合战史中对其加以定位。下面就对这两种汉籍分别略加讨论。

《最近支那史》成书于 1899 年，共 2 卷 4 册。在日本有 1899 年雏山文库藏版本，于当年 7 月 15 日在东京筑地活版制造所印刷，7 月 27 日发行。在中国则有清光绪间上海振东室学社石印本 4 册（1 函），扉页标明由长门

---

① 为保留文献原貌，本书"支那"一词未改为"中国"。

石村贞一、仙台河野通之同纂。

石村贞一，字士刚，号桐荫，出身于山口的士族家庭，曾于 1875 年以 13 等出仕的民权派官僚身份任职于教部省。他编纂了大量与佛教、日本史、中国史、中国文学、修身、政法知识相关的著作、童蒙读物、教科书等，如《元明清史略》《明治新刻国史略》《日本略史》《续皇朝史略》《续续皇朝史略》《佛教各宗大意》《国体大意》《泰西名言》《修身要诀》《陆军军人读法誓文衍义》等几十种，并与河野通之共同标注元代曾先之编纂、江户时期各地藩校普遍使用的童蒙历史课本《十八史略》，为《明治新刻校正标注十八史略》。甲午战争前，石村贞一与河野通之都任职参谋本部编纂课第一部，负责编纂军事史书。后文所叙《近世战史略》的译者辻本一贯则任职于第二部。①

河野通之，字思卿，号荃汀，出生于"仙台藩医家"，其父河野槐荫为仙台医学馆总监。河野通之"烂熟唐宋诸籍，下笔自在"，"以文章称于乡曲"，明治维新后"兼习英学"，戊辰战争时"负和汉诸史"于芋泽避难，战后入京都补府学助教，又受聘于堺县县学，就职陆军省参谋本部任编纂。明治初年其与重野成斋、藤野海南、冈千仞等活动于文学社团旧雨社、如兰社、丽泽社等。与冈千仞关系尤为密切，是其姻弟。曾与冈千仞共同翻译《英国志》《米利坚志》，这两种译书在中国有湖南新学书局印本，颇得流传。王韬 1879 年游日期间，河野通之曾先后几次与冈千仞、重野成斋、藤野海南等往访，并进行笔谈。

《最近支那史》全书用汉文体写成，施加基本训点，有正文、页眉注与分节标题。体例上承袭了《十八史略》，按朝代编排，并使用中国皇帝的年号，上起元太祖圣武皇帝奇渥温，下讫 1895 年甲午战争后三国干涉还辽。

《最近支那史》第 1 卷上卷首有明治三十一年（1898）立秋秋月新所作的序。该书第 2 卷下卷末附有"雏山樵者"石村贞一的跋语，云：

---

① 内閣官報局『明治二十年（十一月三十日現在）職員録』（甲）、東京、1889 年、192 頁。

　　读史者，动辄谈欧米之地理历史，而至亚细亚大陆之形势沿革，则邈焉如不接于心者，况于元之运河、拔都之远征、明之长城、清之外交、东干及阿古伯之变乱等乎。夫本邦之与支那也，自古交通、风俗人情略相类似，而至近代之事，则最与我之今日关系极多。盖时势愈近，则关系愈切。学者不可不知也。荃汀河野君有见于兹，与予谋编此书，凡四易稿而成。学者读之，则不啻详支那近世事情，亦可以得窥亚细亚大陆形势沿革之一斑矣。刻成书以为跋。

　　从跋语的内容可以看出，两位编纂者的用意乃在于介绍中国元明清三代的史事，使日本读者了解亚洲大陆的形势沿革，着眼点在于地理、交通、军事、外交等。关于具体内容的选择，该书与以往的断代史书不同，只详于"治乱兴败"的史事铺陈，而注重讨论兵制起源、宗教沿革、外交始末等结构性层面的历史变迁脉络。

　　《最近支那史》虽然书名称"最近"，沿用那珂通世《支那通史》以西方万国史历史分期法将中国的元明清定为"近世史"，但却并未在书中强调"近世"这一分期概念与演变脉络。在时间的等级标注上仍只体现了中国正统的朝代更替这一单一历史轨迹。在第1卷上卷首附有元明清帝号一览表，按照庙号、讳、父兄、年寿、在位年数、改元年号列表，体现了对三朝皇帝作为"统治者个人"与"史事变迁推动及参照者"两种不同角色的理解。

　　在叙述方面，该书并未在正文中强调空间与族群等变迁线索。对于这一问题的处理采用了另外两种特别的方式。其一是在第1卷上卷首附《成吉思汗行军路说明图》和《支那全图》二图，前者为动态行军图，后者为行政区划图，以完成空间表达。其二是在正文之上的页眉注中，以注释条目形式解释与讨论国家、族群等近代历史观念关注的问题。如"元"条目的注释"自宋以前，国号皆取地名，或因发祥之基，或用始封之国，不则攀附前代，而以后别之。及元主统一天下，取《易》乾元之义，建号曰元，国号之取字义始此"；"蒙古"条目的注释"本鞑靼一部，当时游牧土拉、克鲁伦、斡难三河上流，盖八里屯阿懒亦此附近也"。

作为明治时代日本人以汉文书写的中国史书，如何处理叙述的主体性和正统性也是值得特别关注的问题。

该书凡例说明虽然元世祖至元十六年才灭宋统一天下，但是因为元太祖、元太宗的远征"与今日关涉者多矣"，所以起笔于此。而关于元明清的朝代更替等史事，则都依据"正史"来书写。在书写体例上则以中国为正统，即虽然认为"元称本邦曰日本，明清曰日本或倭，又书入贡来朝之类"，包括"征讨侵伐"等提法"皆失其实"，但是并不在行文中加以更改，"然彼所称，今不敢变更"，原因是"一据原文"。

《最近支那史》由于选择"一据原文"，因此在正文中对中国、中国皇帝、日本、攻伐征讨的提法都以中国为本位。如第 1 卷上《（元）世祖》第 8 页正文写道："三年……命兵部侍郎黑的、礼部侍郎殷弘，持国书使日本。高丽王祺遣其枢密院副史宋君斐等导诏使往日本，不至而还。"此条页眉注"日本"条云："《明史》曰，日本古倭奴国，唐咸亨中改'日本'，以近东海日出而名也。地环海，唯东北限大山，有五畿七道三岛，共一百十五州，统五百八十七郡。"又如第 1 卷上第 36 页《（明）成祖》，页眉分节标题为"日本使来"，正文为："命左通政赵居任等遣日本，将发其贡使已达宁波，礼官李至刚奏，故事番使入中国不得私携兵器鬻民，宜敕所司核其舶，诸犯禁者，悉籍送京师。"在对日本的评价上，如第 1 卷下《（明）英宗》第 3 页称："四年，日本船四十艘连破台州、桃渚、宁波、大嵩二千户所，又陷昌国卫，大肆杀掠。"第 4 页写道："倭寇海宁。先是洪熙时黄岩民周来保、龙岩民钟普福，困于徭役，叛入倭。倭每来寇，为之向导。至是，导倭犯乐清，先登岸侦伺，俄倭去，二人留村中丐食，被获置极刑，枭其首于海上。倭性黠，时载方物戎器，出没海滨。得间则张其戎器，而肆侵略。不得则陈其方物，而称朝贡。东南海滨患之。"出现了"来""杀掠""倭寇""倭性黠""侵略"这样的字眼。不过在对"倭"的认识上，页眉注的"倭"条目对此做了解释："支那人以倭为本邦之号者，误读'倭奴国'之'倭'为'大和'之'龢'，仍单称曰'倭'，遂与龢字通。不知音义并失者，于我邦亦已旧矣。"认为中国人称日本为"倭"是出于对"倭"字与

"稣"字的误读，这种解释就淡化了称谓背后的华夷等级次第等政治文化意涵。

《最近支那史》在凡例中称"考证正史，旁搜群籍，以记元明清三代治乱兴废之略"，并列出采辑书目 50 多种。这些书目大体上可分为四类。

第一类是中文官修书、史，如《元史》《明史》《明史稿》《大明会典》《宋元通鉴》《大清会典》《八旗通志》《皇朝文献通考》《东华录》《东华续录》等。

第二类为野史笔记，如《扬州十日记》《嘉定屠城纪略》《行在阳秋》《烈皇小识》《圣安皇帝本纪》《幸存录》《续幸存录》《东明闻见录》《求野录》《也是录》《江南闻见录》《粤游见闻》《赐姓始末》《四王合传》《两广纪略》《青燐屑》。实际上这些书都出自《明季稗史汇编》。此书是明末野史汇编，为清代留云居士所辑，共 27 卷，汇刊明末遗事 16 种，如夏允彝、夏完淳父子的《幸存录》和《续幸存录》记明末齐、楚、浙三党形成，东林党与非东林党斗争及当时的一些重大事件，戴笠《行在阳秋》记载了南明永历朝的史事，这些都是明末清初的重要史料。有清都城琉璃厂刊本、清光绪二十二年上海图书集成局排印本。可见两位编者在旁搜的"群籍"方面参考的是一些汇编本。

第三类是日本参谋本部编纂、翻译的书籍和未刊秘册，如《佛国陆军清国远征日志》、《西伯利地志》（二册，1892 年 11 月参谋本部编纂课编纂）、《铁木真用兵论》（即《铁木真帖木儿用兵论》，此书为俄罗斯人宜万宁撰，共二编二十七章。原为日本参谋本部译，佐原笃分译，由文廷式从日语译成汉文）。

除上述三大类外，《最近支那史》还征引了一些有关军事活动的私撰笔记和官修书史，如《山东军兴纪略》《平捻记》《中外约章》《平定教匪记》《左恪靖侯奏稿》《浙东防备录》《求阙斋弟子记》等。

从 1899 年前后修史的"知识资源"来看，两位编者采辑书目的资讯来源、修撰体裁、立场视角各异，此书如何处理历史一致性叙述值得关注。

邹振环认为《最近支那史》虽然没有标明是接续那珂通世《支那通史》

而作，但仍然应该被认为是有意识接续那珂的"支那史"。因为那珂断代到宋，而《最近支那史》从元迄清。① 黄东兰认为此书是日本在明治维新后出版的沿袭《十八史略》体例编写的中国史书籍中最晚的一部，"这说明近代以前日本在儒学传统影响下形成的历史叙述，并没有因为时代变迁而一朝断绝。日本在文化上长期受中国影响，尤其是德川幕府定朱子学为国学后，'汉学'（儒家经典和二十四史等史籍）成为武士教育的核心内容。这一传统在明治维新后不但没有中断，反而由于明治政府普及学校教育而一度扩大。在明治政府推行的'四民平等'政策下，平民也得以接受原先被武士阶层独占的'汉学'教育，因而在明治初期出现了一股'汉学热'，以中国历代王朝更替为主要内容的历史知识受到民众的欢迎"。② 确实，此书显然沿用了那珂通世对于中国史"近世"的看法，以元明清史为"近世史"。不过，行文中并未有意识地强调从"中世"到"近世"的变化，而着眼于叙述制度、外交、军事的变迁。

事实上，《最近支那史》出版后在中国受到了一定的重视。首先是被1902 年徐维则编的《增版东西学书录》收在"史志第一·专史"目下。1902 年科举改章，首重策论，要考本朝掌故，而一向只留心八股制艺、帖括文章的中国考生对此十分茫然，此书成了他们急于参考的书籍。公奴在《金陵卖书记》中说："此次科场之例，兼考本朝掌故，而内地之士，有语以熙、雍、乾、嘉而不知为何朝者，故如《清史揽要》《最近支那史》之类，实可大销，只患书之不敷耳。"③ 20 世纪初，中国废科举兴学堂，癸卯、壬寅两个学制都明确了各级历史课程的教育意义，而急需教科书。于是那珂通世的《支那通史》、河野通之的《最近支那史》、小川银次郎的《西洋史要》、箕作元八的《欧罗巴通史》等历史教科书一方面解了当时用书的燃眉

---

① 邹振环：《东文学社与〈支那通史〉及〈东洋史要〉》，王勇主编《书籍之路与文化交流》，上海辞书出版社，2009。
② 黄东兰：《"吾国无史乎"——从支那史、东洋史到中国史》，孙江、刘建辉主编《亚洲概念史研究》第 1 辑，三联书店，2013，第 132 页。
③ 公奴：《金陵卖书记》，宋原放主编《中国出版史料·近代部分》第 3 卷，湖北教育出版社、山东教育出版社，2004，第 303—318 页。

之急，另一方面也影响了不少新编的历史教科书。最初，《最近支那史》被列入光绪二十九年（1903）京师大学堂刊《暂定各学堂应用书目》。到1920年代，吕思勉编纂《高等小学校用　新法历史参考书》作为普及性历史教育的教师参考文本，他在叙述鸦片战争中英缔约的史事时仍称："以上据《清史讲义》及日本人河野通之、石村贞一合编之《最近支那史》。"① 显然此书是他的主要参考书之一。如果从东洋近代知识和叙史共同文本缔结的脉络去理解这个现象，则折射出的面相或许更为多元。

《最近支那史》在第2卷下第42—44页叙写有关甲午战争的史事。在页眉第一栏分题标写史事，作朝鲜土匪变乱、牙山口外海战、各国公论、渝盟肇衅、平壤之战、左宝贵战死、大孤山战、九连城、凤凰城、王之春前往俄国、威海卫陷昌死、田台庄陷、派遣李鸿章议和、割地偿金、战无一胜、临朝痛哭、自强之效、王之春抵俄京、以和为贵、派遣裕庚驻扎日本等20个节点性标注。

页眉第二栏用类似"冠注"的形式解释名词，以利读者理解文意，具体包括叶志超、国书、土匪变乱、诇、开炮轰击、依克唐阿、宋庆、日军抵平壤、四只（致远、经远、超勇、广甲）、数遣使等注释点。

正文引用清廷1894年8月1日对外发布的宣战谕旨作为叙史开端。

> 七月，上谕，朝鲜为我大清藩屏，……本年四月间，朝鲜又有土匪变乱，……在牙山口外海面开炮轰击，……实已仁至义尽，而倭人渝盟肇衅，无理已极……②

正文部分随后又以260字描述了几次战役的过程。

> 日军抵平壤，炮击凡三日，奉军总统左宝贵死于北门，营哨各官数

---

① 吕思勉：《高等小学校用　新法历史参考书》，张耕华编《吕思勉全集》第23册，上海古籍出版社，2016，第162页。

② 河野通之·石村贞一同辑『最近支那史』、林平次郎、1899年、42頁。

十中枪毙，全军遂溃，乱队逃走，三十余营，一败涂地。

定远、镇远等诸军舰护送陆兵于大孤山，将还旅顺，日舰多只突进来袭，防击数时，致远、经远等四只中炮沉溺，其他或伤或脱归。

日军追击抵义州，遂渡鸭绿江入满洲，取九连、凤皇［凰］二城，陷金州及大连湾，拔岫岩、旅顺。先是湖北布政使王之春为皇太后六旬万寿嵩辰来京祝嘏，上召见勤政殿，命之春前往俄国，赍书唁贺。之春发京师到天津，始得旅顺、金州失守报，顾念时局方艰，慨叹者久之，既而乘火轮航洋。

草河、金家河口、析木城、海城、缸瓦寨亦相寻陷落。

在"日军抵平壤"页眉注中云：

阎喜亭稿云：日本因扶翼朝鲜，复进兵于平壤，八月十三日与清兵战于城外，略为试敌，未分胜负……出队大战，炮击凡三日，三十余营，一败涂地，尸横遍野，血流成渠。①

可以看到，在《最近支那史》中，史事的叙写同样分为三个不同的层次。第一层是正文，第二层是眉批注释，第三层是居于页面最顶端的分节标题。

从知识史的角度来说，这种分层叙写值得注意，它体现了不同的陈述冲突和层次。正文引用史料陈述；眉批对正文所述加以辩解，如在有关黄海海战的正文上方有一条注释"开炮轰击"，内容为"此诬言也，牙山口外，即丰岛近傍，支那舰先开炮门轰击，我日本军舰应战之耳"；而最顶层的小标题有一些是从正文所引宣战谕旨中截取节点性表述而成的，基于同一个行政文本，这就将史事从史源的事务化脉络中抽取凝聚成事件化的史叙了。

———————————

① 河野通之・石村贞一同辑『最近支那史』、43-44 页。

无论是正文还是眉批文字，大多没有改变以中国作为叙史主体，以"日军"为客的书写笔法。不过，有的地方则开始"辨诬"，并以"支那""我日本军舰"等调转叙史主客体的方式，来拆解由汉文史源、史叙模式缔结的知识秩序。很显然，汉籍原本所处的知识空间中存在着某种知识秩序，是包含在读写语文和史叙形式之中的。此时虽尚未被彻底改变，却已然开始发生冲突，在这里就具体表现为眉批与正文之间的矛盾。

从史源来说，此书中有关甲午战争的叙述，征引占比最大的是清朝中国的官方档案（宣战谕旨），而在眉批中引用的"阁喜亭稿"应是某种笔记。这里可以将其视为东亚有关"甲午战史"的共同知识文本来加以考虑。

《近世大战纪略》为土屋弘所纂，1906 年 12 月在东京出版，为和装本，共 2 册 3 卷，第 1 卷为 1 册，第 2、3 卷为 1 册。扉页有海军大将伊东祐亨和东乡平八郎题字，封底标有发行、印刷、发卖等相关信息。

《近世大战纪略》全书以记叙甲午战争、八国联军侵华战争、日俄战争中的几次战役经过为主，用"纪事引"、将佐传记、战役中的人物事迹杂记及纪事诗等体裁解释、评价、"歌颂"战争。内容上除了参考日本海军军令部编的《明治二十七八年海战史》，也参考了广学会编的《中东战纪本末》。全书用汉文体写成，施加基本训点。眉评者多为明治时期著名的汉学家、诗人与教育者，计有南摩纲纪、依田百川、福永得三、桂五、四屋恒之、三岛毅等人，大崛万里作跋语。作者在卷首《近世大战纪略引》云："明治甲午乙未及甲辰乙巳两役，为我开国以来大战，国民一志，各应分竭力矣。予也书生，且老惫，不能肩铳手剑以临战阵，聊记当时所睹闻，以贻后人。"明确表示史书虽以汉文书写，但战史作者写作中的国族主义认同已经脱离了文化认同。并且所记内容大多来自"见闻"，而不是对史料文献的研读，此为"纪略"这一战争叙述体裁的特点。

全书亦由正文与页眉评点两层文本构成叙述互文关系。正文共 3 卷。第 1 卷有 22 页，记述甲午战争中的两次战役和八国联军侵华战争中日本参与的三次战役，分别为"平壤之战"、"黄海之战"、"太沽之役"（即 1900 年 6 月八国联军侵华战争中的大沽口之役）、"天津之役"、"北京之役"。全卷正文以"两战三役纪事引"为领，陈述以这几次战役作为战史线索的内在关联性及作者的用意。谓"两战者何，谓平壤及黄海之战也。三役者何，谓太沽、天津、北京之役也。夫乙酉之事观乎两战而知胜败所自分，庚子之事，考乎三役，以见事变所由来"。也就是说，在作者土屋弘看来，记叙这两次战争中的 5 次战役，其主要目的是展现胜败的原因和庚子事变的由来，而不是要花费大量笔墨描述具体的战争经过及攻防细节，因为关于这些具体的内容当时已经有不少其他叙录可以参考了。第 1 卷末尾附载八首新乐府体庚子纪事诗，分别为《海西风云》《太沽战捷》《公使遭害》《邻邦形势》《天津旭旗》《克北京城》《积尸填路》《大欲无欲》，其叙述、抒情、歌颂、评价与正文形成"诗史"唱和，在叙评、眉评、文末评之外与正文构成了另一重建立史志"一致性叙述"的互文关系。如《积尸填路》云："非是佳兵亦惨乎，积尸累累填路隅。吾望协商会列国，判以公法蔽其辜。君不闻唐代诗人有警句，一将功成万骨枯。"《大欲无欲》云："有大欲者似无欲，且立名义饰边幅。殷勤退让如可亲，谁知胸中藏惨毒。君不见虎狼磨牙将相争，四百余州总鱼肉。"皆尝试从道德的角度去表达对停战协议的不满。第 2 卷共 19 页，记叙日俄战争中的六次战役，分别为旅顺海战、鸭绿江战、旅顺之战、辽阳之战、奉天之战、日本海鏖战。同样以"海陆开战纪事引"领挈全卷。第 3 卷为附录，26 页，有参战将佐传 2 篇，并"辰巳杂记"37则，用文学修辞的笔法，以独幕故事的形式记载所闻战争逸事，以及《辰巳诗稿》19 首战争诗，每首都有依田学海与南摩纲纪的文末评，并有三岛毅、生驹胆山、依田学海、南摩纲纪的眉评。这些眉评大多是从文学的角度来加以评论的。此外，土屋弘自己也以"外史氏曰"这种源自中国史书、笔记的评论形式在篇末发表简短评论。

土屋弘，字伯毅，号凤洲，斋号晚晴楼，和泉（今大阪南部）人，出身大阪士族，世代为和泉国岸和田藩藩士，12 岁开始从相马九方研修徂徕学，19 岁从池田草庵转而学习、研究阳明学，后专攻经史。明治维新后，他在吉野师范学校等各地学校担任教职，历任兵库县师范学校教谕、堺县师范学校校长、奈良县寻常师范学校校长、华族女学校教授、东洋大学教授等职，并于堺市戎之町自宅内办有家塾"晚晴塾"。作为有名的汉诗诗人、汉学学者，土屋弘与中国旅日书画家多有交往。如 1881 年在堺县接待陈鸿诰，并将陈在堺访问期间与日本人之间的笔谈编成《邂逅笔语》出版。1902 年吴汝纶接任京师大学堂总教习赴日本考察学制，土屋弘驰书向他建议在中国采用五十音图，主张在初等教育中使用"宇宙百般之事，无不可写者"的五十音，中等以上使用象形文字。吴汝纶以中国已经有了"省笔字"而加以拒绝。其著作有《晚晴楼文钞》《晚晴楼诗钞》《文法纲要》《皇朝言行录》《文字金丹》《近世丛谈》《周易辑解》《孝经纂释》《苏诗选详解》《汉文教科书备考》《马关日记》等。

《近世大战纪略》的序言与正文都有评点，序言为文末评，正文为页眉评。这些评点者都是与作者交往密切的日本江户明治时期的汉学家，他们的评论与该书构成了重要的互文关系，因此略做介绍。

三岛毅，号中洲，二松学舍的创办人，《近世大战纪略》眉评署为"中洲"，诗评署为"中洲老生"，1831 年出生于今冈山县仓敷市中岛的庄主家中，14 岁师从备中松山藩儒者、以阳明学闻名的山田方谷，之后又游学于津藩的斋藤拙堂门下（1852—1856），除巩固其汉诗文学素养和之前在松山藩所学的朱子学外，还奠定了其深厚的考据学基础。1857 年中洲从津藩游学归乡后在松山藩为官，后又被资助去江户游学，进入昌平坂学问所书生寮，1861 年归藩担任藩校"有终馆"学头（校长），同时开设了家塾。1872 年，中洲被明治政府以司法省七等官擢用，历任新治裁判所所长（1873—1875）、东京裁判所判事（1875）等司法职务。在此期间，他向法国法学家博亚梭纳（Gustave Émile Boissonade de Fontarabie）、波斯凯（Georges Hilaire Bousquet）学习了法国民法。1877 年，中洲因撤销大审院判事而退职，于是开设二松学舍（当时为私立中学）。1877 年前后，他为司法省法学校、陆军士官学校、东京大学古典讲习科等出讲，并受东京大学校长加藤弘之的委托担任汉文讲师（1879—1881 年任讲师，1881—1886 年任教授）。在此期间他充分发挥自身汉诗文的才能，和朝鲜视察团进行笔谈，以及与清朝驻日公使馆员频繁唱和。1888 年他担任大审院检事，从事博亚梭纳编纂的《民法》草案修正工作（1888—1890）。自 1895 年开始，中洲再次担任帝国大学讲师。翌年其盟友川田瓮江病殁，他作为继任受命为宫内省东官御用官，作为东宫侍讲为皇太子（后来的大正天皇）讲授汉籍、修改汉诗等，一直到 1915 年。

南摩纲纪，字羽峰，会津藩士纲雅之子，《近世大战纪略》眉评署为"南云"，诗评署为"羽峰"，出生于若松，学于藩校"日新馆"及江户的昌平坂学问所，后赴大阪从绪方研堂学西洋学，1867 年转任京都会津藩洋学校校长，1868 年若松城陷落，他被幽禁于越后高田，翌年被赦免后开正心学社授徒，后出仕京都府、东京太政官、文部省，1883 年为东京大学汉文学教授，1888 年转为高等师范学校教授，81 岁隐退。

依田百川，幼名幸造，及长，名朝宗，字百川，其师藤森天山为之取号学海，又有百川赘庵、柳荫等号，旧称七郎，又称右卫门二郎，佐仓（在今千叶县内）人，以字行，眉评署为"依云"，诗评署为"学海"，出生于下总（在今千叶县内）。百川之父是佐仓藩的藩士，因此他幼年便进入藩校接受文武兼修的武士教育，一面研习儒家典籍，一面学习骑射技艺，及长，投于名儒藤森天山门下，受经史之学，兼修文辞。1858 年进入官场，曾任佐仓藩的藩学儒官、权大参事及明治政府的修史局修撰和编修、文部省权少书记官等职。1885 年，百川绝意仕途，退居林下，以漫游、著述自娱。依田百川对中国古代小说、西洋小说等兴趣浓厚，并积极参与了明治初期的戏剧改良运动。1877 年，他和伊藤博文、松田道之等发表改良歌舞伎剧的主张。1886 年，他在离开官场一年后参加了演剧改良会。百川著述颇富，除汉文小说集《谭海》《谈丛》及和汉混合体小说《侠美人》外，又有汉文笔记《话园》，游记《百川纪踪》《墨水廿四景记》，戏曲评论集《新评戏曲》等，另外还有诗文数百篇行于世。因依田百川的汉文及戏曲背景，使他在《近世大战纪略》里的眉评大多是从写作手法等角度出发的。

四屋恒之，明治时期在东京大学文学部"中国文学与语言"科任教职。

与南摩纲纪、那珂通世等同事，眉评署为"四"。眉评作者还有福永得三（适堂），眉评署为"福"，诗评署为"适堂"。还有评诗的桂五（诗评署为"桂"）、生驹胆山（诗评署为"胆山"）等。

《近世大战纪略》的正文、附录及明治时期在汉文学、汉学等领域任教职的精英之评论包括作者土屋弘自己的"外史氏曰"都显示，该书是以多重互文关系来尝试建立某种史志化叙事的内在一致性的。这就使得其叙史的主体与视角比较多元与复杂，在定名、叙述、评价与抒情各个层面互相应和。较之同时代叙述战争的史书，如日本海军军令部《明治二十七八年海战史》、广学会《中东战纪本末》、姚锡光《东方兵事纪略》等，彼此在体裁、笔法与命意上都颇不同。这就使得独立成书的"战史"这一比较晚近的史志体裁跨越了单一的文学性诗史传统，呈现出更为复杂的样态，值得更深入的详察细究。《近世大战纪略》在时间标注方面大体上使用的是明治纪年。在"攻伐征讨"等主客叙述上采取了以日本为正统，称"我开国以来""皇军""我国""我陆军""清人"等，与同时代流行的一些"支那史"著作笔法不同。

同时代人大崛万里撰《书近世大战纪略后》专文评价该书，曰："士不甚多，器不甚精，而攻取战胜者，以其能运筹也。运筹宜何先，亦在知彼知己耳。苟不知彼知己，则智谋无所施。故良将之临战也，先审敌之虚实，然后或奇或正，临机应变，出谋不穷，以弱制强，以寡克众，百不一失也。近十年之间，我邦累有事于清俄二国。……夫作文犹用兵，能察理之当否。审事之缓急，然后结构之，抑扬波澜，顿挫照应，唯适其所宜。文字不必多，篇章不必长，包含综核，令读者无隔靴搔痒之憾，乃可谓作文之能事毕矣。如此书纪事，亦庶几焉。世推凤洲为文坛老将者，有以哉，有以哉。土屋凤洲曰，以兵法论文章，古人往往有之。此篇则跋《战纪》者，比拟固可谓切当也。"①

从知识史的角度来观察，《近世大战纪略》有两点值得注意。其一，这

① 大堀万里『乾堂先生遗文』神奈川县立第三中学校校友会、1911 年、96-97 頁。

类综合性战史将甲午战争与八国联军侵华战争、日俄战争并列，视为彼此关联的一系列战事，这就为发生在东北亚的几次战争建立了整体性解释的历史脉络。这种关联性显然是产生于认识阶段的，属于东亚近代区域知识构建的一部分内容。其二，《近世大战纪略》丰富的副文本，包括序、跋、文末评、页眉评等，牵涉明治时代相当一部分有影响的汉学家。它们生动地展示了围绕书写某一战史的具体知识性议题，在由该议题所开辟的讨论空间里，知识共同体是如何具体展开交流、协作与互动的。

第二节 朝鲜半岛的汉文战史

甲午战争与李氏朝鲜有着密切的关系。从 1882 年朝鲜发生"壬午兵变"起，中日两国就围绕朝鲜问题展开了竞争与对峙。1885 年《中日天津会议专条》签订后，两国在此问题上仍冲突不息。甲午战前的中日交涉也基本是围绕朝鲜、琉球等问题展开的。甲午战争第一阶段（1894 年 7 月 25 日至 9 月 17 日），主要战场在朝鲜半岛及黄海北部。陆战平壤战役，涉及成欢驿、平壤两地；海战则发生在朝鲜的丰岛海面（正式宣战前）和鸭绿江口大东沟附近的黄海海面。战后签订的《马关条约》，第一款就涉及朝鲜在东北亚的实际控制权归属问题。因此，李氏朝鲜虽然不是甲午战争的参战国，但它的王朝命运和国家历史发展与此战有着深刻的缠绕。甲午一战之后，朝鲜的国际环境开始急剧变化。李氏朝鲜先是通过与日本签订《日朝同盟条约》，于战时就加入了日本阵营，又在日本干涉下接连进行了几次"甲午更张"，以一系列内政改革脱离了与清朝的宗藩关系。随后，朝鲜国内政变屡发，亲日、亲俄政府轮番掌权。至 1910 年《日韩合并条约》签订后，更彻底沦为日本的殖民地，进入长达 35 年之久的日据时期。

因此，朝鲜在 19 世纪末 20 世纪初有关甲午战争的历史叙述上，因受现实政治环境的影响，情况比较特殊。虽然李氏朝鲜的官修史及文武官员、在野知识精英的私人记载中都留有相关书写，但这些文字的编辑整理出版，为世人所知闻，则大多要等到 20 世纪中叶日本投降之后。总体而言，这些史叙同样可以分为官修和私述两类。就主题而言，则大致围绕李朝宫廷政变、甲午战争、东学党农民起义、朝鲜亡国史几个方向展开。这些文本不独多以汉文这一东亚旧有精英共同书面语写就，在内容上也颇受《中东战纪本末》及日本甲午战史等流行战史的影响。另有一些则更直接在国族的痛史、亡国史叙述框架下展开，其史叙问题意识表现出非常强烈的现实政治指向。

一　官方修史

从朝鲜王朝官修史方面来看，在《承政院日记》《日省录》《高宗实录》中，都有涉及此战的历史记录和叙史文字。这些史叙虽都出自官方，但由于史料留存的目标和具体流程不同，又经历了现实政治环境的巨大变化，因此各有区别，应加以分疏。

李氏朝鲜在漫长的王朝统治时期逐渐形成了相对稳定的官修史机制。朝鲜王朝的不少中央官厅有编写日记的习惯，并誊录日常文档，以备行政所需，如《东宫日记》《典客司日记》等皆是。[①] 承政院最早设于 1400 年（定宗二年），是承宣谕旨、掌管朝廷文书收发的中央官厅。到 1433 年（世宗十五年）编制固定，由都承旨、左右承旨、副承旨、同副承旨等 6 名承旨和 2 名注书共 8 人组成。关于《承政院日记》出现的日期，学界主要有两种看法。一种依据《朝鲜王朝实录》记有史官用誊写《承政院日记》敷衍塞责以充史草的记录，认为"《承政院日记》的编纂不晚于世宗，并且已经用于《朝鲜王朝实录》的编纂"。另一种则根据《银台便考》中事涉制度沿革的间接描述，认为《承政院日记》始于更早的世祖朝。[②]《承政院日记》日成一篇，按例每满一月便汇编成册（也有因记录多寡不均半月或数月成册的情况），是一种以君王为中心依时序抄录、编纂行政文书的档案日

---

① 吴静超：《〈承政院日记〉的编纂、存补与史料价值》，硕士学位论文，东北师范大学，2017，第 10 页。

② 吴静超：《〈承政院日记〉的编纂、存补与史料价值》，硕士学位论文，东北师范大学，2017，第 11 页。

录。由于数遭兵燹，《承政院日记》损毁严重，几经补修，留下了1623—1910年共3244卷，今藏于韩国首尔大学的奎章阁。《承政院日记》的主体内容由行政文书和君王活动记载（"酬酢"）两部分组成。行政文书包括各司官员以"启辞"为主的上行文书①和君王下行的答复与命令②等。"酬酢"是对君王每日举动和君臣奏对内容的随行即时记录，每次奏对时将时间、事由、人员等信息誊入日记。文书抄录与酬酢记载构成了《承政院日记》的主体内容，其余信息还包括"日期、天气、座目"等。③

《承政院日记》原稿由注记官以汉文草书书写，不分句读。到1977年，韩国国史编纂委员会对其完成楷书誊写、添加句读标点并影印出版。不过，在日期标注方面，原汉文草书稿本是以"中国年号+干支纪年+农历月日+干支纪日"为固定格式的，而1977年该编纂委员会在誊录时加入了朝鲜国王的庙号和以在位年份来纪年。这样以君王死后的庙号来标注实时发生政务的做法，实际上已经无形中改变了史料政务实录的性质，在某种程度上将其变成了后世史叙的一部分。

高宗三十一年（1894）七月，李氏朝鲜在日本的压力下进行"甲午更张"，废旧中枢和六曹行政机构，仿行明治日本内阁官制。承政院成为宫内府的附属，《承政院日记》也依主事机构的改换裁撤而一再更名，曾有《承宣院日记》《宫内府日记》《秘书院日记》《秘书监日记》《奎章阁日记》等名称。不过，在习惯上，高宗三十一年以后的部分仍被笼统地称为"承政院日记"。

综合《承政院日记》的整体情况，不难发现，它其实是李氏朝鲜的"正史"——《朝鲜王朝实录》和修史过程史稿（如史草及艺文馆、春秋馆的《时政记》④等）的上游史源。与清朝中国的起居注、实录相似，是完全

---

① 有直启、合启、代启等不同形式，并有口传入启和疏札入启的区别。
② 如"传曰""口传下教"等朝纸政令或口传王音。
③ 吴静超：《〈承政院日记〉的编纂、存补与史料价值》，硕士学位论文，东北师范大学，2017，第4页。下文有关《承政院日记》的基本编纂情况和史料性质介绍，主要参考的是吴静超此文。笔者概括其论述，并结合本书问题意识稍加阐述。下文不再加注。
④ 参见孙卫国《论朝鲜王朝〈时政记〉之纂修及其特征》，《郑州大学学报》2012年第3期。

以君王为中心的行政流程形成的系日文献汇编，具有高度事务化的叙史特征。不过，又因为《承政院日记》比清王朝的起居注等更注重记录奏对时的具体场景、人物、环境等信息，并记录了大量口头"启""传"而并未局限于纸面行政文书，因此就在事务化的时序框架中，呈现出较多因果相连、细节丰富的事件化特征。

具体到涉及甲午战争的内容，《承政院日记》高宗三十一年后的记录又因形成于完全不同的历史环境，因而其史叙更多是围绕日本公使闯宫及外交接见奏对等活动展开的，并没有涉及更多战事的观察和奏报。

如《承政院日记》1894 年 6 月 21 日记载：

> 甲午六月二十一日，日本公使大鸟圭介，率其兵，乘晓进逼迎秋门，斩关直入，拦纵宫内各司，剽掠铳炮创刀等物，破碎窗户，迫近时御所，殿庭炮声震慑，在直官员以下，苍黄失所。都承旨金明圭、假注书李守寅趋进，药房方以中宫殿肿候入诊，口启之际，日本兵猝至威胁。金明圭、李守寅陈其侍卫入诊之义，冲冒进雍和门内问安。上命承史入侍，明圭、守寅以次侍立讫。上御咸和堂，明圭进前启曰："当此震惊之中，圣体安得无受损乎？"上曰："唯。"又启曰："今此所未睹之大变，臣无容更达，然而侍卫之臣无几，请急招大臣入侍，何如？"上可之。仍命招诸大臣入侍，承史姑留，少退。

> 甲午六月二十一日申时，上御咸和堂。各国公使召见入侍时，行都承旨金明圭、假注书李守寅、外督办赵秉稷、内督办申正熙以次进伏讫。上南向立交椅前，仍命史官引入公使。公使等由西阶升楹内，行打恭礼，上答揖。公使等曰："惊惶之中，果无受损乎？"上命传语曰："不至受损也。"公使等曰："臣等闻此惊报，敢来问候矣。"上曰："各国亦有如今日之变也。"公使等曰："各国多有变怪事矣。"上曰："此果无他变乎？"公使等曰："岂有他事？只望国家永保泰平矣。"公使等

告退，出楹外，行打恭礼而退，承史以次退出。^①

在这 400 多字的两条记载中，直接奏对只有不到 150 字，其余是对事件、人物、环境和行为的描述。

6 月 22 日记载：

> 甲午六月二十二日申时，上御咸和堂。日本公使大鸟圭介召见入侍时，行都承旨金明圭、假注书李守寅、总理大臣金弘集、领议政金炳始、左议政赵秉世、右议政郑范朝、外督办赵秉稷、内督办申正熙以次侍立讫。上南向立于交椅前，仍命史官引入公使。公使由西阶升堂入楹内，行打恭礼，上举手答揖。公使曰："震惊之余，敢来问候矣。"上命传语曰："不至受损矣。"<u>公使曰："自今开化，则两国交邻，比于前日，尤为笃好矣。"上曰："两国视同一国，共修交邻之谊，则实为相济相依之道也。"公使曰："日前所奏五条目，当留念施行，甚好矣。"上曰："我家自有旧章规谟，而其论五条，亦甚好矣。"公使曰："旧宪新法，均为治本，则实万亿年无疆之巩基矣。"</u>公使告退，出楹外，行揖礼而退，承史以次退出。^②

结合 1894 年 6 月 21 日、22 日相连两日的记载，有心人可以很清楚地了解日本公使闯宫、朝鲜国王李熙与史官、医官、侍卫等在危急时刻进行信息传递，并随即召见各国公使等危机处理情景。也很容易明白大鸟闯宫的政治意图，及李熙的应对和态度。可见，这些史叙实际上已经构成了一个首尾相应的事件链条。只不过，事件过程仍被编织在两天内 51 条（21 日 10 条，22 日 41 条）依时序而建的王朝行政奏对记录中，因而是在日常政务的匀质

---

① 《承政院日记》，《光绪二十年 承政院甲午六月 日记合》，043a，奎章阁藏（下略）。https://kyudb.snu.ac.kr/pf01/rendererImg.do，检索日期：2024 年 2 月 10 日。网址及检索日期下文不再注明。

② 《承政院日记》，《光绪二十年 承政院甲午六月 日记合》，049a。

事务流转中闪动呈现的。

至于有关甲午战争极为重要的各节点性事件，在《承政院日记》围绕朝鲜宫廷日常政务展开的叙史结构中很少涉及。例如 1894 年 8 月 1 日中日双方宣战，而在当日的《承政院日记》16 条记录中，只有最后一条记录了高宗李熙接见日本大使时的奏对。

> 甲午八月初一日未时，上御咸和堂。日本大使接见入侍时，都承宣金学洙、记注李守寅、宫内府大臣李载冕、外务大臣金允植以次侍立记。上具翼善冠、衮龙袍，南向立交椅前，仍命都承宣引入公使。公使由西阶升堂入楹内，行打恭礼。上答揖，仍命传语曰："远路平安抵到乎？"公使曰："无恙来到矣。"引献国书三封、环刀、画瓶。上曰："贵皇亦无顷否？"公使曰："平安矣。"公使告退，出楹外，行打恭礼以出，承、史以次退出。①

在 8 月 2 日的 16 条记录中，亦只有最后一条度支衙门大臣鱼允中的奏疏极为简略地提及战争，以作为进行改革的背景说明。

> 度支衙门大臣鱼允中疏曰："伏以，今日即家国存亡之秋也，清日交争于邦域之中，士民胥讹于岭湖之内，君臣上下，亟宜洗心易虑，立纲陈纪，以迓续将绝之天命，收回已散之人心，议会之设，固是更张之先务，宜选于国中……欲效外国而徒袭皮毛，欲除陋规而徒坏定章，言之匪艰，行之唯艰，不思以实功行实事，徒欲务张虚议，以求一时之快也……俾幸公私焉。"答曰："省疏具悉，此时此任，何可轻递，卿其勿辞行公。"②

在朝鲜王朝的官修史框架中，除各朝实录外，另有各行政衙署的官修档

---

① 《承政院日记》，《开国五百三年　承宣院上　甲午八月　日记合》，004a。
② 《承政院日记》，《开国五百三年　承宣院上　甲午八月　日记合》，006b。

册文书誊抄，其中最关东北亚军政事务者应为《备边司誊录》。它是朝鲜备边司依时序誊写抄录的衙署会议记录，时间跨度上起光海君八年（1616），下至高宗二十九年（1892），因此在甲午战争爆发前两年就终止了，也就没有留下涉及这场战争的史叙。不过，在《承政院日记》以外，李氏朝鲜还留有同样记录君王言行的日录体史书《日省录》，记录了从英祖三十六年（1760）到纯宗隆熙四年（1910）的君王每日言行。现存抄本2329册，也是由首尔大学奎章阁收藏编选，并在奎章阁韩国研究所的官方网站予以公开。其中高宗三十一年诸册，也有可以与《承政院日记》对照来看的记载，比较而言，记录更加简略。如高宗三十一年六月二十一日（1894年6月21日）共录有5条对答，其中3条涉及日本公使大鸟圭介的闯宫，将高度相关的事件依据对话拆为三段前后相连的记录，这就是《日省录》史叙的特点。①

《承政院日记》《日省录》《备边司誊录》《内阁日历》等官修史书，是朝鲜王朝在日常政务流转框架下留存的各类事务化史叙，它们的编纂目的之一其实是为修实录提供基础。事实上，朝鲜的历朝实录才是严格意义上的"正史"。李氏朝鲜从太祖到纯宗，共有27位君王，留下了1967卷、948册实录，过去常被统称为《李朝实录》。这些实录绝大多数是在李氏王朝的宫廷常设史馆春秋馆和艺文馆主持下隔代修纂、断代成书的。唯最后高宗和纯宗两朝的实录，修纂时王朝外部政治环境发生了巨大的变化。这两部实录都是在1934年开始修纂的。由日本宫内省专职管理朝鲜王家事务的机构"李王职"主持。李王职设于京城府，受朝鲜总督府监督。1934年的机构长官是筱田治策，他在1932年到1940年任李王职长官，1940年7月转任京城帝国大学总长。《高宗实录》和《纯宗实录》的编纂委员会由筱田治策、李恒九等33位殖民官员组成，分别为委员长（1人）、副委员长（1人）、监修委员（6人）、编纂委员（6人）、史料搜集委员

① 《日省录》高宗三十一年六月二十一日，0079-0080，奎章阁藏（下略）。https：//kyudb. snu. ac. kr/pf01/rendererImg. do？item _ cd = ILS&book _ cd = GK12816 _ 00&vol _ no = 0402&imgFileNm = KYIL006_ 0402_ 0079. tif&page _ no = 0079，检索日期：2024年3月10日。

（4人）、庶务委员（2人）、会计委员（1人）、监修辅助委员（4人）、编纂补助委员（7人）、史料搜集补助委员（1人）。由于《高宗实录》与殖民统治的高度关联性，其史叙的客观性长期受到质疑，因此1968年韩国国史编纂委员会在对朝鲜王朝实录整体影印出版时，并没有收入《高宗实录》和《纯宗实录》。研究者经过细致的比对，发现它与同时期编纂的殖民修史《朝鲜史》有很多重叠之处。对照《日省录》，《高宗实录》在有关日朝关系的叙史上，对史料有很多刻意改窜的情况。不过由于它仍保留了大量当时政治、经济、军事、文化的信息，学界一般认为仍可以在警惕其立场和改窜的情况下保守使用。[①]

《高宗实录》第31卷"甲午"是涉及甲午战争时期的卷册。唯其记载与《承政院日记》《日省录》等比较，有很多倾向殖民史叙的删节与改窜。以高宗三十一年六月二十一日条记载为例：

> 二十一日　日本兵入阙，是晓，日兵二大队由迎秋门入。侍卫兵发炮御之，上命止之。日兵遂守卫宫门，午后到各营收其武器（襄清国援兵来据牙山，日本公使大鸟圭介适归国，闻变，以五月七日还任。日本政府直依《济物浦条约》以公馆保护出兵，于是清公使袁世凯以五月十六日去京城归国。同月二十三日，大鸟公使谒见，论宇内大势，陈内政改革之意。上五个条案，命内务督办申正熙、内务协办金宗汉及曹寅承，与公使会议于老人亭。日兵以六月二十一日入卫宫阙。是日大院君以命入内，管改革实行之事。日本公使大鸟圭介亦后入阙。本日日兵收去之武器，后日皆返还实行之事。日本公使大鸟圭介亦后入阙。本日，日兵收去之武器后日皆返还）。

又记载高宗接见各国公使情景和奏对如下。

---

① 　木村直也「高宗朝初期の日朝関係と朝鮮史料——『高宗実録』の問題を中心に」『歴史評論』総第595号、1999年11月。

御咸和堂，接见各国公使。公使等曰："惊动之中，果无受损乎？"教曰："不至受损也。"公使等曰："臣等闻此惊报，敢来问候矣。"教曰："各国亦有如今日之变乎？"公使等曰："各国多有变怪矣。"教曰："此后果无他变乎？"公使等曰："岂有他事，只望国家永保泰平矣。"

在第二天即六月二十二日目下叙高宗接见日使大鸟圭介的对话情形如下。

御咸和堂，接见日本公使大鸟圭介。公使曰："震惊之余，敢来问候矣。"教曰："不至受损矣。"公使曰："自今开化，则两国交邻比于前日尤为笃好矣。"教曰："两国视同一国，共修交邻之谊，则实为相济相依之道也。"①

对照前文所引同日《承政院日记》和《日省录》的奏对原始记录，《高宗实录》将日本公使带兵闯宫事件改窜为朝鲜守军放炮导致的武装冲突，并补叙日清围绕朝鲜保护出兵问题的约定，以证明闯宫事件的合法性。对于高宗与各国公使的奏对情形，则完全抄录《承政院日记》的记载。在记叙次日高宗与大鸟的会见时，改动高宗教谕原话，添加如"两国视同一国，共修交邻之谊，则实为相济相依之道也"这种符合殖民叙述的表达。

综上，《高宗实录》作为朝鲜旧有"正史"形式，《承政院日记》《日省录》等仍是它的上游史源，但它在涉及甲午战争前后史事的部分，以夹注等形式添加说明，影响史事的解读方向，并对史源做直接的改窜、增删，以期符合日本的殖民叙述。

另外，考虑到1897年广学会曾将《中东战纪本末》初编、续编赠予朝

---

① 《高宗实录》第31卷，甲午三十一年六月，《李朝实录（高宗二十六—光武三年）》第55册，学习院东洋文化研究所影印本，1967，第180页。

鲜宫内大臣李载纯，托其转交朝鲜国王，那么大概可以说，在 19 世纪末 20 世纪初的李氏朝鲜，围绕这场战争的官方历史叙述已经变成了某种政治性知识的竞争了。

二 私人叙史

除官修史外，李氏朝鲜在战时及战后不久，同样留下了很多汉文私撰史记。这些作者大多是有汉文读写能力的知识精英，有参战武官、参与机要最核心的官员，也有身历战乱的一般读书人。关于亲身参战的朝鲜武官李谨相用汉文写成的战史，本书将在下一章详细展开，此先不赘。

甲午战争期间，李朝开化派官员金允植成了政府的核心成员，他身处事件旋涡，在私人日记中留下不少相关记载。金允植，字洵卿，号云养，是李氏朝鲜晚期重要的政治人物，从政早期亲华，在 1881 年受命以领选使身份出使清朝，甲午战争前加入亲日的金弘基内阁，以领议政入直军国机务处，开始实行在日本指导下的近代化改革——"甲午更张"。他又任督办交涉通商事务大臣，在"甲午更张"期间一直负责朝鲜的外交事务。金允植出使中国时曾留有日记《阴晴史》，后中断。他于 1887 年因政争失败被流放忠清道沔州，从那个时候起又续写日记，并一直保持这个习惯到 1902 年。这部续写的日记就是《续阴晴史》。《续阴晴史》1894—1895 年的记录多涉中日战事，其叙述视角则从朝鲜内阁成员出发，多录写行政见闻及文书，以成史叙。如 1894 年 6 月 7 日记：

> 甲午六月初七日 壬子 晴热，朴琮烈自牙山来宿，见迎接官二堂李令书（重夏），中国兵驻扎牙邑者，为三千余人，湖南者为八百人云，见日本公使大鸟圭介，上主上书。大略云："今列国众邦之势，政治、教民、立法、理财、劝农、奖商，无非富强之道，若泥守成法，不思变通达权，广开眼界，力图自强，则何能相持介立乎列邦环视之间耶，是以我大皇帝，命使臣以会同贵朝廷大臣，讲明此道，相劝贵政府，务举富强实政，则休戚相关之谊，于是乎可始终，辅车相依之局，

于是乎可保持矣。伏望陛下降旨，饬令办理交涉大臣，或专委大臣，会同使臣，俾尽其说，庶几无负我政府笃念邻谊至意，则大局幸甚。"云云。又见在外署问答，日使以湖匪廓清，则退兵为言，而唯以延捱为主也。①

7月9日、11日又记：

> 七月初九日　癸未　酷热如昨，外署仕进，英领事嘉托玛、德使臣口麟、总税司柏妥干来见，<u>日本公使公文来到，乃与中国开仗之宣战公文也。</u>

> 十一日　乙酉　酷热如昨，微雨过，会议所赴会，申刻出，从兄主行次，至平山送专隶，一行无扰，而中国兵一千五百，先出据平壤云……②

除了金允植，关于1894年6月21日发生的高丽王宫被围事件，实际上还有其他官员留下了更为详细的记录，如春秋馆的史官李晚焘③就在自己的私人日记《响山日记》中留下了如下记载。

(六月小丙午朔)

> 十八日。……倭人终不退师，责我纳降书，袁大人固宜争执，而亦复循默不言，十日十八国公使大人斋会，将有如何区处云耳。

> 二十一日。开东时，倭兵自门外，突冲钟路，直向迎秋门，立云梯

---

① 金允植：《续阴晴史》第 7 卷，六月，第 2 页。https: //db. history. go. kr/common/image Viewer. do? levelId=sa_ 013_ 0070_ 0020_ 0060，检索日期：2024 年 3 月 13 日。
② 金允植：《续阴晴史》第 7 卷，七月，第 4 页。https: //db. history. go. kr/common/image Viewer. do? levelId=sa_ 013_ 0070_ 0020_ 0070，检索日期：2024 年 3 月 13 日。
③ 他自 1873 年起任通政大夫、承政院同副承旨兼经筵参赞官、春秋馆修纂官。

越墙，破碎门钥烂入，直犯至密，逐出入直诸官员及侍卫军兵，自上惊动，欲为移迁避祸，左捕将申正熙、右捕将李凤仪，挽留至咸和堂殿，则倭兵已先自雍和门，至万始门，剑戟森列，围之匝之，我兵十余名，武监一名，内人一名，逃走被杀，而倭兵威胁君上，罔有其极矣，当日倭兵，充满城内，先夺三军府军器，次夺两营及东别营军器，各营军兵，四散奔窜，都下人民，皆荷担出门，倭列阵钟路，派守各兵门，又守云岘宫，如铁瓮，自上遣武监，请大院君诣阙其时侍卫，但申正熙、李凤仪、洪泰润内侍等几人而已，事甚危急，大院君诣阙，招见大鸟圭介倭将，问其所由，峻责谕请退兵，倭兵小退合门外，当日入直政院、玉堂、春桂坊、内阁、披庭、院隶各属，皆奔窜，阙内一空，唯乡令金明圭、假注书李守寅（守轩改名）在直，犯冒倭兵，排围突入，请对入侍，自上苍黄有喜，答曰允，进请时原任大臣召入，传曰允，时原任大臣入侍，退出公事厅，左右捕将在座，日已晚，李范晋、安駉寿、金嘉镇、朴准阳、金夏英，闻变次第入侍，午时量，接见各国公使，退去后，传曰，凡系紧重事务皆就白于大院君前，传曰，总制兼带许递，虎贲卫将申正熙除授，总营经理使许递，李凤仪除，惠堂鱼允中除，壮卫使赵曦渊除，左捕将李元会除，右捕将安駉寿除，传曰，金嘉镇外务协办除，朴准阳外务参议除，传曰，权凤熙、安孝济、李容元、吕圭亨，并放释，金允植荡涤叙用。

二十六日。……当日电报内，今廿四日清兵船五只，为倭兵火炮所陷没云，方今留阵牙山清兵，与倭兵二千，开场振威牙山地耳……节目：一、从今以后，国内公私文牒，书开国记年事。一、与清国改正条约，派送特命全权大臣于列国事……①

对比《承政院日记》和金允植的记录，史官李晚泰的私人记载要更

---

① 李晚泰：《响山日记》，汉城：时事文化社，1985。引文断句为韩国国史编纂委员会编辑这个排印本时所施加，可能存在一些问题，但因未见原手写稿本，笔者姑从之。

为详尽。原来，那个晚上发生的事情要比官史所叙更为血腥和混乱，并且是由高宗生父大院君李昰应出面"招见"大鸟圭介，与之谈判，最后终结当日乱局的。这些细节在《承政院日记》《日省录》和后来的《高宗实录》都没有得到呈现，除了现实政治环境的影响，与当时李氏朝鲜的官修史是围绕君王行政展开的事务化史叙形式也有关系。在以高宗自身参与的行政奏对串联起来的史叙中，并没有为完整的事件细节留下足够的史叙空间。

除身处政治旋涡的金允植和因掌笔史馆而对史事高度敏感的李晚焘等在朝精英外，李氏王朝的在野文人也以汉文书写，留下了重要的战时个人史叙，其中最具代表性的是《梅泉野录》。

《梅泉野录》是朝鲜李氏王朝末期的一部私纂史书，由朝鲜在野学者黄玹从1894年开始撰写，至1910年自杀殉国终止，再由他人续笔完稿。全书6卷，分7册（第1卷分上下册），约25万字，按编年顺序以汉语笔记文体的形式记录了李氏王朝从1864年兴宣大院君摄政到1910年《日韩合并条约》签订的史事，对甲午（1894）之后的事记述尤详。

黄玹是朝鲜全罗南道求礼郡人，祖籍长水郡，字云卿，号梅泉。《梅泉野录》的内容多源自其目睹，对甲午战争的叙述有"余过成欢，访战场遗迹"这类考察记录。除目睹之外，也有出于耳闻之事，来源不仅有金泽荣、李建昌、李沂等好友，也有金炳德、金允植、申正熙等朝廷大员，还有郑万朝、柳济宽、朴台荣等相关事件亲历者，在《梅泉野录》中有时会出现"某某对余言""余闻之某某"等记述。叙述甲午战争时多引用广学会的《中东战纪本末》。此书纂成之后由黄玹子孙秘密收藏，并制作抄本交予黄氏当时正侨居中国的挚友金泽荣，成为金氏后来撰写《韩史綮》的重要来源。《韩史綮》1914年在中国江苏南通成书，并在1918年正式出版面世。李氏王朝末期的知识精英对甲午战争的历史记忆与汉文史叙，就这样通过《梅泉野录》和《韩史綮》这样的私撰文本前后相继延续了下来。1939年，朝鲜史编修会的申奭镐发现了《梅泉野录》，暗中抄录存于朝鲜史编修会。后又通过当时帝国大学教授田保桥洁的引用，稍为世人所知。至 1945 年朝鲜脱离日本殖民统治，韩国国史编纂委员会成立，申奭镐出任首任委员长，致力于本国史籍的搜罗、编纂和出版，以重建不受殖民统治干扰的朝鲜历史叙述，《梅泉野录》终于1955 年 1 月正式出版面世。①

除精英著述外，韩国国史编纂委员会还致力于收集有关东学党起义的历史记录。在朝鲜，东学党起义是与甲午战争密切相关的历史事件。该委员会不仅爬梳了首尔大学中央图书馆、高丽大学图书馆和旧王宫藏书阁保存的官私记录、公文书，还派员前往起义发生地收集私人收藏。终于得到数十种相关历史记载，编为《东学乱记录》，成上下两册，被收入《韩国史料丛书》，于 1959 年正式排印出版。

《东学乱记录》所收史料和史纪皆以汉文书写，共有 27 种，分别为《甲午实记》（2 册）、《甲午略历》（1 册，郑硕谟根据亲身经历撰写）、《锦营来札》（2 册，收录 1894 年 8 月至 12 月身膺相权的金弘集和掌管朝鲜外交事务的金允植寄给忠清道观察使朴齐纯的书信，内容涉及李氏朝廷在公州等地镇压东学党起义的战事及与日本的政治关系等内容）、《谷城郡守报状》（1 册，谷城守将金明局和户长申正悦的报功文书）、《聚语》（收录与报恩郡东学大会相关的公文书，以及两湖宣抚使鱼允中等的状、启等公文）、《东徒问辨》（1 册）、《两湖招讨使誊录》（1 册）、《先锋阵日记》（1 册）、《两湖右先锋日记》（1 册）、《先锋阵书目》（1 册）、《巡抚先锋阵誊录》（1 册）、《巡抚使呈牒报》（1 册）、《巡抚使各阵传令》（2 册）、《先锋阵呈牒报》（1 册）、《先锋阵上巡抚使书》（1 册）、《先锋阵各邑了发关及甘结》（1 册）、《宣谕榜文并东徒上书所志誊书》（1 册）、《日本士官函誊》（1 册）、《李圭泰往复书并墓志铭》（1 册）、《朴凤阳经历书》（1 册）、《全琫准供草》（1 册）、《重犯招供》（1 册）、《东学党征讨人录》（1 册）、《各阵将卒成册》（1 册）、《全罗道所捉所获东徒成册》（1 册）、《甲午军功录》（1 册）、《甲午海营匪扰颠末》（1 册）。②

---

① 参见申奭镐《梅泉野录解说》，黄玹：《梅泉野录》，首尔：韩国国史编纂委员会，1955。
② 参见申奭镐《东学乱记录·解说》，《东学乱记录》，首尔：韩国国史编纂委员会，1959。

　　李氏朝鲜在战时及战后特殊的政治历史环境中留下了正史、参战者视角与知识、政治精英视角等各类不同的汉文史叙。这些史叙深受中国修史传统形式的影响，又在中日两国有关此战即时战史的信息辐射下展开，呈现出其特殊的知识形态。

第四章

和文即时甲午战史

如前所述，与甲午战争相关的东亚三国中、日、朝，恰好都处于学界描述的"汉字文化圈"内，前近代时期精英阶层各自都有以汉字读写的传统，在书面语发展上却又并非全然一致、毫无异趣，而是有着各种应用的"变体"。[①] 19、20世纪之交，这一传统在诸如基督教文明裹挟着"近代性"东来、"现代民族国家形成"等因素作用下发生重大转变。对这场战争的汉文历史书写也已经跨越了国族的边界，故需要置于东亚独特的读写变革场景中去加以考虑。在中国，这一变革的重心体现在方言–国语、文言–白话文（土音或官音语体文）之间；在日本，则体现在汉–和的取舍，以及是否对汉字普遍使用注音训点等问题。这背后当然有更为具体的历史动因，包括近代教育体系及制度媒体下沉，以及源自西方的现代传播技术得到迅速与广泛的应用等。前文已经梳理了中、日、朝三国各自以汉文书写即时战史的情况，下面就对19、20世纪之交日本国内以和文书写的甲午战争史叙略做讨论。

第一节　明治日本的官方战史书写

日本对于这场战争同样以和文立刻展开了历史书写。这些即时叙史有两

---

① 金文京：《汉文与东亚世界》。

个主要的机制性背景。其一是战时日本朝野针对国内各阶层及各地方的宣传与精神动员。起初是为了迅速获得社会各阶层对战争的支持，到了战事中后期，宣传触角延伸到大众媒体、宗教团体、童蒙教育、文体娱乐等日常生活的各个方面，形成了为支持战争与扩张而进行的常规性军国民动员机制。以暴力为契机，欲将明治时代的民众动员为"现代国民"。而这一机制也是日本随后步入现代侵略战争总动员体制的开端。[①] 其二是 1860 年代后明治新政府伴随建立陆军这一军事大变革展开了近代战史编纂和制度化军事教育。并且，这些建制在明治中后期又发生了一系列重要转变。基于这样两个现实层面的动因，19、20 世纪之交，日本以和文书写、传播的甲午战争史叙就存在出自官方编纂与非官方之手两个最基本的不同来源。下文从明治时代日本官方战史编纂的历史脉络与日本官修甲午战史的文本两个方向讨论日本官方的即时战争叙史。有关这部分内容的叙述，前者主要参考了日本军事史研究学者塚本隆彦的专门研究，[②] 后者则部分参考了国内近代中日军事史研究学者吉辰等人的细致考察。[③]

一　明治官修甲午战史的历史背景

如前所述，日本的战史编纂工作是伴随明治新政府创设陆军这一重大军事变革而开始的。其发展过程可以划分为四个阶段：（1）明治初期开始编纂兵史及战记；（2）明治中期效仿德国当时的"战史"理论尝试编纂公刊战史；（3）从明治后期到大正前半期（1902—1914）公刊战史编纂被高度意识形态化和教条化；（4）1915 年开始逐渐以编纂秘密战史为主。

第一阶段是从 1871 年日本现代陆军建立到 1888 年。这是日本近代编纂"兵史"和"战记"的开端时期。

---

① 谷藤康弘・井上芳保「国民創出装置としての日清戦争」『社会情報』8（2）、1999 年 3月；工藤豊「近代日本の戦争とナショナリズム：日清戦争期までを中心として」『仏教経済研究』（49）、2020 年 5 月。

② 塚本隆彦「旧陸軍における戦史編纂」『戦史研究年報』（10）、2007 年 3 月。

③ 吉辰：《〈明治二十七八年日清战史〉编纂问题再考——兼论日本官修战史的编纂》，《世界历史评论》2020 年第 4 期。

在此期间，日本陆军参谋局下属的第四科（兵史科，后改为编纂科）编纂了《战争记》①（1873）、《皇朝兵史》（1880—1887）、《佐贺征讨战记》（1875）、《征西战记稿》②（1887）等。其中，记录戊辰战争部分内容的《佐贺征讨战记》"以战记为名，故专以详述战状为本旨"，首次使用了"战记"这一称谓，并将这种史书体裁的宗旨定义为"详述战斗始末"。③

日本陆军之所以开始编纂兵史和战记，是因为要全盘引入法国近代军事制度。因此，编纂战史实际上是被视为近代军事机构的功能之一而展开的。不过，日本陆军部并没有充分理解法国式的现代军队组织理论，而只是机械模仿了后者有关军事机构的具体设置。当时，山县有朋参与了一系列奠定明治新政府兵制改革基础的军政要务，如1872年2月27日创建陆军省以构筑中央性质的军事建制等。山县在1874年6月就任首任陆军卿（陆军大臣），与大村益次郎同为创设日本现代陆军的重要人物。为了尽快建立一支能与西方相媲美的现代军队，以纾解明治政府当时的内忧外困，山县无暇去细究西方现代军事学理论。1874年颁布的日本陆军省职制（条例），其中第一条就规定了如何编纂兵史和战记。不过，这条规定只是原样照搬了法国军人朱布斯克（Albert Charles Dubousquet）所编写的纸面章程。④

结果，明治陆军的兵史、战记编纂理念就与西方不同，显得体例暧昧。例如，兵史和战记并不一定是针对每场战役编纂的，整体编纂体系也并不规范与明确。从陆军建立到1888年为止的这段时间，日本实际上有过不少次国内外的战事纷争。境内如1875年的"佐贺之乱"和1878年的西南战争，以及1877年的"神风连之乱""秋月之乱""萩之乱"等。同时日本对海外

① 据塚本隆彦说明，现存的《战争记》是未刊手稿，封面标有"原书"字样，收藏于日本防卫研究所图书馆。此稿内容是否完全描述战争，整体情况无法确认。而稍晚两年的陆军文库版《佐贺征讨战记》则明确使用了"战记"这个称呼，并明确表示此书以战记命名，因此其主要目的是详细描述战斗状态。参见塚本隆彦「旧陆军における戦史编纂」『戦史研究年报』（10）、2007年3月、68页。

② 参谋本部陆军部编纂课编『征西戦记稿』陆军文库、1887年。

③ 陆军参谋局编辑『佐贺征讨戦记』陆军文库、1875年。

④ 参见篠原宏『陆军创设史：フランス军事顾问团の影』リブロポート、1983年、318-326页。第六局处理"陆军文库"事务，包括该条例中的战史编纂。

进行侵略，如 1874 年出兵侵略台湾，1878 年入侵朝鲜发生"江华岛事件"、1883 年出兵干涉汉城的壬午兵变等。然而，陆军部都没有针对这些战事编纂过兵史和战记。

并且，当时日本陆军编纂的兵史和战记不对外开放。其编纂目的仅是为内部文书行政和表彰军官士兵的功勋事迹提供参考。书成后藏于陆军文库，仅限于陆军省、参谋本部、监军部及部队司令部等机构的人员公务使用。这与前述清朝官方馆阁修史与日常文书行政紧密绾结的状态有类似之处，而与西方近代规范化的职业军事建设理论诉求相去甚远。由于日本明治时代旧陆军编纂的这些兵史、战记，仍处于军队内部文书行政的延长线上，禁止军官私自将其用于钻研兵学，因此其编纂并没有考虑军官教育。而这一点恰恰是它照搬的西方近代军事建设理念的特点。

这一阶段陆军部兵史、战记在编纂理念上的模糊性，给之后的战史编纂带来了严重制约。例如，随着军事机构的构建，条块分割的多元编纂框架被制度化，批判性叙述受到了限制等。这些趋势在此后的日本官方战史编纂取向上延续了下来，产生了深远的影响。

第二阶段是 1889—1901 年尝试编纂公刊战史阶段。这是参谋次长川上操六主持编纂《日本战史》的阶段。在此期间，日本的参谋本部仿照德国，首次以"战史"为名开始编写军事专史。当时日本学习的军事体制已由法式转变为德式，德国的战史理论被正式引入日本。1885 年，普鲁士军官梅克尔（Klemens Wilhelm Jacob Meckel）受聘在日本讲授描述德国军事科学[①]起源的知识门类——"战史"。川上操六和田村怡与造等人从德国留学归国后，开始着手编纂日本的"战史"。首先编纂的是《日本战史·关原役》[②]（1893），当时川上就是作为日本参谋本部战史编纂委员会的负责人参与这项工作的。

《日本战史·关原役》在编纂上强调军事技术方面的实际教育价值，并试图通过批判性研究来考察和描述战争。因此，战史编纂的目标读者是

---

① 在日本被译为"兵学"，不久这种知识门类进入了晚清中国的"新学"脉络。
② 日本参謀本部戦史編纂委員会編『日本戦史·関原役』元真社、1893 年。

"学兵学的人"，既包括前述军人，也包括普通读者。这是日本官方最早公开编纂出版的战史，在全国的48家书店销售，包括东京日本桥的丸善贸易公司和东京神田的有斐阁等。

1894—1895年，川上操六以参谋次长的身份参与甲午战争，并开始主持编纂参谋本部的《明治二十七八年日清战史》。在编纂此书时，他试图改变第一阶段陆军部兵史、战记阶段体例含混，仅供文书行政参考，不做军事技术探讨等问题，尝试统一编纂框架，提供批评性的叙述等。不过，没有等到这部战史修完，他就在1899年5月病亡了。

第三阶段是1902—1914年公刊战史阶段。在此期间，参谋本部完成了《明治二十七八年日清战史》和《明治三十七八年日露战史》。日本军方这些公刊战史，不仅编纂框架变得多元，内容也因为对战争的批判性叙述日益受限而变得空洞。川上操六去世后，以山县有朋为首的长州藩阀兴起，参谋本部出自该藩系的军阀影响力加强，而川上门下的东条英教、柴五郎、落合丰三郎等编纂委员负责人则相继被撤换。1902年2月，大岛健一被任命为参谋本部第四科的负责人。从1914年开始，大岛从参谋本部次长（陆军少将）逐渐升迁至陆军次官（陆军中将），在参谋本部一共工作了约12年。其间，他参与了公刊日清战史和公刊日俄战史的编纂，特别是制定了公刊日清战史的"新编纂方针"及"日俄战史编纂纲领"等重要工作。大岛通过严格制定编纂规则，不仅收缩了这类官修公刊"战史"讨论对象的范围，使之变得狭隘，并强化制约批判性叙述，而以维持军队威信作为首要编纂目标。结果，参谋本部公刊战史对高阶军官的指挥及战略决策等问题避而不谈，而以叙述师以下的作战经过为主要内容，于是战史就变成了"作战战斗史"，而不再依据军事理论对战役做战略战术层面的探讨。参谋本部的官修日俄战史总共发行了1.6万册，其中大部分（约1万册）被全日本的学校购买。"战史"这一知识样式与史书文类在日本近代常识世界就以这样的形象传播与建立起来了。

第四阶段是以编纂秘密战史（约于1915年后开始盛行）为主的阶段。此阶段公刊战史的编纂越来越形同虚设，重点转向了秘密战史。这一时期已与日本关于甲午战争官修战史的背景关系不大，因此略过不赘。

明治时期日本军方在编纂"战史"时形成了一些基本特征，反映在他们当时对甲午战争的历史修撰上，因此有必要略做陈述。

如前所述，在最初兵史、战记的阶段，日本军方的编纂理念并不清晰，只是照搬法国近代军事学科的知识分类设置。到 1889 年，川上操六才开始从理论上移植西方战史编纂的理念，还学习德国的战史理论，首次主持编纂了以"战史"命名的《日本战史》系列。川上在 1893 年参谋本部所编《日本战史·关原役》的绪言中，用 9 页的篇幅陈述了对"什么是战史"的认识。这可以视为日本明治军方"战史"概念的原型。①

川上操六对"战史"的定义主要有两个特点。第一，战史要为钻研军事技术服务，以明确胜负关系，记述战术、战法之类适合兵学研究的内容。川上是从记录作战客观过程和技术数据的"实学"及分析、解释战争、政治、外交历史过程的"史书"两个方面去看待"战史"的。他在《日本战史·关原役》的绪言中设问"陆军为什么必须亲自参与战史编纂"，并认为原因之一是日本从来没有一部史书可以被称为"战史"。也就是说，川上认为日本古代的《吾妻镜》《太平记》等记录战事的史乘，以及此前参谋本部编纂课编纂的《皇朝兵史》《佐贺征讨战记》《征西战记稿》等，都不是兵学钻研所必需的内容，因此都不能算是"战史"。第二，川上操六强调"战史"必须具有民族主义属性，编纂战史是为了达到动员民族国家国民的目的。他在绪言中陈述"战史"必须由军方官修的另外一个理由便在于此。他完全模仿德国的战史理论，并抓住其中民族主义的特征大加强调，以适合日本明治中后期围绕国家，弱化藩系军阀力量而展开的军事变革。因此，他在评价外国战史（如《普法战记》《普奥战史》等）教育意义的同时，强调了以日本本身的民族性为基础编纂战史的必要性。可以说，重视描述作战技术过程及强调民族主义色彩，是日本官方甲午战争史叙问世前后，编纂方对于"战史"这一文类的基本定位。

---

① 『日本戦史・関原役』。

另外，日本军方组织制度层面的变化，也对其官修甲午战史产生了影响。

1872 年，日本的陆军、海军军务分离，分别设立了各自的编纂组织。而且，编纂业务及对象范围根据陆海军省职制一分为二。之前，明治陆军的编纂业务不论是战时还是平时，都以陆战为中心。即使海军方面持反对意见，也只能对与海战相关的部分做最为简单的处理。1878 年，明治日本的军事制度改革实行军政、军令分离，使编纂活动的组织结构更加多元化。即与陆军相关的编纂业务原本是参谋本部（编纂课）的专管事项，最初是由 1881 年《参谋本部编纂课服务概则》确定了编纂业务的宗旨，但实际上军令、军政的二元化导致了指挥和控制的条块分割，参谋本部负责处理军令事务（部队和行动），陆军部（总务科）负责处理军政事务。参谋本部变成仅对其管辖范围内的事务负责。例如，参谋本部为每一次战役的叙史制定编纂纲要，以作战和战斗经过为中心进行工作，但在涉及军令的领域，如战役卫生史则由陆军军医学校负责，战役给养史由陆军经管学校负责等。战史编纂工作就此按照军令、军政条块被进一步专史化了。这些后来都成了惯例。日本学者松下芳男在《日本军阀兴衰史》中指出，以藩系军阀为核心的明治军阀，是明治军人阶层意识和宗派主义的根源。而这一点在军史编纂制度上的体现，就是使这种条块化、不能互相统属的多元编纂框架变得日益固定且不可动摇。[①]

另外，因为编纂战史时需要调用当时还没有成为开放档案的公文等，因此存在涉及军事机密的问题，对编纂者服役经验、军内职级和军事知识的要求比较严苛。1874 年参谋本部的成立，将文职官员排除在军事指挥（军令）部门之外，随后将军史编纂工作制度化，由军官独家负责，这就形成了武官垄断战史编纂的基本局面。

明治日本参谋本部修撰甲午战史就是在上述制度变动的背景下展开的。

1896 年，参谋本部提出"临时战史编纂部官制"，建议在编纂《明治二

---

① 松下芳男『改訂明治軍制史論』上、国書刊行会、1978 年、387-393 頁。

十七八年日清战史》时，尝试统合战史修撰框架。其主要目标是在参谋总长之下设立一个临时编纂部，人员来自陆军省、海军省、军令部和参谋本部，目的是编纂一部作为综合史的日清战史。为此，想要设立一个由 27 人组成的临时战史编纂部，总编辑从陆军或海军将领中选 1 人担任，副总编辑由 1 名陆海军将领或大校担任。此外，编纂人员还将包括陆海军军官和陆海军编辑共 15 人，另有 10 名秘书提供服务。

不过，当这个计划在 1896 年 2 月 28 日以参谋总长彰仁亲王的名义送至陆军省，递交到陆军大臣大山岩手上后就被搁置了，并始终没有得到切实执行。① 究其主要原因，可能在于提案第一条中的"由参谋本部长监督"。这就使海、陆军方面都担心参谋本部会轻易凌驾于他们之上。明治日本军方内部的派系化与排他性，即所谓"陆之长州、海之萨摩"（陆军省为长州藩阀所垄断，海军省则由萨摩藩阀垄断），也是日本官修甲午战史分为陆、海军两部，而没有统一进行修撰的重要原因。

二　明治官修甲午战史的文本

如前所述，甲午战后日本官方修撰的战史是由军方主持的。因受到其内部军令、军政分离及藩阀对立导致的管理派系化、条块化影响，战史分为陆军、海军两部，由参谋本部和海军军令部分别主持编纂，彼此不统属，也没有统一叙史。

甲午战争结束②后，日本参谋本部即着手编纂战史。如前所述，当时的参谋次长川上操六本人参与了战争，参谋本部的《明治二十七八年日清战史》亦由他主持编纂。在主持这项工作时，他试图改变陆军部兵史、战记阶段体例含混，仅供文书行政参考而不进行军事技术探讨等旧弊，尝试统一编纂框架，提供批评性史叙。从后来的成书来看，川上操六的这些取向大多实现了。1899 年 5 月，川上操六病亡，《明治二十七八年日清战史》的编纂

---

① 参谋本部『臨時戰史編纂部官制』(明治 29 年)，转引自塚本隆彦「旧陸軍における戰史編纂」『戰史研究年報』(10)、2007 年 3 月。

② 日方将这个时间点定在 1896 年 3 月 31 日作战大本营正式关闭。

工作实际上就由陆军省的陆军大臣大山岩接手主导了。

日本参谋本部所编《明治二十七八年日清战史》从 1904 年 8 月 1 日出版第 1 卷，到 1907 年 10 月发行第 8 卷，通行本共 8 册，每卷附图汇总为 2 册，按卷编目，由东京印刷株式会社对社会公开发行。第 1 卷卷首有当时已转任参谋总长的大山岩所作序言，以汉字文言文书写。大山岩的这篇序言强调了这部官修甲午战史的两个目标：第一，提供实战战例，供研究军事技术参考；第二，以暴力为契机动员与凝聚所谓"国民性"。日本后来实行举国总动员体制，走上以侵略扩张作为现代民族国家建构基本驱动力的"武力开国"道路，都与这些明确的取向有直接的关系。

我邦以武建国，亿兆皆兵，以护国家于金瓯之固焉。其与外邦大战，有文永弘安与文禄庆长之二役，而明治二十七八年役次之。斯役作战局面太广，其计划行动足以资于后学，是参谋本部之所以有斯编也。抑战史可读者，内外古今不乏其书，然历年旧者，兵器战术复异，隔国远者，地形民俗不同，并不切于参考。斯役彼我两军各用新锐兵器，其战术亦折中于泰西，攻守方法大脱陈套，而其地近、其俗同，最为所当讲究矣。从来东亚战记，唯详战斗之状，不复及其他。斯编则不然，战场以外，凡百施设，亦悉网罗之。上自皇室盛德，下至国民笃志，皆揭其梗概。盖制胜之道，志气为先。我军之所以百战百胜，职是之由。且夫战者，国家存亡之所系也。故举国一致，志私奉公，恬熙偷惰之弊，不期而洗刷。战史又从而振作民志焉，则斯编所裨补岂止于兵家乎哉。

明治三十七年六月　参谋总长　侯爵　大山岩 撰①

《明治二十七八年日清战史》第 1 卷卷首还开列了 17 条编辑凡例，以和字书写。凡例明确了此书编纂的几个原则：第一，专记陆军战事，海军的

---

① 参謀本部編『明治二十七八年日清戦史』第 1 卷、1904 年、1–3 頁。

行动从略，即使涉及陆军、海军协同作战也酌情省略。第二，注重区分情报来源不同的时效。第三，根据战后的分析研究复原战况。第四，根据战后调研成果绘制每卷所附行军地图，而不使用战时实际使用的行军地图。从这些原则来看，这部官修战史的主要依据是战后的研究，而并没有像以往文书汇编式的战纪兵书一样，以收录实际使用过的文件档案为主。因此战史的视角是事后全知性的，而不是跟着事件发展顺序的内部视角。这都与此战史的性质和定位转变有关。它已经不仅对内部文书行政流程开放，而且是转变为军事科学的一部分，并作为实战战例供军事技术研究使用，对所有钻研兵学者都开放了。现节译凡例中一部分相关条目如下。

一、本史十二篇五十章分列明治二十七年五月朝鲜东学党匪徒起义至二十九年三月三十一日日本大本营关闭为止战事，并叙其纠葛、交战及讨伐台湾及其他守备相关事项。详述与战斗有关的事实，其余细节特别是与陆战有关的海军行动则酌情省略，余者概一略过不述。

二、将每个战场中清军及贼徒的历次行动都单独列出，以便通览敌我双方各自的行动。

三、我军在战时获得的所有敌方情报应明确说明，并应与战后发现的敌方情报区分开。

四、书中对清军军事行动的描述是以战后专门研究所得结论为基础的，除了战时的其他资料，还与我军的军事行动相比较，以保持一致。但由于资料的不完整，不能保证完整性，如果得到其他资料，应可以加以补充。

……

六、在编纂时属于机密的事项，由于组织的修订和武器装备的变化等原因，现在已经成为过去的一部分。在书中虽有列出却未悉述，故希望研究相关内容者应查阅当时的编制和勤务令等档案。

七、战争期间使用的清、朝地图极其不详确，往往只按照二十万分之一的比例沿途绘制，即使主要道路也有限，其他道路则完全不详，尤其是台湾地图最不完整，只采用了五十万分之一的比例尺绘制。因此本书所附地图是根据战后实际测量的战场地形绘制的。

八、战争时期使用的地名往往是错误的，所以根据实际测量地图进行了修订，与所附插图进行对比以便使用。如果有不同的命令、公文等出现，因此而影响到战争，要敢于修改，并在下面注明要修改的地名，如果地名不详，要假定正确的位置并加注，当地名用州、府、县、厅、庄等字缩写时，同名的村庄前后合并或有大小的区别，就直接称此为某某村。……

《明治二十七八年日清战史》共有 8 卷 12 篇 50 章，常见版本为 8 册本，另有附图 2 册。全书从战争的政治、外交起因开始，分别叙述交战两国及主要战场的地理、国防、军制、通信等情况，各篇章对诸大战役战事进行叙述，战事推进的时间线索是叙史经线，战场的空间变化是划分篇章的纬线。总体而言，这部官修战史的重点在于，把甲午战争视为"现代战争"的首个重要战例，按照现代军事技术的知识分类来拆解、审视战争过程，可以视为明治日本主动接受西式"现代战争"模式输出的具体表现。可以说，"现代战争"模式在全球范围的输出，不仅在于现代武器等器物层面，也裹挟着作战的方式、参战人员的规训、社会资源的动员方式等知识形式而来。其中，官修"战史"这一文类（genre）在东亚的成立与展开应该是其中重要的一环。第一篇前有段概述文字，为全书对甲午战史的基本定位。

中日甲午战争起于明治二十七年（即清国光绪二十年，西历 1894年）七月，在朝鲜中部，清国的奉天、山东两省到澎湖列岛，又经丰岛、黄海及渤海湾口的海战，于第二年明治二十八年五月结束。是东亚前所未有的大战争。[1]

---

[1] 此段文字由和文译出。又及，本书将《明治二十七八年日清战史》全八卷的目录作为附录一，以便读者了解更详细的情况。

第二节　明治日本的非官方战争史叙

甲午战争前，源自基督教秩序观的外来"文明–野蛮"二元对立论传入日本，很快就从文化范畴被推衍开去，变成日本政治、文化精英理解、解释与鼓吹当时国际秩序的意识形态基石之一。抱持这种秩序观，当时日本朝野舆论对邻国，尤其是对同样处于汉字文化圈的中国，其论调也发生了改变。文野的标准一旦西转，日本自身相对于"西洋文明"的"野蛮"位置，就被推至"西化"程度更低的清朝中国。其与"西洋"之间的文野差序结构也被平移到了它与"清国"之间。只不过在这一架构中，处于文明高阶地位的是明治日本，处于野蛮低阶位置的则变成了清朝中国。

日本国内当时对甲午战争的非官方即时史叙，便是在上述秩序框架内展开的。具体来说，日本民间在甲午战争战时和结束后短期内出现的有关史叙，其具体形式大致可以分为五大类：媒体战地报道及图像，战地日记与书信，构建国民历史常识的游艺形式，学校体系中使用的教材、普及读物，公开出版的战史与传记。下面就对这五类主要的史叙形式展开梳理与讨论。

一　媒体战地报道及图像

1. 明治日本的战争媒体和图像报道①

现代日语报纸的起源是 1871 年 1 月创刊的《横滨每日新闻》。《横滨每日新闻》是以洋纸排版的单张日刊，没有装订，使用日本排版印刷先驱本木昌造铸造的铅活字排版。1872 年《东京日日新闻》《日新真事志》等报纸创刊，但并非所有的报纸从一开始就使用了铅活字，报纸的幅面也不统一。到了 1873 年，主要的报纸都采用铅活字排版印刷，版式也变成了纵向的 2—4 页。如此，"报纸"这种现代媒体形态在日本基本形成了。但是，即使媒体形式有了，制作内容的近代新闻"报道"观念及报纸阅读者的日

---

① 本节对日本近代新闻媒体史的介绍，主要参考了大谷正「メディアの伝える戦争：台湾出兵・西南戦争・日清戦争」『宮城歴史科学研究』（63・64）、2009 年 1 月。

常阅读习惯仍然是传统的。日本近代新闻史的研究发现，尽管江户时代的日本人有不低的素养，但他们并没有每天阅读周遭信息和新闻的习惯。报纸登载的不是整篇故事，而是片段新闻，需要读者自己在头脑中重建事件的全貌，他们一开始并不习惯，报纸发行方也是如此。由新闻记者寻找新闻，核实真伪后撰写报道，这并不是当时日本媒体的共识。在报纸产生之初，日本的报纸分为大报和小报。大报和小报的区别在于纸张的大小和使用的语言不同。前者是用汉字写的，有很多普通民众难懂的汉字，没有注音训点；后者是偏向声音中心的和文写的，标有注音。就内容而言，大报或多或少有现代的新闻概念，而小报则刊载坊间传闻等。在小报中，起源于西方的有"公信力"加持的"报道"观念淡薄。江户时代留下了无数关于坊间传闻和"尘世现状"的随笔，明治初期的小报似乎只不过是将那类传统的信息装到一个叫作"报纸"的西方"容器"里。

1873 年前后，现代日语报纸诞生的条件逐渐成熟。日语报纸对战争进行报道始于 1874 年日本出兵入侵台湾。当时《东京日日新闻》的记者岸田吟香、摄影师松崎晋二及为《纽约论坛报》（New-York Tribune）供稿的美国记者爱德华·霍华德·豪斯（Edward Howard House）等新闻从业人员随军参与了报道。[1] 岸田吟香撰写了"台湾信报"系列报道。[2]

由于刊登了其他报纸没有的战地信息，《东京日日新闻》因而名声大噪，据说日发行量曾达到 1.4 万份。虽然这种"报道"风格并没有立即普及与流行，但是岸田在《东京日日新闻》上连载的一些"台湾信报"系列故事，则被进一步传播到更广泛的大众世界，并被再编入入锦绘报，在更广泛的民众世界流传开来。[3]

1877 年，日本发生了西南战争。新媒体（报纸）又得到了进一步发展，

---

[1]　James L. Huffman，"Edward Howard House：in the Service of Meiji Japan，"*Pacific Historical Review*，Vol. 56，No. 2（1987）：231–258.

[2]　参见陈萱『明治日本における台湾像の形成：新聞メディアによる1874 年「台湾事件」の表象』台湾大学出版中心、2013 年。

[3]　土屋礼子将锦绘报定义为"明治时代的新媒体报纸和旧媒体浮世绘相结合的单张多色印刷的版画"。土屋礼子「日本の大衆紙における清仏戦争と日清戦争の報道」『Lutèce（リュテス：Études de langue et littérature française）』(37)、2009 年。

战争报道变得更加规范。不过，传统媒体仍然存在，在战争报道方面，传统媒体和新媒体融合在了一起。按发行量排行，1877 年东京的主要报纸分别是《读卖新闻》《东京日日新闻》《假名读新闻》《邮便报知新闻》《朝野新闻》《东京曙新闻》《东京绘入新闻》。最多的《读卖新闻》日发行量超过 2 万份，《东京日日新闻》以 1.1 万份位居第二，《假名读新闻》以 9000 份位居第三，其余报纸的日发行量在 6000 份左右。《读卖新闻》《假名读新闻》《东京绘入新闻》三家报纸是小报，其他的是被称为东京四大报纸的大报。四家大报的日发行量共约 3 万份，三家小报纸的日发行量合计约 3.5 万份。小报的发行量超过了四家大报纸。因此就发行量而言，小报多于大报。大报在官员、教育工作者、学生和精英阶层中的影响力更大，但除开这些人群，小报比大报更有吸引力。

1874 年，当日本出兵入侵台湾，岸田吟香以记者身份随军时，东京大报报道战争的风格逐渐形成。当然，也不是当时所有的大报都采用了这种风格，更不是所有人都理解这样的报道形式，即报道者个人需要去现场体验战争，并对其进行速报。

如《朝野新闻》当时就派遣了著名记者成岛柳北（局长兼记者），但成岛并没有去战地，而是留在京都报道其与文人墨客的交流。他的西南战争系列报道只是介绍与政府相关的电报和京都市内的传闻。成岛的报道坚持了非"报道"式的传统言论样式，重在俯视读者的精英式事件评论而不是与读者视角保持一致的信息传递。

《邮便报知新闻》派出了矢野文雄和犬养毅两名记者。矢野留在京都，采取成岛式的精英时评风格；年轻的犬养则去了熊本，开展了现场"报道"活动。在同一报纸派出的记者中，有采用摄影图片报道的，也有维持传统非"报道"式言论的。因此，即便是明治日本大报，虽然它们的"新闻"观念源于西欧近代媒体，但在具体对待战争报道时，也是西欧式信息"报道"与传统精英时评风格两种方式并存的。

甲午战争时期，《东京日日新闻》的社长兼记者福地源一郎听到战争爆发的消息后，立即离开东京，经由京都在博多登陆，奔赴前线进行战地报道。

他求助于旧相识伊藤博文和山县有朋，不仅得到了从军许可，还被任命为军团御用报道员，以从事公务的名义"探访"前线。他撰写的战地报道从3月开始以"战时采录"专栏连载于《东京日日新闻》，其报道方式已经和现代战地记者很相似了。

西欧式的"报道"逐渐在日本深入人心，大报也开始派记者到现场，根据实地见闻将事实迅速传播出去。另外，明治中后期，日本出现了以书册形式汇编大小报纸发表的报道和传闻，再单独出版的情况。这些书册与浮世绘画家的作品相映成趣，创造了一个如江户时代平民读者中流行的插画读物"绘草子"一样的叙事世界，即形成了一种绘本式的军事史叙模式。在战争报道方面，大报显然无法压倒小报及书册读本中的花边传闻与八卦评论，老百姓自然会更热爱"绘草子"的世界一些。究其原因，可能有二。第一，有能力每天靠阅读片段新闻在脑中拼合事件全貌的读者虽然不在少数，但对于战争，人们更急于迅速了解包括具体细节在内的事情全貌。因此，能以简单易懂的方式提供直观的事件"全景"的新媒体，显然是通俗绘本等大众读物。第二，报纸相对昂贵，普通民众不易负担。西南战争前后，报纸须按月预付费，每月大报50—70钱，小报约20钱。考虑到当时的米价是每升6钱，1份大报的订阅费用可以买1斗米。与此相比，《鹿儿岛战争记》《鹿儿岛美勇传》等绘本每册的价格为3钱5厘。筱田《鹿儿岛战记》的价格还稍有折扣，上下两册为6钱5厘；没有插图的《鹿儿岛暴徒风说录》每册1钱8厘。民众得以用价廉物美的方式获得战争的直观图景，传统媒休亦因此而寻到了新的生机。当然，从结果来看，订阅大报和订阅绘本的不同阶层，他们得到的战争信息和图像也就因此发生了分裂。[1]

小野秀雄在《日本新闻发展史》中指出，甲午战争是日本近代报刊发展的分水岭。在战时的报道大战中，报纸在提高发行量的同时，开始为能迅速报道事实而不仅只提供精英评论而倾尽全力。[2] 报纸在增页、号外之外还

---

[1]　具体研究及相关论述参见大谷正「メディアの伝える戦争：台湾出兵・西南戦争・日清戦争」『宮城歴史科学研究』（63・64）、2009年1月。

[2]　小野秀雄『日本新聞発達史』毎日新聞社、1922年。

用了不少插图，杂志则注重封面画和插图。当时日本的印刷能力已经可以把照片制成网眼铜版，然后印在纸上。这种制版技术与迅速增加的发行量对印刷技术提高了要求，而之前报社从西方引进的高速轮转印刷机与之并不匹配。网眼铜版制版的照片只能用在平台印刷机印制的报纸附录和杂志插图上。而且，甲午战争时期，只有小川一真经营的照相馆拥有可以将照片制成网眼铜版的美国产印刷机。因此，报纸正刊所登的插图、地图、广告都是以木版（西洋木口木版①）制版的。此外，由于照相机性能方面的限制，照片只能将静止的对象作为风景照或肖像照来拍摄，所以不得不依靠绘画来传递战场动态。

《甲午战争实记》（1894 年 8 月 25 日创刊，每月 3 期，每期定价 8 钱），"菊判"② 开本，每期约 100 页，因每期刊载约 4 张小川一真制版的网眼铜版印刷照片和战局地图而受到好评。博文馆的编辑兼经营者坪谷善四郎回忆说，该刊每期销售在 10 万册以上，创下了前所未有的纪录。这项收入奠定了博文馆的基础，在此基础上，他们于 1895 年 1 月创办了该馆最具代表性的综合性杂志《太阳》，并继续使用照片和石版画作为封面画这一策略。但是，观察《甲午战争实记》最初 10 期的封面画，除了第 1 期所载的"朝鲜京城凯旋式之图"，都不是直接拍摄战争和战场风景的照片，而是使用了关于内外显贵、军官士兵等的肖像照片及对军舰兵器的摄影或各种战争相关地

---

① 木口木版（woodlock or wood engraving）是指在树木横切面制成的木口木板上刻制图样并用来印刷的凸版印刷过程。与木刻同属凸版印刷，但有所差异。木纹木刻所用板材来自树木的纵切面。木口木版因材质较坚硬，必须以铜板用推刀推出轮廓。画面黑底白字是其特征。由于版面材质坚硬，可雕出稳定而细致的曲线，更能以细密的线条表现明暗调子。

② 菊判是指日本从美国进口的尺寸为 636 mm×939 mm 的纸张，主要用于新闻纸。最初只打算用于制作报纸，但后来也用于其他出版物的制作。"菊判"这个名字的由来，据说是因为进口纸的商标使用了大丽花，和菊花很像。另外，菊花是日本皇室的纹章，日文中的报纸为"新聞"（しんぶん），其中有"聞"这个汉字的训读，与"菊"的发音一样。菊判承袭了江户时期读本的尺寸，多用于小学教科书和杂志。明治中后期（1890—1894）变为文艺书单行本的版式固定下来。这种倾向在 1895 年《文艺俱乐部》（博文馆）的创刊上有所体现，次年《新小说》（春阳堂）第 2 期出版时更为明显。这种代表性文艺杂志出现到大正初期是菊判的全盛时期。准确地说，明治后期的文艺书单行本出版中，除了四六判，菊判也是一种重要倾向。这种类型的书多使用彩色木板印刷的封面，再加上丝线和绳结装饰，装帧设计非常优美，内容页还插入了生动的图画。参见岩切信一郎『明治版画史』吉川弘文馆、2009 年。

点的风景照片等。虽然后来刊登了战场照片，但数量很少，在显示动态的战斗场面时则大多使用了"纪念摄影"风格的照片。当时在欧洲，使用插图和图画的"画报"正处于鼎盛时期。这些画报将照片和素描结合起来，以传播世界各地的事件、战争和奇闻逸事。乔治·费迪南德·比戈（Georges Ferdinand Bigot）作为图像特派记者携带照相机报道甲午战争，他制作了《日本清国战争照片集（明治27年8月至12月）》（法文本，拍摄地点为釜山、仁川、平壤、鸭绿江、金州、大连湾、旅顺）。这本摄影集后来被保存在佐仓的历史民俗博物馆。其中所收照片及比戈自己根据照片绘制的素描画制版后出版。① 不过"画报"作为一种同时使用照片和素描的具有速报性质的新闻媒体，它在日本的真正规范化并不是在甲午战争，而是要到日俄战争时期。根据明治日本陆军省编的《明治二十七八年战役统计》，有4名记者、4名画工和4名摄影师随军组成了陆地测量部制图科写真班。该书列举的4名摄影师包括龟井兹明和仙台远藤照相馆的远藤陆郎、远藤诚兄弟，以及《时事新报》"战况画报队"的浅井魁。另外，著名的画工包括山本芳翠、小山正太郎、浅井忠、黑田清辉等西洋画画家，以及久保田父子（米仙、米斋、金仙）和远藤鼓泽等采用折中主义画法的日本画画家。

《东京朝日新闻》和《时事新报》是东京具有代表性的报纸，它们在早期就引进了轮转印刷机。《朝日新闻》最初是大阪的一家小报纸，后将业务拓展到东京。当时的《东京朝日新闻》每天连载两部小说及小木版印刷的插图，并在战争报道方面投入了大量精力。在甲午战争初期就往朝鲜派遣了54名特别记者。1894年8月1日中日宣战后，该报出现了7幅与战争有关的战舰"靖远号的插图"。其8月10日副刊刊登的是"朝鲜丰岛附近战役"（山本芳翠画、生巧馆照片木版）插图；8月18日副刊刊登的是"1874年8月5日我军士兵凯旋"插图。早在开战前，该报就在6月16日的副刊整版刊登了"朝鲜京城图""朝鲜陆军兵列队图"等4幅图，这是日本近代报纸

---

① Hugh Cortazzi, *Georges Bigot and Japan*, *1882 – 1889: Satirist*, *Illustrator and Artist Extraordinaire*, eds. by Christian Polak and Hugh Cortazzi. Amsterdam: Amsterdam University Press, 2018.

首次使用网眼铜版制版印刷照片。这几幅照片不是在轮转印刷机上印制的，而是用平台印刷机花了好几天时间印制出来的，做成报纸别册副刊的形式。用轮转印刷机印刷的《朝日新闻》报纸本刊则图版很少，给人一种朴素的印象。

1894年9月后，大阪和东京的《朝日新闻》向前线共派遣了近20名特派报道员。这是日本报社派出战地记者最多的一次，同时在增刊版面上刊登了特报。然而，他们在刊登费时费力又费钱的照片时，总体上并不太积极。《时事新报》虽然没有用网眼铜版制版印刷照片，但派出了由西洋画画家浅井忠和安西直藏、摄影师浅井魁组成的"画报队"，刊登了许多描绘朝鲜和辽东战场的图版，澎湖岛战役时也让"画报员"高岛信随军。

《国民新闻》是由德富苏峰创办的，他将其定位为实行平民主义、国民中坚应读的"特立独行的插画附假名大报"，介于小报和大报之间的"中报"。他认为报纸既是"可读之物"，也是"可看之物"，因此大量使用插图，在汉字上标注读音和假名。在1890年2月创刊之际，德富苏峰把聘请素描"天下第一"的久保田米仙视为该报"第一要务"，并为他提供了最高的员工月薪。[1] 米仙画风的特征是"和洋折中"式的写实日本画。他在进入《国民新闻》之前就参与过新闻传播活动，曾向《我乐多珍报》提供西洋画风格的漫画讽刺画——庞奇画（ポンチ絵）[2]，又为《京都绘入新闻》提供浮世绘风格的插图。他也是"历史画"的先驱，很早就关注了西方的现实主义绘画。

甲午战争时期，《国民新闻》的发行量还很小，印刷工作外包给了集英社。由于集英社使用的是平板印刷机，虽然印刷速度很慢，但在图版印制方面很出色。在这样的印刷条件下，米仙和跟随他进入该社的儿子米斋与金仙得以在《国民新闻》上大展拳脚。1894年8月1日，中日宣战，明治天皇颁布宣战诏书，但实质性的战事始于7月23日日本军队袭击汉城的王宫并

---

[1] 德富猪一郎『蘇峰自伝』中央公論社、1935年；有山輝雄『徳富蘇峰と国民新聞』吉川弘文館、1992年。

[2] 即西洋风格讽刺画 punch 画。

扣留国王之时。米仙、米斋父子则于 6 月 12 日离开东京前往朝鲜。

从那时起，"米仙入韩画报""米仙朝鲜京城画报""米仙画报"系列开始在《国民新闻》上刊行。7 月下旬，米仙暂时回国，而米斋的"京城画报""从军画报"则填补了 8 月和 9 月上旬的专栏空缺。平壤之战时，只有米斋随军。从 11 月 9 日至 12 月末，跟随第二军作画的金仙在该报上连载"金仙从军画报"。1895 年 2 月 9 日至 3 月下旬，则继之以米斋描绘山东作战的"米斋画报"专栏。

从 1894 年 6 月初第一支混成旅团抵达朝鲜，到次年初春进攻山东半岛的威海卫，久保田米仙、米斋和金仙父子对战争的报道几乎不曾间断，给明治日本的读者留下了深刻的印象，是当时其他报纸无法比拟的。与《东京朝日新闻》相比，《国民新闻》通过使用压倒性的插图量和米斋父子的高质量素描插图，成功地提供了非常有吸引力的版面，大大提高了报纸的发行量。

日本学者福永知代对刊登在报纸上的系列画作共 149 幅进行了分类，其中"战斗场面"13 幅（8.7%），"行军、营地、战斗结束后的战场"52 幅（34.9%），而"名胜古迹、风景、建筑、风俗习俗"79 幅（53.0%）。其结果是对战斗的描写很少，倒是"很多关于士兵们的生活状况和大陆上稀有的风物等"，他认为是"从军画工们很难有近距离观察实战情况的机会"。[①]

福永知代还认为，隶属司令部的随军摄影师和画工从后方观看战斗，虽然能画"行军、营地、战斗结束后的战场"和"名胜古迹、风景、建筑、风俗习俗"的"写生画"，但很难看到真正的"战斗场面"。在专栏"米仙画报"仅有的极少数"战斗场面"，也都是根据战役结束得到的信息补充画成的，并不是战地的实时速绘。从功能上看，以截景的方式描绘风景及人物与照片近似，还可以比照片更清晰地描绘与表达细节，增加说明性要素。画"战斗场面"的时候，可以说接近于描绘事件和动作的"锦画"。对于《国

---

① 福永知代「久保田米僊の画業に関する基礎的研究（2）久保田米僊と日清戦争—『国民新聞』におけるルポルタージュを中心に」『お茶の水女子大学人文科学紀要』（57）、2004 年 3 月。

民新闻》来说，画工从军的意义不在于"战斗场面"，因为即使在后方也可以通过收集信息完成补充性绘制，而在于"行军、营地、战斗结束后的战场"和"名胜古迹、风景、建筑、风俗习俗"等只能在现场速绘。久保田父子并不是日本的画家和艺术家，作为画工，他们的作用类似于一种弥补当时摄影技术缺陷的"人形照相机"。当然，久保田父子为了配合德富苏峰的营销策略，不仅为报纸绘制插图，还为单独刊行的副刊画大尺寸的战斗图，为民友社出版的书籍绘制插图。他们还在大仓书店出版了《日清战斗画报》（11 册），并被委托绘制真实的日本战争插图。插图和照片一样，都是事后重新绘制的。与照片不同的是，插图会根据环境和需求而改变。

在仙台出版的《东北新闻》，社长是兼任松田活版印刷所所长的松田常吉。除主笔藤原爱之助外，还有 5 名编辑部成员；除画工部成员三日月耕年，木版雕刻部成员洞ケ洼源助、内崎清外，还有随军记者樱田孝治郎和随军画工杉原鼓泽。

参与甲午战争的仙台地方师团是第二师。该师团司令部，步兵第三旅司令部，步兵第四团和步兵第十七连队，炮兵、骑兵、工兵、辎重兵等单位都常驻该市。当地的《东北新闻》致力于地方报道，刊登了士兵和军夫的书信，并报道了樱田跟随第二师团参加的山东、辽东战役。辽东战役结束后，第二师团负责侵占辽东半岛（金州、凤凰城等地）及台湾等地。平时报纸上插图不多，但自 1894 年 9 月 25 日第二师团开始动员起，到 9 月底向广岛开拔，插图的数量突然增加了。就报纸而言，最初木版的插图没有署名，是由木版雕刻部择要雕刻的，但从 11 月开始，署名插图出现了，最初是画工部成员三日月耕年的，接着则是随军画工杉原鼓泽的。

三日月耕年是仙台出生的浮世绘画家，师从通俗风俗画名家尾形月耕、大苏芳年。杉原鼓泽则学习过日本画和西洋画（师从高桥由一、山本芳翠），擅长画和洋折中写生画。11 月 3 日的《东北新闻》刊登了三日月耕年绘制的"叱咤山地将军三军前进"。这幅插图完全依靠想象绘制了攻占旅顺的第一师团长"英姿"，属于浮世绘风俗画风格，连日本画特有的云彩也被描绘了出来。久保田米仙等人也画过这样的插图，但三日月耕年只会画日本传统的画，而不画和洋折中的写生画。杉原鼓泽则擅长画和洋折中的写生画，他在《东北新闻》上刊载的插画左下角常常可以看到其罗马字的签名。有时候会署"从军画工鼓泽原画　耕年所写"。也就是说浮世绘画家三日月耕年为了便于木版雕刻，将写生画工杉原鼓泽的西洋画风格原画进行了"缩写"，再由木版雕刻部成员雕刻，经过双重处理。山东作战结束后，杉原鼓泽的写生画就从报纸上消失了，此后该报只刊登三日月耕年靠想象和事后补充信息绘制的浮世绘式战争画。是因为缺乏擅长画素描的画工，还是因为仙台的读者对素描没有兴趣，更喜欢传统绘画，其中的原因并不清楚。除了画工，远藤照相馆的远藤陆郎、远藤宽哉、远藤诚三兄弟和"门生"渡边金太郎、松前真次郎也在仙台留下了两本从跟随乡土部队出征参加山东作战到从台湾"凯旋"的图像记录。①

2. 甲午战争的随军记者

甲午战争对于正处于殖民扩张时期的西方列强来说，是一场引人注目的战争。除了官方需要战争情报，当时方兴未艾的背后由资本或国家经营、推动的各种近代媒体也大肆报道，以迎合日益分化的受众，将他们动员到印刷资本驱动的信息世界及近代民族国家建构事业中来。

为了获得真实的战争情报，日本国内及西方列强都派遣了许多特派员随军，还有平面媒体的记者在近代资讯传播市场需求的驱动下奔赴前线观战与报道。西方国家真正有随军记者是在 1850 年代，主要是在克里米亚战争中出现的英国、法国、土耳其和俄罗斯的观战报道者。如前所述，日本在1874 年出兵侵略台湾时，就有《东京日日新闻》的岸田吟香和《纽约论坛报》的特派记者豪斯及摄影师松崎晋二随军前往。在 1877 年的日本西南战争中，《东京日日新闻》的福地源一郎和《邮便报知新闻》的犬养毅等人也奔赴九州战场。《明治二十七八年战役统计》记载，随军赴日本国外战场的日本新闻记者有 4 名，此外还有 4 名摄影师和 4 名画工同行。此外，各大报纸还向大本营所在地、战争情报集中的广岛和通信据点下关、长崎等地派遣

---

① 　第二師団從軍寫眞師遠藤陸郎編『戰勝国一大紀念帖』遠藤照相館、1895 年；第二師団從軍寫眞師遠藤誠編『征台軍凱旋紀念帖』裳華房、1896 年。

了新闻记者。因此，《朝日新闻》《国民新闻》等热心报道战争的报社甚至在国内外派了 10 名以上的特派员。[①]

除了陆军，也有曾在海军服役的记者，比较有名的如《国民新闻》的国木田哲夫（独步）就曾登上"千代田号"巡洋舰。国木田哲夫以写给同在报社工作的弟弟国木田收二书信的形式，在该报上连载了他的从军记，受到好评，后来就作为单行本出版了《爱弟通讯》。出征的各军司令部、师、混成旅团都有随军记者，其中最早抵达朝鲜的混成第九旅团有多达 32 名随军记者。不久，军方制定了《新闻记者从军守则》（1894 年 8 月中旬）和《国内新闻记者从军须知》（8 月 30 日），对随军记者加以甄选和管控。在军队对随军记者实行严格审核与管控前，估计有比《明治二十七八年战役统计》所计数量更多的新闻记者在朝鲜开展采访活动。

3. 明治日本公开出版甲午战争摄影集、插图史书、幻灯片等主要文本情况

可以说，日本明治后期近代新闻媒体的发展过程与对甲午战争的报道密切相关，后者促进了中央大报与地方小报的共同繁荣，前者则以传统的精英时事评论、来自欧美的"新闻报道"形式及地方"小报"接近生活世界的八卦、连载传奇、社区通信等旧传媒取向，共同构成了有关甲午战争和文世界官、私史叙的文本来源。既各有脉络与侧重，却又复调同奏，共同参与了对民众"历史常识"的构建过程。其中，图像媒介显然起到了前所未有的重要作用。下面就对明治日本公刊甲午战争摄影集、插图史书等知见书目做一个简单梳理与概述。

摄影集。笔者对明治日本公开出版的甲午战争摄影集略做了梳理。本书附录二对其中的 39 种开列了收图情况及影集概况，以便读者了解具体情况。

插图史书。（1）1894 年 11 月，菅谷与吉（寒英居士）编《日清战争画谈》，东京日吉堂出版，龙云堂印刷。1894 年 11 月 14 日印刷，19 日发行，共 27 页。收 16 幅描绘甲午战争场景的锦绘，每幅皆有和文标题，占两对页，各配有两页左右带标题的和文图画内容说明。

---

① 参见大谷正『日清戰爭——近代日本初の對外戰爭の實像』、156-157 頁。

（2）1894 年 11 月，服部百禄《日清战争图会》，东京服部百禄刊本，收 14 幅描绘甲午战争历史的木板插图画。每幅图画都有汉字和文标题，分别为《大鸟公使谈判之图》《京城小战之图》《丰岛海战之图》《松崎大尉勇战之图》《我军京城凯旋之图》《牙山占领之图》《广岛大本营御到着图》《威海卫炮击图》《平壤大战之图》《大本营之图》《九连城乘取图》《凤凰城逃走图》《海洋岛大激战之图》《金州城我军大胜利》。这一图册在甲午战争还没结束的时候就已经刊行，形式上以图片主题连缀说明"战史"，突出日军取胜的战例战役，使得"战争历史"变成一个个事件单元的连缀，按时序排列，发生在不同的空间，又具有"势如破竹"的发展方向感。作为以图像来"叙史"的形式特征之一，这在当时日本非官方出版物中是十分典型的。

（3）1894 年 9 月，鸟井正之助编兼发行《查找日清战争画》（日清戦争画さがし），大阪鸟井正英堂 1894 年 9 月 20 日发行，9 月 24 日印刷，收入甲午战争主题木板插图画 30 幅。此书为解密游戏性质的甲午战史普及读物，所收 30 幅甲午战争主题插图皆内藏一件物品作为谜底，由读者寻找，卷末公布答案。此书卷首有编者鸟井正之助所写绪言，言明是编主要是为了使日本当时的"少年诸君"可以了解正在进行的"日清战争"（即甲午战争），以趣味性振奋、激励少年人的"忠君爱国"之心。卷首列日本陆军参谋本部编纂课编辑官横井忠直著《讨清军歌》4 首，汉字部分标注振假名（注音假名）。该书正文 30 页，每页分上下栏：上栏为对战争具体战役及与战争相关的价值观如"文明与野蛮""义勇奉公的心"，知识如"军器"、战争赔款"凯旋与偿金"，战后评价"称赞与讥谤"等的文字解说，以和文书写，汉字都配有注音假名；下栏为插画，每图皆有和文标题，有人物、时间、相关知识等不同类别。作为以叙述甲午战史构建国民常识的"普及读物"，此书的形式很有代表性，主要特点有汉字皆标注音假名、设置游戏、用口语体解释与宣传意识形态。其叙史形式与前述纯图史类出版物相似，都是以图片连缀史事。不同之处在于，这种读物并未完全按时间顺序，以叙述事件为经纬贯穿全篇，而是加入了与战争相关的历史人物、器物、意识形态、价值观解释等知识内容，构成了一个比较复杂的围绕叙述战史展开的知识聚合体。这是明治日本非官方甲午战史的另一个形式特征。"战史"这种知识类型正是以知识聚合体的形式进入现代国家国民常识的。

除了以上几种不同类型的非官方图像战史，当时日本还出版了非常多锦绘集与连续出版的战争画报。其中比较重要的有 1894 年 10 月至 1895 年 1 月久保田米仙、米斋、金仙父子三人所画《日清战斗画报》，共 6 编，由东京大仓保五郎的大仓书店发行出版。这份战斗画报所收图画为全彩图片，每图有英文标题、汉文标题及和文内容简介。每册卷首有汉文题字，卷末有对此册所涉战事的和文文字叙述，其中汉字都标注振假名，篇幅在 16、17 页，并附此战地形图于文末。这种形式在当时日本出版的关于甲午战争的连续出版物"战斗画报"中比较典型。同类的出版物还有 1894 年 9 月山崎晓三郎编辑、东京国华堂发行的《日清战争画报：日本国民之记念》，1894 年 11 月多田省轩编辑的《日清战争画报》等。不过两者都是单册出版物，并且后者文字多于插图，实际上已属于插图注音和文战史的范畴了。

除了这些出版物，当时日本还出版了很多可以公开放映的以甲午战争为主题的幻灯片，并将幻灯片内容结集印刷出版，成为一种普及读物。如 1894 年 11 月，服部喜太郎编《日清战争大幻灯会》，东京求光阁出版；1894 年 10 月至 11 月，堀本栅述、后藤芳景画《日清战争幻灯会》正续编，东京蓝外堂出版发行。同时还有一些幻灯片演出的脚本出版，如 1894 年 12 月青木辅清（都舍东江）著《日清战争幻灯演剧筋书》由东京幻灯器械及映画制造所发行，1895 年 4 月柴田末夫（西陲逸人）著《日清战争高等幻灯映画说明书》由东京"帝国征清馆"出版发行等。

二　战地日记与书信

甲午战争从开战到台湾被占领，日本共动员了 24 万民众，其中有 17 万人被派往朝鲜、辽东和台湾战场。这些被送上战场的人，有很多把自己在军中的见闻写成了从军日记。根据藤井忠俊、大谷正、细渊清贵、原田敬一等人的相关研究，发现这些日记有"起笔""搁笔"起止时间点清

晰、只记录战事期间的事情、大多数是以战场手记为基础回来后经过重新
编写等特点。① 如安达桂松《征伐支那阵前日志》在 11 月 13 日有重复的
记载，并有校对的痕迹。此外，在如海野钏吉《日清交战从军日记集》、
小野六藏《从军日记》、渡边重纲《征清纪行》等许多随军日记中，可以
看到宣战诏书等诏谕文书。这些随军日记与其说是战争时期直接写下来
的，不如说是战后誊写笔记等素材的叙史写作，都经过一番整理和删改。

　　甲午战争时期日本随军日记的主人大多数是常备兵。按照明治日本的征
兵制规定，年满 20 周岁即为征兵对象。作为常备兵役，有 3 年现役和 4 年
预备役，共计 7 年的服役年限。在常备兵役结束后，还有 5 年后备兵役，总
共被征兵制约束 12 年。在这种框架下，甲午战争时日本动员士兵约 24 万
人，作为外征军被派往战地的有 174017 名，其中士兵为 151842 人，现役
70015 人、预备役 53491 人、后备役 28336 人。也就是说，外征军的大部分
（123506 人）为 20 岁至 26 岁。细渊清贵根据《日本帝国统计年鉴》1880—
1882 年对 6 岁到 14 岁全国男学生"入学率"的汇总统计及 1891—1893 年
应征入伍的新兵教育规范，考察了甲午战争时期这些常备兵的读写能力。按
照学制，他们 6 岁起可以上小学，受下等教育 4 年，上等教育 4 年，共 8 年
小学的教育。如果甲午战争参军的士兵大部分是常备兵，那么常备兵最年长
的上学的时间是 1873 年（满 26 岁），最年轻的上学的时间是 1880 年（满
20 岁）。因此，在 1880 年、1881 年，小学内都有后来作为常备兵参加甲午
战争的学生。在各个年龄段的学龄人口中，有不到六成的男学生就学。如
果将这一比例与甲午战争时的日本士兵人数匹配，则意味着明治时期大约
有 7.4 万名这批士兵上学接受教育。另外约 5 万名没有上过学，估计是没
有受过教育或自己学会了写作。假设没有受过学校教育是没有识字能力的，
那么大约有 5 万名士兵没有能力写随军日记。并且，从随军日记的记载来

① 藤井忠俊『兵たちの戦争：手紙・日記・体験記を読み解く』朝日新聞出版、2000 年；大谷正『兵士と軍夫の日清戦争：戦場からの手紙をよむ』；細淵清貴「日清戦争従軍日記の特色に関する一考察」『人間文化』（26）、2009 年 11 月；原田敬一「軍夫の日清戦争」東アジア近代史学会編『日清戦争と東アジア世界の変容』下巻、ゆまに書房、1997 年。

看，可以判断其作者需要有相当的文采和教养。如果把"高等小学学科毕业者"和"同等学力认可者"作为士兵教育水平的最大值，就可以知道，能够读写的士兵只占这批士兵的不到一成。如果这些人有能力写随军日记，这个数值适用参战士兵，在 151842 名士兵中，大约有 2 万人能写随军日记。即使包括"同等学力者"在内，也只有大约 45% 的士兵，即大约 6.8 万名士兵能够书写。换句话说，甲午战争中服役的日本士兵，只有 40%—60% 的人有能力写随军日记。①

从这些随军日记的写作序言中，可以归纳出几点它们共同的写作动机：把参战体验传给子孙后世，向知交好友等生活社交圈传达战争体会，作为自己个人的从军纪念。可见，甲午战争使许多日本士兵进入战争的特殊环境，他们想把自己在远离日常生活世界里的经历作为随军日记传达给子孙后世和众人。可以说，编纂随军日记的日本士兵多少有点期待别人阅读。从这三点可以看出甲午战争随军日记是一个特殊的文本，它们是由少数具有读写能力的日本士兵所记录的"日记主人个人的"甲午战争史。

1894 年 10 月 14 日的《东北新闻》刊登了一则《禀告从军者》的告示，向前线的士兵、军夫的家属征集战地来信。同时，如果随军人员向报社发送寄给亲朋故旧的信件，报社登载后将原信返还，或将其转发给指定收信人，邮费由报社负担。实际上，甲午战争时期，日本民众向报纸投稿十分盛行，而报社方面为了弥补专业写作者的不足，对于刊登民众来稿也非常积极。投稿人以此为契机，有可能成为报纸的一名记者甚至小说家。把战场信件寄送报社成为一种盛行的投稿形式。虽然东京、大阪等地的大报也时有采用，但战地来信对于地方报纸来说则更为重要，甚至有决定性作用。明治时期的日本报纸一般只有 4 页，也就是一整张纸两折，正反双面印刷。当时排版的基本风格是，在第 1 版和第 2 版用评论国内外的政治、经济新闻来填充；第 3 版是社会版，有时会连载小说；第 4 版则用来刊登广告。中央大报为了进行战时报道，发行了增页（6—8 页）和号外，延续到战后，便逐渐有了固定

---

① 細淵清貴「日清戦争従軍日記の特色に関する一考察」『人間文化』（26）、2009 年 11 月。

增加篇幅的倾向。但地方报纸就很难效仿。实际上，由于资本实力和印刷能力存在差距，地方报纸的编辑人员少，在各地能提供报道的通讯社不发达，所以原本就很难确保有足够的新闻和广告来填补每天的版面。甲午战争开始后，要往遥远的战场送随军记者也很困难。即使能送，最多也是一名。因此，征集来自战场的信件，是一种满足地方报纸读者需求的捷径。既可以弥补一般战争信息的不足，也可以在版面上反映本乡士兵的真实心声。虽然每个士兵的经历都是片断的，叙述方法也多是模式化的，但对于熟人和同乡的读者来说，似乎比通讯员的报道更容易亲近。

《东北新闻》本来规定这些战地来信可以匿名投稿，但士兵们争相寄来记载了本人姓名、出生地、作战地的信件，很少匿名，因为刊登实名信件对士兵来说，就像是向家人、熟人报平安的信件。除了《东北新闻》，《奥羽日日新闻》也刊登了大量战地来信。①

因此，在甲午战争期间，日本的地方报纸刊登战地来信是很普遍的现象。可以说，这些出于个体经验视角的文本和叙事，向明治日本各地的民众传递了战争的体验。也就是说，地方小报向民众传达的"战争"是由个体经验编织起来的，相比于大报完整、宏大、因果链条明确、线索清晰的国家史叙，这类叙事构成了战争的个体史。它们的特点是片断、细节和事实的点状分布。与事后通过阅读国家史叙及报刊评论，并据此加以改编、删改而成的随军日记相比，战地来信构成了明治日本对于甲午战争的另一种历史叙述。

三 构建国民历史常识的游艺形式

甲午战争后，日本除了以官修海陆军战争专史、民间私修史传等正式史志形式对战争进行"叙史"，赋予其"内在一致性"与"历史的贯通性"，也以照片、浮世绘、漫画、幻灯片等图像形式建构与填充史传所缺失的具体"历史场景"。战争的图像叙史通过中央大报与地方小报等近代媒体在日本迅速传播开来，除了进入经官方文教机制标准化过的国家历史知识谱系，也

---

① 参见大谷正《甲午战争》，刘峰译，社会科学文献出版社，2019，第156—157页。

进入了明治日本民众关于东亚环境及国际战争等的常识。当时构筑这类常识性知识的除了战争的图像，还有游戏文案、人偶玩具、庶民戏剧等大众游艺形式。

明治初期的学校教育中并没有积极引入游戏。从 1876 年的《童女荃》开始，日本就开始关注国外的学校游戏。不过，主要是讨论其教育意义，对于游戏在学校课程中的定位及如何实际操作落实，都没有明确而详细的解释说明。在 1891 年的《小学教则大纲》中，说明"体操要使身体的成长匀称，才能健康"，体操科的指导目标是："一开始适当地进行游戏，其次增加普通体操，要向男子汉提供兵式体操。"学校体育教育以普通体操和瑞典体操为主，关于游戏的功能，则仅限于引导不能充分完成体操的低年级儿童。到明治后期，学校游戏被正式引入日本的小学，其中就有战争游戏。有关战争游戏，当时就有"战斗游戏""拟战""军玩"等诸多名称。随着学校游戏的兴盛，战争游戏的影响力不断增强，其背后体现了当时日本民众为甲午战争胜利而狂热沸腾的社会状况。[1]

1901 年，富永岩太郎在其出版的《教育性游戏的原理及实际》中将游戏整体分为"抓鬼类""户外行进类""用器竞争类""徒手竞争类""智性竞争类""战争游戏类"等类型。[2] 不过，在大多数游戏书中，战争游戏并没有作为分类项目独立出来。战争游戏大致可分为模仿军人的模仿游戏和模仿战争、以某种方式决出胜负的竞争游戏。以戴着玩具军刀和军衔等行进的士兵游戏，属于纯粹的模仿游戏。在 1901 年大田才次郎编的《日本儿童游戏集》[3] 中，他描述了战争模仿游戏的一个实例，数十名儿童聚集在一起，将杉树皮样的东西装好，在上面贴张纸，用金纸或银纸贴成细条状，就像一顶尉官或校官的帽子，派一名侦察兵视察靶子的情况，频繁打斗，窥探靶子的空隙，在号令下开竹枪，突击擒敌，以被擒兵的多少来决定胜负。这个游

① 西尾林太郎「碑・玩具・版画に表現され、記録された日清戦争」『現代社会研究科研究報告』1 号、2006 年。
② 富永岩太郎『教育の遊戯の原理及実際』同文館、1901 年。
③ 大田才次郎編『日本兒童遊戯集』平凡社、1901 年。

戏叫作“士兵游戏”。

明治日本自1885年出版《西洋户外游戏法》开始,[①] 连续出版了好几本游戏书籍。其中一位编者坪井玄道[②]在1878年是文部省直属的体操传习所的成员。以1886年出版广濑伊三郎编的《简易游戏法》为开端,[③] 仅体操传习所毕业生就出版了7本手绘游戏书。此后，游戏书的发行一度减少，到明治20年代后半期又再次增加。战争游戏发生重大变化是在甲午战争之后。1893年之前，在总结学校现场教育的《游戏法》中只有少量的战争游戏，而1895年后出版的游戏书中则收入了相当数量的战争游戏，并且这一时期的战争游戏与游戏书中看到的战争游戏有了质的不同。

甲午战争后立即出版的前野关一郎编《新撰游戏全书》就以“陆军拟战”和“海军拟战”开篇。[④]“陆军拟战”是一种回合制的抢人游戏，在规则上没有什么新奇之处，但在模仿军队（队长、士兵的角色，第一和第二游击队的设定，野战医院的设定和军乐队等）方面，它比以前的游戏更接近现实。“海军拟战”是将多名儿童编成纵队，由军舰和水雷部队组成舰队，军舰和水雷舰可以自由移动，双方分别挑战，然后分出胜负。在其他游戏书中也有这个游戏的各种变体。

1896年出版的《新案海军游戏法》是在海军相关人员的协助下为了“培养儿童海军思想”而编写的。[⑤] 这里记载的“海军游戏”从海军的组织到对各种战斗的解说，详细附载各种游戏方法，是很复杂的战争游戏书之一。虽然目前学界尚不清楚有多少一线教师阅读了这本书，但值得关注的是，这本书与之前不同，并非出自体操游戏专家或师范学校附属学校教师之手，而是一部在当时追求尚武的风气下，出自日本军部意识形态的游戏指导书。

甲午战争还未结束时，以这场战争为题材的“征清象棋”“征清大胜利

① 下村泰大編『西洋戸外遊戯法』泰盛館、1885年。
② 坪井玄道・田中盛業編『戸外遊戯法：一名戸外運動法』金港堂、1885年。
③ 広瀬伊三郎編『簡易遊戯法』柳旦堂、1886年。
④ 前野関一郎編『新撰遊戯全書』熊谷久栄堂、1895年、1-10頁。
⑤ 西主一・野本衛佐美『新案海軍遊戯法』同文館、1896年、1頁。

双六"等游戏就开始在日本流行起来。笔名"车江居士"的大阪府士族矶崎嘉行不仅编著了战史《海军大捷征清战史》，还编写了"征清大胜利双六"游戏的指南《征清大胜利双六图解》，[①] 于 1894 年 12 月在大阪出版发行。此书共 27 页，其实没有图片，所谓"图解"，乃是以事件为经纬对从东学党起义至 1894 年日军占领旅顺的重要事件、战役及专用名词做解释式简介，按时间排序，为对战争不熟悉的游戏者提供参考。因此，串联起来可以视之为一部极简战史。《征清大胜利双六图解》记录的各次事件为：

> 大元帅陛下亲征、东学党动乱、清兵出师、皇军进发、公使谈判、（朝鲜）京城之战、朝鲜政府的改革、丰岛之战、高升号的沉没、成欢之战、牙山之战、凯旋回（朝鲜）京、宣战诏敕、攻击威海卫、国民的义勇、国人的欢喜、广岛大本营、平壤之战、健卒当先攻城、吊唁阵亡勇将的亡灵、皇太子殿下的孝德、临时帝国议会、满洲骑兵、清兵俘虏、黄海海战、西京丸号的奋战、赤城舰的勇战、陆海两将军、皇军的仁侠、日韩盟约、进攻九连城、占领旅顺口、北京城、大元帅陛下的凯旋。

明治时期以甲午战争的胜利为契机，战争游戏开始在学校教育中普及起来，这体现了当时日本社会的整体走势。当时引导人们选择战争游戏这种形式的，其实并不是教育系统的文部省通过主导学校去实现的，而是军方或开始日益倾向民族主义及武力侵略、国家暴力发展道路的精英，以游戏书的形式向社会和民众所做的战争实验与普及。

由于社会因素对学校教育的渗透而形成的战争游戏，最终流到了孩子们的游戏文化中。学校和孩子都经历了之后反复发生的国际战争，逐渐共同参与战争的日常化，共同形成了关于甲午战争及之后一系列国际战争的历史常识性知识。

---

① 車江居士（磯崎嘉行）編『征清大勝利双六図解』早川熊次郎、1894 年。

从明治后期开始，共同构筑日本民众有关甲午战争历史常识的，除了与基础教育联系在一起的战争游戏，还有人偶玩具等。

1894 年 6 月 5 日，朝鲜发生东学党起义，李氏政府为了"平乱"，请求清政府出兵。对此，日本政府让当时暂时回国的驻朝公使大鸟圭介速返汉城。就在同一天，日本陆军第五师接到了动员命令，以该师少将大岛义昌麾下的步兵第九旅（第十一团、第二十一团）为骨干，组成了包括辎重、军火、炮兵等单位的混成旅团，分批向朝鲜进兵。混成第九旅从仁川进入汉城后，护卫大鸟闯入王宫，一边拒绝朝鲜的撤兵要求，一边向其提出改革内政，并否认与清朝中国的宗藩关系等极端要求。自 14 世纪末建立政权开始，李氏朝鲜在政治上一直接纳以明清中国为宗主国的中华秩序。而 1894 年 7 月 22 日，则在日本的武力胁迫下否认清政府出兵之意在"保护属邦"，并要求其迅速撤兵。

然而，大鸟圭介依然强调，李朝的处理是对"保护属邦论"的容忍，因此一味寻找对清开战借口。第二天，即 6 月 21 日，混成旅团根据大鸟的指示包围了朝鲜王宫，以大院君李昰应为傀儡，建立了亲日政权。但是这场政变及之后推行傀儡统治的"甲午更张"，最终并没有得到朝鲜方面的积极配合。因此，大鸟圭介既无法在朝鲜真正推行傀儡政权的统治，又无法让清政府主动向日本开战。两天后，事态迅速发酵，丰岛海战爆发，中日两国迅速正式宣战，进入全面战争。虽然大鸟的强硬姿态出于日本外务大臣陆奥宗光的授意和默许，但对于日本民众来说，他给予了他们作风硬朗的战时外交"英雄"印象。一时之间，有许多版画与照片开始以他的形象为主角来叙述这段历史。同时，也出现了大鸟的土人偶。

在日本，从江户时代到明治时代，全国各地都有生产土偶。江户时代三大农学家之一的大藏永常有一部《广益国产考》①，其中有关于这一点的记述。据东京老字号玩偶批发商"吉德"的第 10 代户主山田德兵卫说，其产地在全国有 100 多个。主产地除了京都、博多、名古屋，多为农村。

---

① 大藏永常述『広益国産考』文栄堂、1844 年。

土偶的制法是将土揉捏，放入模子中成型，再烧成素烧，涂上胡粉上色。在江户时代，土偶大致可分为天神、保姆、雏等三月节物和金时、鲷鱼抱人偶、武士人偶等五月节物两大类，用于辟邪、祈求出世、开运的同时，也作为玩物、装饰品受到市场欢迎。但是，到了明治时代，以镇台（官兵的意思）为代表的"迎合时代的做法"开始出现，土偶表现的素材变得多样化起来。大鸟圭介的土偶应该也是这种"多样化"的产物。不过在日俄战争前，以土偶表现特定人物的例子很少。正因为如此，甲午战争推动了大鸟圭介土偶的出现，说明他在当时日本民众心目中是个"英雄"的形象。

丰岛海战 4 天后，日本混成第九旅在牙山和成欢驿打败清军，控制了朝鲜半岛南部。就这样，日本方面在陆地和海洋上都告捷。在这两场胜仗中，诞生了当时在日本脍炙人口的一些"英雄"，木口小平就是其中之一。据传闻，7 月 28 日夜半，日军第二十一团第十二连在风雨泥泞中行军遭到清军的伏击，陷入苦战，身为号手的木口小平身中炮弹，仍坚持吹响冲锋号，至死不放。

一开始，这个"垂死的号手"被认为是混成旅团的白神源次郎，之后才被陆军省修改为木口。不管真相如何，这个故事被作为"忠勇佳话"，得到当时日本国民的广泛接受。"子弹穿过咽喉，热血器官溢出，但喇叭不放，紧握着，左手拄着村田枪"的歌词，随着军歌《军号之声》四处传唱，又被收入修身教科书。甲午战争后，这个"英雄"被塑成了土偶，和军歌、修身课本上的文章一起成为构建日本甲午战争"忠勇佳话"的媒介。

从明治 20 年代到 30 年代，日本制作了大量"喇叭手"的土偶和扛着太阳旗的"骑马镇台""持旗镇台"等军官土偶。这类土偶助长了日本民众侵略的气焰及对清朝的蔑视感。明治日本国民对敌人的蔑视感也因此被土偶具象化并广泛传播开来。此外，明治天皇将大本营推至广岛，亲自督战，逐渐在国民中塑造起了军人天皇的形象，这也相应地催生了许多较为大型的同主题土偶。

继混成旅团第五师之后，先是 1894 年 8 月 14 日以名古屋镇台（管辖静

冈、爱知、岐阜、三重等东海 4 县和富山、石川、福井等北陆 3 县）7 个县
的青年男子为主力组成了第三师，在 1895 年 8 月下旬至 9 月中旬到达朝鲜
战场。另外，以上校佐藤正率领的步兵第十八团为骨干，加上炮兵、工兵、
骑兵、卫生各队也组成了一个支队。这支部队在 8 月 25—28 日从广岛市宇
品出发，于 12 月 27—30 日在朝鲜半岛日本海一侧的门户元山完成登陆，这
支部队也因此而得名"元山支队"。最后，步兵第六团在 9 月 9—20 日也登
陆了元山。至此，朝鲜半岛南部及汉城就被先到的混成旅第五师团基本控
制，而赴朝的中国陆军主力此时也已在平壤集结完毕。

平壤是朝鲜半岛北部的军事要冲，有高达 10 米的坚固城墙，西南又有
大同江为屏。清军在平壤的军事部署为卫汝贵麾下盛字军 6000 余人，马玉
昆的毅字军 2000 余人，左宝贵的奉军 3500 余人，以及之前从牙山、成欢驿
战场突围而出的 3000 余人，总兵力约 1.5 万人，由叶志超统领作战。日军
的总兵力为 1.2 万人，于 9 月 15 日对平壤发动总攻击。在第三师团的 4 个
团中，只有以步兵第十八团为基干的元山支队率先到达，并在第五师团的指
挥下参与作战。9 月 13 日，元山支队抵达平壤附近的顺安，但军粮不足，
只余两天的干粮。

清军在平壤的防守十分顽强。日军于 15 日零时发起总攻，但负责正面
进攻的大岛旅团未能攻下平壤城内的清军阵地，被迫溃逃。西面作战的第五
师团主力被击败，没有完成其预定的进攻目标。在这种情况下，立见旅和元
山支队发动强攻，其中第十八步兵团中尉三村带领的小队攻开了平壤的玄武
门。《步兵第十八连队史》记载：

> （三村）中尉和部下一齐跑上门楼……遭到了猛烈的狙击。中尉的
> 一队人终于躲到楼上的低檐下，挡住了敌人的子弹。清军是 5 连发枪，
> 我方是单发，而且所带弹药（每人）是 75 发，这样下去很危险。13 人
> 经过苦战进入城内。有人负伤。这时，原田重吉和太田政吉一等卒，听
> 了三村中尉的命令，跑到门边把堆石都推走，两人把手牢牢放在门上。
> 原田一等卒双手双脚放在锁上，用尽全身的力气拉扯，等到打开城门已

是上午七点半。此后的 1 个多小时中，十多名官兵在清军的密集炮火下孤立无援，滞留于玄武门下。①

在这一历史叙述中，又出现了一个日本民众的"英雄"——原田重吉。原田因这一功绩被授予 7 级金鸡勋章，此后作为"玄武门第一人"的勇士为日本民众所铭记。当时日本的许多版画描绘了其形象，他的故事还被编成了戏剧。

就版画而言，基本采用套色印刷，内容大多是想象出来的画面。如标题为《原田重吉攀登城墙》（城壁をよじ登る原田重吉）的版画，是由居住在名古屋市南园町的山田猪三郎制作并发售的，他从来没有去过战场，而那场战役也没有任何现场照片，因此画面只能是依靠作者脑中所想来绘制的了。

此外，在明治中后期因鼓吹自由民权运动而声名显赫的川上音二郎开了战争戏剧的先河。他于 1894 年 8 月在东京浅草座上演了《壮绝快绝日清战争》，此后战争戏剧便迅速流行起来。其中，《攀上玄武门城头的第一人》（玄武門一番乗り）成为甲午战争剧中最受欢迎的剧目之一。在东京的新富座，原田自己也曾以演员的身份登场，饰演"原田一等卒"。"英雄"的这一举动引起了军队和民众的不快。原田本是居住在"爱知县三河国东加茂郡丰荣村"的农民，有一妻一子，一家三口靠薄田几亩度日，生活很拮据。退伍几年后，他发现自己写的字受到了人们的追捧，于是就写了很多字来卖。同样是"英雄"，战死的木口小平则被载入修身教科书，成为明治日本国民永远的"英雄"。相比之下，原田的境遇十分不同，到日俄战争时期，他的社会影响迅速衰落了。② 民众需要的是一个民族主义、暴力英雄的永恒化身，而不是与他们一样困顿于日常生活的普通参军农夫。他们显然无法接受在生活世界的日常体验里去审视和评价一场炫目的

---

① 兵東政夫『歩兵第十八連隊史』歩兵十八連隊史刊行会、1964 年、46 頁。
② 西尾林太郎「碑・玩具・版画に表現され、記録された日清戦争：新たな教材と資料を求めて」『現代社会研究科研究報告』第 1 号、2006 年。

战争。对于甲午战争之后的日本官、私史叙来说，无论是由官方主持修撰还是民间针对出版、传播市场的制作，他们都将战争的历史与民众的日常生活隔绝开来，试图依靠对"历史场景"的想象征用受众的视觉、听觉等感受，并通过游戏来规训民众的社会活动体验，借此营造人们对于"战争"的常识。

四　学校体系中使用的教材、普及读物

自 1872 年明治政府颁布日本近代史上第一个体系完备的教育法令——《学制》开始，支撑其学校教育制度的意识形态就是民族主义，即那种寻求国家统一和民族独立的思想潮流。到日本经过甲午战争这一"民族国家"前所未有的胜利体验之后，它又经历了一个重大转变。近代学校体制背后原有的那些以成就个人为目的的个人主义与功利主义色彩，被导向了"培养和发展国民的志气"——在弱肉强食的帝国主义国际竞争中以民族国家为单位，求存图强。

在这个教育转折中，日本有关甲午战争的官、私历史叙述通过教科书、教辅、普及读物等迅速进入了学校教育领域。

战后，大日本中学会编印了"陆军教授"依田雄甫的授课讲义《东洋历史》（大日本中学会第十二期第二学级讲义录）。依田雄甫出身东京府的士族，甲午战争前曾任寻常师范学校伦理课教员。[1] 他将"东洋历史"定位为"黄白两人种的消长"，从亚洲的地势、人种的区别开始讲述。他把"东洋"作为一个历史区域单位来进行分期，参照了 1898 年桑原骘藏的《中等东洋史》，将东洋历史分为三期："汉族优势时代""塞外诸族优势时代""欧人东略时代"。第三期"欧人东略时代"一共有四章。前三章分别为"欧人的东略""清国的衰弱""朝鲜"，第四章就是"日清战争"

---

[1] 『官报』第 2882 号、1893 年 2 月 9 日、117 頁。

（甲午战争）。① 在 8 页半的篇幅里面，教员依田雄甫为甲午战争重新确立了"历史进程"轴上的时空坐标。在"东洋"这个区域空间中，它是处于历史发展第三个阶段殿军的一场战争。不言而喻，此战的意义在于将东洋引入西洋政教文明时代。在这一时代，"欧人"代替汉族、塞外诸族（即内陆亚洲民族）成了区域历史发展进程的主导者。甲午战争这场发生在两个国家之间的战争，被重新确立为东洋区域历史发展的时代里程碑式事件，桥接了两种文明——汉文明与西洋基督教文明。

1896 年 7 月，大阪人矶崎嘉行所著教学参考读物《日清伟迹地图：历史科补习用　附·日清战史》（《日清偉蹟地圖：歷史科補習用　附·日清戰史》）出版。全书共 36 页，卷首为一张战史地图——《大日本帝国军队经过地图》，后附全本矶崎嘉行著、岗村增太郎校阅的《日清战史》。这部《日清战史》依时间顺序叙史，正文不分章节，以"冠注"② 标示了如"牙

---

① 该讲义的具体章节、篇幅分布如下：

総論　第一章　東洋歷史の定義　黃白兩人種の消長（1 頁）//第二章　亞細亞の地勢（9 頁）//第三章　人種の區別（4 頁）//第四章　東洋歷史時代の區分（8 頁）

第一期　漢族優勢時代　第一章　周以前の漢土（4 頁）//第二章　周（8 頁）//第三章　上代の制度學藝（8 頁）//第四章　秦　漢楚の爭（16 頁）//第五章　西漢　第一節　西漢の初世（8 頁）/第二節　武帝の經略（1 頁）/第三節　西漢の末路（5 頁）//第六章　東漢　第一節　東漢の初世（2 頁）/第二節　東漢と諸外國との關係（1 頁）/第三節　東漢の末世（7 頁）//第七章　三國（7 頁）

第二期　塞外諸族優勢時代　第一章　西東晋（1 頁）//第二章　五胡　十六國（7 頁）//第三章　南北朝　第一節　南朝（1 頁）/第二節　北朝（2 頁）//第四章　隋（1 頁）//第五章　唐　第一節　唐の略史（7 頁）/第二節　唐の制度文物（15 頁）//第六章　唐と諸外國との關係　第一節　鮮半嶋の諸國（12 頁）/第二節　日本（2 頁）/第三節　渤海（1 頁）/第四节　和韓渤海以外の諸國（1 頁）//第七章　唐代の諸宗敎（1 頁）//第八章　五代　九國（2 頁）//第九章　宋　第一節　北宋　附遼金（2 頁）/第二節　南宋　附金元（5 頁）//第十章　高麗（1 頁）//第十一章　元（5 頁）//第十二章　明（2 頁）//第十三章　日本人の高麗、元、明侵攻（4 頁）//第十四章　豐臣秀吉の征韓　明の滅亡（4 頁）//第十五章　日本と歐米との關係（5 頁）//第十六章　清朝の盛時（2 頁）

第三期　欧人東略時代　第一章　欧人の東略（2 頁）//第二章　清國の衰弱（2 頁）//第三章　朝鮮（2 頁）//第四章　日清戰爭（8 頁半）。

依田雄甫講述『東洋歷史［大日本中學會第十二期第二學級講義錄］』大日本中學會。该书未写明出版年份。

② 日本古籍注释的一种格式，即在页面顶部的空白处——"冠"部写注解，类似中国古籍的"眉批"，只是"冠注"为作者自己所注。

山之战"这样的小段落，并有小字夹注解释战役具体情况、引述日本天皇诏敕等。该书凡例说明了它的用途及定位。根据凡例的说法，该书乃是供日本高等小学校历史科补习用，其中四号活字印的"记事"内容供第二学年使用，五号活字印的解释性"记述"部分供第四学年使用。而它的定位更是非常明确，是为了在家庭及学校中涵养国民精神，养成其"勇往敢为"的群体意识及旺盛的"敌忾的气象"。

1900 年，东京普及舍编辑所编订的《寻常小学校教师用　新编修身教典》出版。在其中的小学修身科目教案中，第二十八课为"松岛舰的水兵"，篇幅为 2 页，设定"本课的主眼"为"告知学生临敌时要具有义勇精神"，教案中提示的"教学上的注意事项"为，"在教本课的时候，应该利用这幅画，让学生知道海军的模式及陆战队员与水兵的区别，并解释由于日本是一个四面环海的国家，所以建立海军具有必要性，并告知学生作为军人必须知道的一些知识"。设定的一些问题为："一、说说松岛舰水兵的忠义。一、此水兵为谁而死。一、汝等成长为军人后，应该思考什么?"这些教学内容显然是以甲午战争的体验为实例，围绕养成军国民行为伦理而展开的。

前文已述及，甲午战争后日本全国出现了"国民教育"的一个新高潮，急需补充中小学教师。而一时之间，各地又无暇迅速建立专门的师范学校以养成人才，加之地方财政状况也不足以资助大规模的师范教育，因此日本开始以"考"补"育"。在全国各府、县举行"检定考试"（资格考试），分科认证甄选"国民教育"教员。1909 年日本教育钻研会编纂出版了《全国小学校教员试验问题及解答》，收入当时日本全国各府县小学教师资格考试的考题，并拟出参考答案以满足投考人的备考需求。在"历史科"下，群马县、福岛县、新潟县及兵库县都有与甲午战争相关的考题。[1] 其中群马县的考题为"概述日清战争的大要"，参考答案下注明"请参考福岛县第三问

---

① 教育研鑚会編『全国小学校教員試験問題及解答』（尋常科　准教員之部）、学海指針社、1909 年、283-387 頁。

的参考答案"；① 福岛县的第三问为"试问明治二十七八年战役的原因及其后果"；② 新潟县第四问为"丰岛冲海战"；③ 兵库县第二问：列举反对"征韩论"者的名字及他们反对的理由。④ 因其为群马县与福岛县通用的参考答案，试译如下：

福岛县

第三问： 试问明治二十七八年战役的原因及其后果。

答案：

欲叙日清之战，必先叙日朝之关系，而日朝关系之大要，皆在《天津会议专条》⑤。明治二十七年东学党起事于朝鲜南部，其势颇为猖獗，而朝政府不能戡乱。清国欲救其属邦之难，乃不顾中日天津之约，恣意遣兵入朝。吾国亦遣兵以护公使馆之侨民，又劝清国与我两国协同改善朝鲜局势。清国未应之，复促我撤兵，又增兵甚于吾国，欲凭此为大。由是，吾国欲独力促朝改革更张。大鸟圭介公使因谒朝鲜王而具奏之，朝鲜王终以斥攘清军之事托我。当其时，清国先以重兵加牙山，又于七月二十五日以清舰护航运输船两艘，驶至丰岛海域，彼舰遽以炮击我舰，遂起衅端。我舰应战而大破之。我在朝陆军旋即亦驱逐牙山之清兵而歼之。由是，天皇颁宣战诏敕于八月初一日，并于东京设大本营，令陆续发兵，以讨清国。旋诏命编成第一军，以陆军中将野津道贯领之，出师朝鲜。清军平壤遭围，左宝贵合牙山败兵而将之，防守颇坚。我军四面合击之，又北进渡鸭绿江而入清国之境，连克九连、凤凰诸城。当是时也，天皇迁大本营至广岛。

既而第二军编成，以陆军大将大山岩将之，拔金州、旅顺之险要，

---

① 『全国小学校教員試験問題及解答』（尋常科　准教員之部）、283 頁。
② 『全国小学校教員試験問題及解答』（尋常科　准教員之部）、287 頁。
③ 『全国小学校教員試験問題及解答』（尋常科　准教員之部）、386 頁。
④ 『全国小学校教員試験問題及解答』（尋常科　准教員之部）、387 頁。
⑤ 此处原文为"日韓關係の大要は既に天津條約の條に之を述べたり"。"天津条约"应指 1885 年 4 月 18 日中日在天津签订的《天津会议专条》。

连克复州、盖平，又会师第一军，斯辽东全境尽归我有。班师凯旋之际分第二军登陆山东半岛，于二十八年二月袭威海卫。我海军借陆军之协力，于黄海击溃清军舰队而获大捷，遂陷威海卫，全歼北洋舰队。于是，欲挥师大举进犯北京。

清国一败于海、再败于陆，终至须求和之境地。然因其使者无和谈之资格，故斥退我国之请。清国旋以李鸿章为全权大臣而赴我国。李鸿章于三月十九日抵马关，数会我全权大臣伊藤博文及陆奥宗光。三月二十四日，我提出休战条约相关之要件。议尚未决，李鸿章忽受一狂汉狙击而负伤。遂动天皇陛下之宸惜，因降特旨，暂许无约休战。继以和谈，至四月十四日，双方签订条约，李鸿章等于即日登轺归国。其停战协议之要点如左：

一、清国应确认朝鲜独立。

一、清国应以赔偿金二亿两付我。

一、清国应割让台湾澎湖及盛京省南部于我。

未几，俄、德、法三国以日本帝国之占领辽东半岛于东洋和平不利，来劝诫我政府还此附地。虽欧美诸国未曾再次尝试干涉此次战役，俄则派遣多艘军舰至中国海，屡屡示威，欲以强势行动阻辽东之割让，而逞此三国干涉之图谋。当其时，我国虽战捷之余势犹盛，然鉴于时局，政府不欲增加事端，经百般斟酌，终于五月十日颁下辽东还附诏书，而为以二千万两赎金代偿。据此条约，台湾就此成为我之领土。

虽两国正式协议已签订，而清国统帅刘永福等仍顽固拒守，频频煽动愚民与我抗争。陆军中将能久亲王遂领兵讨伐，不逾年而平定全土，尔来永沾皇化。

由于我军于此役中连捷，国威因此扬于世界。而向为欧美诸国略抱忌惮之清国，今以其易败亦同样为世界所知。如此观感一旦调换，我国内外多端难事续出而可见矣。①

以上参考答案从 1885 年《天津会议专条》谈起，主要讲述了自 1894 年朝鲜东学党起义，中日构衅开始，至 1895 年日本占领台湾为止的甲午战事始末。不过却淡化了战役过程，主要叙述甲午战争的政治、外交过程及其对东亚及日中两国战后国际地位造成的影响。着眼点在于武力之民族威望的强弱转易，并在此价值观下合理化其出兵朝鲜、入侵中国、侵占他国领土的行为。这些内容作为战后日本充实国民教育教师队伍的资格检定考试之推荐答案，借备考首先进入准教师们的历史常识，随即又在明治日本的学校教育体制之下进入一两代人的常识世界。与前文所述授课讲义、普及补习读物等一起，成为日本近代以暴力开国取向为基础的举国动员机制中重要的一环。

五　民间私修战史与传记

除了陆军参谋本部与海军军令部分别组织编纂的官修战史，明治日本在甲午战争中及战后短期内，还出版了数量庞大的民间私修战史。就体裁而言，这些私修史总体上可以分为以"事"为中心的史志和以"人"为中心的传记两大类。以"事"为中心的史志又有甲午战争专史及一般通史的区别，而后者是将这场战争置于根据各种"相关性"串联起来，并建立了某种"连续性"的整体性历史进程，为其确立一个具体的时空与意义的坐标中展开的。

1895 年 6 月，东京的岩岩堂出版了《万朝报》记者三木爱花（贞一）编的《日清太平记》。②

三木爱花，本名三木贞一，曾用笔名三木情仙，1861 年生于上总国（今属千叶县）大网町，师从佐仓旧儒臣、江户末明治初的名士田中轩（从

---

① 参见『全国小学校教員試験問題及解答』（尋常科　准教員之部）、291-294 頁。
② 三木愛花（貞一）編『日清太平記』（正編、後編）、巌々堂、1895 年。

吾轩），与他一起校订注释过"忽来道人"所著《续水浒传》。① 其曾任《朝野新闻》《东京公论》等报纸记者，随后进入《万朝报》任职至 1923 年。又因在相扑杂志上撰写报道而广为人知。三木同时是一名将棋通，开了在日本报纸上设立"象棋专栏"的先河。1898 年 1 月 1 日，在他的提议下，《万朝报》首次在报纸上刊登将棋棋谱，并策划了棋战。三木爱花晚年在逗子开成中学担任汉文讲师，于 1932 年去世。②

三木爱花在 19 世纪末出版了许多通俗文学作品，如小说《东都仙洞绮话》（1883）、戏文《情天比翼缘》（1884）及社会讽刺小说《社会假妆舞：百鬼夜行》③（1887）等。

这些作品大多带有注音假名。随着明治日本进入印刷资本时代，近代出版与传播业急速发展，并逐渐向原来无汉字汉文、英文等外语读写能力的群体开放。在报刊、布告、翻译小说等近代流行的民众读物上开始流行注音假名，并出现了注音假名印刷活字。④ 同样，三木爱花在这部 1894 年所著的《日清太平记》中也对汉字部分使用了注音假名，这在当时日本众多有关甲午战争的私修战史中是很常见的现象。由此可见，这些即时私修战史出版物应是在明治日本读写下沉与汉字普及的历史脉络中发生与发展的。明治时期，针对这一读写群体的作者、书商、传播媒体及出版发行市场已经相当活跃并日趋成熟。因而，这类在战争中就开始被大量写作与出版的"战史"，也就借此迅速得到传播。

《日清太平记》的卷端有草书汉文题字三幅，分别为"行义""以达""其道"。原陆军教授内藤耻叟为此书作序，申明了当时精英们对于这类战史编纂宗旨的理解与定位。

---

① 忽来道人著，三木爱花·田中従吾軒释義『続水滸伝：校訂』博文館、1900 年。
② 参见三木三郎「父三木愛花——明治の一新聞記者の生涯」『風俗：日本風俗史学会会誌』15(2/3)、1977 年 3 月；『大人名事典』第 5·6 卷、平凡社、1957 年、115-116 頁；『出版年鑑』東京堂、1934 年、57 頁。
③ 三木愛花(貞一)『社会仮粧舞：百鬼夜行』東京府平民千叶茂三郎出版、1887 年。
④ 参见今野真二『振仮名の歴史』岩波書店、2020 年、123-129 頁。

琼矛经八洲之野，神剑居三器之一。尚武之训定于神世之始，而忠义之俗传于亿载之后。昔者天祖之照临六合，誓俾万国悉服皇威。今者圣主之征四外，见使百蛮皆仰我武，凡在臣民孰不奋励咸叹焉。顷者爱花仙史寄其所著一书，乞余序文，盖亦所以明武德维扬之大绩，而述神算膺惩之正义也。余也老矣，虽不得执干戈以致殉节之诚乎，于读此书，岂辞操觚以称扬之耶。乃一言以弁之卷端。

三木爱花为《日清太平记》撰写的 10 条和文编纂凡例，说明了这部私修战史采撷、去取及编述史事的一些原则。

第一，确定相关政治、外交事件与"甲午战争"及"日本"这两个主题关系的远近，据此来决定采撷与否及记述之详略。第二，根据各次战役的规模大小来确定记录之详略。第三，根据"必要"性来确定收录"文书类"公文文本时是否加以节略。第四，为事件确立时间序列，并以此为主要线索来叙史。除此之外，更另外编订划一年表强化时间线索，并以此来统合及淡化事件之间的共时性与复杂性。第五，同时使用围绕人物展开的传记体例，但只选取与战局有关的部分作"文字画像"。第六，强调叙史文字纵向持久传播的功能，刻意区别于重视横向传播广度的报纸杂志报道。这一点是通过整合各种记录，以事后的全局视角书写来实现的。第七，使用浅近明达的文体和插图，在涉及军事专用语之处亦以通用语书写，兼顾更多读者的读写习惯。

通俗、相较于总结战争中的军事技术得失更侧重于在事件之间建立"内在一致性"与同一性，并针对多种读写能力的普通读者，这些史学编纂原则显然都与前述两种官修战史有明显的区别。同时明确显示了这类出版物完全是有关战争的历史叙述，其文体的自我定位十分清晰。既不是文学创作，也不是通信传播稿件的汇编。而其自别于战争报道及文学创作的关键之处，并不是在叙述与对象之间强调时间间隔，而在于通过对文本的采撷去取建立事件之间的"内在一致性"线索，在于采取将共时性观察转换为历时性判断的全局视角。这在日本当时的私修战史中是颇有代表性的。而明治日本报刊战时报道与评论的成熟，也为即时战史能采取全局视角叙史提供了可能。姑试译其凡例如下：

　　一、本编专以记述日清战事为主，涉及朝鲜王廷内讧及东学党之乱等事，只采录与我有关之内容。

　　一、战记虽悉数涵盖大小各役，但依其规模大小而别其详略。若平壤、黄海、旅顺、威海卫诸战，规模颇大则详加记事。次则牙山、丰岛、九连城、金州、澎湖岛、牛庄、营口、田庄台诸役，各因其战局大小而轻重详略有异。

　　一、文书类如有必要可全文抄录，也可只记录大意，以便一览明了。

　　一、录其将弁传记、逸事之关涉战局者，余皆阙如。或俟他日别编外传以集之。

　　一、记事皆应依月、日排序，若一事所涉时间前后来回跨越，应以专章依月日时序作一编年总录，划一列清，以便阅读。

　　一、文章应该是经过仔细研究和精确的，即使是印刷品，也应不同于报纸和杂志的摘录，以利于日后参考。

　　一、文虽浅近，但须求明达，恐徒以文饰为旨而致有曲解意味之弊。

　　一、本编记述专以日本为主干，故未一一详及清国军备、将士部署等，仅陈述直接相关的部分。

　　一、有插图的地方应与文字记载相对照，以获得更清晰明确的认识。

　　一、文中涉及军事专用语之处，为便于理解，大抵以通用语书写，而不作文言。①

　　除了《日清太平记》，笔者知见的同类私修战史、战纪还有数十种之多，因为文本形式非常类似，此不赘述。

　　除了这类完全聚焦甲午战争的专史，当时还有综合性的"通史"以日本历史或明治立宪历史的发展进程为论述对象，而将甲午战争作为其中的一个节点来加以叙述。如 1896 年 2 月东京博文馆出版的松井广吉编《新撰大日本帝国史》① 及 1918 年东京帝国实业公论社本乡支社出版的须乡正臣编《帝国立宪三十年史》② 等。

　　1896 年 2 月东京博文馆版松井广吉编《新撰大日本帝国史》，是对该书 1890 年 6 月初版本及 1891 年 7 月再版本的增订版本。松井广吉，号柏轩，新潟人，是日本明治时期著名的新闻记者，与博文馆的创立者大桥佐平之子大桥新太郎交好，曾任《越佐每日新闻》主笔及《中央新闻》、《万朝报》、《日出国新闻》（やまと新聞）等报的新闻记者，并参与《大连新闻》的创刊。

　　《新撰大日本帝国史》1890 年的初版本篇幅为 600 页，约 23 万字。全书正文页额亦有"冠注"，简单标示、注释正文涉及的一些重要事件。全书分为 10 篇，分别为"上古史"2 篇、"中古史"3 篇、"近世史"4 篇及"今代史"1 篇。其中"近世史"每篇按政权更替各为 1 期：镰仓时代、足利时代、尚武时代、德川时代。而"今代史"的时间断限为天皇纪年的"二千五百二十七年"到"二千五百五十年"，即 1867—1890 年。因此，"今代史"实际上也是按照政权更替来划分的，只是强调了基于社会进化论的"历史发展阶段"才是其核心分期原则。这一点在全书篇内分章时有充分体现。如"今代史"的篇内章节完全是作者所认为具有时代"节点"意义的重要"历史事件"。第一章是"庆应三年的改革"，第二章是"鸟羽伏见之战"，第三章为"平定东北"，第四章为"明治政府的组织　废藩置县"，第五章为"征韩论及其破裂引起的内乱与征伐台湾"，第六章为"西南之乱"，第七章为"国会开设圣谕"，第八章为"朝鲜之变与内阁官制"，

① 松井広吉編『新撰大日本帝国史』博文館、1896 年。此书初版出版于 1890 年 6 月。
② 須郷正臣編『帝国立憲三十年史』帝国実業公論社本郷支社、1918 年。

第九章为"宪法发布"。

在 1891 年出增订版的时候，该书总页数仍为 600 页，字数约 23.4 万字。除了卷首增加了松井广吉自己写的《增订新撰大日本帝国史自序》，还在最后一篇"今代史"中增加了一个章节，为第十章"第一期帝国议会"。

到 1896 年 2 月出增订再版本时，篇幅为 550 页，约 27 万字（开本变大，因此页数减少，但总字数增加了）。此版在"今代史"上做了较大的增订。篇幅从一编变为上下两编，其中第十篇为"今代史（上）"，第十一篇为"今代史（下）"。"今代史（上）"与 1891 年增订版无异，而"今代史（下）"则是完全新增的，篇内一共有 16 章，分别为第一章"日清关系"、第二章"丰岛与牙山之战"、第三章"公告宣战"、第四章"平壤之战"、第五章"黄海之战"、第六章"占领九连城"、第七章"攻陷旅顺"、第八章"占领海城及反攻"、第九章"攻陷威海卫"、第十章"北洋水师覆灭"、第十一章"占领盖平、营口及牛庄"、第十二章"占领澎湖岛"、第十三章"向大总统府进发"、第十四章"媾和条约"、第十五章"凯旋及行赏"、第十六章"平定台湾"。如此，该书新版的最后一篇"今代史（下）"就只选择了一件史事——甲午战争。松井广吉在为此版新撰的序中特别写道：

> 如今征清之战一举，以振古未曾有之事迹，而一新举世之耳目，令帝国立于前人未到之地位。因之，特述其始末，以完叙此伟大光辉之大日本帝国历史。

这部明治时期极为流行的精英撰著日本通史，显然将甲午战争视为日本近代历史发展的节点性重大事件。它之所以被视为日本"今代史"的节点，乃是着眼于日本作为帝国，由此"一新举世之耳目"，以其暴力战绩在世界上拥有了前所未有的地位。

除了以"事"为中心的私修史传，还有大量以"人"为叙史经纬的传记。这些传记体的甲午战争即时战史亦有单传与合传的区别。其中，单传较为少见，多以与这一战争有重要关联的人物或有重要"战绩"的"英雄"为传主，如 1894 年 10 月博文馆出版的山中峰雄著《大院君实传》等。相较而言，合传则是多见的形式。如 1894 年 10 月斋藤源太郎著《征清战功美谈》等"美谈"类传记，同月出版的福井淳编《日清韩豪杰谭》、左氏庄吉著《日清战争义勇列传》，1894 年 11 月富岳馆编辑部编《征清壮绝日本军人义勇传》等。总体而言，非但合传是"战争英雄录"式的人物"战绩"汇编，即便为单传，也都是以传主在这场战争中的"事迹"或作用为原点，去推展复原其以点状呈现出来的生命历程。这与出自汉文化传统的饰终诔墓、盖棺论定、家传行状或史、志专传等功能性传记有很大区别，又不同于西方近代知人论世的个体生命传记。这些传记倒是与前述清末民初清史馆官修传稿颇有类似之处：虽为传人，实则状事；依传主在特定历史事件（此处即甲午战争）中的行为与功罪来状写人物或对人物进行分类排序；只截取传主与战事相关的若干言行而不及其余，其功用基本接近为"战争英雄"做文字画像。

笔者所知见这类传记体战史（包括上述几种传记）的出版情况如下。

1894 年 10 月，斋藤源太郎著《征清战功美谈》（第 1、2 编），栃木县斋河内郡宇都宫町斋藤源太郎发行，同县同郡同町开进社印刷，同县同郡同町内田滨吉发卖。

1894 年 10 月，福井淳编《日清韩豪杰谭》，大阪福井淳文丛社藏版发行，同城同区前野茂久次前野活版所印刷，同城同区冈本仙助、金川善兵卫、武田福藏书肆发卖。

1894 年 10 月，山中峰雄著《大院君实传》（一名《朝鲜近世事情》），东京博文馆藏版发行发兑。

1894 年 10 月，左氏庄吉著《日清战争义勇列传》，东京左氏庄吉发行，同城小川常太郎民教社印刷，东京荣进堂发卖。

1894 年 10 月，江东散史编《日清战争忠勇美谈》，东京鱼庄嘉三郎发行，同市松本秋斋葆光社印刷，同市榊原文盛堂等发卖。

1894 年 11 月，富岳馆编辑部编《征清壮绝日本军人义勇传》，大阪富岳馆发行，同城前田菊松印刷。

1894 年 11 月，堀本栅著《支那征讨英杰传》，东京西村寅次郎东云堂、富田清东崖堂发行，同城平岛旷八重洲桥活版所印刷。

1894 年 12 月，北条明乔著《讨清忠烈传》（一名《雄壮悲惨敌忾篇》），山梨县内藤传右卫门内藤活版制造所发行兼印刷。

1894 年 12 月，河合东涯编《征清军人忠勇美谈》，大阪此村彦助此村藜光堂发行兼发卖，同城前田菊松印刷。

1894 年 12 月，早川新三郎编《支那征伐军人功名录》，东京早川新三郎发行，同城大场沃美龙云堂印刷。

1894 年 12 月，服部喜太郎编《拔群勇士原田重吉》，东京服部喜太郎求光阁发行，同市橘矶吉、同城三协合资会社印刷。

1894 年 12 月，若山库三（翠柳）编《东洋名士传》，东京若山库三发行，同市山口驹次郎雕刻印刷。

1895 年 3 月，扼腕山人（大渊涉）编《日清战争关系人物传》，大阪大渊涉骎骎堂发行，同市山上贞二郎印刷。

1895 年 4 月，关泉野史编《征清勇士原田重吉》，大阪矢鸠诚进堂书店发行，同城花谷重吉印刷。

1896 年，栗林亲纲、河野一郎编《茨城县军人名誉列传》，茨城县河野一郎常阳史会发行，东京仁科卫厚信舍印刷。

综上所述，日本国内的甲午战争非官方即时史叙有两个比较重要的特点。其一，明治中期蓬勃发展的近代制度媒体如中心城市的大报、县市的小报、林立的出版业、近代学校体系用书等构成了这些史叙知识生产的制度基础。其二，这种近代型的知识生产机制使得"历史"叙事淡化了叙述者与叙述对象之间的时间间隔，在为传播市场考虑"即时性"的同时，着重强调"史叙"的内在一致性。"战史"追求"即时性"，又有很多现实考量，比如明治政府及军方对日本国内与国外的战时宣传，以及现代职业化军事教育院校对实战经验的规范性学习要求，等等。又比如，在战后全方位铺开宣传整合军国民社会，将偏重横向传播之广度的新闻报道迅速变成强调纵向流传久远与解释权威性的"史书"，并迅速进入国民历史常识和日常娱乐等。这个时候，史叙不再仅仅强调对一个已经发生的历史过程的认知与回溯，而是侧重建立事件之间的整体关联性，以及论述情况发展的必然性。所谓"史志"，也不再仅仅是强调叙述视角与叙述对象之间的时间间隔，以及以此为基础的历史评价，而转为更在意寻找史叙对象在更长的时段或者更大的历史过程中的具体坐标这一独特的"文类"。

第五章

西文即时甲午战史

第一节　日本人的西文书写

甲午战争时及战后短期内，除了前述以汉文、和文等东亚语文书写的此战史叙，还有不少用英文、法文、德文及俄文书写的此战史叙出版。值得注意的是，这些以西方语文书写的甲午战史，与前述汉文、和文文本类似，并非全部出自母语读写者或本国人之手。如战时日本的外务部翻译官，军中法律顾问、翻译官，大藏省官员及主流媒体记者等，这些人多为明治时代留学归国的政治、文化精英，其中有不少人以独著、合著或序跋的方式参与了甲午战史的西文书写。很显然，他们选择西方语文，并迅速以史书体裁对这场战争做历史叙述，乃是希望针对国际社会及其主流传播媒体与公共舆论，借助"史叙"的力量，为战争及其关联性事件建立某种"内在一致性"——把它放到超越两国利益冲突且更为宏大的历史进程解释框架中去论证侵略的"合法性"与"必要性"，并借此引导国际社会的主流认识与评价。

1894 年，留学归国的日本人井上辻吉由英语教师转任外务省翻译官。次年 5 月 2 日，他便出版了关于甲午战争的英文战史著作 *A Concise History of the War Between Japan and China*（《日清战争简史》），① 由日本东京筑地活版制造所印刷发行。

同年 6 月 22 日，井上又编著了英文彩色插画战史（文本作者井上辻吉，插画画工山本永晖）*Scenes from the Japan-China War*（《日清战争场景》），由东京的稻叶庄兵卫出版发行，东京制纸分社印刷。②

10 月 8 日，他又在东京出版了 *The Japan-China War: Compiled from Official and Other Sources*（《日清战争：汇编自官方和其他资料》）这部书是一个合订本，由井上辻吉将其之前分别单行的三种英文战史修订合并而成。这一系列英文战史主要使用了官方档案和一些别的材料，并采用了大量珂罗版照片。照片是由日本当时最重要的战地摄影师之一小川一真的工场制版的。被合并的三个单行战史分别为 *The Naval Battle of Haiyang*（《黄海海战》）、*On the Regent's Sword: Kinchow, Port Arthur, and Talienwan*（《在辽东半岛：金州、旅顺和大连湾》）、*The Fall of Wei-hai-wei*（《威海卫的陷落》）。初时是由别发洋行（Kelly & Walsh, Limited）在横滨、香港、上海和新加坡的网点同时发行的。③

井上辻吉的英文战史《日清战争简史》共有 9 章及 1 个附录，分别为战争的起因，外交斡旋，丰岛、安山与宣战，平壤之战，黄海海战，入侵中国境内，夺取金州和旅顺，"满洲"行动，占领威海卫及附录。正文篇幅为 83 页，附录 4 页，配有 9 张彩色地图及 6 幅彩色版画插图。版权页后附有前节所述久保田米仙父子随军画册《日清战斗画报》的英文广告。这部英文战争简史的主要参考资料是东京及横滨一些大报的战争报道。在序言中，作者说明了作为"即时战史"，描述"一场仍在进行的战争"，这类史叙存在历史观缺失，即不能把握单一战役对于整体战争的意义，以及利用少数几

---

① Jukichi Inouye, *A Concise History of the War Between Japan and China* (Osaka: Z. Mayekawa; Tokyo: Y. Okura, 1895).

② Text by Jukichi Inouye, illustrations by Eiki Yamamoto, *Scenes from the Japan-China War* (Tokyo: Shobei Inaba & Motoye Kagami, 1895).

③ Jukichi Inouye, *The Japan-China War: Compiled from Official and Other Sources* (Yokohama, Hongkong, Shanghai and Singapore: Kelly & Walsh, Limited, 1895).

家报纸报道以叙史可能有失准确与严密。① 但即便如此，作者仍然选择在战争进行时就采撷汇编日本大报的战争报道，以战事起因、外交活动、主要战役经过为经纬来展开英文叙史，除了考虑市场的需求，其急于在国际舆论上占得先机的用意应是很清楚的。

> 这本小书的宗旨是简明扼要地介绍至编纂时为止，日本和中国之间战争的进展。没有人比编者更了解这类作品的缺陷了。在书写一场仍在进行的战争时，我们无法掌握事件真实历史意义的尺度。因为我们很容易被辉煌的成就所迷惑，并对它们给予更大的重视，而对那些虽然对完成战争目标同样重要，但由于缺乏激动人心的胜利而无法吸引公众注意的胜利则不重视。……虽然这部作品的篇幅使它避免了在一部更完整的史书中因纷繁的战地新闻报道而产生困扰，但这一紧凑性也使它在那些我们目前还不怀疑的重要事件上犯了遗漏的错误。虽然认识到这种致命的历史观的缺失，但编纂者编辑此书的唯一目的仍是简要叙述战争的主要事件……最后，编纂者希望向东京和横滨的报纸表示感谢，他在编纂这段小历史时，自由地借鉴了这些报纸的报道。②

1899 年，日本人高桥作卫出版了 Cases on International Law During the Chino-Japanese War（《中日战争时期的国际法案例》）。③ 高桥在甲午战争中先后任日本常备舰队司令的法律顾问及旅顺口司令的翻译。战争结束后的第四年，他通过英国剑桥大学出版社出版了这部从国际法角度立论的英文战史。

1895 年，美国记者特兰布尔·怀特出版了英文甲午战史 The War in the East: Japan, China, and Corea（《东方战争：日本、中国、朝鲜》）。特兰

---

① Inouye, *A Concise History of the War Between Japan and China*, Ⅰ-Ⅱ.
② Inouye, *A Concise History of the War Between Japan and China*, Ⅰ-Ⅱ.
③ Sakuye Takahashi, *Cases on International Law During the Chino-Japanese War* (Cambridge: Cambridge University Press, 1899).

布尔请当时正在欧美留学的日本新闻记者松本君平（Julius Kumpei Matumoto）为此书写了英文介绍语，概述战史，并采用了明治时代西洋画画家森本贞德（Morimoto Teitoku，天绘学社）所绘的战争插图。[①]

1922 年，日本大藏省理财局局长、参事官小野义一以英文写作了甲午战争财政经济史 *Expenditures of the Sino-Japanese War*（《清日战争的开支》），被收入原大藏大臣阪谷芳郎所编的"日本专著"（Japanese Monographs）丛书，由牛津大学出版社出版。[②]

总体而言，上述以英文书写战史的日本人多与军方或其他参战机关有关。如井上辻吉为外务省翻译官，高桥作卫是战时日方舰队司令官的法律顾问及旅顺口司令官的翻译，小野义一与阪谷芳郎皆曾任职涉及军需调动的大藏省。很显然，他们以非母语的英语来写作战史，是希望借助历史书写所具有的客观、理性与全局视角等文类特征及知识属性，旨在为侵略他国、屠杀平民等显然有悖于人类伦常底线与国际法准则的暴力行为寻找借口并提供论证。在这些人看来，他们的目标读者群已经从东亚汉字读写精英变成了英语世界的国际舆论圈。这一点是需要特别加以注意的。

第二节　西方世界的史叙

至于西方人对甲午战争的文字记载与公开出版物，自战事结束伊始，中国学者就已经注意到了。至 1930 年代抗日战争全面爆发前后，国内学界便开始给予这类记叙以更多的关注与重视。

1894 年，美国《纽约世界报》（*The New York World*）记者詹姆士·克里曼（James Creelman）领取日本陆军部颁发的随军采访许可证对甲午战争进行战地报道。其 8 月开始随日军前往平壤，复又目睹了旅顺大屠杀。克里曼据此撰写了 *The Massacre at Port Arthur*（《旅顺大屠杀》），在 1894 年 12 月 20 日的

① Trumbull White, *The War in the East: Japan*, *China*, *and Corea*（Philadelphia；St. Louis，MO：P. W. Ziegler & Co.，1895）.

② Giichi Ono, *Expenditures of the Sino-Japanese War*（New York：Oxford University Press，1922）.

《纽约世界报》以两个整版刊出。罗浮山人节选这篇报道有关战争及屠城的十余章内容，以浅文言译作《旅顺倭寇残杀记八则》。译文使用了 10 个四字标题划分段落——尸满街衢、野性横行、中国无兵、妇孺遭戮、巡兵嘻笑、杀人抢劫、试问访事、倭惧登报、三日屠戮、剖腹刳心。1895 年思恢复生编《中倭战守始末记》时，又收入了此文及罗浮山人写的弁言。①

1898 年，英国人詹姆斯·艾伦（James Allan）在伦敦出版了自己亲历战事及旅顺大屠杀所写的回忆录 Under the Dragon Flag: My Experiences in the Chino-Japanese War（《龙旗下：我在中日战争中的经历》）。② 1905 年，兰言以白话口说体将其译为章回体小说，共 9 个回目（英文原书共 7 章），分 4 次连载于 1905—1907 年《新新小说》的"军事谈"栏目。③ 该刊 1904 年在上海发刊，实际创办者是开明书店，"为三楚侠民（龚子英）独力主持……作者主要有冷血（陈景韩）、公奴（夏颂莱）、小造、猿、虫、兰言等"。④ 兰言的这个译本后来被阿英收入 1958 年出版的《甲午中日战争文学集》，⑤ 因而得到了学界的关注。9 个回目分别为第一回"蒙特加烟花销旧产 徽宛斯萍水值新交"，第二回"堕落生涯投身航业 交通战国出口军需"，第三回"被稽查破绽朝鲜海 施尾击开花日本弹"，第四回"有志竟成天津卸载 唯利是视大连运兵"，第五回"辽东湾观海战，旅顺口恣流连"，第六回"失故侣飘泊他乡 作军囚拘留匝月"，第七回"离日舰泅水逃生 入清营上堂受质"，第八回"马角乌头重羁绝地 风声鹤唳深入危机"，第九回"指顾间山河惊变色 伤心事涂炭话从头"。到 1932 年，费青、费孝通兄弟又以白话文合译，题为《中日战争目击记（亦名"龙旗下"）》，于《再生》杂

---

① 罗浮山人：《旅顺倭寇残杀记八则》，思恢复生编《中倭战守始末记》，台北：文海出版社，1987，第 110—117 页；吴青云主编《甲午旅大文献》，大连出版社，1998，编者按，第 16 页。

② James Allan, *Under the Dragon Flag: My Experiences in the Chino-Japanese War*（London：William Heinemann, 1898）.

③ 阿伦著，兰言译述《旅顺落难记》，《新新小说》第一至八回、第九回未完，第 2 年第 7—9 号，1905 年；续第九回，第 3 年第 10 号，1907 年。

④ 马光仁主编《上海新闻史（1850—1949）》，复旦大学出版社，1996，第 291 页。

⑤ 按阿英此集跋于 1937 年，其自撰例言亦称"初稿成于 1937 年"，但"补充整理，付诸排印"正式出版面世是在 1958 年。阿英编《甲午中日战争文学集》，第 283—334 页。

志分 3 期连载。费氏兄弟节译本一共有 7 个部分，分别为：一"一船好吃的家伙"；二"鸭绿江外的沉舰"；三"天险要塞"；四"谁愿做俘虏？"五"龙旗下不肉搏的战士"；六"旅顺四日的初夕"；七"沙船上的归客"。[①] 1985 年邓俊秉、马嘉瑞又节译为《在龙旗下——甲午战争亲历记》，刊于《近代史资料》。[②]

1931 年，张荫麟在美国斯坦福大学留学，节译了英国人泰莱[③]（William Ferdinand Tyler）晚年所著回忆录中有关其亲历黄海海战及威海之役的记叙，冠以《甲午中日海战见闻记》的题名，分两期刊登在《东方杂志》和天津《海事》杂志上。[④] 泰莱原为中国海关洋员，1894 年甲午战争前由当时的海关总税务司赫德荐入北洋海军，任德国人总教习汉纳根的顾问和秘书，旋又任定远舰的副管驾。[⑤] 泰莱晚年写作英文对华回忆录 Pulling Strings in China（《中国事记》），追忆其在中国 30 年的经历，于 1929 年在伦敦及英国各殖民口岸城市出版。[⑥] 张荫麟译文节选了其中第二章第三节 "The Chinese Navy"（中国海军），以及第三章 "The Yalu Battle"（大东沟海战）与第四章 "The Siege of Weihaiwei"（威海卫之围），[⑦] 为原书第 35—98 页的内容，冠以张氏自撰的对当时知见甲午战史状况的总体评价和介

---

① 费青、费孝通合译《中日战争目击记（亦名"龙旗下"）》，《再生》第 1 卷第 7—9 期，1932—1933 年。

② 邓俊秉、马嘉瑞译《在龙旗下——甲午战争亲历记》，中国社会科学院近代史研究所《近代史资料》编辑部编《近代史资料》总第 57 号，中国社会科学出版社，1985。

③ William Ferdinand Tyler，甲午前后晚清时人译作"戴理尔"。参见丁汝昌《复德璀琳》（光绪二十年七月廿四日），孙建军整理校注《丁汝昌集》上册，山东画报出版社，2017，第 245 页。今人又译作"戴乐尔"，参见戴乐尔原著，张黎源、吉辰译《我在中国海军三十年》。

④ 泰莱著，张荫麟译《甲午中日海战见闻记（下期续完）》，《东方杂志》第 28 卷第 6 期，1931 年；《甲午中日海战见闻记（续）》，《东方杂志》第 28 卷第 7 期，1931 年；《选录：甲午中日海战见闻记（未完）》，天津《海事》第 5 卷第 2 期，1931 年；《选录：甲午中日海战见闻记（续）》，天津《海事》第 5 卷第 3 期，1931 年。

⑤ 戚其章：《英人泰莱〈甲午中日海战见闻记〉质疑——兼与董蔡时同志商榷》，《近代史研究》1982 年第 4 期。

⑥ William Ferdinand Tyler, Pulling Strings in China (London: Constable & Co. Limited; Leipzig, Bombay, Calcutta, Madras: Oxford University Press; Toronto: The Macmillan Company of Canada, Limited, 1929). 关于此书的出版地，现有研究大多只注意到伦敦一地，但实际上当时这类书籍大多是在伦敦及英属各殖民口岸多地同时出版的。

⑦ 此处章节名的译法依据张黎源、吉辰译《我在中国海军三十年》。

绍文字,翻译后独立成篇。1957 年,中国史学会主编的中国近代史资料丛刊《中日战争》第 6 册收入了张荫麟的这篇译文,受到国内史学界的注意,多被目为信史。1982 年,戚其章始对泰莱史叙的可信度质疑,撰文辩诬。①

1935 年,李鼎芳以白话文体节译了甲午战争时担任香港报纸《孖剌西报》(*The Hong Kong Daily Press*) 战地通讯员的肯咸宁 (Alfred Cunningham) 所著 *The Chinese Soldier and Other Sketches*(《水陆华军战阵志》,据李鼎芳记载,中文书名为底本原标注)。肯咸宁原书共 9 章,其中 4 章涉及甲午战事,李鼎芳节译了其中的第三章"威海卫的中国水兵",以《乙未威海卫战事外纪》为题,刊登在 1935 年 5 月 3 日的天津《大公报·史地周刊》上。② 此译作后来被中国史学会所编中国近代史资料丛刊的《中日战争》收入,为国内史学界所关注。③

1934 年,《海事月刊》④ 刊出归与的《中日黄海海战纪略》。此文使用了大量"该次海战中日公牍史材",除北洋大臣李鸿章奏稿、北洋水师提督丁汝昌呈文外,还有日本联合舰队司令长官伊东祐亨 1894 年 9 月 21 日对日军大本营的汇报,以及北洋海军总教习德国人汉纳根给北洋大臣的汇报公文等。⑤ 西方人汉纳根对战事的记叙由此受到关注。

1936 年,《海事月刊》又从第 9 卷第 12 期至第 10 卷第 3 期,分四次刊出

---

① 戚其章:《英人泰莱〈甲午中日海战见闻记〉质疑——兼与董蔡时同志商榷》,《近代史研究》1982 年第 4 期。

② 李鼎芳译《乙未威海卫战事外纪》,天津《大公报·史地周刊》第 33 期,1935 年 5 月 3 日,第 3 张第 11 版。

③ 中国史学会主编《中日战争》第 6 册,新知识出版社,1956,第 318—324 页。

④ 《海事月刊》即《海事》。该刊为月刊,主要由海事编译局办事处编辑并发行(第 3 卷第 6 期至第 4 卷第 1 期由东北海事编译局编辑兼发行)。1927 年 7 月创刊于天津,其中第 1 卷第 5—6 期在青岛出版,1928 年 1 月至 1931 年 6 月在奉天(今沈阳)出版,第 5 卷起迁回天津出版,后又迁北平出版,停刊于 1937 年 8 月第 11 卷第 2 期。第 1 卷第 1 期至第 2 卷第 12 期封面题名"海事",目录页题名"海事杂志"。自 1932 年第 6 卷第 1 期改版,开始在封面用"海事月刊"之名。有关该刊的停刊及刊名变更等细节,民国时期期刊篇名数据库(1911—1949)所撰"期刊简介"略误。http://www.cnbksy.cn/literature/literature/3696a5dff538d44f05c560a184cd3f21,检索日期:2024 年 5 月 10 日。

⑤ 归与:《中日黄海海战纪略(附图表)》,《海事月刊》第 8 卷第 5 期,1934 年。

归与所辑《中日海战评论撮要（附图）》，译载西方人对黄海海战的评论，"爰将列强对于该次海战之评论，摘要述之，用资自警"。其中包括美国上校马鸿（Alfred Thayer Mahan，通行汉译名为"马汉"）、英国海军元帅贺伦比、英国海军中将富礼满特和美国海军少校马格奋（即以"镇远"号帮带身份参与甲午海战的美国人，曾任威海卫水师学堂总教习，英文名为 Philo Norton McGiffin，通行汉译名为"马吉芬"）等人及英国《海军年鉴》对黄海海战的评论。①

1937 年，陈德震将苏格兰长老会传教医师司督阁（Dugald Christie）1914 年在伦敦出版的《沈阳三十年纪》② 一书中有关甲午战争的三个章节译出，以《甲午之战时辽居忆录》为题，依原书顺序分为 13 节，在当年 6 月 11 日的《大公报·史地周刊》刊出。文中，司督阁记载了平壤战役、田庄台战役的很多情况。如在"与官员的交际"一节中记载了他与左宝贵夫人及孩子们的交往；在"战败的消息"一节中记载了他获得前线信息的渠道；在"平壤之战与左宝贵将军的阵亡"一节中记载了他了解的平壤战役的前线情况。不过从这一节的具体描述大致可以判断，他最主要的战地信息来源应该是清廷官方通过邸报等渠道公布的相关章奏与谕旨。③

同样在 1937 年，清华大学研究生王信忠的毕业论文《中日甲午战争之外交背景》，作为"国立清华大学研究院毕业论文丛刊"的一种出版发行。此书在附录中开列了三类不同的参考书目：中文书籍、日文书籍与西文书籍。在西文书籍中，王信忠开列了自己使用过的 17 种 19 世纪末至 20 世纪前 30 年有关中日外交关系的档案集、手稿、公开出版物，其中有 8 种是编纂或发行于甲午战争时或结束后不久的，包括意大利人弗拉迪米尔（真名

① 归与：《中日海战评论撮要（附图）》，《海事月刊》第 9 卷第 12 期，1936 年；归与：《中日海战评论撮要（续）》，《海事月刊》第 10 卷第 1—3 期，1936 年。

② Dugald Christie, *Thirty Years in Moukden, 1883-1913: Being the Experiences and Recollections of Dugald Christie, C. M. G.* (London: Constable and Company Ltd., 1914).

③ 司督阁：《甲午之战时辽居忆录》，陈德震译，天津《大公报·史地周刊》第 140 期，1937 年 6 月 11 日，第 3 张第 11 版。

Zenone Volpicelli) 1896 年出版的《中日战争：汇编自日本、中国和外国的资料》，1904 年出版的科士达（John W. Foster）著 *American Diplomacy in the Orient*（《美国在东方的外交》），1906 年第 7 次增订出版的威廉·艾利奥特·格里菲斯（William Elliot Griffis）所著 *Corea, the Hermit Nation*（《朝鲜：隐士之国》）。① 此皆为中国研究者较早系统提及有关甲午战争西文史叙的几种作品。

1956 年，中国史学会编纂出版中国近代史资料丛刊，其中《中日战争》第 7 册的书目解题在"西文之部"② 列出了当时中国已经"采译"的与甲午战争相关的西文出版物 11 种，除外交档案、信函文件汇编外，其中 7 种是在战争后编纂出版的西文文献和亲历者回忆录，分别为（1）1918 年在巴黎出版的于甲午战争期间担任法国驻华公使的施阿兰（Auguste Gérard）所著 *Ma mission en Chine 1893-1897*（《使华记》）；③（2）前述弗拉迪米尔的《中日战争：汇编自日本、中国和外国的资料》；④（3）1923 年上海商务印书馆出版的教会学校美国教师马克奈耳（H. F. MacNair）在华教授中国近代史的参考教材 *Modern Chinese History, Selected Readings*（《中国近代史选读》）；⑤（4）1909 年中日和谈法律顾问、美国人科士达所著 *Diplomatic Memoirs*（《外交回忆录》）；⑥（5）1906 年出版的甲午战时美国驻华公使代办田贝（Charles Denby）所著回忆录 *China and Her People, Being the Observations, Reminiscences & Conclusions of An American Diplomat*（《中国及其人民——一位美国外交人员的观察、回忆与结语》）；⑦（6）前述肯咸宁所

---

① 王信忠：《中日甲午战争之外交背景》，北平：国立清华大学出版事务所，1937，第 304—306 页。

② 中国史学会主编《中日战争》第 7 册，第 643—646 页。

③ Auguste Gérard, *Ma mission en Chine 1893-1897*（Paris：Plon-Nourrit et cie, 1918）.

④ 中国史学会主编《中日战争》第 7 册，第 643—646 页。

⑤ H. F. MacNair, *Modern Chinese History, Selected Readings*（Shanghai：The Commercial Press, 1923）.

⑥ John W. Foster, *Diplomatic Memoirs*（Boston & New York, 1909）.

⑦ Charles Denby, *China and Her People, Being the Observations, Reminiscences & Conclusions of An American Diplomat*（Boston, 1906）.

著《水陆华军战阵志》；① （7）前述 1929 年英国人泰莱著《中国事记》。②
1956 年史学会所编的这个书目解题，其"西文之部"是最早系统梳理并考
订了到 1950 年代中期为止，曾进入中国学者视野并被采译的有关甲午战争
西文史叙的研究成果。从这个书目来看，其所录总量还是比较有限的。

自 1982 年对泰莱记叙史事的可信度质疑后，戚其章开始关注甲午战争
的西文史叙。他主要从这些史叙与客观发生的史事的吻合度来评价这些材
料，而不是从历史叙述所呈现与传达出的观念事实去考虑。1996 年戚其章
主持编纂《中国近代史资料丛刊续编·中日战争》一辑，补充与考订了前
述中国史学会 1950 年代版中国近代史资料丛刊《中日战争》收入的西文史
叙。在第 7 册的"本书征引书目解题"中，仍按 1950 年代中国史学会的做
法，分为中文之部、日文之部、英文之部三部分。在"英文之部"中开列
了四种出版物：（1）前述 1898 年英国人詹姆斯·艾伦的回忆录《龙旗下：
我在中日战争中的经历》；（2）前述 1914 年伦敦出版的英国传教士司督阁
回忆录《甲午战事辽居忆录》③；（3）美国人科士达的全部日记译本；（4）
1989 年英国伦敦大学政治经济学院国际关系史教授尼施（Ian Nish）所编
《英国外交文件》中有关甲午战争的部分。这四种都是对前述 1950 年代史
学会所编书目解题"西文之部"的重要补充。

2000 年，戚其章撰写《中日甲午战争史研究的世纪回顾》，发表在当年
《历史研究》的第 1 期。文章对 21 世纪以前引起中国学界注意的西文甲午
战争史叙做了全面的梳理、题解与评述，其评价角度仍然是材料体现客观历
史事件的"真实性"程度。此文虽然在文本和作者方面略有误植，如将日
本人有贺长雄与其本人所著法文版《日清战役国际法论》一书所署罗马字

---

① 李鼎芳译《乙未威海卫战事外纪》，天津《大公报·史地周刊》第 33 期，1935 年 5 月 3
　　日，第 3 张第 11 版。
② 书目解题将书名误植为 "Pullings in China"。参见中国史学会主编《中日战争》第 7 册，
　　第 646 页。
③ 此处题解虽曰"此题原为译者摘译时所加，现为保存原貌起见，不做改动"，实则陈德震
　　在《大公报》上的译文原题为"甲午之战时辽居忆录"，此处略有误植。戚其章主编《中
　　国近代史资料丛刊续编·中日战争》第 12 册，第 497 页。

作者名"Ariga Nagao"视为两个作者及两部不同著作，将后者注为法国人"那高"及法文书"《中日战争》"。不过，除了此微瑕，该文仍为中文学界目前对相关西文史叙搜罗最全面、用力最深、论述最系统的成果。[①]

显然，自甲午战争结束不久至 21 世纪，中文学界一直在注意西文世界对这场战争的各种史叙。其中，以 1920 年代和全面抗日战争爆发前后的整理与论述较为集中，这或是与现实世界民族危机投射于近代中国史学界，形成了时代的共同问题意识有关。不过，西文世界有关 19 世纪末东北亚诸国之间发生的这场"国际战争"，其公开出版的"即时史叙"在数量上更为庞大，至今未能做全面统计。下面就将笔者个人目前所知见的西文史叙，以出版时间为序，择要进行简单介绍，以期对前述研究成果稍补遗珠。唯笔者的视角稍有不同，乃更关注历史叙述对观念世界的影响与塑造，因而并不限于依据史叙与客观历史事件相一致的程度而去取。

一 西方国家 19 世纪主流媒体的战时叙述

西文世界有关甲午战争的战史书写，最初是连载在主流新闻媒体上的。这些报道文字虽然侧重于"横向"传播广度的新闻稿件，但形式上确实以"history"为体裁。究其原因，可能是当时西方的主流新闻媒体并未完全摆脱精英叙事的自我定位。因而对国际事件的报道，在"全面性"与"论述的内在一致性"上有所追求与标榜，而不仅仅局限于传递事件的信息。这一目标应该便是由"史叙"体裁来承担与实现的。

1894 年 8 月 1 日，光绪帝明发谕旨昭告天下，并通知各驻外使节，正式对日宣战，以回应此前日方在丰岛海域的军事挑衅。英国作为欧洲的主要观战国家之一，其国内的主流大报《泰晤士报》（Times）从当年 9 月起即开始以专题报道发生在东北亚的这场战事。1894 年 9 月 22、24—27、29 日，10 月 2、4、10、12、22、29 日，11 月 6、24 日，12 月 11 日；1895 年 1 月 11、29 日，2 月 13、16 日，4 月 16 日该报都刊出专题系列报道"The

---

① 戚其章：《中日甲午战争史研究的世纪回顾》，《历史研究》2000 年第 1 期。

War in the East"（东方之战），刊登来自旅顺、横滨、上海等地发回的战地通信。其信息往往源自对亲历战事的在华洋员的采访。1894 年 9 月 22 日刊出的报道采访了在北洋水师服役的英国军官；[①] 1894 年 9 月 28 日、10 月 15日、11 月 24 日三次报道了鸭绿江战役，分别为 "The Battle of Yalu"（《鸭绿江战役》）[②]、"Some Naval Lessons from the Yalu"（《鸭绿江战役中海军的若干教训》）[③] 及 "Japanese Losses at the Yalu"（《日本在鸭绿江战役的损失》）。[④] 1894 年 12 月 3 日刊登了 P. H. 科伦伯（P. H. Colomb）11 月 26 日发往《泰晤士报》的信件 "The Course of the Korean War"（《朝鲜之战的战况》）。科伦伯以黄海海战为例，讨论了海军应该被视为国家的防御性国防力量而不仅仅是进攻性军备等问题。[⑤] 1895 年 4 月 17 日，《马关条约》签订，中日停战。《泰晤士报》不久后刊登了一些关于甲午战争的全局性回顾报道及对当时业已出版的西文甲午战史的书讯。[⑥] 如 1895 年 6 月 6 日，"The British Fleet in the Far East"（《英国舰队在远东》）；[⑦] 1898 年 4 月 27日，"Naval Aspects of the War"（《战争之海军视角》）；[⑧] 1904 年 6 月 20日，"The Battle of the Yalu"《鸭绿江战役》等概述性文章。[⑨] 1895 年 12 月6 日，该报介绍了弗拉迪米尔的《中日战争：汇编自日本、中国和外国的资料》，[⑩] 等等。

清廷于光绪二十年七月初一日（1894 年 8 月 1 日）通过内阁明发光绪帝当日颁下的宣战谕旨，以《邸报》发抄全国。上海字林洋行发行的英文报纸《字林西报》在 1894 年 11 月 3 日的 "Abstract of Peking Gazette"［京报（邸报）摘

---

① "The War in the East," *Times*, 22 Sept. 1894, p. 5.
② "The Battle of the Yalu," *Times*, 28 Sept. 1894, p. 3.
③ "Some Naval Lessons from the Yalu," *Times*, 15 Oct. 1894, p. 8.
④ "Japanese Losses at the Yalu," *Times*, 24 Nov. 1894, p. 6.
⑤ P. H. Colomb, "The Course of the Korean War," *Times*, 3 Dec. 1894, p. 13.
⑥ "China and Japan," *Times*, 18 April 1895, p. 3.
⑦ "The British Fleet in the Far East," *Times*, 6 June 1895, p. 14.
⑧ "Naval Aspects of the War," *Times*, 27 April 1898, p. 8.
⑨ "The Battle of the Yalu," *Times*, 20 June 1904, p. 4.
⑩ "The China-Japan War（Sampson Low）," *Times*, 6 Dec. 1895, p. 3.

录〕栏目，刊登了专为该报翻译的这份宣战谕旨的英文稿"Imperial Decrees"。①
1895 年，字林洋行复将 1894 年所有的英译邸抄结集单行出版，以
"Declaration of War Against Japan"为题收入了这份宣战谕旨的英译稿。②

　　除了《泰晤士报》，1895 年 10 月，英国《爱丁堡布莱克伍德杂志》
（Edinburgh Blackwood's Magazine）刊登了甲午战时北洋水师洋员的回忆录 A
Hair of the Dog that Bit Her（《以毒攻毒》）。1896 年《京津泰晤士报》
（Peking & Tientsin Times）分两期刊登了北洋水师德国炮术教习瑞乃尔
（Theodore H. Schnell）为德国政府撰写的两份报告。姚锡光的《江鄂日记》
1896 年 10 月 13 日载，他在当日读了王松臣从英文译入的"洋员瑞乃尔辩
辞……言失刘公岛事"，感到"怒眦欲裂"。那么，姚锡光和王松臣所译文
本的来源大概是《京津泰晤士报》所载。因此，借口岸媒体，英文史叙对
当时的汉文战史产生了非常实质的影响。③ 根据甲午战史研究者张黎源的考
证，这两份报告分别为（1）《威海卫之战》（Der Kampf um Wei-hai-wei），
这篇按时间顺序对军事事件进行描述，后来在 6 月 16 日的《科隆公报》
（Cologne Gazette）上发表；（2）《威海卫的投降》（The Capitulation of Wei-
hai-wei），这是后来瑞乃尔对清廷战败调查提交的报告。上述不同洋员战争
叙事都已由张黎源找到原文，核对考订并全部翻译成中文。④

二　独立出版的战史书写

　　1894 年，美国长老会传教士亨利·达文波特·诺斯罗普（Henry
Davenport Northrop）出版了 The Flowery Kingdom and the Land of the Mikado or

①　"Imperial Decrees," the North-China Daily News, 3 Nov. 1894, p. 4.
②　Translation of the Peking Gazette（1894）, Reprinted from the North-China Herald and Supreme
　　Court and Consular Gazette（Shanghai, 1895）, pp. 144-145.
③　姚锡光：《姚锡光江鄂日记（外二种）》，第 167 页。
④　张黎源：《布莱克伍德杂志中的甲午战争》（一）—（七），参见微信公众号"船坚炮利"2018
　　年 10 月 23 日至 11 月 14 日连载，https://mp.weixin.qq.com/s/GljvFKRGVNah4TPHfI4Yrw，检索
　　日期：2024 年 6 月 3 日。张黎源：《洋员记录的威海卫投降真相》，参见微信公众号"船坚炮利"
　　2018 年 11 月 16 日发文，https://mp.weixin.qq.com/s/xfLmmisFjUcZZuKzMkMqXg。

China, *Japan and Corea*（《花国和天皇之国或中国、日本与朝鲜》）。① 作者宣称，这是一部关于中日朝三国的"全史"。虽然此书出版时甲午战争还没有结束，但它开始对其进行"叙史"。除了依历史脉络向西方读者介绍这三个国家的习俗、礼仪、人民、宗教及工业、自然景观等，该书更以甲午战争的图像资料和"战史"为重要"卖点"，介绍战争的起因及海陆各场战役的情况等。显然，这本书是将战争放在东亚三国政治、文化"全史"的脉络中加以观察与叙述的。此书的介绍语由美国驻华公使杨约翰（John Russell Young）所写。

如前所述，特兰布尔·怀特出版于 1895 年的《东方战争：日本、中国、朝鲜》也是战事甫歇即以"全史"面貌呈现的一种英文战史。怀特是一名美国记者，出生于 1868 年，正担任《芝加哥早报》（*Chicago Morning News*）、《芝加哥时报》（*Chicago Times*）、《芝加哥报道》（*Chicago Record*）等新闻媒体的编辑。他还在东亚同时担任上海出版的英文报纸《字林西报》及神户的《神户捷报》（*Kobe Herald*）的通讯记者。该书共 1 册，篇幅为 673 页。除第 1 页作者的序与第 14 页日本记者松本君平所撰介绍语外，正文内容共分为 4 部分、23 章。全书配有插图 196 幅，主要出自日本天绘学社的西洋画画家森本贞德与西方插画家法尔曼（J. C. Fireman）之手。

该书在封面广告语中即自称为一部甲午战争的"全史"。

> 一部完整的战史包括它的肇端与战果、海陆战役、惨烈的战斗、伟大的胜利与压倒性失败，并初步介绍三国卷入战争的民众的风俗、习惯和历史，它们的城市、艺术、科学、娱乐和文学。②

正如这则封面广告所述，这部战史"完整"呈现战争的方式是从详细阐述东亚三国（中、日、朝）的"风俗、习惯和历史"及它们的城市、艺

---

① Henry Davenport Northrop, *The Flowery Kingdom and the Land of the Mikado or China*, *Japan and Corea* (London and Ontario: Mcdermid & Logan, 1894).

② 封面广告语。White, *The War in the East*.

术、科学、娱乐和文学入手，内容涵盖战争的因果、海陆各场战役、恐怖的作战场景及巨大的胜利与溃败。① 在弱肉强食原则的列国竞争观与西方文明启蒙论下，为此战建立政治、外交与文化的因果链环与未来图景，是这部即时战争"全史"选择的"内在一致性叙事"方案，也是当时各种西文甲午战史最为流行的叙史逻辑。日本人松本君平为此书所撰介绍语在这一逻辑基础上，又加入了另一个值得注意的论述策略，即在空间上强调"东亚"作为区域单位，是真正的"历史舞台"。通过淡化国族疆界、政权区域作为历史过程天然空间单位的属性，将甲午战争置于"东亚竞主"的国际秩序更替论说中加以合理化阐述。这一带有近代日本"东亚史观"② 印记的叙史逻辑，对当时侧重从外部视角来观察东方的西文读者来说，应该是颇有吸引力的。

松本君平在他为此书所撰写的介绍语里面重新书写了日本的历史，将日本与"文明""进步""富强"绑定，依据弱肉强食原则，将日本描绘成引领东亚走向西方式富强与国际规则的使者。中、日、朝三国的关系及甲午战争就是被放在这一刻意编写的"东亚历史脉络"里面加以阐释与说明的。因这本书在那些19世纪末日本作者影响下的西文战史中比较典型，本书附录三提供了该书章节，以便读者了解更具体的情况。

1897年，特兰布尔·怀特又出版了 Glimpses of the Orient or the Manners, Customs, Life and History of the People of China, Japan and Corea（《东方掠影或中国、日本、朝鲜人民的礼仪、风俗、生活与历史》）。此书与前述1895年版的《东方战争：日本、中国、朝鲜》非常相似，区别是删掉了前述松本君平所撰介绍语，替换上了他自己撰写的从西方人视角讨论东亚三国及甲午战争的介绍语。③ 不过怀特自撰介绍语，仍然沿用了松本君平对日本及东

① 封面广告语。White, *The War in the East.*
② 关于日本近代史学中的"东亚史观"问题，参见黄东兰《作为隐喻的空间：日本史学研究中的"东洋""东亚"与"东部欧亚"概念》，《学术月刊》2019年第2期；黄东兰《"吾国无史"乎？——从支那史、东洋史到中国史》，孙江主编《亚洲概念史研究》第1卷，商务印书馆，2018。
③ Trumbull White, *Glimpses of the Orient or the Manners, Customs, Life and History of the People of China, Japan and Corea*（Philadelphia and Chicago: P. W. Ziegler & Co., 1897）.

亚局势的一些基本论述。

1883 年，美国海军军官爱德华·希彭（Edward Shippen）出版了一部世界海战通史——《世界海战史》（*Naval Battles of the World*）。此书在 1894 年、1898 年两次增订再版，持续补充海战案例。在 1898 年的增订版中，增加了"The War Between China and Japan"（中日战争）一节，分 22 个标题段落，用 34 页的篇幅专门讨论甲午战争。这一节虽然是以海战案例来介绍甲午战争，但却仍然是从介绍日本的对外关系、地理、历史及 1850 年代黑船来航、佩里舰队等日本遭遇西方殖民帝国开始讲述的。其具体分段如下：

> 日本开国，日本的地理和历史，早期的探险家，1617 年革命，美国最初的交流尝试，格林司令的尝试，1852 年佩里准将的成功远征，签署第一份条约，日本的后续发展，对华战争爆发，高升号的沉没，两国之间历史性的敌对关系，朝鲜问题争端，1894 年 9 月 17 日鸭绿江之战，战斗细节，此战的战果，海军专家的重要性，得出的结论，战争的后续事件，攻占旅顺港，日本天皇，与美国签订新约。[①]

1896 年，前述弗拉迪米尔著《中日战争：汇编自日本、中国和外国的资料》在伦敦出版。[②] 同年该书的第二个版本在纽约出版。[③] 在此书正式出版前的 1895 年 12 月 6 日，英国《泰晤士报》就为此书刊登了一篇长书讯，介绍它的出版概况并给予简单评价。由于这篇书讯体现了当时西方媒体对此书的总体观感，并概述了它所使用的各类资料，对于了解甲午战争时及战后极短期内中文世界以外出现的各种"史叙"颇有帮助，今将此书讯试译如下。

---

① Edward Shippen, *Naval Battles of the World* (Philadelphia and Chicago: P. W. Ziegler & Co., 1898), pp. 467-501.

② Vladimir, *The China-Japan War: Compiled from Japanese, Chinese, and Foreign Sources* (London: Sampson Low, Marston and Company, Limited, 1896).

③ Vladimir, *The China-Japan War: Compiled from Japanese, Chinese, and Foreign Sources* (New York: Charles Scribner's Sons, 1896).

《中日战争》（Sampson Low 版）——我们要感谢一位显然是外国国籍的作家，他的名字叫"弗拉迪米尔"，自称是"最近驻朝鲜外交使团的成员"。他对最近这场远东战争中的军事、海军和外交事件做了大量极为仔细的描述。作者在很大程度上采用了（但不完全是）来自日本的信息，并在序言中证明了日本人在记录当代战争史方面所表现出的非凡智慧和魄力："我只使用了为此目的而收集的材料中的一小部分。这些材料来自所有可用的来源，如中国和日本的记载，以及西方人的努力报道（只要他们在场，无论是在船上还是在陆地上）。我主要感谢日本的战争出版物，如果没有这些出版物，至少在目前，是不可能编纂出一部关于战争的明智说明的。除了大量的单行书册，战争进行期间还发行了两本专门讨论战争的期刊，在战争结束前就出版了几卷。这些出版物中所包含的各类信息量是很大的，为了让日本人清楚地了解这个问题，几乎没有忽略任何东西。在这里提到的资料中，有不少当然只有熟悉日文、中文的作者才能获得。""弗拉迪米尔"编撰的叙述也许并不完全公正，也不完整。后者只能属于双方的官方叙述和报道，而前者则属于对这些叙述和报道的官方整理。但此书仍充满了大量的、经过证实的信息，并以一个消息灵通的无私观察者的冷静态度来写作。特别是关于鸭绿江战役，"弗拉迪米尔"给出了比我们在其他地方看到的更全面、更连贯的描述，他用了一些非常富有启发性的图表来说明情况。而在描述其他重要的海、陆军事行动时，他同样是通过亲自付出艰苦努力来获取真相的。该书的介绍语论述了朝鲜问题的历史渊源及交战双方的海军军力与军事组织概况。书中一系列的附录则收入了许多具有重大价值和意义的外交文件及其他官方文件。书中还复制了一些日本的战争插图，并提供了许多参与战争的日本著名军官及其他军事人员的照片。然而，后者的复制并不十分成功，而前者在大多数情况下则显得相当怪诞。①

---

① "*The China-Japan War（Sampson Low）*，" *Times*，6 Dec. 1895，p. 3.

可以看到，书讯侧重于介绍该书利用的主要资料，评价了该书论述的可靠性，并介绍了该书的章节安排、附录、插图等。

1896 年，英国皇家炮兵部队的布莱（N. W. H. Du Boulay）上尉①编撰的 *An Epitome of the Chino-Japanese War, 1894 - 1895* ［《中日战争的缩影（1894—1895）》］在伦敦出版。此书主要参考了参战的英国军官如上尉 Cavendish、Bower、Du Boulay 等人提交的报告，日本军方的报告，寇松（G. Curzon）所著 *Problems of the Far East*（《远东问题》），前述弗拉迪米尔所著《中日战争：汇编自日本、中国和外国的资料》，以及《国外军事评论》（*Revue militaire de l'etranger*）等当时流行的西文甲午战史出版物。②

1897 年，F. 沃灵顿·伊斯特莱克（F. Warrington Eastlake）和山田德明在伦敦出版了 *Heroic Japan: A History of the War Between China & Japan*（《英雄日本：中日战争史》），全书共 33 章，有 5 个附录，是一部十分详细的甲午战史。③

1898 年，美国海军太平洋部队的舰队工程师约翰·D. 福特（John D. Ford）所撰的远东见闻录 *An American Cruiser in the East : Travels and Studies in the Far East*（《东方的一艘美国巡洋舰：远东之旅与研究》）的第二版在纽约出版。此书该版的附录中有一篇 "The Japan-China War"（《中日战争》），共 26 页，配有出自日本画师之手的三幅战争画插图，分别是 "Japanese Mounted Infantry"（《日本骑兵部队》）、"Imperial Chinese Troops"（《清朝皇家军队》）、"Japanese Artillery"（《日本炮兵部队》）。④

1898 年，前述詹姆士·艾伦回忆录《龙旗下：我在中日战争中的经历》

---

① I. Gow, Y. Hirama, J. Chapman, eds., *The Military Dimension: The History of Anglo-Japanese Relations, 1600-2000* (London: Palgrave Macmillan, 2003), p. 10.

② N. W. H. Du Boulay, *An Epitome of the Chino-Japanese War, 1894 - 95* (London: Harrison and Sons, 1896).

③ F. Warrington Eastlake and Yamada Yoshi-aki, *Heroic Japan: A History of the War Between China & Japan* (London: Sampson Low, Marston & Company, Limited, 1897).

④ John D. Ford, *An American Cruiser in the East: Travels and Studies in the Far East*, 2nd edition (New York: A. S. Barnes and Company, 1898).

在伦敦出版。[①]

从 1908 年到 1918 年的十年间，历任天津海关帮办、海关总税务司洋员、京师同文馆英文教习、上海海关副税务司、海关总税务统计秘书等职的美国人马士（Hosea Ballou Morse）以英文陆续编撰出版了 5 卷本 *The International Relations of the Chinese Empire*（《中华帝国对外关系史》）。这套对西文世界的东亚研究产生了极大影响的作品，其前 3 卷分析了 1834—1911 年中国与西方的交涉历史，重点问题包括外国对中国控制的增加、中国政府的应对尝试、日本在亚洲的崛起及清朝的最终灭亡。第 4 卷 "中国的贸易和管理" 和第 5 卷 "中国的吉尔兹" 则提供了中国经济运行的第一手资料。内容包括清朝的中央和省级政府、中国国家的财政状况、国际贸易、外国人在中国经济中的地位、鸦片进口、海关监察局、铁路，以及对支撑中国商业组织的行会制度的审查等。其中，第 3 卷第一章、第二章叙述了东亚三国的国际关系和甲午战争，共 28 页，分为 37 个标题段落。[②] 马士常出入于主持对日作战的北洋大臣李鸿章幕府，又长期任职于相当于清廷战时信息枢纽之一的中国海关，大体属于战争的亲历者，又掌握了非常多的一手信息，因此他对甲午战争西文史叙的影响，不是其他相似主题作品可以比拟的。

1909 年，曾任美国国务卿的外交家科士达撰写了《外交回忆录》，其中的第 2 卷从第三十章到第三十三章涉及作者见闻的中日停战和谈及签订《马关条约》的过程。[③]

此外，1914 年，英国军事专家 H. 罗旺-罗宾（H. Rowan-Robinson）编撰出版了 *The Campaign of Liao-Yang*（《辽阳战役》）。[④] 1919 年，罗伯特·

---

① Allan, *Under the Dragon Flag*.

② Hosea Ballou Morse, *The International Relations of the Chinese Empire*, Vol. Ⅲ, *The Period of Subjection 1894–1911* (London, New York, Bombay, Calcutta: Longmans, Green, And Co., 1918).

③ Foster, *Diplomatic Memoirs*.

④ H. Rowan-Robinson, *The Campaign of Liao-Yang* (London: Constable and Company, Ltd., 1914).

P. 波特（Robert P. Porter）出版了 *Japan: The Rise of a Modern Power*（《日本：一个现代大国的崛起》），其中第一部的第 6 章、第 7 章分别为 "The Chino-Japanese War of 1894–5"（甲午战争）、"From the Chino-Japanese War to the Russo-Japanese War"（从甲午战争到日俄战争），叙述了甲午战争。①

除英文外，当时法语、德语、意大利语、俄语等其他欧洲语言的出版物中，也有关于甲午战争的类似史叙。

1896 年，前述有贺长雄的《日清战役国际法论》由 M. 保罗·福切尔（M. Paul Fauchille）译成法语在巴黎出版。②

1918 年，前述甲午战争期间法国驻华公使施阿兰所撰《使华记》在巴黎出版。③ 1929 年中国学者束世澂的《中法外交史》提及 1894—1897 年驻北京之法公使葛雷（M. A. Gérand）所著《余在华之任务》即指此书。④

1904 年，阿梅迪奥·阿尔伯蒂（Amedeo Alberti）所著 *La guerra Cino-Giapponese 1894–1895*［《中日战争（1894—1895）》］在意大利那不勒斯出版。⑤ 1897 年，德国人巴兰德（Max August Scipio von Brandt）著 *Drei Jahre Ostasiatischer Politik 1894–1897*（《1894—1897 年的东亚政治》）在德国斯图加特出版，其中就有关于甲午战争的史叙。⑥

以上各种西方人在战争期间至 1920 年代所出版的，以西文编撰的甲午战争史叙，并未完全得到学界的关注、梳理与集中讨论。因而本节稍以冗笔添出，以期能较为完整地观察甲午战争在全球范围内建立历史叙述的最初情况。

甲午战争早期西文史叙的书写、流转与知识化过程，动态呈现了 19 世纪末至 20 世纪初期，全球范围近代类型知识流动与秩序缔结的一些实相，

---

① Robert P. Porter, *Japan: The Rise of a Modern Power* (Oxford: the Clarendon Press, 1919).

② Nagao Ariga, trans. by M. Paul Fauchille, *La guerre Sino-Japonaise au point de vue du droit international* (Paris: A. Pedone, Libraire de la Cour D'appel et de L'Ordre des Avocats, 1896).

③ Gérand, *Ma mission en China*.

④ 束世澂:《中法外交史》，商务印书馆，1929，第 132 页。

⑤ Amedeo Alberti, *La guerra Cino-Giapponese 1894–1895* (Napoli: Melti & Joele, 1904).

⑥ Max August Scipio von Brandt, *Drei Jahre Ostasiatischer Politik 1894–1897* (Stuttgart: Strecher & Moser, 1897).

十分值得从知识史的视角去观察与把握。

总体而言，大概有三类人员参与或影响了早期西文战史的书写。一类是亲历战事的西方人，包括参战者（多为清政府所雇"洋员"）、在华传教士或驻华使节等。如海关英国洋员泰莱，北洋水师"镇远"舰帮带马吉芬，北洋水师总教习德国人汉纳根、炮术教习德国人瑞乃尔，北洋水师英国军官、上尉 Cavendish、Bower、Du Boulay 等人，美国海军太平洋部队的舰队工程师约翰·D. 福特，苏格兰长老会医疗传教士司督阁，法国驻华公使施阿兰，美国驻华公使代办田贝和驻华公使杨约翰及法律顾问科士达，驻朝鲜外交使团成员"弗拉迪米尔"等。第二类是西方现代媒体记者，他们中的一部分领取了日军参谋本部的报道许可证随军观战。其中包括美国《纽约世界报》记者詹姆士·克里曼、香港报纸《孖剌西报》战地通讯员肯咸宁及美国记者特兰布尔·怀特等。第三类为日方战时军政外交人员为影响国际舆论而刻意进行的西文写作。

这些人员对战事的西文叙写，通过几种近代特有的方式成为史源，进入甲午战争的早期史叙。第一，借助西方世界或条约口岸城市的现代新闻媒体，以西文战时报道的形式进入公众视野，同时被纳入各国战时情报译写的军政流程。第二，在汇入情报译写流程后，又通过进入如总理衙门《清档册》《夷务始末记》及军机处日常奏报及各种据此抄录编纂的档册稿本等，融入清朝馆阁史叙的史源。第三，这些报道在进入公众视野后，渐次扩展阅读圈层。先是通过如上海《万国公报》、《香港华字日报》等汉字媒体的摘编转译进入汉文读写世界，随即被当时正在进行战史书写工作的姚锡光等人读到。又以浅文言与白话文等较为通俗的文体转译、多次转载，流行于更大范围的读写知识圈层。同时通过《点石斋画报》、版画、年画等视觉媒体的转化，变成时、空、人、事更为具象的公众知识，进入普通民众的常识。第四，通过阅读、征引、转译、汇编变成西方史叙的共同文本和史源。如《泰晤士报》的连续报道和"弗拉迪米尔"的作品，都反复出现在同时代西文战史的征引书目列表中。第五，通过序跋、书评、共同写作等形式形成跨国互文，如松本君平、有贺长雄、山田德明、张荫麟等，虽然动机各异，但都是在副文本的范畴内将自身视角介入西文战史的知识化过程。

与中文、和文早期史叙相比，这些西文书写较为强调"客观""中立"的第三方视角，以"全史"为标榜，具有高度内在一致性的叙史尺度。如《花国和天皇之国或中国、日本与朝鲜》，其作者就十分强调自己的"全史"定位，即便当时战争还没有结束。除通过邀请美国驻华公使作序来加强这一定位外，该书又为单一战争添加了参战国的民众风俗、习惯和历史方面的内容，并分析其在城市、艺术、科学、文艺等文化范畴的不同特点，通过在战争和文明之间架设逻辑桥梁，建立史叙的"内在一致性"。像这种试图从文化特征中找到某种普适性历史解释标准的做法，在19世纪的西方是一种颇为流行的历史书写策略。此外，从爱德华·希彭、马士到马克奈耳将甲午战史纳入《世界海战史》、《中华帝国对外关系史》及《中国近代史选本》等更长时段、更大范围的通史性书写，客观上改变了单一战史的知识坐标。这些叙述风格使这些西文史叙呈现出有别于中文、和文早期史叙的显著特征。

第六章

东亚战争史叙的近代转变

从知识史的角度观察，19 世纪以降的人类战争从规则、技术到书写实践，都可以被视为一种在全球范围推进过程中逐渐确立起来的近代知识模式。族群、现代国民等人类群体除了逐渐依照近代规则作战，也在新的制度机制与物质环境中观战并记录、分析与评价战争。并由此而在客观上缔结了围绕军事活动形成的某种近代知识共同体，其中包括军事院校、军政组织、作战部队与近代印刷媒体等。在这一近代转型过程中，东亚三国清朝中国、明治日本与李氏朝鲜恰被 19 世纪末的甲午战争关联到一起。它们通过各自缠绕于战争进程的即时史叙，在战史的语言形式、叙史体裁及具体内容上彼此渗透、交互影响。虽各有知识脉络，却又共同形塑，将 19 世纪末的东亚战场同时变作了一个近代知识转型的特殊场域和历史场景。

因此，中日两国在以战争史叙形式观察、记录及评价、宣传甲午战争时各自所处的机制脉络及历史变化，成了考察东亚近代相关知识生成与知识共同体缔结的有效切入点。

第一节　清朝中国的"纸上谭兵"与战史脱范

18 世纪前，军事活动是传统国家最重要的职能之一。《左传·成公十三年》称："国之大事，在祀与戎。"此语历来得到广泛的认可，可以被视为某种相对稳定的共识。① 尽管如此，在"纸上谭兵"的具体形态上，"战史"却并没有独立成为史部的一个分支专题或自成史体。它在史部独立成目，与乾隆朝至道光朝的制度与知识转型密切相关，需要进行回溯分疏。下文就从三个方面展开讨论。

一　中国自有文献传统中谈兵的旧形式与新变化

1. 旧形式

道光二十二年，侨居扬州絜园的湖南邵阳人魏源从自己早年宦游京师时期接触到的"史馆秘阁官书"及"士大夫私家著述、故老传说"等文献中，采撷掌故，"排比经纬"，撰写了一部"涉兵事"的纪事本末体史书《圣武记》，书内同时收入他谈兵的"论议若干篇"，共得14卷，在中英《南京条约》签订的当月（8月）成书付梓。

> 晚侨江淮，海警飙忽，军问沓至，忾然触其中之所积，乃尽发其椟藏，排比经纬，驰骋往复，先取其涉兵事及所论议若干篇，为十有四卷，统四十余万言，告成于海夷就款江宁之月。②

《圣武记》在第13卷"武事余记·事功杂述"提及乾隆中叶勘定伊犁时，乾隆帝援据史事"御制《开惑论》，力辟汉、唐诸儒地不足耕、人不足臣之说，而西陲永奠"，又举康熙时期李光地针对当时"议弃台湾"的舆论，靠征引史书的记载"力破前代捐珠崖、弃安南之议，而海波息警"。魏源以此两例，力证"纸上谭兵"如果"不泥史事"而有真知灼见（"有十分之见"）的话，也可以在军事行动上收到实际效果。

---

① 如《周礼》《毛诗注疏》《通典》《通志》及各朝正史等各类传世文献皆对其施加援引阐发，以为论说资源。

② 《圣武记叙》，魏源：《圣武记》，古微堂藏版，道光二十二年，第1页。下文如无特别注明，皆为此版本。

故泥史事与不泥史事，相去霄壤。今日动笑纸上谭兵，不知纸上之功，即有深浅：有一二分之见，有六七分之见，有十分之见。淮阴背水死战出于兵书，而诸将不知；崔浩凉州地利得自《汉书》，而浮言不惑。故于史学深者，其练世故谍形势亦必深。不肯以陈腐昧机，不敢以虚侨偾事。今尚未能领会纸上，而遽欲收功马上，难矣哉！①

这里有两点值得注意。一方面，在当时士林的一般观念中，涉及军事的内容应该不是史书的阅读重点，即使关心军政时务的人也不例外——相较于"收功马上"而言，"纸上谭兵"是容易受到轻视的。另一方面，存世的文献中又大量存在与"兵事"相关的内容，只要具有"不肯以陈腐昧机，不敢以虚侨偾事"的阅读态度，调整动机，就可以从史学入手，收获"练世故，谍形势亦必深"的真知灼见。

魏源编纂《圣武记》时，显然便是以此自期的。而他此时"尽发其椟藏，排比经纬，驰骋往复"所援据的官、私记载，就是中国自有文献传统中涉及"兵事"的各种旧形式。那么，具体来说，它们主要存在哪些不同的形态呢？

就文献的分类而言，中国古代图书自唐修《隋书·经籍志》确立四部之法，至清代《四库全书总目提要》总其大成，经、史、子、集向为最主流的目录法则。此前，抄本时代的古籍分类虽无定法，但也有汉代《七略》、南朝《七志》、三国魏《中经》之类，大体思路是按图书内容来分部的。

依此而观，与国家军事活动相关的记载与议论分散见于四部图书，经史子集各部都有一些特殊的类目涉及兵事。

---

① 这段话在《圣武记》道光二十二年版中是没有的，从道光二十四年苏州重订版始增补，道光二十六年扬州三订版虽以修订原第 12 卷、第 13 卷《武事余记》为重点，"至《武事余记》第十二、十三卷，旧多冗沓，今移其琐事，散附各卷之末"，却并没有删除改动这段话，遂沿为定本。此处引文出自道光二十四年苏州重订本，标点为笔者施加。参见《武事余记·事功杂述》，魏源：《圣武记》第 13 卷，第 6 页，道光二十四年古微堂藏版"新增校对无讹"重刻本。（清）魏源：《圣武记》，上海：世界书局，1936，第 3 页。

载于经部者主要见于与《春秋》相关的注疏典籍之中，如宋代章冲撰《春秋左氏传事类始末》，便有按军事行动过程来叙述的内容。

子部的相关文献则主要在"兵家"类下。至张之洞 1876 年《书目答问》、① 1898 年《劝学篇》列"兵学"，② 民初赵尔巽等《清史稿·志一百二十二·艺文三》列"兵家类"③ 等目下的图书，仍不脱这一涉及兵事内容的传统文献形式。

集部在唐宋时期出现了一种相对独立的"书事"文体，与序、跋结合，多以对历史事件发表议论，状写人物为主。到了明清时期，"书事文发展成为一种以叙事性为主的完全独立文体"，并出现了与笔记小说等虚构性叙述"直接混杂"的情况。④ 到清中晚期，就有一些首尾连贯叙述独立事件的书事文以军事活动为主题，并引用官、私文献叙述发生在当时的史事，已经十分接近史部文类。其中较为世人所知者，如清代蒋湘南的《书滑县平贼事》、⑤ 薛福成的《书沔阳陆帅失陷江宁事》《书昆明何帅失陷苏常事》⑥ 等，皆是。

"史部"是"纸上谭兵"最主要的传世形态，历代纪传、编年、纪事本末各体史书中多有涉及戎事的史叙。就体裁而言，自南宋袁枢《通鉴纪事本末》开始，逐渐别立为史叙体式之一的"纪事本末体"史书，又是史部文献记载军事历史过程最主要的形式，至明清时期尤为显著。如明代高岱《鸿猷录》、范景文《昭代武功录》、吴伟业《绥寇纪略》，清代谷应泰《明倭寇始末》、叶梦珠《续编绥寇纪略》、谷应泰《海宁倭寇始末》等皆是。至《四库全书》更将清代独有的军事专史"方略"24 种分为 3 类，归入"纪事本末体"目下。而此类官修方略，实为历朝颂扬帝王"功烈"之书⑦

① 赵德馨主编《张之洞全集》第 12 册，武汉出版社，2008，第 224—306 页。
② 赵德馨主编《张之洞全集》第 12 册，第 157—194 页。
③ 赵尔巽等：《清史稿》第 15 册，第 4332 页。
④ 王庆华：《论"书事"文体》，《文艺理论研究》2023 年第 6 期。
⑤ 蒋湘南（子潇）：《七经楼文钞》第 5 卷，第 46 页，同治八年马氏家塾重刻本。
⑥ 薛福成：《庸庵海外文编》第 4 卷，第 26、33 页，清光绪二十一年乙未孟秋无锡薛氏刻本。
⑦ "历代纪载功烈，俱有成书。迄今可考者……"《康熙朝议修实录圣训等事题稿档》，《文献丛编》第 5 辑，1937 年。

在清朝的特殊延续形态。此外，明清每逢王朝内外军事压力骤升时期，又有
各类官绅私修"杂史"专以兵事为主题，如《嘉靖倭乱备钞》《两朝平攘
录》《平播全书》《万历三大征考》《万历武功录》《三朝辽事实录》《靖海
志》《靖海纪事》《军兴本末纪略》《冯军门萃亭（子材）军牍汇存》《金陵
兵事汇略》《浙东筹防录》等，专记内乱及边事。唯此类杂史或常以编年纪
事，或仅为相关行政奏疏、咨文等公文书的汇编，因此，虽围绕特殊时期的
一系列军事活动展开，却没有以"事"为纲，对独立战事分疏本末，加以
"事件化"处理。

上述以四部图书分类法结合史书叙事体裁类别，纲举目张，归束"纸
上谭兵"传世形态的方式，实际上显示了19世纪中叶以前，魏源撰修《圣
武记》时"排比经纬"采撷各种官修、私著典籍时所面对的最基本的一类
旧有知识框架。

除了上述典籍形态，清代还有不少出自官修书、史脉络中的谈兵文献，
相较前代而言颇有不同。大体而言，可以分为皇帝亲笔的御制文和馆阁书史
两大类。其中有些得到公开刊刻广为流传，而大部分则以稿抄本及按各主题
抄录汇编的档册文书等形式藏于禁中。

清代乾隆、嘉庆二帝都曾依据先朝实录，变换编年文体，以前述"书
事"体裁状写战事。乾隆帝御制《萨尔浒山之战书事》文，以满汉两种文
字书写，刻石立碑，碑文计满汉字6000余个、94行。同时由内府刻板刊
印，并分赐诸阿哥、亲王及枢要、文武重臣阅读。[1] 可见，其最初应是作为
核心政治群体内部的某种共同知识文本来定位的。至嘉庆帝，又效仿乾隆帝
"点窜二典""涂改三颂"，[2] 为清初的另一场战役撰写了《辛巳岁我太宗大
破明师于松山之战书事》一文，同样经修史馆阁汇编录入御制文集，由内
府刻板刊印。

---

[1]　邓庆：《清高宗御制萨尔浒山之战事碑与恩赐和珅"赏单"刍议》，李声能主编《沈阳故宫
学刊》第24辑，现代出版社，2021。
[2]　朱珪：《御制辛巳岁我太宗大破明师于松山之战书事恭跋》，朱珪：《知足斋进呈文稿》，丛
书集成初编本，商务印书馆，1936，第40—41页。

　　清代官方除乾隆、嘉庆二帝的"御制"军事史叙文本外，在修史馆阁编纂的各类官修书、史中也有丰富的内容涉及兵事，各有其文献与制度脉络。有的本身就是特别撰写的叙史文本，有的则是在实际军、政过程中留下的公文文件，在按专题转抄、归档、汇编时逐渐具有了史源与史叙的性质和功能。

　　清代参议机要，具有实际行政中枢性质的机构先有内阁，后有南书房、军机处及总理衙门。其中，内阁下属翰林院长开的国史馆、例开的实录馆，军机处下属例开的方略馆等馆阁，皆留存有日常功课稿本、各次修订稿本、进呈本及一些钦定稿本等各类传稿、方略文本。

　　军机处与方略馆还留有抄录日常公务活动文件的清档簿、发文底簿、收文簿等，以及按专题汇编的一些专档、专案，如东事档、剿捕档、满文西藏档、盛京档等。[①] 晚清总理衙门在处理对外交涉事务时，也留下了汇抄日常行文的清档册和一些专档。由于清中后期军机处与总理衙门在处理内外军务、交涉问题时处于行政流程的中枢位置，因此这些日常上、下行公文的汇抄档册、簿籍就大量涉及了军事活动及与其前后关联的内外政务。

　　从对战争的叙史来看，这些馆阁书、史稿本、册籍主要沿"传人"与"纪事"两个不同的经纬方向展开，皆与馆阁的具体行政职能目标有关。

　　就"传人"而言，清国史馆的官修传记是最主要的形式。正如前文已经述及，该馆撰修的"忠义传"是王朝劝忠酬绩的一项重要政务，又与臣工将帅的饰终、祀典、荫封等待遇相关联。因此，皆以奉旨立传的传主为题，将传主获得立传待遇时参与的主要战事为纲，以具体忠义事迹为纬，写人纪事。读者往往需要诸传参看，方可得较为全面的战史面貌。因为"忠义传"的某个单一传记，既略于传主与战功无关的生平行状、言行等，就对战争的叙史而言，也不详述相关战事的首尾终始，而多着重叙述摹写传主在殉国之役中的事迹与战功。

　　就以"纪事"为经纬的军事史叙而言，内阁敕修、钦定的各类纪事本

────────────

① 参见邓绍兴等《中国档案分类的演变与发展》，档案出版社，1992，第24页。

末体专史、① 实录馆的实录、方略馆的方略及这些馆阁的相关日常功课稿本，便是 1840 年代前后其在官修史脉络中的主要旧有形式。清代自康熙二十一年在军机处辖下设方略馆，敕修《平定三逆方略》开始，共编成方略 24 种，计康熙朝 4 种、乾隆朝 11 种、嘉庆朝 3 种、道光朝 1 种、同治朝 2 种、光绪朝 3 种。大致在每次较为重大的内外军事活动结束之后，方略馆就开始组织相关学者和官员根据相关文书、档案进行方略纂修工作。会典因此将方略馆归为"例开之馆"，至乾隆时期它已经成为固定机构，与国史馆并立。② 方略馆所修的方略是清代特有的官修史形式，可以视为纪事本末体的军事专史，唯其叙史重点在于王朝功绩，而不是战事的军事、外交脉络或某些具体战役的过程。

2. "兴兵学于战史"——19 世纪中叶以降的新变化

如果说前述魏源 1842 年在编纂《圣武记》时写下"今日动笑纸上谭兵，不知纸上之功，即有深浅"，显示了传统文献中的"兵事"史叙内容与当时士林阅读史书的重心两个方面的特征。到 19 世纪后半期，情况发生了变化。大致来说，变化发生在"兵事"史叙的现实制度机制，以及在形式上突破了旧有史叙体裁和图书分类框架这两个方向上。

从史叙的机制性制度脉络来看，1840 年代后清王朝内、外军事压力骤升，海防逐渐跃升为国家的防务重心。其中，50、60 年代，各地基层社会频密发生范围不断扩大的反政府军事行动，与此相伴生的晚清"地方军事化"历史过程，裹挟着那类受过经史读写训练甚至拥有传统功名的精英比以往更深地介入了从国家到区域社会各层级的军事防务活动。60—90 年代，随着海防成为国家防务及王朝财政支出重心，坚船利炮所象征的近代军事工业建设及与此共生的近代作战方式、作战人员标准化训练等，皆以"富强"

---

① 如舒赫德等《钦定剿捕临清逆匪纪略》16 卷，清乾隆四十二年内府刻本；奕訢等《钦定剿平粤匪方略》420 卷，清光绪内府铅活字本等。

② 吴丰培乃"按军事年代为序叙之"，因而这里并不是按成书朝代，而是按该方略所涉军事活动的朝代来统计。参见吴丰培《清代方略考》，氏著《吴丰培边事题跋集》，新疆人民出版社，1998，第 363—384 页。

为标的，成为撬动旧有的传统型政府及王朝国家形式向现代类型国家转变的重要杠杆，开始引发时人所谓"三千余年一大变局"。① 90 年代以后，国族危机逐渐上升为朝野军事动员的主要驱力，并且新的军务在省与中央两个层级展开。武昌、直隶等地近代军事专门院校的课程设置发生了知识重心转变。具体来说，除了继续教授与近代船舰驾驶、枪炮武器操作紧密关联的各类科技知识课程，一是开始注意训练近代作战模式、战法、战术、国际法则等规则性内容；二是提出"兴兵学于战史"，在引入日本、德国的近代军事教育模式时，移入其"战史"课程。而"战史"课程的具体内容则与编译相关著作及开展课堂讲授等知识活动缠绕在一起。从 1840 年代到 20 世纪初的这一系列现实建制变化，在各自阶段都相应催生过几次较为明显的图书纂辑、汇编、转译、编目高潮，应当被视为一种知识生产机制层面的变化，同时是"兵事"史叙转变的历史脉络之一。

如前所述，晚清以降每当王朝面临较为重大或持久的内外军事压力时，常会有不少拥有举业经历的官、绅介入国家各级防务。这些身负经史读写能力者往往趋向于从文献中寻求经验。其中一种主要方式就是，根据实际需要，从存世的四部图书特别是史部文献中摘抄出前述各类与"谭兵"相关的内容，重立经纬，剪裁串联，有时还会仿照《资治通鉴》的"臣光曰"形式，加入观察、议论者视角的评论文字，如以"臣某曰""某某曰"等起头领出的段落等。这些二次创作的兵事文献中较为典型者，就有胡林翼《读史兵略》（1860），莫友芝《读史兵略续编》（1900），朱克敬《边事汇钞》（1880）、《边事续钞》（1880），丁立钧《历代边事辑要》（1894）、《东藩事略》（1894），陈庆年《兵法史略学》（1897）、《兵法史略学口义》（1902）等。

1860 年，正在湖北巡抚任上针对太平军起义主持防务的胡林翼编辑了《读史兵略》。他带领及门弟子汪士铎任编辑，胡兆春、张裕兆、莫友芝、丁取忠、张华理等幕僚（其中未有功名者唯张华理一人）任分辑，从《春秋左氏传》和司马光《资治通鉴》二书中"条取其言兵者汇编之"。《读史

---

① 《筹议制造轮船未可裁撤折》（同治十一年五月十五日），顾廷龙、戴逸主编《李鸿章全集》第 5 册，第 107 页。

兵略》自清咸丰九年动工，至咸丰十年冬天全书告成，先在武昌官署刻印出自春秋战国至五代后周时代的前 12 册共 46 卷，本拟随后刊出已经编成的"宋、元、明三史"，[①] 却因为胡林翼在 1861 年去世，刻板旋告休止。此后，原分辑者之一、贵州独山举人莫友芝继续处理未刊稿本，"守缺抱残，手抄未刊之十册，详校而编分之"。到 1900 年，续稿方得排印成书，由俞樾作序刊行，即《读史兵略续编》。[②]

光绪庚辰年（1880）仲夏，甘肃皋兰人朱克敬编成《边事汇钞》（又名《历代边事汇钞》）12 卷，同年 8、9 月再成《边事续钞》（又名《国朝边事汇钞》）8 卷，两编皆在长沙付梓行世。1860 年，朱克敬曾以捐纳出身参与地方防务，叙功授实缺未成，遂客居湖南长沙行医，[③] "与湘军重要人物和幕僚，如直隶杨翰、江西陈宝箴、浙江张修府、湖北黄文琛等交往密切，尤与郭嵩焘交游 30 余年"。[④] 在当时长沙的反洋教揭帖中，曾有攻击洋务者将他与郭嵩焘、曾纪泽、张自牧三人并列，合称为"四鬼"。[⑤] 朱克敬在 1880 年的几个月间先后刻印《边事汇钞》和《边事续钞》，乃是出于寻求处理对外交涉时务——"边事"的实用知识之考虑，其方向则是将目光投向传统史籍及清朝公文书这两类与王朝政务联系密切的文献。

《边事汇钞》辑录历代史书中与对外交涉有关的记载，"采历代以来中外交接之事，合为一编，稍加辨论，与天下有心者商之"。朱克敬之所以将寻求处埋海疆军事、外交问题的知识视角从"外求"转向传统内部，应是基于这样的认识：当时虽然出现了全新的"海防"压力，但随之出现的军事、外交等具体技术性问题只是表层知识，真正的解决之道在于明了"交接之理，强弱之形"，即通过观察敌我矛盾、优劣之势，发现其转换的机制。核心知识在于把握现象背后的"人"和"气"，而非表层的"法"

---

① 胡林翼等编辑《读史兵略》，序，清咸丰十一年武昌官署刻本。
② 俞樾：《序》，胡林翼等编辑《读史兵略续编》，清光绪二十六年排印本。
③ 《朱典史传》，阎镇珩：《北岳山房诗文集》，陶新华校点，岳麓书社，2009，第 169 页。
④ 寻霖、刘志盛：《湖南刻书史略》，岳麓书社，2013，第 382 页。
⑤ 王明伦选编《反洋教书文揭帖选》，齐鲁书社，1984，第 224 页。

与"器"。

> 唯心不欲和，而力不能战，然后屈伸变化，邦交之说尚焉。海疆多事，谈边者标奇眩诡，竟若丹经秘笈，非其人而莫传，吁可怪已。夫敌情战地，今古不同，而交接之理，强弱之形，则千秋不易。国之强弱在人而不在法，战之胜负在气而不在器，和之可否在我而不在敌。不求诸内而徒徇乎外，得不为外人所窃笑乎？①

或许正是基于这种对"时务"知识的排序与次第认知，与 1860 年代胡林翼的《读史兵略》相比，朱克敬虽然同样将有关新问题的知识眼光放在传统资源内部，但却并未止步于摘录排比、重定经纬，而是在采撷史事后，于每条下另以"瞑庵曰"领出段落，详加评议，以揭示处理矛盾、转易战守形势的法则。如"瞑庵曰：齐桓之时，楚势日张，临之以武，固难必胜；责之以义，亦难保其必服。故桓公不责其僭王号、灭诸姬，而但以包茅细故及昭王无据之事罪之，使其易于承任且易于诿谢。得其稍屈，即成盟而还，最得控制蛮夷之法，故能始终霸业……"此处，读解史事的问题意识显然发生了转移。以至于郭嵩焘读后，觉得此编已经脱出了旧有的史钞、史辑范畴，"节节皆有议论，似'汇钞'字尚未甚妥，直须云'边防论要'"②，建议此书可以直接更名为"边防论要"了。

《边事续钞》辑录清代咸同以降在对外交涉、用兵等实际政务中产生的一些著名奏议、公文，并加以评议。这些奏议与公文，一则事务针对性明确，故会典、实录等官修书史向采此类文本为史源；二则实可视为在某个政治活动共同体内，获得较多关注的"共同话题"或"公共意见"文本。如《边事汇钞》和《边事续钞》编成一年多后（清光绪八年正月初四日），曾国藩幕府成员、时任湖北按察使的庞际云与郭嵩焘畅谈洋务，即极力称赞朱

---

① 朱克敬编《边事汇钞》，序，第 1 页，清光绪六年长沙刻本。
② 郭嵩焘：《郭筠仙侍郎原札》，朱克敬编《边事汇钞》，第 2 页。

氏《边事汇钞》。① 上述两个特点，应也是当时这类汇钞辑录者的着眼之处，而并不仅仅因为其内容皆涉器实。

从知识史角度来看，《边事续钞》通过选编转录，将这类文献采撷纂辑为与战、守、和"三策"（边事的三个核心问题）相关的知识资源，其着眼点仍然与正编一样，乃是穿透"城池炮台"之类"器"的表象，通过观察形势，逆料未来发展趋势，选择最能顺势而为，在压力的隙缝下修复自身根本，而非仅仅追求"稍遏其焰"的方式，作为根本性的战略方案。

　　或问：子于边事，思之熟矣。战、守、和三策于今孰宜？曰：皆无可言者。曾文正、李伯相身经百战，再造神州，其文章气节虽不及当代鸿儒，言乎军旅，或不无一日之长，然皆不敢言战，况我辈闭门呫哔者乎？是战无可言矣。守则必以城池炮台为宗，修筑之坚未有过于铁者，而洋人之炮弹能穿二尺厚之铁皮；池之深未有过于江河者，而洋人能于江河之下穿隧代桥。且彼族心精力果专思一事，未有不得者，世无墨翟，谁与图艰？是守更无可言矣。和则彼之要求日甚，我之迁就愈难，利权日去，国本益虚，二十年后即恐无以自立，是和亦非久计矣。然则奈何？曰天地气机之发，虽圣贤仙佛，无如之何。观百余年来，洋人所专心致志者，皆杀人之器；日夜讲求者，皆杀人之事。其杀机杀气方怒兴，激荡于六合之间，近之者伤，逐之者亡，尧禹复生，断不能稍遏其焰。唯望圣朝上法先王，内修仁政、清吏治，以安中国之民；汰冗费，以养中国之力；坚守条约、弗弃要盟，俟彼族自相残杀，创其杀机，消其戾气。数十年后，其焰渐衰，一切神奇皆成无用，然后徐商剿抚，庶可收定一之功耳。《易》曰："数往者顺，知来者逆。"又曰："穷则变，变则通。"彼刚而承之以柔，彼暴而承之以仁，所谓"逆"也；彼器之利，无以复加，不求诸器而求诸用器之人，所谓"变"也。此言极迂，

────────

① 《郭嵩焘日记》第4卷，光绪八年壬午正月初四日，湖南人民出版社，1983，第251页。

此理丝毫不爽，愿与有心者默参之。①

有趣的是，若从编者朱克敬本人的另一主要身份——职业医者角度来考虑他提出的"医国之方"，或能发现，中国传统知识资源在 19 世纪末海防危机带动的"大变局"来临之际，所提供的似不仅仅在于攻守、和战方略本身。甚至可能是基于将具体问题析为不同层次，加以综合考量，按知识次第逐一规划不同方案的某种整体解决思路。边事、洋务、兵学、战史等在实际政务中产生的知识门类，于 19 世纪当时的历史脉络中，究竟是否如后世逐渐建立的常识认知那样仅仅归属于与"道"构成二元对立的"器物"类范畴，应也值得重新考虑。

1894 年中日战事骤起，光绪帝旋即要求翰林院进呈可供参考的书籍，于五月二十七日召见翰林院编修丁立钧。丁当时便"具陈纂有《历代边事辑要》一书，尚未完毕"。光绪帝读书心切，第二天又传谕翰林院掌院学士麟书"谕着赶办进呈"。丁立钧因"现纂边事一书，卷帙浩繁，须俟明年方能缮写工竣"，一时之间难以满足光绪帝立即了解战事背景知识的需求，因此从当时已经纂成的草稿中"摘出'朝鲜历代兵事'一门，编为《东藩事略》二卷，先行恭缮进呈以备省览"。一个多月后，《东藩事略》二卷摘编缮写完毕，丁立钧在七月初二日将其交由翰林院堂官掌院大学士、吏部尚书、宗室麟书，于次日代奏进呈光绪帝"御览"，当日即奉到朱批"钦此"。② 同日，丁立钧还有《东事条陈》一件，具陈有关甲午战事

① 朱克敬编《边事续钞》，序，第 1 页。
② 协办大学士吏部尚书翰林院掌院学士麟书：《奏为代奏编修丁立钧呈进〈东藩事略〉由》（光绪二十年七月初三日），军机处档折件，编号：故机 134396/133642。台北"故宫博物院"图书文献处藏的这件军机处奏折抄件，在档首抄有"六月初三日"，档尾则为"七月初三日"，二者矛盾。参看光绪二十年七月"月折档"抄件的日期栏与件末所署皆为"七月初三日"。又"甲午年七月初二日"丁立钧写给翁同龢的书信内有"谨先将朝鲜兵事一门编为《东藩事略》二卷，于本日由掌院代奏进呈"一语，可见此抄件的"六月初三日"为误植。参见《月折档·光绪二十年七月（一）》，军机处档折件，编号：故枢 004345；《丁立钧上翁同龢书》，中国人民政治协商会议镇江市委员会文史资料研究委员会编《镇江文史资料》第 21 辑，1997。

的军政、外交意见 5 条，同样交由麟书，由其与大学士徐桐在七月初三日联衔代奏。[1] 这件条陈随即发下军机处"公同阅看"，由军机处逐条回复意见。[2] 由于丁立钧乃是当时已经列席军机的大学士翁同龢的门生，他在七月初二日交付进呈《东藩事略》和上奏《东事条陈》后，当日即写信将此二事禀知翁同龢。他同时将《东藩事略》原稿呈递给翁，并在信中详细陈述了他那 5 条"本日条陈"背后，对于当时政局与军务的深层考量。[3] 而翁同龢也确实在次日便阅读了此书。[4] 因此，丁立钧进呈《东藩事略》、上奏《东事条陈》及函禀翁同龢诸事原委并附送《东藩事略》原稿，当可被视为彼此相关联动的几个政治动作。

笔者目前尚未看到《历代边事辑要》，而据其摘抄出来的 2 卷《东藩事略》却有抄本存世。《东藩事略》先以"臣谨案"领出 914 字，概述朝鲜来历及清王朝与朝鲜之间军政往来。其后为正文，"起周迄明，专叙兵事大要"，至于清代本身"怀柔小邦，绥靖藩服"的"诸经政"，则因为在各朝实录中已经记载十分详细，就仅叙及清初皇太极征朝，朝鲜王李倧"奏书称臣缚献"与清王朝建立宗藩关系，以及此后处置"对马倭书"理顺清、朝、日关系。除了这两件影响清初中朝关系最要紧的军事、外交事件，其余则不再纳入《东藩事略》的叙述范围。[5] 全书采撷史籍，概述史事，在从周代开始的数千年王朝历史框架中，爬梳华夏中原王朝与朝鲜半岛政权之间的军事、会盟事件，以建立一通到底的中朝关系史叙脉络。除此之外，段中常以双行小字夹注"臣谨案"专条注释名词，段末又有专节"臣谨案"百字

① 协办大学士吏部尚书翰林院掌院学士麟书：《奏为代奏编修丁立钧条陈由》（光绪二十年七月初三日），军机处档折件，编号：故机 134397/133643。
② 《奏为蒙发下折件臣等公同阅看丁立钧折五条》，军机处档折件，编号：故机 134400/133646。
③ 《丁立钧上翁同龢书》，《镇江文史资料》第 21 辑。
④ 翁同龢在光绪二十年七月初四日日记中记载："归，看丁叔衡所进《东藩纪要》二册，昨日递。"记录书名称有误，但对照前后章奏、函件等各类记载，当是此书无误。参见翁同龢著，翁万戈编，翁以钧校订《翁同龢日记》第 6 卷，中西书局，2012，第 2760 页。
⑤ 丁立钧辑《东藩事略》，清光绪间内府抄本。参见故宫博物院编《续琉球国志略·英轺日记·瀛环志略·东藩事略》，故宫珍本丛刊第 274 册，海南出版社 2001 年影印本，第 491、528 页。

以上，从外交、军事战术等角度评论分析史事。如在隋、唐段落后言："臣谨案，前事不忘，后事之师也。隋炀帝以百万之师，困于东夷，及唐太宗不鉴隋之近事，睿谟独断，更图大举，史称太宗勘〔戡〕乱比汤武，用兵若黄帝，乃朝鲜一役至以全力事之……及观我圣朝……"①

与 1880 年朱克敬的《边事汇钞》类似，1894 年丁立钧的《东藩事略》同样没有再如胡林翼 1860 年的《读史兵略》那样每事皆注明史料来源，也没有严格按照历史事件的自然时序排比经纬，而是根据自己设定的专题，按朝代采撷陈述史事，并重点铺陈作者评述视角"臣谨案"内容。显然，在叙史形式上已经渐渐由"史钞"向"专史"发生转变。同时，从 1880 年《边事汇钞》《边事续钞》到 1894 年《东藩事略》，叙史背后的问题意识与知识视角也逐渐发生转变。这一点到甲午战争后陈庆年在武昌调查编纂兵史类教材，在两湖书院讲授"兵法史略学"时，就体现得更加明显和成熟了。

陈庆年，字善余，江苏丹徒人，光绪十四年优贡生，始应曾国藩之召，赴南京主修《两淮盐法志》，继应张之洞之召，任江楚译书局总纂。光绪二十三年后，他在两湖书院主讲"兵法史略学"。陈庆年为了讲授这门课程，编有《兵法史略学》8 卷，约 15 万字，由课程义例、春秋时局、列国盟战 3 部分组成。光绪二十七年另有课堂教学讲义《兵法史略学口义》1 卷。②在《兵法史略学》中，课程义例是全书的总纲，下分兵法必立史略学之意、兵史诸书之大略、外国兵史之大略、讲授兵史之例等 4 个子目。在"兵法必立史略学之意"中，陈庆年首先对兵法、方略、史事这 3 类传统中旧有的，与军事相关的知识形式排列了次第，"欲明兵法，先明方略。欲明方略，先明史事"，随后明确了在"兵法史略学"新问题意识下的知识视角——"取古今战争得失之数，设身处地以求之（明戚继光谓，读百将传，

---

① 丁立钧辑《东藩事略》,《续琉球国志略·英轺日记·瀛环志略·东藩事略》, 故宫珍本丛刊第 274 册, 第 491—528 页。

② 《兵法史略学口义序》, 陈庆年:《横山乡人类稿十三卷》, 抄本, 第 1 册, 第 2 卷, 第 8 页, 上海图书馆藏。

以我身为彼身，以今时为彼时，使我处此地、当此事，如何而可。即此义）"。[1] 又说：

> 或疑史传浩穰，兵事居半。欲竟其学，既无穷期。古今异宜，又妨施用，不知兵史所重。重在即史事以专求方略，并非舍方略而广览史事。欲治此学，存乎精义穷理。不在记事多少，无略可言，即可不习。于方略涉者，则弗明弗措，不厌求详。……至于战阵之法式、器械之坚脆，因时变通。

此处，陈庆年强调要从史事中探求军事方略，以及背后的"精义穷理"，而不在"广览史事"与"记事多少"，这就与魏源在编纂《圣武记》时期观察到的"今人动笑纸上谭兵"——轻视从史部记载中了解实用军事知识的可能性——这类对"史"的旧有知识定位非常不同，相较于前述史部旧有的纪事本末类或杂史类军事专史重在"记事"，以昭明官方功绩的叙史目标也发生了明显的位移。在《兵法史略学口义》的"史略学之总义"中，陈庆年再次强调：

> 就历代史鉴摘其重要各战事，通论其首尾，详究其方略，谓之兵法史略学。此学之设，专为致用。与文人涉猎，但求该博者，立意迥殊。与策士扰攘，唯务纵横者，用心当别。[2]

很显然，陈庆年将这门课程命名为"兵法史略学"，既非"兵法"又非"史"和"方略"，却又与这三者密切相关。纽合三者，重加熔铸的着眼点便在于根据新的问题意识剪裁摘抄，重立经纬，并加入议论视角的文字"详究其方略"，探求其"精义穷理"。

---

① 陈庆年：《兵法史略学》，第 1 页，清光绪二十九年明薄书局铅印本。
② 陈庆年：《兵法史略学口义》，第 1 页，清光绪二十七年两湖书院刻本。

至此，我们发现，从 1840 年代魏源编纂《圣武记》着意于"纸上谭兵"的新形式问题，① 到1860 年代胡林翼编纂《读史兵略》以专题史钞之体裁改立经纬，再到 1880 年代朱克敬的《边事汇钞》《边事续钞》略于史源而详于史论，侧重于重立知识次第，寻求整体化解决边疆军政、外交事务的战略，及至 1894 年丁立钧的《东藩事略》其形式已经转向了专史，直到 1897 年陈庆年的《兵法史略学》及 20 世纪初《兵法史略学口义》，明确提出"兵法史略学"的知识定位、问题意识和讲求方案，传统中旧有的文献体式及其背后的知识框架已经无法继续协调与兼容新的需求。"兵法史略学"所指向的各类新的"战史"形态，突破了旧有史部的问题意识，改变史部文献剪裁原则和叙事经纬，略去史源，淡化了文献旧有脉络，添加指向更为明确的史论，在"战史"的文献形态上更呈现出"四部归史"的趋势。从知识史的角度来看，这便是中国自有文献传统内与战争史叙相关的知识形式，在 19 世纪中叶至 20 世纪初所出现的新变化。

二 清朝中国战史修纂的新转折

1. 绅民私修专史

前文已述及，明清每逢王朝内外军事压力剧增时期，在某些重要战事甫歇不久，常会出现一些官绅、士人以私人身份撰修的兵事专史。其中，明代采用的主要文类形式为史部的纪事本末体②、杂史③及依年月日序的文献汇编④等史叙体裁；清代则在纪事本末体下更有方略，在杂史类下又有专题纪事⑤、

---

① 《圣武记》第 12 卷《武事余记·掌故考证》中就专门讨论了方略之体的特点及其形式局限问题："官书之弊，莫患于两不收。盖分门各纂，互不相应……以本朝之人谭本朝之掌故，钩稽不易如此，又何论远古，何论荒外？"魏源：《圣武记》第 12 卷，第 5 页。
② 如高岱《鸿猷录》。
③ 如《嘉靖倭乱备钞》、诸葛元声《两朝平攘录》、茅瑞征《万历三大征考》、瞿九思《万历武功录》、王在晋《三朝辽事实录》。
④ 如曹履泰《靖海纪略》，清道光间海昌蒋氏别下斋刻咸丰六年续刻别下斋丛书本。
⑤ 如施琅《靖海纪事》、夏燮《中西纪事》。

史志①、专事记②等各种不同细类形态。③ 此外，至清中后期，集部的书事文也逐渐脱离了与序、跋、墓志、碑传等联系在一起的补充性叙事特征，开始独立承担以内外军事活动为主题的史叙功能。

这些专史与前述从传统史部资源内部通过变换阅读问题意识，贯通观察，以追求某种内在系统性知识线索的"兵史"（如《圣武记》《读史兵略》《边事汇钞》《兵法史略学》等）不同，也与清代独有的依据官方文献，重在官方措施，以宣扬朝廷"武功"的官修军事专史"方略"有所区别。④ 其特殊之处在于，一则史源不限官、私，唯着眼于针对某一特定军事对象（族群、地区、边患、匪乱等）的单次或数次相关内剿、外征活动，以相关任务的自然推进时序为线索，对行动分订始末、串联因果，加以"事件化"，建立线性发展的历史叙述；二则在时效上往往属于本朝史或距叙述者生活不远的当代史，极少贯通今古，不区分事由或地域，独以追问"用兵之术"或"剿抚之法"之类的内在知识线索是求。

1840 年代以降，清王朝的国家防务环境发生了变化。对外则海疆多事，海防性质大变；在内则各地起义频仍，剿捕、乡守需求日亟。相应地，这类专史在内容上也出现了新的具体对象：其一为涉及海防对象远西诸国的中外战事，其二为各地官绅针对太平军作战的各类活动。另外，1860 年代以后西史译印及阅读渐盛，还出现了一些专述西方国家间战事的国人自著世界战争专史。其中，较为世人所知者就有前述魏源《圣武记》、梁廷枏《夷氛闻记》⑤

---

① 如彭孙贻撰，李延罡补《靖海志》。

② 如周世澄《淮军平捻记》。

③ 关于晚清绅民私修军事专史的情况，王记录曾"据光绪《大清会典事例》卷 1049—1051，孙殿起《贩书偶记》及《续编》，《清史稿·艺文志》及其补编统计"，得出"据粗略统计，有清一代，官、私方略类史籍综述有 70 余种，晚清由私人所纂该类史籍就达 30 余种"。如果王氏的统计大致可靠，则清中后期绅民私纂军事活动专门史叙的总量要大于这个数字，因为方略并不是当时唯一的史叙形式。参见王记录《清代史馆制度的演变及其阶段性发展的特点》，《史学史研究》2008 年第 2 期，第 53 页。

④ 关于清代方略在历史编纂学上的意义与特征，参见吴丰培《清代方略考》、姚继荣《清代方略研究》等相关研究。吴丰培：《吴丰培边事题跋集》，第 363—384 页；姚继荣：《清代方略研究》，西苑出版社，2006，第 195—204 页。

⑤ 梁廷枏：《夷氛闻记》，邵循正校注，中华书局，1959。

（1850）、魏源《道光洋艘征抚记》①（1878）、杜俞《普法兵事记》②（1889）、华廷杰《触藩始末》③（1885）、关豫《中西和战述略》④ 等。

从知识史的角度来看，当时这些涉及兵事的绅民私修专"史"呈现出一些颇为值得注意的特征。

第一，从文献体例上无法严格区分归属，既有史部书史"具载一事之始末"⑤ 的特点，却多未能"考证欲详"，⑥ 又常有集部序、跋、札记等记事应用文类详于细节刻画之类的叙事倾向。其述、论的知识资源往往出自作者的私人经历或见闻，即使有少数能有机缘博览"史馆秘阁官书"及"士大夫私家著述、故老传说"者，但在行文中往往并不注明出处。也很少有参详各类史源，综合考证或采用较为传统的集证集注式注、疏方式来完成知识论述的情况。其叙事体裁多近于"史部"杂史类下的掌故、笔记。不过，与《四库全书》"杂史"类下所收明代的私修兵事类专记相比，由于明清两代对实录等官修书史稿本的阅读开放程度完全不同，因此两朝绅民私修书史在史源的性质、使用和处理上颇有异趣。⑦ 这一点同样体现在 1840 年代后的私修专史上。

第二，1840 年代至 1860 年代的著述记述重心多在兵事之始末、后果及官兵绅民在一系列事件中的言行、经历、功罪等。40、50 年代多关注两次

---

① 关于《道光洋艘征抚记》是否为魏源所作，学界向有分歧。参见师道刚《关于"洋务权舆"一书——"道光洋艘征抚记"的作者问题》，《光明日报》1959 年 9 月 3 日；姚薇元《关于"道光洋艘征抚记"的作者问题》，《历史研究》1959 年第 12 期；师道刚《"道光洋艘征抚记"作者问题的再商榷——兼答姚薇元先生》，《历史研究》1960 年第 4 期；冼玉清《关于〈夷艘入寇记〉问题——与姚薇元、师道刚二先生商榷》，《学术研究》1962 年第 2 期；姚薇元《再论〈道光洋艘征抚记〉的祖本和作者》，《历史研究》1981 年第 4 期；黄良元《〈道光洋艘征抚记〉并非魏源手定》，《安徽史学》1989 年第 2 期；夏剑钦、熊焰《魏源研究著作述要》，湖南大学出版社，2009，第 85 页。
② 杜俞：《普法兵事记》，海岳轩丛刻，光绪庚子十二月申江重刻本。
③ 参见中国史学会主编《第二次鸦片战争》第 1 册，上海人民出版社，1978，第 163 页。
④ 关豫：《中西和战述略残稿》（上、下），清光绪间抄本，上海图书馆藏；关豫：《中西兵事述略》，清光绪间抄本，上海图书馆藏。
⑤ 纪昀总纂《四库全书总目提要》第 45 卷，史部一·史部总叙，上海古籍出版社，2014。
⑥ 纪昀总纂《四库全书总目提要》第 45 卷，史部一·史部总叙。
⑦ 参见乔治忠《中国史学史》，中国人民大学出版社，2011，第 235—242 页；王记录主编《中国史学史》，大象出版社，2012，第 200—208 页。

鸦片战争在广东、京口、镇江等地的战事，作者也以粤人为多。60 年代后则多以太平天国起义所及之地的战守之事为主题，太平军和各地绅民留下了两种不同视角的著述。这些专史大多不关注战事在军事技术和战略方面的表现，也不对此加以评述、讨论。这方面的内容，仍在中国传统书史分类知识系统中的子部兵家之兵学、武备类目下展开。并且，在兵学的知识脉络中，"战事"是被高度抽象后按军事技术分类呈现的。兵、史分述，泾渭分明。如前所述，从 1860 年代《读史兵略》从史书典籍中采撷兵略到 1890 年代陈庆年在两湖书院开设"兵法史略学"课程，明确将阅读战史的问题意识与兵学勾连，这一取向影响了当时以甲午战争为主题的战史修撰。至如 1889 年杜俞《普法兵事记》以史论体裁叙述海外军事史事，其知识关注重心显然已经并不完全在于"博闻"，而是向"知兵"发生了转移。如归纳出"普之胜法有二：一则先攻法地以敌国为战场，一则照会各国严守公法局外之义。法舰缺煤，水师无所用武，此皆谋兵之大着。至法王令普减兵而普行寓兵于民之法，其机权作用尤觉泯然无迹"，[①] 显然是在探索追问适用于新的国际局势与国际法和战规则下的军事战略问题了。陈庆年所谓"寓兵学于战史"，兵学与史部相合，应也是 19 世纪中叶以降，绅民私修战史呈现出来的知识取向之一大趋势。

2. 官方史源与官修军事史叙

在清代 1840 年代以降的众多民间私修战史中，有一种颇为值得注意的情况。这类战史的纂修者往往或为当时军事活动频仍之省道主官幕府之成员、从属州县的正佐堂官，或为任职于内阁下辖各中枢馆阁者，故多能接触到官方文书或官修书史稿本。如魏源修《圣武记》前，曾长期在北京担任内阁中书舍人。《夷氛闻记》的纂修者梁廷枏曾应两广总督卢坤聘入海防总局，任《广东海防汇览》总纂，又受粤海关监督豫坤聘担任粤海关志局总纂，主修《粤海关志》期间调阅大量关署档案，又先后入历任两广总督邓廷桢、祁墌、

---

① 杜俞：《普法兵事记》，第 10 页。

徐光缙，钦差大臣林则徐等幕府，筹办海防、团练等事务。① 华廷杰编《触藩始末》时为广东南海知县，故能在书中收录两广总督叶名琛札各国领事等文件七通，并系日叙录第二次鸦片战争时期英法攻占广州的经过。《中西和战述略》作者关豫甲午战争前后在京任职内阁通政司，并与方略馆誊录等修史馆阁人员交往。② 夏燮则在编纂《中西纪事》的十多年间，历任直隶临城训导，江西永新、永宁、宜黄知县，又入两江总督曾国藩幕。他在永宁知县任上参与了长江设洋关等事务，故《中西纪事》除参考魏源的《海国图志》外，还能广泛"搜辑邸抄、文报，旁及新闻纸"，③ 并在洋关税务司案头发现该署翻译的两广总督衙署藏"粤东壬寅以后之档案，乃英人陷粤时所得之制署者"，终得以"逐日手录数十纸"作为修《中西纪事》的史源。夏燮因称其书"语有征实，非稗野之得之传闻者。凡中国奏咨之件，以及与外洋照会照复之书，大都就原文声叙，有删无改，昭其信也"。④

据此以观，这类出自时任官、吏、地方军政大员幕职之手的"私修"战史，实则与1840年代"通商"以后中枢及各口岸官方所掌控的公文书、译写情报、馆阁书史有极为密切的联系，较之其他出自绅民"得之传闻"的"稗野"民间杂史、记事文等极为不同。有的研究者将有清一代的这类修史活动整体概括为"幕府修史"，已注意到这类介于官修、私撰之间的修史类型，只不过因对不同类型书史编纂者的具体经历、知识资源、修书动机等未及细加甄别，故似亦尚未能尽见其微而得其实。⑤

前文已详及甲午战争后官修书史的大致机制脉络与文献情况，1820年代有军机处及总理衙门所修方略6种、国史馆所修忠义传系列稿本数

---

① 广东省地方史志编纂委员会编《广东省志·人物志》（上），广东人民出版社，2002，第137页。
② 关豫在光绪甲午年四月初七日日记中记载："初七丑刻至朝房见堂官良培、寿昌、桂勋、顾璜、殷如璋。"查当时良培为通政司通政使臣，寿昌为通政使署都察院左副都御史，桂勋为副使臣，因此关豫当时任职的衙门应为通政司。关豫：《关承孙先生日记残稿不分卷》，稿本，上海图书馆藏。
③ 夏燮：《中西纪事》，原叙，第2页，清同治刻本。
④ 夏燮：《中西纪事》第11卷，第9—10页。
⑤ 王记录：《论清代史馆修史、幕府修史及私家修史的互动》，《史学史研究》2007年第2期。

千种，实录馆修晚清实录、政纪 5 种，总理衙门撰修《夷务始末记》（稿本）等不同类型的官修书、史。或本末纪事，或状人叙事，或逐日排比谕旨、章奏、照会等公文书，以时为经、依事为纬，各自呈现为不同的史叙知识形态。

从方略的情况来看，《钦定平定回疆剿擒逆裔方略》80 卷（1830）、《钦定剿平粤匪方略》420 卷（1872）、《钦定剿平捻匪方略》320 卷（1872）、《钦定平定陕甘新疆回匪方略》320 卷（1896）、《钦定平定云南回匪方略》50 卷（1896）、《钦定平定贵州苗匪纪略》40 卷（1896），计 6 种，为晚清道、同、光三朝所编，涉及 19 世纪内部的几次重要军事活动，其中《钦定剿平粤匪方略》由总理衙门承纂。

作为清代特有的官修军事活动专史，晚清这些方略在编纂取向上较之康、雍、乾、嘉四朝的 16 种有了一些值得注意的变化。

此前的 16 种方略除了清初康熙朝纂修的 4 种（《平定察哈尔方略》《平定三逆方略》《平定海寇方略》《亲征平定朔漠方略》）主要采用谕旨，极少抄录奏疏，编纂上大体有两重叙史结构。第一，在"卷首"分别有御制诗、御制文，其中采用双行夹注来完成对方略所涉战事的"事件化"叙史，有的对用兵对象的地理、族群、主要冲突事件做注释，有的以御制文整体叙述用兵本源。第二，在正文诸卷按时序以摘录章奏、谕旨等公文来清理与呈现用兵本末，往往在一个时间点下以"某某奏曰""上命军机大臣传谕""同口某某又奏""上又命军机大臣传谕"排列彼此相关的上下行公文，最后以"臣等谨案"领出一段编纂史官概括事件或歌颂帝王功德的文字。

因此综合来看，史官叙史的主动行文形式主要有三种：（1）卷首谕旨诗文的双行夹注；（2）简单叙述行文前后的相关人员政务动作，如"壬午，申谕噶尔丹，仍来会阅。时噶尔丹遣使梅寨桑布拉特和卓等赍奏前来，疏曰：'……'"① "乙酉，命京城、盛京等兵速备调遣。时将军伯费扬古报

---

① 《亲征平定朔漠方略》第 15 卷。

称：'臣……据此具奏'"① 等；（3）正文段内以"臣等谨案"领出的文字。

在这里，方略的叙史呈现出如下特点：卷首各卷御制诗、御制文及告天表文完成了对主题军事行动的"事件化"主动叙事；正文诸卷又在以皇帝行政措施为主的公文流转事务框架内完成被动史叙，呈现出"事务化"的倾向——主要以军事活动发展时序为经纬，取纪事本末体裁采撷收录相关谕旨章奏，却又依章奏日期，而不是寻找事件内在的始末转折时间节点进行分期开列事目。这就与《通鉴纪事本末》以降的"纪事本末体"史叙存在某种微妙的区别。叙述主要以选择照录章奏、谕旨、廷议（康熙朝的方略在谕旨下还出现过以"议曰"领出枢臣意见）原文的方式来呈现事务化的事件过程，史官主动措辞则自清中叶后逐渐减少，直至完全消失。由于方略的目的是颂扬皇帝主持军事活动的彪炳功绩，因此事件的时间轴皆以卷首御制诗、文的视角为起点，并按奏疏谕旨在中枢与省之间流转的范围为核心空间，战事发生地的情况则通过省级奏疏转述，形成了一种围绕政务时空架构展开的官修战争史叙特征。

从知识史的角度来看，方略这种卷首事件化、正文事务化的叙史取向，在晚清6种方略中发生了一些变化。总体而言，其事务化叙史的取向得到了迅速发展。1830年成稿的80卷本《钦定平定回疆剿擒逆裔方略》，在正文诸卷中除了以时间点为段落的起点，还对一组相关谕旨、奏疏专列所涉事务标题。如"辛酉"下列"调派叶尔羌官兵"小标题，其下收以"叶尔羌办事大臣、长庆帮办大臣福勒洪阿奏言"领出的奏疏等围绕同一件事务展开的公文。又如先开列"甲子　调派乌什官兵"之事目，再换行抄录"乌什办事大臣巴哈布奏言"领出的奏疏，又换行抄录"谕伊犁将军庆祥确查苏兰奇等谋逆根由"领出的谕旨，再换行抄录"喀什噶尔参赞大臣斌静、帮办大臣色普征额奏言"领出的奏疏，最后换行抄录"上命军机大臣传谕庆祥曰"领出的谕旨。这几件文书被归束为同一个事目连续抄录，隐然以行

---

① 《亲征平定朔漠方略》第15卷。

政事务的展开为唯一叙史重心。全书几乎没有"臣等谨案"领出的其他史官主动叙述文字。及至《钦定剿平粤匪方略》等5种方略，则再无"臣等谨案"，也无史官所撰条目，正文诸卷完全是以据时序抄录编排的上下行公文来完成方略的军事叙史了。

从实录的情况来看，晚清四朝实录《宣宗实录》《文宗实录》《穆宗实录》《德宗实录》，与遗老修撰的《宣统政纪》皆为编年修史，逐日选取收录多数为皇帝亲自处理过的谕旨章奏。这些谕旨章奏虽然以日期为经，同时亦依事为纬。实际上还是围绕事件始末关联性收录的，其中事涉清末重大军事活动的内容很多，应当被视为晚清官修类军事史叙的一种形式。

道光三十年，咸丰帝即位伊始即下诏修《宣宗实录》，至咸丰六年十月一日上谕宣布"皇考《宣宗成皇帝实录》《圣训》告成"，十一月一日举行进呈仪式。咸丰十一年，同治帝即位，十一月二十六日慈禧懿旨令修《文宗实录》。同治十三年十二月光绪帝即位，光绪元年二月二日内阁奏请开馆修《穆宗实录》，获得批准，二月七日正式开馆编修。光绪五年十一月七日，光绪帝上谕宣布《穆宗实录》《圣训》告成，并于十一月二十五日举行受书仪式。

而清末事涉光绪、宣统两朝的《德宗实录》《宣统政纪》皆由德宗实录馆修纂，完成于民国时期。《德宗实录》自宣统元年二月二日开始修纂，至1922年1月7日告竣，完成定稿本，计597卷，为"清代最后一部以'实录'命名的帝王实录，也是中国历史上最后一部帝王实录"。《宣统政纪》则是德宗实录馆遗老仿照实录体修纂的，"记载光绪三十四年十月一日（癸丑）至宣统三年十二月二十五日（戊午）间史事"。[①]

另外，同治元年五月三十日，朝廷令"传谕实录馆总裁官，所有自道光三十年正月十五日以后，至咸丰十一年七月十六日止，凡有交涉外国事件，着照皇祖《宣宗成皇帝实录》之例，另成一书，该总裁等敬谨纂辑，毋稍漏略"，因此《文宗实录》《宣宗实录》中皆未有与中外交涉有关的内

---

① 本段引文及论述皆参考谢贵安著《清实录研究》（第 206—226 页）。

容。实际上，晚清咸、同、光三朝修《宣宗实录》《文宗实录》《穆宗实录》时，"洋务"一直为敏感话题，朝廷始终要求慎重、秘密办理，① 涉及中外交涉、用兵事务的谕旨、章奏、照会等档案公文另入总理衙门撰修的《夷务始末记》（稿本）。除了军事活动各据内外分入方略、《夷务始末记》，军、政事务之间的联系因而在事务化的史叙上也呈现出了割裂的趋向。

三　清朝中国"战史"的新知识形态

前文已经从知识史角度对中国自有文献传统中涉及军事活动之历史叙述的旧形式、新变化，以及 1840 年代前后出现的中国近代"战史"修纂新转折做了讨论。总体来看，到 19、20 世纪之交，无论官修或私撰，"战史"在史源、史叙的具体形式、修史动机与阅读取向，以及对军事活动事件化、事务化或建立整体认知的方向上，都呈现出了新的知识形态。主要表现为，逐渐突破四部图书分类结构主导下的旧知识模式，诸如史部叙事、传人的功能结构，以及其中纪事本末体史叙对序、跋、书、表等应用文类的依附与关联；又或子部"兵家"类文献将军事活动高度抽离出史事经验过程的政治、社会与事务框架，变成相对同质性的技术样本等旧有知识取向。到了清末，

---

① 《夷务始末记》是咸同光三朝官修的对外关系档案资料汇编，"又称《三朝筹办夷务始末》。《筹办夷务始末》从咸丰元年开始修纂，到六年九月修成进呈，用了五年多时间完成道光朝部分。该文献档案计录道光朝八十卷，文庆等编；其后两朝继续加以续修，咸丰朝八十卷，贾桢等编；同治朝一百卷，宝鋆等编。其中道光朝自道光十六年（1836）议禁鸦片开始，至二十九年止。收录这一期间涉外事项的上谕、廷寄、奏折、照会等档案约二千七百余件、二百二十万字。咸丰朝起自道光三十年正月，讫咸丰十一年（1861）七月。计收谕折、照会等约三千件、二百万字。同治朝自咸丰十一年七月至同治十三年（1874）十二月止。共收上谕、廷寄、折片等约三千六百件、二百五十万字。综计三朝筹办夷务始末内容，凡中外关系史上的重要事件，前后包括了起鸦片战争前夕讫同治十三年十二月约三十九年间清政府对外关系各方面（政治、经济、文化等）的重要档案资料约九千三百件"。为了编纂三朝筹办夷务始末，清政府组织了专门班子，投入了不少人力，共花了十几年的时间，修纂的初衷是"书藏柱下，资考镜于千秋"，即只是供君王借鉴。在全书恭录手抄装潢成册后，清廷以其"机要敏感"未公开刻印，甚至严格规定参与编纂的人员都要"毋稍漏泄"，因此关于编纂的起始经过，在《文宗实录》《穆宗实录》《德宗实录》中也都特意不提，参与编纂各人见于《清史稿》的本传中也毫不涉及个中情况。直至清朝灭亡，随着清宫档案的被接收，这件事方始逐渐为世人所知。参见《清代外交档案文献汇编全文检索系统·内容简介》，https://guji.unihan.com.cn/web#/book/QDWJ，检索日期：2024 年 3 月 22 日。

在传播、印刷等技术变革及文教制度转型的背景下，中国本土知识模式对外来知识类型产生积极回应。东亚流风激荡，更变成了一大近代知识生产新场域。清朝中国的"战史"也呈现出作为一类新的知识类型所具有的几种新形态。

1. 书事文："事务化"与"事件化"的两种取向

若从知识史角度来考虑的话，"战史"作为一种与军事活动相关联的知识对象，总是在一定的具体形式中，对经验事实进行加工、呈现与传播，因而也就无法抽离这些形式去观察与讨论知识本身。甚至，战史这一知识形式的传播，无论在共时性横向扩散范围还是在历时性纵向赓续序列，都不能真正从具体形式中剥离——将经验深植于形式，或随着不同形式转寄，成为特定人群的"共同知识文本"，可能本身就是其最重要的知识传播方式之一。

有关经验事实的外在知识形式，种类不一，文类就是其中之一。文类很早就引起了人们的关注与讨论。在中国古代文献理论脉络中，"文类"可以理解为某种装置或制度，不同的文类具备各自的书写传统和惯例。如曹丕《典论·论文》言，"奏议宜雅，书论宜理，铭诔尚实，诗赋欲丽"，其指虽是文非史，但道理则一。这种传统、惯例的出现，按照结构主义的理解，是为作者与读者沟通搭建的桥梁，有助于读者将文本"自然化"，从而便于文本的接受。[1] 这些不同的文类，不仅对应于特定的书写风格，而且形成对书写内容的限定，从而具备某种强制色彩。刘知幾谈编年体史书，认为其特点是"贤士贞女，高才俊德，事当冲要者，必盱衡而备言；迹在沉冥者，不枉道而详说"，结果"论其细也，则纤芥无遗；语其粗也，则丘山是弃"，[2]也即必然导致在陈述事实时详略不一，说的就是这个道理。法国学者贝尔纳·葛内（Bernard Guenée）在讨论欧洲中世纪史学"之所以不太注重实践的解释"这一倾向时，也注意到文类的限制，认为其中一个重要的原因是"史家写作的文类本身并不鼓励他们在叙述事实之外有更

---

[1] Jonathan Culler, *Structuralist Poetics: Structuralism, Linguistics, and the Study of Literature* (Ithaca: Cornell University Press, 1975), pp. 136–137.

[2] 刘知幾著，浦起龙通释，王煦华整理《史通通释》，上海古籍出版社，2009，第 25 页。

多的抱负。所以中世纪史学的文类（genres historiques）不仅是形式上的问题"。①

这种限制有时会带来不便。随着时间的推移，当人们发现旧文类对知识生产、传播的需求已构成难以克服的障碍时，新文类便可能应运而生。具体到"战史"这一近代知识对象来看，与军事活动相关的经验认知，如前文所溯，原来大体是被装在四部为主的图书分类框架里分别呈现的，各具知识源流。1840 年代以降，随着海岸线成为近代国防重点，清朝内外战事的规模、频率及牵涉民众的范围不断扩大，官私史源交融，葬祭、立传等饰终、劝忠、荫恤制度向省及以下地方沉降。这些现实层面的变动，使得诸如书事文、笔记、方志、碑传、祭文等应用文类，以及事务化叙史倾向日益明显的官修史、传，开始成为"战史"更为重要的文类形式，并逐渐向一类"专史"固定。而它的传播也裹挟在这些特定文类中，通过序、跋、引用、转述、眉批等形式在一些精英人群中形成某种"共同文本"而展开。下面就从厘清"战史"作为近代知识类型的一些特征，从清末各种相关文类形式出现，渐成专史的历史线索，以及其成为"共同文本"展开模式化传播两个方向略做讨论。

前节已经在讨论中国有关战事史叙的自有文献传统时，略微涉及了书事文、笔记等文类。事实上，清中叶以降，起初带有应用文体性质的"书事"已经成为针对战争的专门叙史中相对稳定的一种史叙文类。

前述乾隆、嘉庆二帝的两篇御制书事文，分别叙述了清政权在后金时期与明王朝之间的萨尔浒战役（明万历四十七年、后金天命四年、1619年）及清立国号后重要的"开国之战"——"松山战役"（明崇祯十三年、清崇德五年、1640 年）。显然，这两篇御制文承担了以军事活动史叙勾勒王朝武功的历史时间线索这一功能。这就打破了"奉天承运"式大一统王朝，将宗庙更替作为合法性开启的单一时间节点之限制，从而将历时

---

① Bernard Guenée, "Histoire, annales, chronique: Essai sur les genres historiques au Moyen Âge," *Annales E. S. C.*, 28 année, No. 4 (1973), pp. 997-1016, 转引自黄艳红《贝尔纳·葛内的中世纪史学研究述略》，《世界历史评论》2021 年第 1 期，第 42 页。

性中的王朝更替（须经复杂的宇宙论政治合法性论证）事件转变为共时性的政权竞争历程。这样的时空调换，借助军事对峙，除了将明朝降格为共同政治空间内的并列政权，更借并列为类比，为后金及皇太极时期的清政权注入了类似明朝的政治合法性，带有某种不证自明的意味。这无疑是有利于后续进一步建立清王朝相对侧重于武功的异文化族群王朝权力合法性叙述的。

例如，这两篇书事文都对参与战争的"先王"在行军作战过程中异于常人的勤勉加以深描。嘉庆帝《辛巳岁我太宗大破明师于松山之战书事》记载皇太极自盛京向松山行军的事迹时，描述他"患鼻衄不止，因行急，承以碗，三日甫愈"，并不顾诸王贝勒劝阻，"谕曰：行军制胜，利在神速。朕恐敌闻朕亲至将潜遁。如不逃，破之甚易。朕此时不能奋飞，何可徐行？"终于昼夜相继换马不换人，在六日内抵达松山战场。[①] 基于军事史叙的主题设置，使得勤建战勋成为史事的主要道德指标。疆场荣耀在某种程度上弥补了清王朝在政治合法性论述中的先天文化缺陷，这应该是清代在官史层面极重军事史叙的其中一个原因。

从史叙性质来看，御制书事文虽未被明确归入"史部"（御制文在清历代会典中也只是被归入翰林院"纂修书史"的职能条目之下予以列举，并未明确区分其体式究竟属于"史"还是"文"），但至少有一点是清楚的，它与实录有着密切的联系。其在内容上以实录为史源，如嘉庆帝在《辛巳岁我太宗大破明师于松山之战书事》开篇就说，"太祖大破明师于萨尔浒之战，实我大清开国鸿猷，事载实录，人弗易见。皇考特书其事，以示子孙臣庶"，[②] 明确表示"书事"是对实录内容的再书写；在叙事形式上，"书事"也与实录一样只取君主亲自参与的政务活动，多用"上闻""上移营""上命""上复令""上允之""上谕""谕曰"等由皇帝发起的

---

① 《辛巳岁我太宗大破明师于松山之战书事》，故宫博物院编《清仁宗御制文初集》第 9 卷，故宫珍本丛刊第 580 册。
② 《辛巳岁我太宗大破明师于松山之战书事》，故宫博物院编《清仁宗御制文初集》第 9 卷，故宫珍本丛刊第 580 册。

动作为导引，分段开启一次叙事。这样的表述既具有"史叙"非虚构、语有信征的特点，又在对军事活动经验对象进行"事件化"的方向上，侧重于自上而下单向的政务流转，而未着意于呈现事件的政治、外交脉络，或尝试建立某种事件之间的内在因果联系等，因此是带有浓烈"事务化"倾向的一种叙事取向。

除了带有官修史性质的御制书事文，晚清绅民也常用书事文来记叙军事活动。初刊于道光二十七年的《七经楼文钞》① 在第 5 卷共收书事文 5 篇。其中，以人物为主题的有 2 篇，为《书刘松斋先生逸事》和《书刘天保》；以事件为主题的有 3 篇，分别为《书获刘之协事》《书滑县平贼事》和《辛丑河决大梁守城书事》。② 蒋氏门人卢正烈在"后序"中概括其体例为"传志记事之文为第五卷"。纵观该卷所收 13 篇文章，其具体文类分别为传记 4 篇、墓志铭 3 篇、墓碣 1 篇、书事文 5 篇。前 3 种显然是可能有"润格"收入与现实用途的"应酬文"，书事文与它们同在一卷，除都写事记人外，其在道光二十七年前后，或亦被彼时一般编辑者如蒋湘南门人刘元培等目之为应用之文。

在这些至晚完稿于 1847 年的书事文中，③ 以人物为题的《书刘天保》和以事件为题的《书滑县平贼事》，实际上是描述军事活动具体过程的两类

① 《七经楼文钞》是清代道咸之际人士蒋湘南的著作集。1991 年中州古籍出版社所出点校本在"点校前言"中称："书凡六卷，其门人刘元培刻于道光二十七年（1847），收文九十三篇。同治九年（1870），其婿马子贻又请张希仲校订后重刻，并补收文三篇。1920 年，陕西省资益馆又据马子贻本排印，补《二瓦砚斋诗集序》一篇，总计收文九十七篇。"参见蒋湘南《七经楼文钞》，李叔毅等点校，中州古籍出版社，1991，点校前言，第 1 页。又，2002 年《续修四库全书》又据复旦大学图书馆藏清同治八年马氏家塾刻本影印原书，扉页有"同治八年重刊"及"板藏马氏家塾翻刻必究"，但此本内亦收入"同治九年仲春既望"马子贻序，因而此本当即为中州古籍出版社点校本所称"同治九年马氏家塾"重刻本。参见《续修四库全书》第 1541 册。2010 年《清代诗文集汇编》又影印了民国庚申年（1920）陕西省资益馆排印本（陕西教育图书社排印）。参见《清代诗文集汇编》第 591 册，上海古籍出版社，2010。

② 蒋湘南：《七经楼文钞》第 5 卷，第 46 页。

③ 《七经楼文钞》同治八年马子贻重刻本所增 3 文分别为《北江中江证》《朱丹木先生诗序》《能忍一篇赠首心耕同年》，1920 年陕西省资益馆排印本又增入《二瓦砚斋诗集序》一篇，因此包括本书所涉的《书刘天保》《书滑县平贼事》等 5 篇书事文在内的第六卷 13 篇文章，皆为道光二十七年就已经行世。参见《清代诗文集汇编》第 591 册，第 225—226 页。

单篇史叙。

《书刘天保》叙述了中英鸦片战争期间，时任光州营都司的河南睢州籍将领刘天保在宁波、镇海作战的一些经历（该文全文见本书附录四）。作为书事文，它与普通的功能性传记不同，主要通过写事来状人。虽然以人为题，鹄的却更系于纪事。

《书刘天保》全篇共 1018 字，写事的笔法大致有两种类型。一类以线性的线索串联点状叙事，记录主人公的主要经历，这些经历又与他的王朝武官身份密切相关。如开篇述笔从刘天保"幼无赖，习奔命法"起始，及于"年二十贩盐山东界上，与群枭斗"，又依次点到"读书应童子试""怒投牒试弓马，遂入武庠""河南巡抚杨公国桢闻其名，招置麾下为材官，连擒巨盗，撤千里桴鼓""累功至光州营都司"等事件，篇末则延至"升参将，病免，卒不获一效""以道光二十四年卒于家"两个归宿性事件。这类写法，笔下事件以点状呈现，并不展现其与所处具体时空的关联或建立事件之间的因果脉络。只在"年二十贩盐山东界上，与群枭斗"一处略微铺陈笔墨，以 100 字描绘了一个刘天保"解其魁一臂，肩之行"并孤身应仇，以刀尖吞肉，巨碗饮酒折服群枭的独立故事。这类写事相对而言更侧重于"状人"，旨在状写刘天保作为战史主人公异乎常人的资质、训练、胆色、武力与功绩。

另一类写事的笔法则以浓墨重彩展开细部描述，旁及事件各配角。其时空坐标围绕主角与某个重大叙事主体目标之间不同程度的关联点而设置。在《书刘天保》中，就是"道光二十一年，英夷陷宁波"后清军在宁波、镇海的几次军事部署与作战行动。光州、宁波、镇海、慈溪等地，分别与天保募兵、吴祥与裴小狗探城、扬威将军奕经误信倡优陆心兰及术士而禁用火器严重贻误战机、天保取镇海、天保屯兵慈溪与参赞结为掎角防区、天保因火药匮乏派飞骑求援并亲身发炮"撑拒"英夷、参赞不发火药并撤军遁逃、天保失援兵溃等一系列彼此关联的攻守事件勾连。通过勾画事件之间的因果关联、时空脉络、人物关系、权责边界（而非官修史、传所依据的行政文书流转程序线索）等，经纬网罗诸叙事点，将之建立成为一次有关宁波、镇海中英交战的战争史叙。① 这表现出，此时的书事文在叙事取向上，存在另一种脱离"事务化"史源内在线索的"事件化"取向。

就"事件化"取向而言，与前文所述绅民私修专史相比，《书刘天保》作为书事之文，完全不交代所述信息的来源，而以知情人（主人公朋友）的视角展开全部叙述。作为写人之传，又不同于官传、行状、墓志、家传等功能性传记，状写传主一生全像，而是将对象严格定位在某个重大叙写事件的主角来描述，选取该人物与事件的关联点，或点或面铺陈笔墨。其写人纪事的文类目标是相对明确的。

与《书刘天保》不同，《书滑县平贼事》是严格意义上的"书事"之文——写事记人，"事件"本身就是它的直接叙述对象与主题。

《书滑县平贼事》以 3600 多字的篇幅叙述了清嘉庆间，直隶、山东、河南三省的天理教教众李文成、牛亮臣、冯克善、宋元成等人举兵起事，并遭到官军剿灭的过程。时间线索自嘉庆十八年九月初六日宋元成等因李文成、牛亮臣等谋泄被捕，而选择立即于河南滑县起事始，至十二月初十日钦差大臣陕甘总督那彦成"克复滑县"，及清廷随后的恩恤、惩戒等一系列善后措施止。总体上，为 1813—1814 年天理教教众以滑县起事为中心，绵延"河朔数百里"的这一系列较集中的反官府军事活动建立了完整的事件脉络。②

叙笔从梳理天理教总教头目林清与滑县起事者李文成、牛亮臣等人的关系入手，厘清直隶、山东、河南天理教的组织脉络。事件过程涉及嘉庆十六年三月李文成等人与天理教"大头目"林清在道口集会"谋举大事"（为应当时流传的"二八秋"之民谣，约定于嘉庆十八年闰八月十五日共同举事，而当年实无置闰）；八月李文成于"牛市屯造器械"事泄，并于九月初三日被捕；九月初六日五鼓，宋元成等临时举事攻下滑县；李文成获救出狱后直隶、山东、河南齐反；嘉庆帝命直隶提督马瑜、固原提督杨遇春会剿，同时委派陕甘总督那彦成为钦差大臣，以陕甘之兵为主力镇压"叛乱"；清军在

① 蒋湘南：《七经楼文钞》第 5 卷，第 41 页。
② 蒋湘南：《七经楼文钞》第 5 卷，第 46—54 页。

道口、新镇、丁栾集几次交战告捷后开始合围滑县；嘉庆帝降旨阵前恩赏激励战事；总兵杨芳长途奔袭追击自滑县突围出逃的李文成部，不敌求援，五日后援至设伏，以少胜多攻克起义军逃到的河南辉县的司寨，杀刘国明、李文成，传首于山东诸县，并回攻滑县；嘉庆帝于十二月初九日、十二日两次以廷寄谕旨敦促前线，而那彦成已于初十日率官兵"克复滑县"，抓捕徐安国、牛亮臣、王道隆及教众 3000 余人；清廷封赏那彦成、杨遇春、杨芳及其下属参战将士，恩恤滑县知县强克捷及其家人并死事幕僚 30 余人，为强克捷及其"骂贼，为贼脔割"的儿媳建祠立坊，荫封强克捷二子，赐恤佐杂文武官吏如教谕吕秉钧、老岸司巡检刘斌、典史陈宝勋、把总戚明扬等人，对司寨之役被捕后"供吐贼情不敢隐"的天理教头目秦学曾免死发配。全篇叙笔至有关赏功罚罪的概述之语"凡直隶、山东、河南贼免死者，只此一人（秦学曾）"即戛然而止。

不难发现，1813—1814 年的这次天理教军事活动，实际上是由多次发生于不同地点及教众间的独立事件，如林清、李文成等首领在山东境内的道口谋事，李文成"牛市屯造器械"事泄被捕，宋元成等于河南滑县起事救出李文成，三省共反，道口、新镇、丁栾集军事冲突，杨芳追至河南境内的司寨之战，河南的滑县由那彦成主持决战等。彼此之间的因果联系或直或曲，空间上多点散发，主要参与者相对独立，时间线上亦未必完全前后相继。单就叙述而言，这些事件在单篇专题书事文之间的联结须由文字工作逐一厘清、梳理与搭建。

《书滑县平贼事》有两个叙述方向：一个是事务化的，另一个则是事件化的。两者的叙述视角并不相同，前者以清廷命将出师，剿灭"叛乱"的一系列军事、行政流程为观察起点；后者则以外在于此事的第三方事后旁观视角叙出。

正如文章标题中清楚标写的书"事"文之对象"滑县平贼事"，所谓"平贼事"即为由官府发起的一次军、政事务——有确定的行政流程起点和终点，也有大致明确的事务空间边界。具体到《书滑县平贼事》，朝廷的"命将出师"、申饬、换将、阵前传谕恩赏励战、以廷寄谕旨敦促战事、钦差大臣在事件平定后以"六百里加紧驰奏"、朝廷传谕恩恤荫封、罪罚等活动，皆有清晰的随着事件发展而推进的行政事务流转节点与文书线索。其史源极有可能是官方的行政文书如章奏、谕旨、供状等，因此在设置发生于不同时空的一众事件的叙写线索时，便主要依据了行政流转的先后顺序。这一与史源性质直接相关的便利叙事取向，客观上将行政过程中的流转顺序突显为整体性的事件因果联系。

"事件化"的叙笔则可以有全局视野，如篇末"皇上命将出师，未及十旬，凶渠全获，余孽荡除。虽宵旰忧劳，严旨屡下，而肤功之奏，自用兵以来未有速于此役者也"等语。并且，它会依据政治文化层面的叙事合理性论证原则补出一些事件，或从叙事功能上设置"桥接"表述。如全文从天理教滑县起事两年前（嘉庆十六年辛未三月）的天象变化开始，乃依据灾异论建立起第一重超越性质的因果脉络。接着回溯天理教的组织分合，并厘清天理教河南滑县"震卦"卦首李文成与北京"坎卦"卦首林清之间的联系，以建立事件在世俗层面的第二重因果联系。此后才着笔叙述具体的谋事、举事、作战过程，直接勾勒前后相关的一众事件之间的因果线索。至于在叙事上设置功能性"桥接"表述，则如在叙完总兵杨芳追击攻克从河南滑县突围出逃至河南辉县司寨的李文成部时，用"李文成死火中，出其尸，枭首传示直隶、山东诸县，自是西北数千里人心镇定，滑县计日可破矣"一语，将叙笔转向河南滑县决战。第三者视角的评论为，"自是西北数千里人心镇定，滑县计日可破矣"，无形中在杨芳攻克司寨，传首直隶、山东诸县与那彦成主持的滑县决战这三个事件之间建立了一层具有必然性的因果联系。

总体而言，《书滑县平贼事》的叙事表现出了从"事务化"取向向"事件化"取向转变的迹象。如篇末叙笔至概述赏功罚罪行政结果之语"凡直隶、山东、河南贼免死者，只此一人"即戛然而止。以行政流程终点作为整个"书事"文所叙之"事"的叙述终点，并未铺陈天理教这次起义在更整体的"历史"脉络中的后续影响或意味，在结构上也没有呼应篇首特意补出的星象"远因"，很可能是残留了"事务化"叙史取向的痕迹。

19 世纪中叶收入《七经楼文钞》的这两篇书事文《书刘天保》与《书滑县平贼事》都表现出脱离行政文本"事务化"叙事脉络的倾向，这应是清末"战史"在各类整体史叙中逐渐独立为"专史"时，出现的一个颇为值得重视的知识史转变环节。

此外，前文略及《书滑县平贼事》作为 19 世纪中叶出现的一类军事专题史叙，其史源很可能来自章奏、谕旨等官方文书，如"道口贼穴一战而清。奏入，奉旨以玉鞢、烟壶、荷包等分赏那彦成、高杞、杨遇春三人，其余文武皆升赏"就来自嘉庆帝的谕旨，"清告众曰：李文成即明朝李自成也，是为天王，于克敬为地王，冯学礼为人王"可能来自那彦成的奏稿，等等。①

其中就有三个彼此关联的问题值得做进一步讨论。首先，这些官方史源具体是通过怎样的渠道而得以进入非官修史叙的。其次，这类史源所流通的人群在当时是否已经构成了某种特定的信息共同群体。最后，这类沟通官方行政文书与民间私修史叙的史源桥梁，它们的文献与传播形式对 19 世纪中叶逐渐成为专史的新的军事史叙产生了怎样的知识史影响。

2. 方略、总档、拟赏、颁赏、谢恩、朱笔与明发上谕：核心政治群体的意见互动与官修史的事件"脱范"

19 世纪中叶前，与蒋氏《书滑县平贼事》同样围绕 1813—1814 年那次天理教教众在直、鲁、豫的军事活动而展开的私修史叙，至少还有三种：（1）嘉庆二十五年刊刻行世的盛大士撰《靖逆记》；（2）道光二十二年魏源《圣武记》第 10 卷《嘉庆畿辅靖贼记》；（3）昭梿《啸亭杂录》第 6 卷《滑县之捷》。三个文本刊行或流传皆早于《七经楼文钞》，② 成稿则应与其前后相距不远。这三种私修史叙都有自己特殊的民间史源，也都用到了官方

---

① 李尚英比较了嘉庆朝官方档案中记录的有关天理教谱系的各种供词和说法，发现内容各异，差别很大。经笔者比对，《书滑县平贼事》的表述和那彦成的奏稿陈述内容一致。参见李尚英《天理教新探》，《华南师院学报》1981 年第 5 期，第 135 页。
② 《啸亭杂录》早本亡佚，宣统时刻本即"原板久毁，旧印罕见"，现流通版本依据的都是光绪朝以后的几个抄本。但作者昭梿卒于道光九年，道光二十二年魏源《圣武记》中又评价征引了此书十卷，则此书行世与流传当早于《七经楼文钞》。昭梿《滑县之捷》与蒋湘南《书滑县平贼事》两文的成稿年月虽难以据结集刊刻之期判断先后，但或至少应是 19 世纪前半期嘉道年间同时段的文字。

的章奏、谕旨等公文书。

在馆阁官修史叙方面，则先后有嘉庆晚期由大学士托津主持，军机处方略馆修纂的《钦定平定教匪纪略》（下文简称《平定教匪纪略》）和道光初年由大学士曹振镛任总裁，内阁实录馆修纂的《仁宗睿皇帝实录》（下文简称《仁宗实录》）。其中，《平定教匪纪略》在嘉庆成书①后由武英殿刻板，在一定范围内流通、阅读。而《仁宗实录》则完稿于道光四年三月，②并历来藏于禁苑，供皇帝定时阅读或不时以谕旨特别指定赐读对象，并未刻板刊行。因《仁宗实录》修于道光朝，晚于嘉庆后期的《平定教匪纪略》，并且实录馆在道光二年、其所隶属的翰林院在道光四年都有向武英殿修书处"行取"《平定教匪纪略》的记录，③ 因此《平定教匪纪略》在调用、汇总、抄纂章奏、谕旨等军、政公文后按年月编次，所形成的呈现出高度事务化取向的专题史叙，很有可能也是《仁宗实录》涉及相关内容时的一个参考史源。

具体来说，军机处编纂《平定教匪纪略》的大致流程是，通过调阅章奏、谕旨等上、下行公文，选择其中与该纪略主题有关的档件抄录登签，并形成纂本、副本、草本等各过程文本与登签档册。④ 其中，《平定教匪纪略总档》（下文简称《总档》）建立于嘉庆十九年正月初八日，终结于二十一

---

① 吴丰培《清代方略考》言"官纂此书，于嘉庆二十一年成书"，即成书于 1816—1817 年。此说多为后著采信。近著如姚继荣《清代方略研究》又认为："该书始撰于嘉庆二十一年（1816），成书之年不详。"学界对《钦定平定教匪纪略》的成书日期颇有歧见，或因此书全稿并非成于一个日期，有第 1—40 卷成稿进呈和第 41 卷、第 42 卷成稿装潢进呈及加冠御制诗文以作卷首另缮完整"陈设本"并刻板三个时间节点，几个日期前后相隔颇久，几近一年。后文将稍加辨析考订。参见吴丰培《吴丰培边事跋集》，马大正整理，新疆人民出版社，1998，第 380 页；姚继荣《清代方略研究》，第 101 页。

② 谢贵安：《清实录研究》，第 205 页。

③ 参见《武英殿修书处自道光二年正月初一日起至十二月三十日止此一年旧存新收开除现存书籍数目清册》《武英殿修书处自道光四年正月初一日起至十二月三十日止此一年旧存新收开除现存书籍数目清册》，中国第一历史档案馆、故宫博物院编《清宫武英殿修书处档案》第 2 册，故宫出版社，2014，第 28、103—104 页。

④ 嘉庆十九年、二十年皆有军机处奏销当年"领用……《钦定平定教匪纪略》正本及缮写纂本、副本、草本、登签各档用过纸张"的记录。参见《平定教匪纪略总档》（嘉庆十九年至二十一年五月），台北"故宫博物院"图书文献处藏（下略），一般古物，编号：故枢006140；中国第一历史档案馆编《嘉庆道光两朝上谕档》，广西师范大学出版社，2000，第 19 册，第 1044 页；第 20 册，第 720—722 页。

年五月，留下了方略馆为编纂该纪略调取公文，并逐日按文书责任人编目，以事务化取向经纬史事较为完整、连贯的线索。①

现存的《总档》收文时限为嘉庆十八年九月十二日至二十一年六月初五日，对应《平定教匪纪略》成书，即自第 1 卷至最末卷第 42 卷的内容。档内条目是从"九月十二日"（应为嘉庆十八年）开始的，该条下登录了方略馆挑出的 17 件公文，分别为直隶总督温承惠一折一片共 2 件（1 折《接据禀报河南滑县邪匪滋事由》、1 附片《接同兴密札由》）、直隶按察使庆格折 1 件（《查办长垣称邪匪滋事由》）、谕旨 15 道（《寄留京亲王大臣颁给温承惠钦差大臣关防并挑选马匹由》《寄户部查收筹备银两备据由》等），都是当日由军机处收发的与直、鲁、豫天理教军务有关的章奏、谕旨等公文。

定本《平定教匪纪略》第 1 卷"嘉庆十八年九月十二日　乙亥"条下最终采用的公文为：

（1）直隶总督温承惠奏折正文（但没有收入《总档》所调取的该折的附片，即折内提及的山东巡抚同兴密札"拿获金乡县教匪崔士俊等三十余人，供系长垣县人徐安帼传授，嘱令密拿"的原附片。关于此片细节，至温氏奏折内的概述而止）。该折内以"本月十一日接据大名道府飞禀内称：……，等语"摘录转述、套叠的大名道府禀文内容并未被剔除。

（2）直隶按察使庆格奏折。

（3）对于《总档》选出登签的 15 道上谕，最终只选录了 5 道，分别为《寄方受畴豫省现有黄兴宰等滋事即驰赴新任由》《寄杨遇春检派将弁速来长垣会剿由》《寄同兴挑带将弁扼要堵截由》《温承惠赏给钦差

---

① 《平定教匪纪略总档》封面题签日期为"嘉庆十九年正月初八日至二十一年五月"，而内页逐日抄录的档件经核对乃从嘉庆十八年九月十二日至嘉庆二十一年六月初五日（《平定教匪纪略》逐日纪事从嘉庆十八年九月十二日至嘉庆二十一年六月初三日。不过，总档六月条下三日所汇抄的文档目录，无法与《平定教匪纪略》内容对应）。又参考嘉庆十九年、二十年皆有军机处奏销当年"领用……钦定《平定教匪纪略》正本及缮写纂本、副本、草本、登签各档用过纸张"的记录，因此该总档封面题签日期应指方略馆为编《平定教匪纪略》建档登签的编纂时段而非所收公文本身的时间。参见《平定教匪纪略总档》（嘉庆十九年至二十一年五月），一般古物，编号：故枢 006140；《嘉庆道光两朝上谕档》第 19 册，第 1044 页；第 20 册，第 720—722 页。

大臣关防等由》《富兰等随同温承惠查办事件由》。顺序也与登签时不同。

温承惠的任命排在最前面，概述旨意；对护军统领富兰，副都统格布舍，御前头等侍卫苏尔慎，三等侍卫伊勒通阿、额勒精额、苏伦保、阿勒罕保等的随行委派列第二，概述旨意；对陕西提督杨遇春的指令列第三，概述旨意；对署河南巡抚、热河都统高杞及继任河南巡抚方受畴的人事任命列第四，用"上命军机大臣传谕"引述原旨；对山东巡抚同兴的指令列第五，用"上又命军机大臣传谕"引述原旨，包括旨中转述的温承惠和庆格相关奏言。

《平定教匪纪略》以事务化的公文为基础（按照公文的流程先后排序、引述照录文书原叙事语言），在依次抄录公文全文以建立史叙的大前提下，也添加了"事件化"叙史的因素，使其亦得以勾勒事件之间内在的因果关系。其具体方式是：

首先，在公文前或衔接处添加简短的行文时空、责任人职务介绍等。如"圣驾自木兰回跸驻两间房，直隶总督温承惠奏言……""同日，直隶按察使庆格奏言……""奏入，上御行殿召见温承惠及提督马瑜，命……"其中，"两间房""行殿"等"事件化"叙事所需的空间信息，应是依据、整合了起居注馆的记录特意补出。如《嘉庆帝起居注》在"嘉庆十八年九月十二日 乙亥"条挑选记录了当日的一些章奏、谕旨后，在最末行注出"是日驻跸两间房行宫"。① 这是起居注区别于内阁、军机处等枢、阁日常按专题或文书性质、行文日期所抄录、制作的各类事务化档册较为重要的特点。《平定教匪纪略》特意征引这些信息，应有其叙史取向的考量。

其次，在公文流程以外添补以事件为核心的因果关系。直隶总督温承惠奏折汇报和嘉庆帝的谕旨任命之间，原来因为按公文性质，先录上行奏折，后录下行谕旨，因此还夹隔了一件直隶按察使庆格的奏折。《平定教匪纪

---

① 《嘉庆帝起居注》第 17 册，第 341 页。

略》通过添加"上御行殿召见温承惠及提督马瑜"14 字补叙和"命温承惠为钦差大臣，驰往长垣、滑县一带统兵剿办"21 字概述谕旨，不仅突显了温承惠折与嘉庆帝该道谕旨间的行政议复关系，更添出了两件文书所叙核心事件之间的因果关系。

最后，将与同一事件相关的几份公文通过概述合并，如《寄留京王大臣颁给温承惠钦差大臣关防兵挑选马匹由》《温承惠赏给钦差大臣关防等由》两道谕旨，通过"命温承惠为钦差大臣，驰往长垣、滑县一带统兵剿办"的概述，围绕核心事件加以统合叙史，而并未只考虑保留行文的顺序与行政流程的完整性。

纵观《总档》历时 3 年多的 320 页收文登签，其所收文类绝大多数是军机处收发的奏折与谕旨（其中嘉庆十八年九月十八日有一道《罪己诏》），偶有下级衙署上行的禀、单（由具有"直接奏事权"的臣子代奏，因此仍由军机处收发）及枢、部间的平行咨会，至于通过阁、部收发的题本等则未见采撷。因此，《平定教匪纪略》的收文应是围绕军机处这一特别行政节点展开的。这便使得这类馆阁军事史叙拥有了较为明显的"事务化"特征及局限。军机处之为清中叶以后军、政事务行政的实际中枢这一特点，无形中也在官修军事史的"事务化"文书叙事框架中被固定、强化并留存了下来。

前文已述及，19 世纪中叶以前，在官修《平定教匪纪略》之外，至少有 4 种绅民私修的同主题史叙行世。它们不约而同都使用了官方所掌控的书档，尤其是不少朝廷通过军机处收发，未曾明发的章奏、咨会、供词及谕旨等公文。那么，这些官方史源又是如何流向私修史的呢？由于军机处编纂《平定教匪纪略》，是当时唯一围绕该专题对日常行政中所形成的，被分散抄录于各档册中的文书进行调取、筛选、汇总、登签、抄录等工作的一项官方行动，因此《平定教匪纪略》有很大可能是两者间重要的桥梁。在 1820 年行世的同主题私修史《靖逆记》中，其作者"兰簃外史"（江苏人盛大士）就明确提及，自己曾于嘉庆丁丑年在京师仔细阅读了《平定教匪纪略》："丁丑，复客京师，恭读《钦定平定教匪纪略》，谨为叙列时事，附缀囊闻，厘为六卷。"① 这证实了私史与官源存在勾连脉络。

那么，更具体而言，嘉庆朝馆修《平定教匪纪略》作为 1820—1850 年几种同主题私修史叙的官方史源桥梁，又是如何被无法直接与闻中枢日常机要的私史纂述者读到的呢？在逻辑上，可能性无非有二：第一，《平定教匪纪略》在当时即公开刻板流通，因而世人皆有机会阅读；第二，《平定教匪纪略》在特定的人群中流通，而几种私史纂述者有机会接触到（或本身就属于）这一"信息共同体"。合理推测的关键，显然在于《平定教匪纪略》的编纂、刊行和流通问题。

关于《平定教匪纪略》的编纂与刊行，学界目前有几种较为通行说法。吴丰培《清代方略考》言："官纂此书，于嘉庆二十一年成书。"近著如姚继荣《清代方略研究》又认为："该书始撰于嘉庆二十一年，成书之年不详。"《清代方略全书》则仅标注其所采用影印的底本为"清刻本"。② 因此，对《平定教匪纪略》编刊问题，诸说颇为模糊，留下了不少需要填补的缺环。计此书的编纂与流通，约有立档登签、编纂、进呈、装潢、刊刻、颁赏、贮藏、行取等几个值得注意的主要环节，都与官方史源如何流向私修史的问题有关。

根据《总档》档册题签，军机处方略馆为编纂此书立档登签乃始于嘉庆十九年正月初八日，终于嘉庆二十一年六月。又据军机处每年末奏销该年领用纸张的记录，嘉庆十九年、二十年、二十一年皆有为"办理……《钦定平定教匪纪略》正本及缮写纂本、副本、草本、登签各档用过纸张"及使用"双料红花水"等印刷稿纸染料并"黄花绫""黄丝线"等书册装潢材料的数量记录。而前此的嘉庆十八年及后此的嘉庆二十二年在当年末军机处的同项奏销专折中，皆没有特意指明为该书领用物料的记录。③ 又据领衔编纂该纪略的内阁大学士托津、董诰等在嘉庆二十一年、二十二年的专折奏

---

① 兰簃外史（盛大士）：《靖逆记》，上海书店出版社 1987 年影印本，第 1 页。

② 参见吴丰培《吴丰培边事题跋集》，第 380 页；姚继荣《清代方略研究》，第 101 页；《清代方略全书》。

③ 参见《嘉庆道光两朝上谕档》第 19 册，第 1044 页，第 2570、2571 号文献；第 20 册，第 720—722 页，第 1864、1865、1866 号文献。

报,《平定教匪纪略》曾分 3 次呈送御览,第一次是"恭进第一卷至第四十卷";第二次是嘉庆二十一年十二月初七日"续将第四十一第四十二两卷按纂辑装潢进呈,伏候钦定",此时全书本体内容已告修竣;① 第三次是一年以后(嘉庆二十二年十二月初十日)添加嘉庆帝亲撰的御制诗文作为"卷首",并抄缮将收藏于武英殿的陈设本,② 刻板 827 块,③ 刷印"陈设本"20 部、"颁赏本"80 部,"装潢整齐一并进呈"。④

综此,《平定教匪纪略》的编纂工作应是始于嘉庆十九年正月,正文 42卷完竣于嘉庆二十一年十二月,添设御制诗文"卷首"副文本 1 卷及刻板、装潢等后续工作告竣于嘉庆二十二年十二月。同时,大学士托津等还请旨确定 80 部颁赏本的颁赏名单,并很快获得谕旨批复。⑤ 那么,时仅为江苏滞京待考举子的盛大士称其于嘉庆丁丑年(嘉庆二十二年)已然"复客京师,恭读《钦定平定教匪纪略》",如果所读者不是未经钦定、颁赏即外流的本子,则其得以接触到那些在极有限人群中流通的钦定颁赏本,竟何其迅捷也。

清代馆阁纂修的书、史,其流通途径大致有宫廷贮藏、颁赏赐读与公开板片允准流通、售卖等几种,开放程度不一,具体对口的职能机构为始设于康熙十九年的武英殿修书处。⑥ 刊刻宫廷贮藏的"陈设本""颁赏本"及记录库藏、编目以支应皇帝(在武英殿修书处档册清单上标注为"上传")、皇子等王公亲贵("传用")及军机处、内阁实录馆等衙署的调阅("行取")是其正项工作。"通行书籍"或作为标准本颁发各地翻刻,或代为刷印,或直接售卖,皆为其附带业务。

对于"正项书籍"与"通行书籍",武英殿修书处做了严格区分。两者

① 参见《嘉庆道光两朝上谕档》第 21 册,第 581 页,第 1510 号文献。
② 正文 42 卷编纂竣工后,添加御制诗文卷首、抄缮陈设本、刻板、装潢"陈设本""颁赏本"这些后续工作始于嘉庆二十一年十二月,终于嘉庆二十二年十二月。参见《嘉庆道光两朝上谕档》第 22 册,第 501—502 页,第 1385 号文献。
③ 参见《嘉庆道光两朝上谕档》第 22 册,第 501—502 页,第 1385 号文献。
④ 参见《武英殿等处存贮书籍刻板清册档》,《清宫武英殿修书处档案》第 9 册,第 634 页。
⑤ 参见《嘉庆道光两朝上谕档》第 22 册,第 502—504 页,第 1388、1389 号文献。
⑥ 杨玉良:《清代中央官纂图书发行浅析》,《故宫博物院院刊》1993 年第 4 期。

在调用账册上绝不羼杂相混，在"库房清册尤为明显"。① 根据吴丰培的研究，清代军机处所修诸方略，除《开国方略》一种不禁"任坊间刻印"外，其他各种在"民间很少流传"。② 又据武英殿修书处的年度书籍清单，《平定教匪纪略》属于正项书籍，并没有列入允准公开流通的"存售"书清册，不属于"通行书籍"。两者相印证，可知《平定教匪纪略》并未公开版片，或允准翻刻，更没有代刷售卖，即未曾公开通行，而是在极少数人组成的"信息共同体"内流通。

嘉庆二十二年十二月十一日，主持编纂《平定教匪纪略》的内阁大学士托津在全书装潢完毕具折进呈的第二天，再以专折奏复皇帝的"拟赏"（拟写颁赏名单）谕命，于折内拟写了80部颁赏本的颁赐对象名单。嘉庆帝于当日即传谕军机处，在这个名单上施以朱笔添改，增加了庄亲王绵课、镇国公奕灏，删去左都御史景禄、仓场侍郎润祥、仓场侍郎莫晋，并注明"那彦宝着赏给二部"，最终确认了79个颁赏对象。③ 具体为：

皇子4人：二阿哥（绵宁，旻宁，后道光帝），三阿哥（绵恺）、四阿哥（绵忻）、五阿哥（绵愉）。

亲贵10人：奕纬阿哥，和硕庄亲王绵课（留京办事王大臣、玉牒馆总裁）、仪亲王永璇、成亲王永瑆、庆郡王永璘、定亲王绵恩、肃亲王永锡、贝勒绵志、贝子奕绍、镇国公奕灏。

京内枢、部、院大臣42人：大学士托津（东阁、入直军机）、董诰（文华殿、入直军机）、明亮（蒙、武英殿）、曹振镛（体仁殿兼翰林院掌

---

① 张小李：《清宫武英殿修书处书籍通行机制研究》，《中国出版史研究》2024 年第 1 期。

② 吴丰培：《吴丰培边事题跋集》，第 366 页。

③ 参见《嘉庆道光两朝上谕档》第 22 册，第 502 页，第 1388 号文献；《清代军机处随手登记档》第 25 册，第 106 页。该影印本所影印的当日军机处上谕抄档，将颁赏书名抄错，误为"剿平三省纪略八十部"。因该奏折与前一件第 1387 号大学士托津等为《平定教匪纪略》编纂人员请求奖叙的奏折"嘉庆二十二年十二月十一日奉旨托等进呈《平定教匪纪略》缮写刊印各本办理尚为妥协……"为相互关联的两个奏报，因此疑第 1388 号书名有误植。后经查对《清代军机处随手登记档》，为当日奏报事由做的摘要记录，作"奏片一件 一拟赏钦定平定教匪纪略由"并摘要了朱批对颁赏名单的修正，皆与《嘉庆道光两朝上谕档》第 1388 号的"朱"字标注修改条吻合，因此确认了上谕抄档的此处误植，并据《随手档》校正。此处校正，蒙华东师范大学李文杰教授代查《随手档》记录，特此鸣谢。

院），协办大学士尚书戴均元（吏部），协办大学士衔尚书章煦（兵部、入直军机），尚书英和（理藩院）、景安（户部）、卢荫溥（户部、入直军机）、穆克登额（礼部）、戴联奎（礼部）、和宁（兵部、嘉庆二十三年学习入直军机）、崇禄（刑部）、吴璥（刑部）、苏楞额（工部）、茹棻（工部）、和世泰（理藩院），左都御史汪廷珍（都察院），侍郎熙昌（蒙、吏部左侍郎）、王鼎（吏部左侍郎）、普恭（吏部右侍郎）、吴芳培（吏部右侍郎）、禧恩（宗室、户部左侍郎）、黄钺（户部左侍郎）、<u>那彦宝（户部右侍郎、陕甘总督那彦成弟）</u>、姚文田（户部右侍郎）、多山（蒙、礼部左侍郎）、王引之（礼部左侍郎）、廉善（礼部右侍郎）、汤金钊（礼部右侍郎、阮元门生）、常福（兵部左侍郎）、顾德庆（兵部左侍郎）、穆彰阿（兵部右侍郎）、曹师曾（兵部右侍郎）、秀宁（刑部左侍郎兼翰林院掌院）、帅承瀛（刑部左侍郎）、成格（刑部右侍郎）、彭希濂（刑部右侍郎）、果齐斯欢（宗室、工部左侍郎）、王以衔（工部左侍郎）、咸安（工部右侍郎）、陆以庄（工部右侍郎）。

京外督抚 23 人：总督有协办大学士伯麟（云贵）、方受畴（直隶）、孙玉庭（两江）、长龄（蒙、陕甘）、董教增（闽浙）、庆保（湖广）、阮元（两广）、蒋攸铦（四川），巡抚有陈桂生（江苏）、康绍镛（安徽）、陈预（山东）、和舜武（山西、嘉庆二十二年十二月丙申廿七日改河南巡抚）、文宁（河南、嘉庆二十二年十二月丙申廿七日革职）、朱勋（陕西）、杨䕃（浙江）、史致光（福建）、钱臻（江西）、张映汉（湖北）、巴哈布（蒙，湖南）、陈若霖（广东）、叶绍楏（广西）、李尧栋（云南）、朱理（贵州）。①

托津所拟的名单体现了这类官修书、史的常规颁赏范围。从颁赏当时（嘉庆二十二年十二月十一日）的职官任职情况来看，大体是在世的各位皇子，几位近支王公亲贵，京内中枢部门的内阁满（蒙）、汉大学士及汉协办

---

① 参见《嘉庆道光两朝上谕档》第 22 册，第 502—504 页，第 1388、1389 号文献。又据钱实甫《清代职官年表》在圆括号内补出嘉庆二十二年十二月十一日前后该人职任。参见钱实甫编《清代职官年表》第 1、2 册，中华书局，1980。

大学士、军机处全部军机，京内六部满（蒙）、汉尚书及左、右侍郎，仓场侍郎，都察院左都御史，理藩院堂官，翰林院掌院，京外 8 个总督辖区的总督、15 省的巡抚，这些帝国最核心的亲贵和行政文官共约 80 人。对于《平定教匪纪略》，嘉庆帝在名单上删去了两位仓场侍郎和一位左都御史景润，特意添加了在癸酉之变中进入紫禁城救援的庄亲王绵课和镇国公奕灏，并赐主持"剿匪"的陕甘总督那彦成之弟那彦宝两部书。这体现了他对书、史阅读对象是有特殊考量的。在某种程度上，这 79 位王公亲贵与部院督抚大臣，就构成了围绕带有专题公文汇编性质高度事务化官修专史的核心信息圈。

《平定教匪纪略》颁赐 5 天后（嘉庆二十二年十二月十六日），由嘉庆帝特意添入赐阅名单的和硕庄亲王绵课具专折谢恩，他在"癸酉之变"后任"留京办事王大臣"。嘉庆帝阅折后旋即通过内阁明发上谕，自陈己过。在军机处的拟旨"本日绵课等因颁赏《平定教匪纪略》具折谢恩"起句，正文称："内地乱民如王伦、田五、苏四十三弄兵潢池，旋即扑灭，其事皆远在外省。至十八年九月十五日之事，朕平时不能修明政教，弥患于未形，又不能先事觉察，奸寇于未发。以致狼奔豕突，阑入禁门。幸赖天祖默佑，即日肃清此事。朕每一思之，愧不去心。乃诸臣复以尧勤舜知虚词铺张颂美，岂非增朕之惭乎?! 今事虽已往，而朕唯日存求安求治之心，不敢有忘乱忘危之意。所望内外臣工，大法小廉，勤修职事，勿朘民之生，勿荡民之志；昌明正教，使邪慝之风潜移默化。其有诘奸除莠之责者，勿因循姑息，使之转相煽惑，累及善良。庶实心实政，久遵化成，可期日臻上理，毋徒以虚文粉饰也。将此通谕知之，钦此。"在起句与正文之间，嘉庆帝特以朱笔亲添出两句"朕披览折内过事揄扬，转滋惭恧。王大臣等应体朕之苦心，共勉勤政，切戒因循，庶可稍救朕之过失"，并在起句"内地乱民"之前添出"从前乾隆年间"六字。①

《平定教匪纪略》的颁赏、专折谢恩、口传谕旨、军机处拟旨、皇帝朱

---

① 参见《嘉庆道光两朝上谕档》第 22 册，第 509 页，第 1402 号文献。

笔添改，最后以内阁明发上谕"通谕知之"，似乎在皇帝、国家最核心的行政班子与全体臣工之间层层推进，完成了一次对重大政治事件的信息沟通，以缔结某种最基本的共识——对天理教众攻入紫禁城的"癸酉之变"，其认识不应该停留在"虚文粉饰"，而应该以此为契机展开具体的整肃。经过调整后，新的共识主要在于：首先，此次"变乱"较乾隆时期的各种"民乱"有重要区别，已经从"外省"而"阑入禁门"；其次，导致变化的原因在皇帝未能时刻警惕，臣子没有勤修职事、昌明正教，因此臣子不应"复以尧勤舜知虚词铺张颂美"，这可能再导致皇帝无法时刻警惕，又发生不能防患于未然的错失。换言之，对"癸酉之变"的历史认识，应该作为反思时弊的契机来把握。《平定教匪纪略》的叙史主题事件，不能像流水一样没入日常，仅仅变成因循颂扬的过场。而这种对历史事件的定位性质意见，在主要由公文构成的事务化的史叙中是很少有表述空间的。如果不是出现在卷首御制诗文的程式化韵文里，便只能在此时已极为零星的"臣等谨案"中稍加评论。而通过《平定教匪纪略》对天理教"癸酉之变"及"滑县之乱"的联动认识与历史定位，则更多是通过书成颁赏后的这次互动完成的。这些共识的辐射范围，如果不受具体物质条件限制的话，甚至可以是全国具有读写行政书面语能力的全部绅民，这就突破了所圈定的 79 位受颁赏人的传播限制。最后，在即时官档（如起居注）的当日记载内和隔朝（道光朝）实录馆所修的官史（《仁宗实录》）中加以固定。[①]

不过，以这种模式达成政治知识共识的时效，在不同的人群中并不均衡。当时远在两广总督任上的阮元，他收到颁赏本就要在两个多月以后的嘉庆二十三年二月二十一日了。[②] 那个时候，走提塘邮驿通道的内阁明发谕旨应该先此到了（比如皇帝御书"福"字"以迓春喜"，就赶在距春节不远的正月二十六日到达了）。[③] 由于行政文书不同等级的客观传递时效，谕旨定音与高度事务化的颁赏本史叙之间，其所传递政治性知识的先后逻辑顺序，

① 参见《嘉庆帝起居注》第 19 册，第 600—601 页；《清实录》第 32 册，第 451 页。
② 张鑑等：《阮元年谱》，黄爱平点校，中华书局，1995，第 126 页。
③ 张鑑等：《阮元年谱》，第 126 页。

也就悄然发生了一些微小的变化。

3. 私修史与京师信息圈："事务化"与"事件化"取向间的可能桥梁

在清朝前近代性质的日常行政活动中，存在一些不同层级、时效各异的信息圈。19 世纪前 20 年清嘉庆时期，有关军事活动的馆阁专史，其高度事务化的史叙逐渐进入了事件化取向明显的私修专史。官方掌控的史源与绅民史叙发生了从史源内容到史叙形式的深入互动。这一系列历史过程，又多与上述特定信息共享、交流人群的具体聚合有关。从更为长远的知识史脉络来看，这些活动和变化环节都可能是作为近代知识形式的"战史"在清朝中国最终建立的可能桥梁，以勾连官源与私纂之间最主要的叙史取向差异。下面就对这些具体环节稍加分疏。

前文已述及，在 19 世纪中叶前后，至少有 4 种关于天理教起义的私修史叙得到流传，成书皆晚于官修史《平定教匪纪略》。其中，《靖逆记》初刻于嘉庆二十五年，作者署名"兰簃外史"，据学界考证实为江苏镇洋（今江苏太仓）人盛大士，时任淮安府山阳县（淮安府治所）教谕。[①]《啸亭杂录》第 6 卷内相连的两篇杂记《癸酉之变》和《滑县之捷》出于当时的礼亲王昭梿，他曾亲身进入紫禁城抵御天理教的进攻。虽然《啸亭杂录》刻本亡佚，目前流通版本都依据的是光绪后抄本，但作者昭梿卒于道光九年，可知此二文应完成于 1829 年之前。又据道光二十二年版的《圣武记》已经征引、评价了此书第 10 卷，[②] 则这两篇文字的刻板流传也至少应早于这个年份。魏源《圣武记》的道光二十二年版已有第 10 卷《嘉庆畿辅靖贼记》，可知其文亦至少完成及传于 1840 年中英鸦片战争之前。第四种即前文所详述的蒋湘南《书滑县平贼事》，收入 1847 年前刻板的《七经楼文钞》，成稿年月虽难精确，但流传应在前三种之后。

从叙史取向的角度来看，这 4 种流传于鸦片战争之前的私修军事史，与

---

① 魏忠册：《清代天理教起义的重要史料——〈靖逆记〉简述》，《中原文物》1981 年第 1 期；辛德勇：《盛大士〈靖逆记〉版本源流之判别》，《故宫博物院刊》总第 124 期，2006 年第 2 期；包楠楠：《〈溪山卧游录〉考释》，硕士学位论文，陕西师范大学，2017；盛大士：《蕴愫阁诗集》第 12 卷，《清代诗文集汇编》第 501 册，第 100—108 页。

② 魏源：《圣武记》第 12 卷，第 56 页。

《平定教匪纪略》最大的区别就是"事件化"。具体来说，就是没有按照事务化的行政文书流程来叙史，而是区分出了两次彼此关联的大事件和事件中几个较小的事件，按事件本身的因果发展来推进史笔，有的通过设置叙史重心来区分，有的则据此独立列目。

盛大士的《靖逆记》应是上述 4 种私修史中最早刊行的，初刻于 1820 年春夏盛氏在山阳县教谕任上。出版后迅速被扬州文盛堂翻刻，流行于东部地区，并沿着运河交通线得到传播。①

盛大士在序言中简短叙述了其书的编纂经过，参考他在这些年份的诗作，可以得知《靖逆记》的史料来历及信息核校、修正的大致过程。嘉庆十九年甲戌仲春，盛大士北上京师，在兖州遇到清廷剿除天理教山东、河南、直隶"之乱"的"军中来者"，为盛氏详细讲述了战役的具体情形。盛氏随即作《豫东纪事诗六十二韵》，"志其颠末"。② 他之后又路过峄山、金乡、蒲连、曹县、定陶、滑县、道口、滕县、东平、汶上村社、任丘等战火绵延之地，皆以歌行诗作记录沿途见闻。③ 到达北京后，他又询问了相关情况。"及至京，询及林逆构乱，都人士言之甚详，因缀录所闻，犹惧传语失实，鲜所考征。"④ 除了"见"，他的两种"闻"的信源"军中来者"和"都人士"显然信息视角是有所区别的：前者来自以滑县为中心的山东、河南、直隶战场，后者则侧重于北京的"癸酉之变"。三年后（嘉庆二十二年丁丑），盛大士再次进京赶考，不第，留在北京坐馆。⑤ 在此期间，他得以详细阅读刚刚钦定、颁赐的《平定教匪纪略》。"丁丑，复客京师，恭读《钦定平定教匪纪略》，谨为叙列时事，附缀曩闻，厘为六卷。"⑥ 至此，从 1814 年到 1817 年，历经三载，盛大士终于能将自己得之于"草莽"及"传

① 辛德勇：《盛大士〈靖逆记〉版本源流之判别》，《故宫博物院院刊》总第 124 期，2006 年第 2 期。
② 参见盛大士《蕴愫阁诗集》第 6 卷，《清代诗文集汇编》第 501 册，第 45 页。
③ 参见盛大士《蕴愫阁诗集》第 6 卷，《清代诗文集汇编》第 501 册，第 45—47 页。
④ 兰簃外史：《靖逆记》，第 1 页。
⑤ 参见盛大士《汪生元祥哀辞》，《蕴愫阁文集》第 7 卷，《清代诗文集汇编》第 501 册，第 334 页。
⑥ 兰簃外史：《靖逆记》，第 1 页。

信"的见闻与高度事务化的官修史相印证，"弗袭浮言""靡敢臆说"，完成
了他以大小事件发生、发展、终结线索为经，以事发空间为纬，围绕事件与
人物展开的军事史叙。

其书分为6卷，第1卷以"平定林逆""豫亲王削职"二节，分写天理
教众在北京冲击紫禁城的"癸酉之变"。叙笔从前序事件嘉庆帝当年的例行
木兰秋猎"嘉庆十八年癸酉七月，驾幸木兰行秋狝礼，皇子扈从"① 入手，
接写八九月圣驾回銮途中因暴雨阻路回驻山庄而"皇子先归"，两日后（丙
子十三日雨停嘉庆帝回驻山庄）"九月十五日戊寅，天理教贼党犯阙"——
皇帝从七月到九月中旬这近三个月间的行程，被分解出离京木兰秋狝、回銮
暴雨受阻、皇子先归这三个小节点，按时序贯穿，作为"癸酉之变"的前
序事件，随后叙笔点出"天理教众犯阙"进入正题。不过，《靖逆记》的史
笔并未就此进入对于该事件的描述，而是开始叙写天理教的组织结构（"天
理教，按列八卦为八股，又名八卦教"）及列举首领林清、冯克善、李文
成之名，这就得以将北京和豫东两地发生的"动乱"顺利联结为一个整体
性事件来叙述（"林清倡乱京畿，冯李二贼蹂躏豫东，为清声援"），并继
以笔墨勾勒八卦教中林清与李文成的联系，二地教会如何串联相约起事。相
较而言，"癸酉之变"与"滑县之乱"两个事件的关联性，在事务化的《平
定教匪纪略》里隐没在公文流转的匀速时序单一线索中，未加以突显。随
后，《靖逆记》在先略写滑县"贼恐败露"临时起事后，便正式从"十四日
丁丑，清命其党陈爽、陈文魁等，偕入京，匿于市人家"分两节详述林清
领导的天理教众"犯阙"事件。"平定林逆"节末又以"兰簃外史曰"引
出对此节所述事件的史论。"豫亲王削职"一节写"天理教众犯阙"事件的
后续审理和处置，亦以"兰簃外史曰"的史论作结。

第1卷从分出"平定林逆"与"豫亲王削职"两节，到建立前序事件
（木兰秋狝）、相关事件（"豫东之乱"），再通过叙述天理教内部派别关系
及两股势力相约起事以建立事件背景，最后以史论作结，空间涉及北京与豫

---

① 兰簃外史：《靖逆记》第1卷，第1页。

东而以北京为主，视角兼顾清廷与天理教，是一个相当完整的事件化的史叙结构。虽然卷内全文抄录了如嘉庆帝罪己诏书这样的公文，很多时空信息和全局视野显然是来自官修史所整合的章奏、谕旨、口供等档案记录，但事件化的分目和叙史经纬脉络是《靖逆记》完成的。

第 2 卷至第 4 卷围绕"豫东之乱"展开。第 2 卷分三节叙述"金乡守城事""长垣定曹之变""平定东省逆匪"；第 3 卷分六节叙述"开州东明长垣剿贼事""滑县之难""滑濬用兵事""道口之捷""司寨之捷""平定滑县"；第 4 卷只有一节"平定陕西三才峡匪"。第 5 卷、第 6 卷乃以人物小传分节，前者写 15 名天理教首领，后者写 11 名在京内应。全书每节皆以"兰簃外史曰"的简短评论作结，以事为纲，以空间、人物为目，是一个非常典型的事件化的军事专史。与差不多时代流传的另外 3 种同主题私修史叙相比，《靖逆记》是唯一多卷目史叙，余者皆为单篇纪事。因此，其纲举目张、时空相维、人事交织的特征就最为显著。

在另外 3 种私修史中，相对较早的《啸亭杂录》在第 6 卷内以两篇独立的记事文《癸酉之变》和《滑县之捷》分述了发生在北京与豫东的两次天理教"变乱"。相较于《靖逆记》，《癸酉之变》更深入地追溯了天理教的"邪教"源流，从"元末红巾之乱"起讲白莲教起源，述"明季唐赛儿、徐鸿儒等相沿不绝"，详细描述了白莲教的信仰来源、咒语仪式（"八字真言，书于白绢，暗室供之"），以及其在清朝的传播区域和引起的局部性"民乱"。从白莲教"又变为八卦、荣华、红阳、白阳诸名"讲到"有林清者，本籍浙江人，久居京邸"，并分析林清所聚合的教众"刘金、刘得才"向"茶房太监杨进忠等传教"内外交结的过程。这部分以 300 多字叙述了事件几种不同关联度的"远因"。接着又开始叙述天象（"会辛未秋，彗星出西北方，钦天监又奏改癸酉闰八月于次春二月，诸贼乃以为预兆"），交代了事件发生的"近因"。《癸酉之变》的事件过程是按时间顺序来记述的，用"十四日""此十五日事也""至五更""次日昧爽""此十八日事也""明日""次日""二十三日""逾年"这些时间标示来线性地叙述事件推进的具体过程，呈现了其发生、发展、结束及后续处理等各个节点的情况，将相关参与者的言行编织其间。《癸酉之变》全文近6000字，是比较标准的笔记体记事文，没有如《靖逆记》"兰簃外史曰"这样的史论程式，也没有全文抄录谕旨这种事务化史叙的痕迹。全文皆以亲历者视角叙史，第一人称"余"常常出现，述人物言行多直引其语，如某"曰""上笑曰"等，皆是。这种取向是事务化的官修史或据见闻印证官史然后添加事件化结构的私修史如《靖逆记》者所没有的。《滑县之捷》则篇幅相对短很多，约1300字，叙事中没有亲历者视角，但对人物言行也常有直接引语，有可能是参考了官方所掌握的大量刑讯供词。

虽然同样是单篇史叙的汇编，但《圣武记》与《啸亭杂录》是有区别的。《啸亭杂录》没有区分主题，单篇文章以类书条目的方式呈现，各卷虽隐有侧重却没有明确的类目，正编十卷每卷都有写军事活动的文章，也有其他涉及政治、经济、制度、文化各类掌故的内容。总体而言，其史叙未脱笔记掌故的范畴，唯见闻多得之于亲历者。《圣武记》则每卷都有独立的编目，如"开创""藩镇""外藩""土司苗瑶回民""海寇民变兵变""教匪""武事余记"。除"武事余记"外，皆以王朝用兵的不同类型对象作为主题来分目，① 这就通过编目定位赋予了其所述单篇军事史叙以整体性的"王朝武功"脉络。《嘉庆畿辅靖贼记》是列在第10卷"教匪"目下的，其文将京师的"癸酉之变"和豫东的"滑县之乱"交织在一起讲述，空间交错。并将双方作战过程与朝廷的行政指令糅合于史笔，不区分史源归属的行政流程和层级，唯按事件推进顺序叙写，事件过程细节和军事活动的政治、社会首尾都十分清晰。文末一段添加了其余史叙都没有的内容，是关于朝廷因为"平乱"筹措军费而开的捐例"豫东例"，试图厘清与军事活动相关的财政问题。这应是与《圣武记》欲借战史而知兵事的叙史动机密切相关的。相较于多章节的《靖逆记》与同样的单篇史叙《癸酉之变》《滑县之捷》及前节详述的蒋湘南《书滑县平贼事》，《嘉庆畿辅靖贼记》通过全书编目赋予单一事件史以军事史的整体脉络化定位，糅合事务化的行政流程于军事

---

① 参见魏源《圣武记》。

活动的事件过程，并关注王朝用兵统筹等"兵事"知识的特点是更为明显的。换言之，它的叙史事件化取向是有明确的军事知识建设目标的。

第二节　明治日本的战史课程与大战修史

明治时代中期，日本在作战技术和军事制度方面的改革渐趋深化，近代化的军事教育体系也相应地进入了成熟阶段。1883 年，日本陆军大学校开办。以此为契机，在日本的军事教育中，德国近代"兵学"整体化的学科教育模式开始逐渐取代明治初期占主流的法国式狭隘的纯战术训练。

明治初年，刚建立的陆军士官学校不仅雇用了不少来自法国的军事教员，还在 1878 年翻译出版了法国著名军事院校圣希尔军校兵学教授巴尔铁尔密（Hippolyte Barthélemy）的著作《兵学教程读本》（*Cours d'art militaire*），[①] 并采用这个译本作为士官学校的主要军事学科教材。《兵学教程读本》较为典型地体现了法国"兵学"重视抽象制度和技术，忽略具体战例经验过程的特点。其篇章包括军队的编制和兵制、国军制度的要领、战争说、兵力、兵学、常备军、地方军、杂队、法国军队编制和兵力、日耳曼军队编制和兵力、营地战术论、地区论、地物论、隘路、阵地、休止的战术小单位、宿营法、警戒法等，从部队编制法和各种类型战斗技术两个方向来展开"兵学"教学。

到 1883 年日本陆军大学校开办后，这种情况发生了改变。1885 年，日本政府延请德国军人梅克尔到陆军大学校担任教官教授战术学，并指导日本陆军建立近代军制。梅克尔曾参加 1866 年的普奥战争，他的到来为日本当时的军事教育注入了德国近代"兵学"的学科范式及教育模式。这种模式的特点是结合实际战役的具体战例来分析讲授作战技术和军事战略，并进一步讨论军事制度。德国近代"兵学"的代表人物是德国陆军元帅毛奇（Helmuth Karl Bernhard von Moltke），其特别擅长结合普奥和普法两场战争的具体战役来讨论军事技术、战略和制度。

---

① 巴爾鐵爾密著，陸軍士官學校訳『兵學教程讀本』内外兵事新聞局、1878 年。

德国"兵学"在日本的流行，也与当时日本本土军事人才的投入有关。1884 年近卫步兵第一连队长川上操六随陆军大臣大山岩到欧美考察兵制，翌年归国任陆军少将兼参谋本部次长，两年后再次赴欧洲专门学习德国兵学，并在归国第二年就任陆军中将。川上在此期间投入了大量时间与精力搜罗德国近代兵学领域内重要的书籍和新出的西书，找人翻译后在陆军部内外出版发行。据说，在他的管理下，陆军文库到 1893 年前后藏书差不多有 2.5 万部，其中包括了日本和各国的地理、政治志书，如《北清纪行》《西伯利亚地志》等。甲午战争宣战前，川上操六来到中国，担任日本陆军高级参谋兼帝国总部后勤长官，深度参与对华作战。在甲午战争中和战后，川上应用他的兵学知识积极推动日本军队近代化改革，皆颇见"成效"。

总体而言，明治日本近代军事史叙产生的具体历史环境主要有二：其一为明治中后期专业军事院校内的战史课程教材编译活动；其二为甲午战争和日俄战争两次大战后立足"东亚"的"世界战史"编纂。

一　专业军事院校战史课程译本

明治日本的军事教育体系，从幕末时期的传统学塾兵学转向明治初期的陆军士官学校法国模式，再到中期转向陆军大学校德国近代军事学。在此过程中，出现了叙述战史以充教材的客观需求。最初比较迅捷的方式自然是翻译，而明治日本对境外战史的译写大体上有两个源头，一个是来自中国的汉文著述，另一个是来自欧洲（尤其是法、德两国）的西文著述。

如前所述，清朝自 19 世纪上半叶嘉庆朝后期开始，由于各地"民乱"频仍，朝野有关军事活动的叙史逐渐增多。不独军机处下属方略馆主持的各种方略连续编纂成书，绅民私修战记、书事文等更逐渐在前者高度事务化的史源中补充亲历者见闻，重订经纬，纂成独立完整的事件化军事史叙。在此过程中，官绅有识之士开始从留心军政史地情报转向探索战史修撰新形式。其中翘楚如魏源者，更开始讨论如何从旧有军事叙史传统中找到增长作战经验与技术的途径，换言之即如何在"纸上谭兵"和"马上建功"之间建立直接的关联。道光初年"海警纷沓"，旧有军事史叙发生知识史变化的环境日益成熟。魏源的《圣武记》在此时（1842）成书、刻印，很快就通过长崎传入日本。据学界统计，1844—1859 年，共有 52 部《圣武记》被贩至日本。到 1850 年代，日本至少已经有了 5 种不同节选程度的翻刻本。^①《圣武记》的这些原刻本和翻刻本很有可能是江户时代在 1853 年"黑船来航"日本实行"开国政策"之前，学塾中讲授兵学所使用的汉籍参考书。

前文又及，日本自明治时代开始仿照欧洲模式建立近代军事院校，前期以法国兵学为主流，中后期自陆军大学校建立则逐渐代之以德国兵学。相应地，军事院校为了满足教学需要，前期主要翻译法国军事史著作，中后期则选择翻译德国的军事史教科书。具体来说，前者以 1885—1887 年辻本一贯所译法国军事史家维亚尔（Jules Paul Vial）的《近世战史略》为代表，后者则以 1890 年参谋本部编辑重译德国的《欧罗巴战记》较具影响力。

这个时期欧洲军事类书籍的翻译工作，多由陆军省参谋本部的现役军官负责，辻本一贯便是其中之一。他出身于日本关西和歌山的士族，以八等出仕明治政府陆军省，在参谋本部编纂课第二部任职，专门从事军事类书籍的翻译工作。^② 从 1875 年到 1893 年，辻本翻译了欧洲军事类书籍 4 种。分别为：

（1）英国某氏著《佛国略史》，1875 年译。^③

（2）法国军官马蒙（Auguste Frédéric Louis Viesse de Marmont）著《军制要论》，1883 年译。^④ 经笔者比对，此书底本应为马蒙 1845 年出版的 *De l'esprit des institutions militaires* 一书。^⑤ 此著另有 1862 年美国费城英译本（马蒙自译），^⑥ 为 19 世纪比较有影响的军事理论著作。

---

① 参见刘岳兵《魏源的〈圣武记〉在近代日本》，阎纯德主编《汉学研究》总第 20 集，学苑出版社，2016，第 409—426 页。

② 内阁官报局『明治二十年（十一月三十日现在）職員録』（甲）、192 頁。

③ 英人某著，辻本一貫訳『仏国略史』陸軍文庫、1875 年。

④ 馬蒙著，辻本一貫訳『軍制要論』陸軍文庫、1883 年。

⑤ Auguste Frédéric Louis Viesse de Marmont, *De l'esprit des institutions militaires* (Paris：Librairie Militaire, 1845).

⑥ Auguste Frédéric Louis Viesse de Marmont, *The Spirit of Military Institutions: Or, Essential Principles of the Art of War* (Philadelphia：J. B. Lippincott & Co., 1862).

（3）法国军事史家维亚尔著《近世战史略》，1885—1887 年译。

（4）德国普鲁士陆军军官伯卢麦（Carl Wilhelm Hermannvon Blume）著《战略论》，1893 年译。经笔者比对，此书底本应为伯卢麦 1882 年出版的 *Strategie: Eine Studie* 一书的第三版。① 该书的出版社为德国最古老的出版社，以出版军事历史文献和著作知名。② 这些译著有一个共同点，即大体上是为供陆军专门院校的学生作教学参考书而选择翻译的。

1885—1887 年日译《近世战史略》的底本，为法国"参谋大佐"维亚尔所著 *Histoire abrégée des campagnes modernes*（直译是《现代战争史》）。维亚尔是当时法国总参谋部应用学校（L'école d'application d'état-major）军事艺术与历史学科的教授。这所学校创建于 1818 年 5 月 6 日，是法国波旁复辟时期的皇家军团应用学校，为法国高等战争学校（Ecole supérieure de guerre）的前身。③ 维亚尔以参谋中尉的身份任该校军事艺术与历史学科教授。为了授课的需要，他在 1874 年撰写了这本书，由巴黎军事书店印行出版。此后，维亚尔不断增订此书，至其身后，他的儿子时任十五兵团炮兵队长的 C. 维亚尔（C. Vial）接手了这项工作，于 1894 年出了增订第 5 版，④ 1911 年出了增订第 6 版。该书 1874 年第 1 版，是从欧洲三十年战争时期瑞典国王阿道夫·古斯塔夫二世在 1631—1632 年指挥的日耳曼战役写起，至 1870 年普法战争。⑤ 而 1881 年第 3 版则在 1631 年古斯塔夫二世的日耳曼战役之前，增补了希腊罗马时期战争史、中世纪战争史和维新期战争史，下限则添写到 1876 年俄土战争。辻本一贯日译本《近世战史略》正是以这个版

---

① Wilhelm von Blume, *Strategie: Eine Studie* (Berlin: E. S. Mittler & Sohn, 1882).

② 参见 Einhundert Jahre des Geschäftshauses Ernst Siegfried Mittler und Sohn, *Königliche Hofbuchhandlung und Hofbuchdruckerei in Berlin. Ein Zeitbild* (Berlin: Ernst Siegfried Mittler und Sohn, 1889)。

③ 关于法国总参谋部应用学校的历史，参考了法国高等战争学校官方网站的介绍。https://www.ecole-superieure-de-guerre.fr/ecole-application-etat-major.html，检索日期：2024 年 9 月 1 日。

④ Jules Paul Vialand C. Vial, *Histoire abrégée des campagnes modernes*, cinquiéme édition (Paris: Librairie Militaire de L. Baudoin, 1894).

⑤ Jules Paul Vial and C. Vial, *Histoire abrégée des campagnes modernes*, sixième édition (Paris: Librairie Militaire R. Chapelot, 1911).

本为底本的（前编 1885 年印行，后编 1887 年印行），唯在卷首译出前两版序言，以明维亚尔的写作宗旨。①

明治中期以后，德国兵学开始在日本军事教育中取代了法国兵学的主流位置，专业军事院校的战史课程也重选教学参考书。1890 年日本参谋本部重译了 7 卷本的《欧罗巴战记》。所谓"重译"，是因为这个译本是从此书荷兰文译本转译过来的。

《欧罗巴战记》的德文本出版于 1827—1829 年，是德国将领舒茨（Carl Heinrich von Schütz）所著的 6 卷本 *Geschichte Der Staatsveränderung In Frankreich Unter König Ludwig Xvi. Oder Entstehung*，*Fortschritte Und Wirkungen Der Sogenannten Neuen Philosophie In Diesem Lande*（书名可直译为《法国国王路易十六时期的国家变迁史，以及这个国家"新哲学"的出现、进展和影响》）。此书前 3 卷出版于 1827 年，后 3 卷出版于 1829 年。② 在最后一卷出版的当年，舒茨退役结束了自己 33 年的军旅生涯。③

荷兰人布劳沃（Erardus Henricus Brouwer）将其翻译成了荷兰文，于 1842 年在荷兰皇家军事学院（Koninklijke Militaire Akademie）的下属出版社出版。④

布劳沃原本是 19 世纪欧洲一位有经验的出版人和新闻编辑。1836 年荷兰皇家军事学院在布雷达（Breda）重建，布劳沃受聘成为该学院的图书馆馆长，同时担任该校的教师和教务主任，直至 1876 年 72 岁退休。⑤ 任职期间，他于 1840 年、1846 年和 1850 年先后编制了该校图书馆的字母目录和

---

① ヴィアル著，辻本一貫訳『近世戦史略』陸軍文庫、1885-1887 年。

② Carl Heinrich von Schütz, *Geschichte Der Staatsveränderung In Frankreich Unter König Ludwig Xvi. Oder Entstehung*，*Fortschritte Und Wirkungen Der Sogenannten Neuen Philosophie In Diesem Lande*，1-3（Leipzig：F. A. Brockhaus，1827）；Carl Heinrich von Schütz, *Geschichte Der Staatsveränderung In Frankreich Unter König Ludwig Xvi. Oder Entstehung*，*Fortschritte Und Wirkungen Der Sogenannten Neuen Philosophie In Diesem Lande*，4-6（Leipzig：F. A. Brockhaus，1829）.

③ 关于舒茨的生平，参见 https：//de.wikipedia.org/wiki/Karl _ von _ Sch% C3% BCtz _ (General)，检索日期：2024 年 9 月 1 日。

④ Erardus Henricus Brouwer, *De geschiedenis der oorlogen in Europa sedert het jaar 1792*（Breda：Drukkerij van Broses & Comp.，1942）.

⑤ C. Hojel，"Brardus Henricus Brouwer，" in *Militaire Spectator*，1879 Serie 4 Deel 4 Nummers 1-12 complete jaargan（Breda：Bij Broese & Comp.，1897），pp. 506-515.

两份补充书目。除任图书馆馆长外，布劳沃 1836—1851 年还负责管理该校的印刷装订基金，代表学院印行军事教材和相关读物。在此期间，他做了大量翻译工作，将欧洲当时出版的一些军事书刊译成荷兰文，[①] 并在 1832—1876 年协助学院编辑《军事观察家》（*Militaire Spectator*）杂志。舒茨的 7 卷本著作就是在此阶段被译为荷兰文的。[②]

1890 年，日本陆军省参谋本部从布劳沃的荷兰文译本转译成 6 卷本的《欧罗巴战记》。具体承担这项工作的是编纂课，步兵少佐大原里贤任课长，课员有野岛丹藏、横井忠直、广濑义信等人，借调了炮兵大尉根津一、木村丑德和辎重兵大尉大泽界雄等 12 人。[③]

该书德文本为 6 卷本，1842 年布劳沃作荷兰文译本时改为 7 卷，书名可直译为《1792 年以来的欧洲战争史》，1890 年日文译本实是据荷兰文译本但改动了卷数和书名。本来，荷兰文译本已在转译中弱化了德文底本标题中的核心问题意识，即强调通过叙述战争历史观察国家建设及统治理论变迁，并将重心转向 1792 年战争本身的军事过程。至日文译本，更将荷兰文译本所关注的 1792 年单次战争重新定位，视其为近代欧罗巴系列战争中的一个战例。这几个文本间史叙重心的转变，便如此在正文之外显露了出来。

---

① 布劳沃共翻译了 15 种军事书刊，具体为 Moritz Meyer, *Gronden der krijgskundige scheikunde*, 1840; *De geschiedenis der oorlogen in Europa sedert het jaar 1792*, 1842–1854; Von Clausewitz, *Over de oorlog*, 1846; Von Lossau, *Idealen van oorlogvoeren*, 1848; Von Lossau, *Karakteristiek van Napoleon's veldtochten*, 1849; Kner, *Handleiding tot de beoefening der geologie*, 1854, 1866; Von Kobell, *Handleiding tot de beoefening der mineralogie*, 1855; Von Clausewitz, *De oorlogen van 1796, 1798–99, 1812, 1814 en 1815*, 1839–1845; Wrightson, *Geschiedenis van Italië, van de eerste Fransche omwenteling tot het jaar 1850*, 1857; Seubert, *De tactiek in voorbeelden*, 1858; Rüsrow, *Handleiding tot de kennis van den kleinen oorlog*, 1864; *Herinneringen uit de jaren 1837–52, door een voormalig hoofdofficier van het Nederlandsch–Indische leger*, 1865; *De veldtocht van 1866 in Duitschland, samengesteld door de krijgsgeschied–kundige afdeeling van den Pruisischen Generalen staf*, 1867–1868; Rüstow, *De Fransch–Duitsche oorlog, 1870–1871*; Ida Pfeiffer, *Reis naar Madagascar*, 1862。

② E. H. (Vertaler) Brouwer, *Geschiedenis der oorlogen in Europa sedert het jaar 1792, – als gevolgen der staatsverandering in Frankrijk, onder Koning Lodewijk XVI* (Breda: Drukkerij van Broese & comp., 1842).

③ 内閣官報局『明治二十三年(十二月十日現在) 職員録』(甲)、74 頁。

　　由此而观，出版于 1827—1829 年的德文 6 卷本战史《法国国王路易十六时期的国家变迁史，以及这个国家"新哲学"的出现、进展和影响》，经由 1842 年荷兰皇家军事学院布劳沃为印行军事课程教材和相关读物而进行的有计划翻译工作，变成了 7 卷本的《1792 年以来的欧洲战史》，继而又在 1890 年被日本陆军省参谋本部翻译为 6 卷本的《欧罗巴战记》，供陆军大学校参考使用。这部大型军事史著遂与前述辻本一贯译自法文底本的《近世战史略》一样，在 19 世纪欧洲和东亚近代军事院校战史课程的建设脉络中，变成了某种近代知识共同体的"共同文本"。在此过程中，本由不同民族国家、语言文字区格的从业人员，被绾结为某种学科知识共同体，共同阅读、使用和解释源自同一个文本的"战史"，逐渐达成关于近代军事史叙在一些基本取向上的共识。具体来说，就是法国人维亚尔在前述《现代战争史》一书 1874 年初版序言中提到的，要通过重新写作近代战争历史，在历史经验和军事活动之间建立起桥梁；同时，在对战史的研究中寻找到战争技术的一些原则，并尝试归纳出某种合理的方式来阐释这些原则。[①] 归根结底，就是要让对军事技术和战略的讨论与探究可以基于具体战役案例的经验和细节来展开。

　　甲午战争前，中国人陈庆年在为湖广总督张之洞在武昌筹建湖北武备学堂而调查近代中西战史文献的过程中，发现了日本参谋本部译的《欧罗巴战记》。1894 年，他在为主讲两湖书院课程"兵法史略学"做准备时编纂了《兵法史略学》，共 8 卷。他在作为总纲的第 1 卷"课程义例"中的"外国兵史之大略"一节提道：

　　　　近年日本参谋部从和兰翻本转译，名曰《欧罗巴战记》，叶数多至四千余翻（明治二十三年译印，洋装分为七套）不过仅此一事。又仅此一事中之战术，一切关于欧洲政变者，尚待他求。以是类推，欲于欧洲各战，皆期卒业，殆未易言。法人维亚尔氏有鉴于此，搜集数百卷战

---

① J. Vial, *Histoire abregee des campagnes modernes* (Paris：Imprimerie et Librairie Militaires J. Dumaine，1874），pp. v‑vi.

史，撰为二卷。远自希腊之期，近逮东方之战（即光绪二年俄土之战）简册无累，而事情悉备。……日本陆军文库，久有译本（辻本一贯译）分为前后编，叶数仅一千二百余翻（前编明治十八年印行，后编明治二十年印行，皆洋装本）。欲不窥别录，而易得阅益，盖当以此为先资矣。

维亚尔是书体例，首记战事之缘起，次举战域之形势，次论两军之筹策（其书自言于每战役比较交战国之兵力，其人口之多少，国境之性质，财政之状态，常备军之编制，募兵之方法及军纪教练经理建造，皆一一言之，再论关于军政诸事），次说战略之运动，次记当战之情事，终评本役之得失。辻本一贯称其条理分明、脉络贯通，得战史之要领，信非虚誉。其地图之未精备者，辻本一贯复取他要图附之，使本书地名方面，无不可晓，尤便于讨究也。①

从陈庆年的概括和评价文字中，可以发现 19 世纪军事史叙文本在欧洲作者如德国军官舒茨、法国总参谋部应用学校军事艺术与历史学科教授维亚尔和译者如荷兰皇家军事学院布劳沃、日本陆军省参谋本部编纂课第二部军官辻本一贯，转译者日本参谋本部编纂课成员和中国筹备武备学堂战史课程的陈庆年等人之间发生了转递、阅读、翻译、增补副文本（如地图、译序、前言、后记、题跋）、概述、更换标题、调整问题意识等一系列知识共建活动。到 19 世纪末，某些共识逐渐缔结，某种较为确定的知识形式已经悄然建立。

《兵法史略学》在全书总纲"课程义例"子目"兵法必立史略学之意"中，对兵法、方略、史事 3 类旧有军事知识形式排列了次第，"欲明兵法，先明方略；欲明方略，先明史事"，随后明确了在"兵法史略学"新问题意识下的知识视角——"取古今战争得失之数，设身处地以求之（明戚继光谓：'读《百将传》，以我身为彼身，以今时为彼时，使我处此地、当此事，

---

① 陈庆年：《兵法史略学》，第 26 页，清光绪二十九年明溥书局铅印本。

如何而可。'即此义）"。① 到 19 世纪末，这种在历史与军事技术之间建立桥梁的知识取向，已经将欧洲数国和东亚的中日两国联结起来，变成了近代军事史叙发展的某种新的知识史脉络。

二　中日、日俄两次大战与日本的近代战史修纂

本书已在之前相关章节中，详细梳理了明治日本围绕甲午战史的官方编纂和民间私人纂修的具体情况。实际上，甲午战争及日俄战争对日本军事史的知识形式产生了很大影响，构成了其第二个重要的历史语境。明治日本的战争史叙从来自译本的"欧洲战争"中心视角，转变为立足"东亚"观察"世界战史"的取向。

1911 年，誉田甚八遗作《日清战史讲授录》在日本东京出版。② 这是作者为陆军大学校二年级学生讲授"日清战史"课程时的讲义。1936 年，南京国民政府训练总监部军学编译处将其译成汉语。③

这部出版于日俄战争后的甲午战史，它的作者誉田甚八是日本北陆金泽人，陆军士官学校出身，在甲午战争前被选入陆军大学校，甲午战争期间被编入近卫步兵第三联队，因军功获五级金鸡勋章，战后又回陆军大学校学习，1898 年卒业。他翌年入职日本陆军参谋本部，从事战史编纂工作。八国联军入侵北京时，他任日本陆军第五师团参谋，因熟习外语而受勋。日俄战争时他在大本营中赞襄军机，因功受勋，战后复入参谋本部编辑甲午战争、八国联军之役及日俄战争三种战史，并在陆军大学校担任教官讲授战史，被学生目为日本战史学的泰斗，能通英、法、俄诸国外语。④

《日清战史讲授录》共有三章及一个附录。其章节目录的设置情况，大致如下。第一章为总论，介绍研究战史之要点、甲午战争经过概要及研究甲

① 陈庆年：《兵法史略学》，第 1 页。
② 誉田甚八『日清戦史講究録』偕行社、1911 年。
③ 誉田甚八：《日清战史讲授录》，训练总监部军学编译处译，台北：文海出版社 1976 年据训练总监部军学编译处 1936 年版影印。
④ 『類聚伝記大日本史』第 14 巻、雄山閣、1935 年、318 頁。

午战史的注意事项，其中甲午战争经过概要部分分别介绍了战争之起因、日中两国之兵力、日中两国之作战计划与作战经过之大要。第二章与第三章分别讨论奉天省东南部之作战与旅顺半岛之作战。除了交代相关战役的过程，作者还对具体军事行动进行了点评，如第二章从日军向鸭绿江畔开进谈起，接着先后讨论了九连城之役、占领大东沟、凤凰城及鸭绿江畔战争等战事。在论述过程中，穿插介绍交战双方的作战与防御计划，评论日军战术与军事行动之得失；同时穿插比较甲午战争、日俄战争相关军事行动之不同点。这就将对战役推进过程的史实呈现与从军事角度进行仔细评论有机结合起来。

此书附录有三节，下设子目，是对相关外交行动的评价和对军事行动的技术分析。

《日清战史讲授录》一共有两个副文本，包括日本东京偕行社编纂部序和绪言，交代了是编的编纂缘起、主旨和出版后的使用情景。在绪言中，誉田表达了和前述明治中后期日本东亚战史编纂取向一致的看法：寓兵学于战史，"以战史记事为情况，按各时机，设各问题而讲究之"，以消除"图上战术"与"战史"之间的鸿沟。

> 夫研究战史，方法颇多，予所采者与图上战术类似，以战史记事为情况，按各时机，设各问题而讲究之。予信此为得策。因从来战史讲义，多与图上战术相离，有种类各别之感。欲除此鸿沟，以示研究战史即为一种图上战术，而图上战术亦每有赖于研究战史。两者相辅，以便于启发战略战术之智能故也。①

不过誉田注意到，如果要从甲午战争的战例中寻找战术和战略指导，则这些战例有些久远了，所以要把它与"最近日俄战争所起者比较研究之"。

> 日清战争，其战例既在十年以上，非如挽［晚］近进步者多。若

---

① 誉田甚八：《日清战史讲授录》，绪言。

仅研究此战史，恐不能应近世之需用。故在同一战地所起事迹，务与最近日俄战争所起者比较研究之，因欲增加兴味故也。①

这样一来，"东亚"实际上变成了战争史叙一个新的空间单位。在这个空间尺度讨论甲午战争和日俄战争，重点在于陈述战争的区域内近因，而不讨论更长时段内的世界战争远因。日俄战争作为比较对象，被与甲午战争放在一起观察、讨论和研究，如"故此战争非如日俄战争全由外交谈判破裂而生，乃由互相反目之两国触机以兵力相冲突而起，此恰与1870年德法两国，因琐细口实而开战相似"；"当时列国对东亚之关系，非如今日之密接。唯英俄两国最有利害关系，故于日本出兵韩国时居中尽力调停，但其后竟任日清两国之所为。如今日交通机关发达，四邻比接，经济相错综。世界一局之葛藤，其影响于尔余诸国之利害关系，亦比昔日为大。因是列国间不能维持良好关系时，虽交战而得失不能相偿。日清战争，仅行于东亚两国间，与他国无关系，但自是世界大势已倾向于此风潮。如俄国竟于媾和之际，与德法两国连合，试行干涉矣"；"当时德国与俄国连合，尚属不可思议。至近时而其为德国政策使然，已甚明白（据德相和恩罗厄公日记发表），即德国使俄国热衷经营东亚，则欧洲庶几无事也。如斯世界关联，其后经拳乱，至日俄战争，日益密接，即可谓战争与外交政略之关系日益密迩矣"等。这类论述就频繁出现了。

日俄战后，自1914年8月起，又有《欧亚风云录》4卷及补遗按月成卷，随成随印（其中第4卷与第3卷隔了两个月，印于1914年12月）合订为1册，由日本东京东亚同文会内部印行，赠送"中日要人"（中方主要为北洋政府各级文武官员）阅读。

《欧亚风云录》1914年所成4卷，在每卷封二标"大日本东亚同文会"而未署著者姓名。1915年1月《欧亚风云录补遗》卷首附《著者年节贺笺》，署"大正四年岁首　山田胜治顿首"，并在"弁言"篇后始署"著者

---

① 誉田甚八：《日清战史讲授录》，绪言。

山田胜治谨识"。1915 年，东亚同文会公开发行本在封面右上角署题字、序文、题词、著者姓名，著者栏署为"大日本帝国东亚同文会饮江山田胜治著"。因此可以确定，其作者为山田胜治。山田胜治，字伯民，号饮江，1873 年出生于福岛县石城郡平町，在三岛毅的二松学舍学习，被目为三岛门下之才俊，早年通过中等教员汉文科检定考试，在栃木县师范学校任教师，后又到东京私立大成中学任教，同时在东京法学院修习法律经济。他1901 年以福岛县县费生的身份进入上海东亚同文书院学习，毕业后于1906—1910 年被张之洞聘为湖北陆军（特别）小学堂教习，后又转入上海的《沪报》工作，与宗方小太郎等人交往密切，辛亥革命时投入革命军襄助黎元洪。革命告一段落后，他出任北京《顺天时报》主笔。山田胜治的汉文素养很高，尤擅时文（应用文）。在根津一任东亚同文会干事长的时代，他出任了该会的理事，常常以自己擅长的汉语时文书写时评文章给报章投稿。1916 年 7 月 23 日，他因狭心症在东京去世，著有《欧亚风云录》（1914）、《支那时文教程》（1915）、《支那时文讲义全集》（1916）、《饮江三种（饮江山田胜治遗稿）》（1917）。东亚同文书院的山田谦吉是他的弟弟。

关于《欧亚风云录》的诸版本，据著者山田胜治的弁言所叙，自 1914年 8 月起按月成书，"恭呈中日要人"，此版本所用底本为大正三年（1914）"非卖品"合订本，4 卷及补遗 1 卷合订一册，封面标注"非卖品"；第 1 卷封面署"大正三年八月"及"大日本东亚同文会"字样，卷首有"欧亚风云录 绪言"署"著者识"，第 1 卷正文共 54 页；第 2 卷封面署"大正三年九月"及"大日本东亚同文会"字样，卷首有《恭录宣战诏书》，在"御名御玺"后署"各大臣副署"，另有《呈寄欧亚风云录函》署"大日本东京东亚同文会谨启"；第 2 卷正文卷首署"大日本东亚同文会编纂"，正文共 56 页；第 3 卷无副文本，正文共 56 页；第 4 卷无副文本，正文共 65页；"补遗"卷正文前有徐世昌、阎锡山等题字，张广建、张弧等题诗，熊希龄序、周树模等来函几十通，并列"中国要人时际节禧辱赐名片金兰簿上荣添誉光者"名单，及著者山田胜治《著者年节贺笺》、"东亚同文会谨启"《停刊欧亚风云录函》、山田胜治《欧亚风云录弁言》等，共56页，书尾注"欧亚风云录大尾"字样。此版本应该是最初分送本的合订本。

此外，另有1915年公开刊行本，为"大正四年四月十二日印刷，大正四年四月十五日发行"，发行兼著作者：东京市小石川区小日向水道町九十三番地山田胜治，印刷者：东京市赤坂区新坂町七十番地蘭部量助，印刷所：东京市芝区樱川町二十番地 滨田活版所，发行所：东京市赤坂区溜池街二番地 东亚同文会，定价金一元五十钱。全书4卷及补遗1卷合订成一册，每卷分别编页码。与1914年版相比，此版除了将所有副文本都列在第1卷之前，还在封面右上角标注"大日本帝国侯爵松方正义阁下题字""大日本帝国侯爵锅岛直大阁下题字""大日本帝国前东宫侍讲三岛毅阁下题字""大中华民国国务卿徐世昌阁下题字""大中华民国前国务总理熊希龄阁下序文""大中华民国文武名流四十余人序函题词""大日本帝国东亚同文会饮江山田胜治著"字样，左下角标"大日本东亚同文会"字样。在扉页所收《恭录宣战诏书》后，与其他版本不一样，列出了日本九位副署大臣的官职和姓名，而不是仅仅署为"各大臣副署"。除日方题字为1914年版未有外，中方来函也有添加，如叶德辉来函。此版还在目录中一一列明副文本及题字、题词、题诗、作序、来函者的官职、籍贯、姓名。不过其中也有讹误，如将"叶德辉"误为"业德辉"等。

《欧亚风云录》是一部关于第一次世界大战期间日德两国在中国领土上发生青岛之战的文选体战史，旁涉同一时期欧洲战场的情况。所涉史事从1914年7月第一次世界大战爆发于欧洲起，至1914年底青岛战役结束，中日关系转入"外交范围"阶段为止。全书用汉文写成，施以最基本的断句符号，每自然段终结施以句号。1914年7月，日本对德宣战，向德国侵占的胶州湾发动攻势。11月7日，日德青岛战役结束。8月《欧亚风云录》第1卷印成，以"非卖品"印赠"中日要人"。正文前有落款"著者识"的"绪言"。9月，该书第2卷印赠时在正文前附有"大日本东京 东亚同文会谨启"《呈寄欧亚风云录函》。1915年1月，《欧亚风云录》补遗卷印成，合订本该卷正文前始刊"著者山田胜治"，撰《欧亚风云录弁言》，并有

"东亚同文会谨启"《停刊欧亚风云录函》。从这些先后出现的副文本来看，东亚同文会编著刊印赠阅《欧亚风云录》的初衷是向"中日要人"，尤其是"大中华民国文武各界诸贤执事"即北洋政府的各级文武官员，宣传、解释日本在中国领土上对德作战的"合法性"，并要求得到书面回应。

该书"绪言"称："……二十世纪大乱，发端欧洲，要在德国政府，杀气凭陵，激发列国愤恨也。如我日本，重洋万里，隔绝天涯，直接与欧洲乱事无涉，不啻风马牛也。唯独日英同盟，炳如日星，攻守提携，勘定祸难，责遂不可辞……现值德国舰队，盘踞青岛……拿捕英法商船，阻害日俄海权……控制齐鲁，觊觎中原，百年隐患，逐渐支配亚陆死命。华夏割裂，黄种糜烂之灾，有如指掌。立国于东方者，目睹现形，忧虞后患，势不能不公正发愤，夺还中国领土于既失之余，一以芟除泰东祸根……"《呈寄欧亚风云录函》也说："敝国政府遭际于旷古无前之变局，裁决对外时策，业经揭橥大义，表示方针，旗鼓堂堂进攻德军，一切行动划有范围，维持大局岂无标的，要以剿灭德国势力，廓清泰东祸源，为不二法门，无论将来欧乱如何结果，迅速克复泰东和平，始终增进大局福祉莫或敢违也。"编者编此书的目的因此十分明确，乃建构战争的"合法性"：战争的背景是"欧乱"，敌人是"德国"，目标是维持"泰东和平"，"廓清泰东祸源"，将中日两国定位为"黄种""立国东方者""亚陆""泰东"。

1914 年 8 月第 1 卷以《欧亚战乱之导火线》时论文章置于卷端，继以《英报对于时局之草蛇灰线》《欧洲报界希望和平解决》等，辑录报章报道，主要讲战争发生后欧洲各主要国家的外交和军事行动。同年 9 月所出第 2 卷在正文前附录《恭录宣战诏书》《呈寄欧亚风云录函》，并分"亚细亚方面之部""欧罗巴方面之部""列强海军方面之部"三大部分，每部分下收录相关文章。如"亚细亚方面之部"下收"日本对德宣战志感""各国关于日本对德通牒之评论""山东方面德国经营记略""日本帝国对德宣战始末""中国政府对于日本对德宣言之态度""日本对德国交之断绝""日本陆海军之活动"等，以本末体专题的体裁介绍日德在华冲突的始末、背景和国际评论。在"欧罗巴方面之部"下收"德军急起进攻法国"等，介绍欧洲战场的情况。在"列强海军方面之部"下收"德国二军舰之行踪",介绍战役动态。显然,其编纂方针正如1915年补遗的弁言所称:"举欧为从,以亚为主。"

同年10月,《欧亚风云录》第3卷以议论文《论欧亚扰乱日东朝野宜遵守之对华政策》为卷首,分为"亚细亚方面之部"与"欧罗巴方面之部"两部分。"亚细亚方面之部"主要叙述日英联军与德军在青岛及胶东其他地区交战的战事过程与战后收尾问题,并且涉及胶东铁路问题。在"欧罗巴方面之部",继续介绍"欧洲战场"德法、德俄和俄奥间的战事与战机等。同年12月,第4卷《论欧陆战乱波及泰东之影响》一文说,"欧战一肇,环球牵动,如我中日两邦,除内治外交财政经济各项,饱受绝大影响外……夫欧陆扰乱,出自列强民族观念之冲撞,竞权争雄,势成水火",以民族观念的冲突为战争的根源。"亚细亚方面之部"叙述了德日在青岛的攻防战役和日本海军在日本本土、中国领土胶州湾、东海海域、印度洋、太平洋等方面的作战情况,以及日军攻占青岛的过程、日德青岛战事日志、日本对德最后通牒、青岛开城规约、青岛德人俘虏、日德两军死伤、围攻青岛司令长官神尾中将伏奏军务等关于战争具体细节的内容。1915年补遗卷《论中日交涉宜注意大局》将当时的情形与中国历史上的战国时期做比较,并集中讨论了青岛的善后问题。该卷称:"然满蒙一带,俨然为中国领土,为我日本帝国者,何以不能尊重中国主权,参酌两国利弊,熟计完全双安之道哉。德国人士,陆梁难制,扰攘欧陆,破坏环球,政策强硬,智谋峻烈,以激烈帝国主义为国是,且伸其爪牙,欺负中日,蚕食亚洲……"这实际上是在现代民族国家"主权"话语框架下,为其战后欲继续据有青岛营造"合法性"论述。

《欧亚风云录》作为一部战史,还有一个很特别的地方,就是以非常多的副文本构成了围绕正文所叙战争史事的对话性背景叙事和评价。这些副文本包括1914年8月第1卷的绪言;9月第2卷的《恭录宣战诏书》《呈寄欧亚风云录函》,中日官员的题字、题词、题诗、序文、来函、回赠名片几十件。涉及中日文武官员数十人,在同时代其他关于日德青岛战役的史书中是不多见的。这些副文本在 1915 年《欧亚风云录》的公开刊行本中署名和出现位置有过调整，并有内容增添，宜视为战争历史叙述另一种不可忽略的表达。

整体而言，《欧亚风云录》虽成于大正初期，却带有日本明治时代末期，因甲午、日俄两次大战而发生转变的战史修纂取向特征，即将高度技术化的军事分析融于战史，并将欧亚分别为两个不同的战史分析空间，观察东亚特定阵地，总结东亚战争的特征和趋势等。

综上，东亚国家在以战争史叙形式观察、记录及评价、宣传甲午战争时，各自所处的机制脉络及历史变化，是考察该区域近代相关知识生成与知识共同体缔结的有效切入点。具体来说，19 世纪的清朝中国从"纸上谭兵"的各种旧形式中发展出了一些独立成书的战史体例，随后在甲午战后近代专业军事院校"兴兵学于战史"的制度建设脉络中主动吸取邻国经验，设置"兵法史略学"等课程及编译教材。到了 19、20 世纪之交，新的独立"战史"逐渐突破了四部图书分类结构主导下的旧有知识范式，如传统史部图书"叙事"与"传人"的功能框架及子部"兵家"典籍的问题意识等，成为一种新的近代知识形式。而明治日本则更早在引入欧洲专业军事院校制度时就设立了战史课程、建立了军方文库，并在军方与民间对甲午战史的两个纂修脉络中，逐渐确认了叙述、评价与宣传近代国际战争的新模式。至于李氏朝鲜，正如前章所详述，由于此战后所经历的特殊国家命运和近代历史轨迹，其关于战争的官、私史叙都受到殖民统治和民族独立诉求的深刻影响，直到 20 世纪中叶后才被重新搜集、整理与赋予文化定位。

第七章

甲午战史译写与东亚近代知识空间

第一节　参战与观战：战时报道与官方情报译写

前文已经对介入战争的东亚三国在各自官、私不同机制脉络中产生的史叙做了勾勒，也对突破国族边界并带有某种"知识共同体"语文性质的汉文、和文及西文战史略加梳理。在军、政机制与语、文实践发生互动的这些历史过程中，有一类19世纪后期开始出现的战时活动分外值得注意。这就是参战双方及第三方观战国之间的战时报道与情报译写。这些报道和译写，不少在当时便直接通过编辑、印刷变成了各种以"战史"命名的出版物。它们随着战争的推进得到广泛流通，也对战后的历史书写产生了很大影响。新闻报道、战争史叙与各国战时官方情报译写机制互相交织缠绕，信息、书写文类、叙史模式与"知识共同体"语文一起跨越了单一国族的边界，借助近代新闻、出版等新媒体的传播，日益深入地把"战史"变成一种近代公共知识形式，形塑了人们对现代战争和世界全局的认知。

正如学界现有研究所关注的那样，甲午战争作为近代战争的一大特征，就是各国媒体正式而深刻的介入。① 谓其正式，是指当时"中立国家"的不少媒体派出战地记者，在日方作战大本营的正式允准下随军观战、摄影，接受新闻审查后再发回报道。另外，中日双方还都通过报刊媒体正式发布了宣战和战争结束的声明，被译写成西方文字在全球传播。谓其深入，是指中日双方及第三方"中立国家"的战地报道，涵盖了战地速绘、随军发布的照片、逐日文字报道、定期战争时评、新闻汇编等各种形式，在上海（《申报》《新闻报》《字林沪报》《万国公报》《字林西报》等）、天津（《直报》）、东京（《东京朝日新闻》等）、大阪（《大阪朝日新闻》《大阪每日新闻》《万朝报》等）、仙台（《东北新闻》等）、汉城（《汉城新报》等）、新加坡（《叻报》等）、香港（《香港华字日报》等）、澳门（《镜海丛报》等）、伦敦（《泰晤士报》等）、曼彻斯特［《曼彻斯特卫报》（The Manchester Guardian）等］、巴黎［《小日报》（Le Petit Journal）等］、纽约［《纽约时报》（The New York Times）等］等地迅速广泛地传播。学者曾有统计，"1894 年至 1895 年的战争期间，日本国内 66 家新闻报社，总计派出记者 114 人。政府和军方还批准从军画师 11 人、照相师 4 人、僧侣 55 人、神官 6 人"。② 媒体的介入使得发生在局部空间的战争，成为全球范围内的共时性事件。信息不仅从战地流向媒体所及之处，进行空间尺度上共时性的横向传播，更进入了各国官方的正式情报采集、译写与军、政归档流程。通过

---

① 宗泽亚：《清日战争（1894—1895）》；徐建平：《甲午战争时期的天津〈直报〉及其对战后的舆论导向》，《历史档案》2004 年第 3 期；姚颖冲：《甲午战争期间的〈新闻报〉舆论》，硕士学位论文，华东师范大学，2006；李敬：《甲午战争期间的〈字林沪报〉舆论》，硕士学位论文，华东师范大学，2006；常萌雨：《〈叻报〉对甲午战争报道的研究》，硕士学位论文，山东大学，2015；邢科：《"高升号事件"中的英国舆论——以〈曼彻斯特卫报〉为例的分析》，《全球史评论》2017 年第 2 期；任勇胜：《作为媒体行为的朝鲜特派员——甲午战争前期朝日新闻通讯报道的媒介研究》，《汉语言文学研究》2017 年第 4 期；石瑜珩：《〈泰晤士报〉等英国报刊的近代日本报道研究（1868—1936）》，博士学位论文，吉林大学，2019；刘文明：《"文明"话语与甲午战争——以美日报刊舆论为中心的考察》，《历史研究》2019 年第 3 期；王璇：《〈字林西报〉中日甲午战争新闻评论研究——中国政治形象的塑造与传播》，《新闻爱好者》2020 年第 2 期；王琦：《甲午战争中新加坡华媒对旅顺大屠杀的报道与评论》，《大连城市历史文化研究》第 5 辑，万卷出版公司，2021；李子归：《路透社与晚清上海国际电报新闻发布制度的演变》，《近代史研究》2023 年第 5 期；刘文明编《西方人亲历和讲述的甲午战争》，浙江大学出版社，2015。
② 宗泽亚：《清日战争（1894—1895）》，第 225—226 页。

这一流程，新闻报道对随后出现的战争史叙产生了影响，甚至有的就直接变成了战史的一部分，从而进入历时性的信息轨道。

清朝有关此战的战时情报大体可以分为两大类。第一类事涉军务，主要是有关具体战况进程的军事动态情报；第二类事涉洋务，主要是对东北亚（涉及中、日、朝、俄诸国）整体局势的全局性观察。前者主要由战事各责任官员层层上报，汇总到直隶总督兼北洋大臣李鸿章的衙署，再以每日军报、十日汇总战报和专折详奏等形式入奏军机处以达天听。然后在诸如直隶总督衙署奏底、军机处日常制作的各类档册（如录副奏折月折包、电报档等）中归集并得到积累留存，前文已经对此详细讨论，此不赘述。第二类则常常由海关总税务司署及包括朝鲜仁川在内的各口岸分支税司及各驻外公使等进行情报采集，其来源往往是各地、各国公开发行的报刊的报道，故源头信息多出自战地记者之手。

如光绪二十年七月初二日，在中日正式宣战的第二天，总理衙门收到海关总税务司赫德信函，称"前数日披［批］阅外国新闻纸，见有论日本陆路军情一则。核其所论皆系实在紧要情节，兹特照译节略一纸，函呈查阅可也"，并随函附送《摘译上海德国新报论日本陆队要端》节略一件。这份节略共 939 字，较为全面地介绍了日本的地理环境、明治维新、征兵制度、军事教育、常备兵力、枪炮武器等。①

七月二十四日，总理衙门又收到赫德的"面递清折"2 件，附篇 4 件系转呈"韩各口税司函报日本肇衅后朝鲜近情"等不同来源的情报。内容分别为"韩王教令　惩罚闵泳骏闵炯植金世基闵致宪等人任命鱼允中金允植金鹤镇等官职"；"韩左右捕盗大将告示　外兵入韩断不行害民之事民人勿自相惊扰"；"朝鲜国王教令　军国机务处会议以领议政金宏集为总裁与朴定阳闵泳达等妥商事务禀旨奉行"；"元山等口税务司来函　日本出兵韩口情形"；英国新闻纸译文"日本意在一战兴兵十万分水陆进兵中国""评论

---

① "中央研究院"近代史研究所编《清季中日韩关系史料》，1972，第 3381—3383 页，第 1989 号文献。

中日兴衰原因"等。① 赫德的情报事涉重大，包括了关于李氏朝鲜成立金弘集亲日内阁等重要政治动态与一些战地军情预测，其信源除了朝鲜官方发布的文告，同样包括了各国新闻媒体，比如最后一个附件显然是从媒体报道译写而来的。

可见，对敌国及第三方媒体的战时报道做采集、译写、汇总、呈报，已经是海关总税务司与总理衙门之间的一项战时日常行政惯例了。

清廷负责信息传播的硬件通道，除旧有邮驿系统外，已开始主要依靠有线电报通信。汇总后的情报译写往往由总理衙门的另一个下属单位——京师同文馆的学生来承担。呈递后，这些文稿又在总理衙门日常制作的清档册（其最主要者如"朝鲜档"）中归集留存。

甲午战争期间，英国的《泰晤士报》是同文馆译写情报的参考来源之一。该报很关注发生在东北亚的这场战争，专门派出记者赴战地连续跟踪报道战况，并随时刊发专文分析东北亚战争局势等。从1894年8月底的专文报道②开始，到1895年12月6日在新书介绍专栏刊发书讯③，介绍意大利人弗拉迪米尔的英文战史，《泰晤士报》共计约有32次刊发了与甲午战事有关的专文报道。

战时，京师同文馆学生受命翻译外刊，《泰晤士报》的相关报道便进入他们译写的范围。光绪二十年十月初十日，总理衙门收到同文馆"译新报称事"公文一件，全文汉译照录"译自华七月二十九日《伦敦文汇报》即《泰晤士报》"的一篇报道，译文题为《日人图高颠末记》。④ 查《泰晤士报》在光绪二十年七月二十九日（1894年8月29日）当天只有一篇非常简

---

① 《清季中日韩关系史料》，第3506—3511页，第2172号文献。文献事由为《清季中日韩关系史料》编者概括拟写，拙著沿用，原公文无标题。下同。

② "The War in the East," *Times*, 29 Aug. 1894, p. 3.

③ "The China-Japan War (Sampson Low)," *Times*, 6 Dec. 1895, p. 3.

④ 《清季中日韩关系史料》，第3767—3777页，第2353号文献。这篇译文开篇即对日军进占朝鲜的属性提出了自己的独到判断："日人进占朝鲜业已匝月，而其进占之意，天下依然莫测。是日人而欲播弄天下，令人惊讶不已也。莫妙于攻高之举矣，舍此将何所图哉。日之调兵赴高也，人率谓中国调兵赴高助剿内乱所致耳。然是说也，中国虽尝以为是而日本则未以此为辞，且中日调高之兵系同时举行，则日之调兵赴高，非由中国调兵（转下页注）

单的战地短讯"The War in the East",与近5000字篇幅的汉译文字不匹配。而该报前一日则刊有一长篇专题报道"The Invasion of Korea",内容与同文馆《日人图高颠末记》所译基本一致,因而可以判断当为此译文的底稿。

《泰晤士报》1894年8月28日刊登的这篇长文"The Invasion of Korea",是由该报派往战地的特约记者(special correspondent)于1个多月前(1894年7月10日),自当时已经陷于日军之手的李氏朝鲜首都汉城采写发回的。为了讨论方便,下面将《泰晤士报》该文部分内容转录如下。

The Invasion of Korea

If Japan had contrived a spectacle to puzzle and surprise the world she could hardly have succeeded better than in her sudden attack on Korea; for, after a whole month's occupation of the capital, her motive and purposes are still the subject of vague speculation. At first the public jumped to the conclusion that it was the despatch of Chinese troops to quell an insurrection in Korea that afforded Japan the welcome provocation to make a *contre-coup*. The Chinese Government itself seemed to be under that impression. **But apart from the fact that the Japanese did not allege any such ground of action, it was evident that, as the landing of the Chinese troops on the Korean coast near the disaffected district and of the Japanese troops at the port of the capital were simultaneous operations, the one could not be in any real sense the consequence of the other. When this became clear, various circumstances began to be recalled which proved beyond doubt that the invasion of Korea had been decided upon three years ago, and the plan of operation had been secretly maturing all that time, even to the minutest detail.** Topographical military maps of the whole of Korea had been constructed, showing every road and every river, with the

---

(接上页注④) 所致,其理尤甚明。今若将往日各事一为回溯,乃知三年以前日人已有图高之心,而一切如何进攻各机宜亦皆谋画周详,秘不人知……"

crossing-places marked and the depth and width of the water stated. Pontoon trains made accurately to measure have been got ready and now wait in the Government stores to be brought over. Every military preparation has, in short, been made for the complete conquest of Korea.

Last year the Japanese Minister to Pekin, a quiet, but able statesman, was shifted to the inferior Court of Söul, and resided there for six or seven months... Mr. Otori was not idle in Söul. There is in Korea a considerable Japanese party, including men in high places... Mr. Otori prepared the case which was to serve as the basis of his Government's action... This exceptional activity among Japanese officials connected with Korea during the early spring of 1894 – before the rebellion was heard of— though not altogether unobserved, was apparently relegated to the category of things which no fellow could be expected to understand.

... Speaking broadly, therefore, China is the hereditary friend, as Japan is the hereditary enemy of Korea. On the accession of the Manchu the allegiance of Korea was reaffirmed by treaty in 1637, and a memorial then erected outside the western wall of Söul records the transaction in lasting and legible characters.

But a nation thus placed between two fires, too weak to cope with either of its neighbors, to which is now added a third, Russia, must be in a fair way of losing its national character, and that is really what has happened to the new Korea. She submits with sombre acquiescence to being made the shuttlecock between the rival powers... Independence being out of the question for Korea, her rulers may almost be excused if they offer themselves to the highest bidder. Patriots there are, even among Koreans, and loyalty to the throne may be kept alive indefinitely through the unexhausted momentum of customs and ceremonies, if these be not violently disturbed from without. But loyalty to a Prince, who is but a reed shaken in the wind, cannot be of a quality on which much reliance can be placed...

We need not be surprised, therefore, at the seeming unconcern of the Koreans at the Japanese military occupation, and the elimination of the people of the country from discussions of the problem of war or peace. It is the Chinese and Japanese who occupy the field and not the unhappy people who will have to bear the burden of their hostilities...

While the master of legions plays his imperious game, the members of the diplomatic body have been doing what seemed to them necessary and possible, though to no practical end. First, on June 25, in response to an appeal from the king the foreign representatives made a joint demand on the Chinese and Japanese to withdraw their troops from Korean territory; China, of course, assented, while Japan made no reply until two or three weeks had elapsed, when the members of the diplomatic body were simply referred to their respective Ministers in Tokio.

The next move of the diplomats was the attempt to secure the exemption of the treaty ports of Korea from the operations of war; but the Japanese, while professing to assent in principle, reserve full liberty to use the ports as they may deem expedient. [1]

这是一篇关于战事的全面分析，报道回溯历史，将事件放在更长的时间脉络里，探查日本出兵朝鲜的原因。以上录文包括 7 个段落。第一段首先指出，日本之欲出兵朝鲜在三年前就已现端倪，可以从日方自那时起对朝鲜全境进行水陆地形测量、绘制交通地图并存档备查等军事情报工作中看出他们的野心。因此，中日之间的摩擦与中国出兵朝鲜没有关系。第二段进一步指出，日本在战前一年忽然将才干悠长、心机深沉的驻华公使大鸟圭介"降调"朝鲜，观察大鸟在朝期间的种种行事，也可以看出这是在为军事行动

---

[1]　"The Invasion of Korea," *Times*, 28 Aug. 1894, p. 10.

做准备。第三段至第五段，作者转而站在朝鲜的立场分析了形势，指出朝鲜在中、日、俄三国较量中所处的尴尬而危险的位置。最后两段侧重交代各方外交人员如何在这场冲突中斡旋，比如如何让中日双方撤兵，如何保证朝鲜的口岸免受战争的影响等。总体而言，《泰晤士报》的这篇报道在"日益紧张的国际局势"和"发动战争"之间建立了直接的因果关系，认为前者是引发后者的最主要原因。这种当时流行于西方的现代战争解释模式，后来经过特定的战争传播机制，在一些逐渐缔结起来的"特定行动者网络"中传递、发酵并定形，很快便在某种程度上影响了人们对于现代国际政治和战争的一些基本认识。

光绪二十年九月初九日，总理衙门又收到同文馆学生陈贻范呈递的译文一件，译写当年八月十六日《日本七日报》的"东事杂闻"一篇。这份译件的底稿应该是日本某周报关于甲午战事的一篇报刊文摘，计摘录了来自《时事报》《自由报》等日本报刊一些关于战争局势的报道与评论。观点主要是反对和谈及国际调停，"日主驻跸广岛调度戎机，日报皆以战事得手，切不可与中国议和"。[①] 九月十二日，陈贻范又向总理衙门呈递其译日本新报译文"东音杂录"一件，同样译自八月十六日的《日本七日报》。[②]

光绪二十年九月二十六日，总理衙门收同文馆学生萨荫图译呈新报一件，事由为"俄京报刊登消息云中日构兵俄宜远中国向日本"，分析东北亚各国制衡局势。现将全文转录如下：

> 西历本年八月初一日《俄京报》云，有海客焉，于东方风土人情，知之最确，了如指掌。近因衅起菰鲈，旋归梓里。日前驻跸本报馆，以朝鲜事有关俄国，特陈管见。本报馆不揣冒昧，谨将其所言各节登诸报端，以供众览。
>
> 海客意谓俄国各报每不欲倭人占据朝鲜，揆之于理，抑或不然。盖中日之蓄怨有年所矣。而两相攻伐，两相争夺，或在高丽，或在台湾，

① 《清季中日韩关系史料》，第3646—3647页，第2296号文献。
② 《清季中日韩关系史料》，第3651—3654页，第2302号文献。

洵难仆数。他如中国选派精兵劲旅，声讨倭人，惜为天所限，沉没于海者大半，伤亡于阵者又大半，此皆载于史册，历历可稽。可知今之两国构衅，诚非偶然之事。诚非倭人以兵民取法泰西，遂敢轻于小试。特以世仇难释，一经生隙而即起干戈耳。

然俄国于此间不得视中日两国而漫无区别。我之悉毕尔阿穆尔南连中国，东毗朝鲜，而海参崴［崴］等处所用肉食，专由朝鲜购贩。倘牲畜一朝停运，恐俄之东土将有告馁之虞矣。夫高丽中国之藩属也。既为藩属，中国一欲吞我疆土，必先怂恿鲜人。即如阿穆尔一地自一千八百八十一年华廷已有袭取之意……由是观之，中国为俄之仇国，而日本为俄之友邦，又有何疑。假令俄廷因各报之议论，而即援中国敌倭人，谅必有一番变乱，何待烦言。

朝鲜之事，究竟如何了结，尚难逆料。唯悬揣之，是役也华人果获全胜，中国之为患俄人，固无终日，必更将侵入我阿穆尔。在日本必更将与我失和，一旦我与他国有事，必更将与我敌国，朋比为奸。且日本岛屿纷歧，俄之东海门户遥遥相对，必更将恃地利以阻我之巡洋各船，使我失出入之路，犹乎欧洲之达尔达呢暨思喀格尔两处尤有甚焉者。……

故以愚所见，与其舍倭人而就中国，何如远中国而向倭人。虽然中国之患本可虞，又何意英人之助虐。因英人素以收渔利为能巧，日本或受其挟持，尚望俄廷之庇护。而况迩年以来，华人之定私约，系与英德，华人之设防戍，系于北边。有皆令人触于目而惊于心者哉。①

这篇评论与《泰晤士报》的报道有异有同。相似的是，它也通过回溯历史，把甲午战局置于东北亚国际关系的长期脉络中加以观察。不过中日之间的战争必将改变两国的力量对比，进而可能直接或间接影响俄国在远东的利益，故这篇评论侧重从俄方而非中立国的立场，来思考其应有的站位和态度。总

① 《清季中日韩关系史料》，第3689—3690页，第2322号文献。

理衙门因此也就从俄国的报纸报道中得到了这份情报，为及时了解俄方的顾虑和态度提供了有益线索。

第二节　日译西文、汉文甲午战史及中译日文战史

1897 年，法国第四十三兵团的步兵大尉索瓦（Maxime Joseph Marie Sauvage）在巴黎出版了他自著的甲午战史 *La guerre Sino-Japonaise 1894-1895*［《中日战争（1894—1895）》］。① 1907 年 9 月，仙台的日本陆军炮兵大尉成泽茂马将此书译为日文《日清战史》，② 请陆军中将西宽二郎作汉文序，于东京出版，并在东京和仙台两地同时发行。

此书的法文版序表达了西方舆论对当时刚刚结束的这场东北亚国际战争的基本看法：第一，这是发生在一停滞封闭的天朝与一刚刚"文明开化"的现代国家之间的军事较量，因此这是"侧重于进步和人文主义取向的欧洲精神"的胜利；第二，欧洲军事技术、武器和方法是有效的、先进的；第三，应当对"科学为现代海军提供的新型作战动力"抱有信心。这些看法都带有明显的文明决定论、单线进化观和欧洲科技中心主义的倾向，是当时方兴未艾的军事史观。

> 近两年远东发生的事件震撼了欧洲舆论。甲午年的重大军事事件，以及后来日本向中国强加的战后条约可能给欧洲利益带来的危险后果，让外交界在数月里持续关注。那个在神秘麻木中停滞了 20 个世纪的天朝，在一个年轻、勇敢、进取民族猛烈而迅速的打击下几乎崩溃了。而它的首都北京，如此骄傲以致很难与外国建立联系，却发现自己即将向胜利的日本敞开大门。不过，如果一个文明开化才不到 30 年的民族就取得了如此胜利，这无疑极大地鼓舞了侧重于进步和人文主义取向的欧

① Maxime Joseph Marie Sauvage, *La guerre Sino-Japonaise 1894-1895* (Paris：Librairie Militaire de L. Baudoin, 1897).

② マキシム・サーブァージュ著，成沢茂馬訳『日清戦史』小林又七、1907 年。

洲精神，而欧洲的军事观点在很大程度上同样已被证明是极其有益的。
我们怀着激动的心情观看了伟大的黄海海战。日本将军成熟的计划、迅
捷的行军、猛烈的进攻都让欧洲总参谋部钦佩。对这场战役的深入研究
表明，日本人面临的困难，以及他们的胜利，乍一看似乎很容易赢得，
但实际上则是共同努力的结果。不屈不挠的愤怒与完美的战术相结合，
在西伯利亚的气温下，在一个没有规整道路且群山遍布、河道纵横、沟
壑宽深的国度里，对抗德式装备并士气高昂的敌人。我们对他们使用欧
洲武器和方法进行的战役也很感兴趣。我们能够欣赏日本军官的英勇、
训练、耐力和士兵的活力。我们在海军中见到了同样的品质，也教会了
我们该对科学为现代海军提供的新型作战动力抱有怎样的信心……

　　此书日文译本有三篇序言，两篇汉文序分别出自日本陆军中将西宽二郎
和原陆军幼年学校校长步兵大佐山内长人，和文序言出自译者成泽茂马本
人。三篇序言以汉、和两种语言书写，生动地呈现了 19、20 世纪之交，在
东北亚原汉字书写文化圈的范围内，上述裹挟在战争史中的文明决定论、单
线进化观和欧洲科技中心主义等知识范式，是如何在特定历史时空的特定人
际交往活动中逐渐成形的。从译序可以知道，甲午战后炮兵大尉成泽茂马从
炮工学校辞职回到家乡仙台，之后向原日本驻法公使曾祢荒助学习法语。曾
祢荒助将索瓦所著该法语甲午战史推荐给成泽作为阅读材料，成泽因此边钻
研语言边将此书译成日语。①
　　这个日文译本全书共十章，第一章从战争的空间环境（"作战地域的研
究"）入手，分别介绍朝鲜、"满洲"（中国东北）、直隶、山东四地的海
岸线、山脉、区域内"河流都府"、动植物、农业、商业、工业、矿物、军
队、居民、经济、土特产及省内防务情况。接着第二章又分陆、海军两部分
介绍东亚三国朝鲜、中国和日本的军备。第三章开始转入甲午战争本身，从
《天津会议专条》前后的东北亚局势、宣战前的军事冲突到正式宣战分三个

---

① 参见マキシム・サーブァージュ著，成沢茂馬訳『日清戦史』、訳序、2 頁。

层次谈中日两国从冲突到爆发战争的原因。第四章谈日方在朝鲜战场的作战计划。从第五章到第八章，按战局推进的几个阶段写鸭绿江口海战、旅顺陆战、威海卫战役和东北的战役。第九章讲《马关条约》的签订。叙至第十章日军占领台湾及澎湖列岛全书终结。

西宽二郎读后，认为这部战史能提供与日本已有各种战史不同的、较为整体的视角，"读者并读此书，则庶几免盲者抚象叹乎"。① 我们可以看到，与法文版在日本传播直接相关的 4 个人，彼此之间的联系为同行（西宽二郎与成泽茂马、山内长人与成泽茂马、曾祢荒助与成泽茂马），并且 4 人都属于明治日本的军、政精英，有过不同程度的军旅经历。他们建立关系的基本活动为军事训练、语言学习、军事活动。这大致上可以体现 19、20 世纪之交，"战史"作为近代知识模式缔结时的某种社会和文化机制。

此著的参考书目以 19 世纪末有关甲午战争的法语报刊报道和公开出版的法语战史为主。值得注意的是，其中包括了前述井上辻吉 1895 年出版的英文战史 *A Concise History of the War Between Japan and China* 及有贺长雄 1896 年在巴黎出版的法文著作 *La guerre Sino-Japonaise au point de vue du droit international*。② 法国的国际法学专家福切尔为有贺的书作了序。福切尔当时还创办了法国的国际法期刊《国际公法评论》（*La revue générale de droit international public*）。有贺长雄不久即将此书回译和文，为《日清战役国际法论》。

于是，1895 年井上辻吉所著英文战史、1896 年有贺长雄的著作、1897 年法国步兵大尉索瓦的著作、1896 年有贺长雄自译日文本《日清战役国际法论》、1907 年成泽茂马日文译本《日清战史》之间就通过互相译写、彼此征引、作序评价，逐渐跨越政治疆域和国族语言边界，缔结为 19 世纪末 20 世纪初一个以国际法伦理去解释和理解甲午战争的知识圈。这个知识圈的基

---

① マキシム・サーバァージュ 著，成沢茂馬訳『日清戦史』、西寛二郎序、1 頁。
② Ariga, *La guerre Sino-Japonaise au point de vue du droit international.* 参见 Sauvage, *La guerre Sino-Japonaise 1894-1895*，p. vi。

础是通过阅读、译写、征引、评价等活动，彼此缠绕生成的相关文本。与此相关的语词、概念、叙史结构和底层解释模式等都在这个过程里逐渐共生。这个历史过程可以理解为现代知识史的一个特殊脉络。

除了译写西文甲午战史，日本也对中文甲午战史进行了翻译引介。1898年 2 月，日本当时著名的新闻记者藤野房次郎翻译了《中东战纪本末》。藤野房次郎邀请福岛安正为这个译本作序。藤野房次郎在译者序中简要叙述了翻译《中东战纪本末》的缘起，透露了围绕这部著名战史在东亚的一次书籍流通过程。①

藤野房次郎提到，当时有一位从中国回到日本的武官带回了广学会林乐知、蔡尔康合著的《中东战纪本末》二册，分赠给甲午战争时期任日军第一军司令的陆军大臣山县有朋和任第二军司令的陆军大臣大山岩。那位武官对藤野称，此书材料丰富，记事正确，很值得一读。藤野房次郎听闻后极感兴趣，就请日本驻上海领事小田切万寿之助代为购买，从而得到上下两编合计 12 册。他读后将其删节翻译成日文，参与者有三岛毅之子三岛广及阿部德之助、蜂谷键吉、大森宽、清宫宗亲、泉良之助等人，并曾就汉语公文的问题求教于宫岛咏士（大八）。宫岛咏士 1884 年从东京外国语学校中国语科毕业，1887 年赴清，师从保定莲池书院院长张裕钊。因张裕钊为曾国藩高足，他随张至武昌、西安，1894 年中日宣战后回到日本，开中国语塾归咏舍，后改为善邻书院，任院长。

藤野房次郎为秋月藩藩士岛村正宣的次子，1864 年 3 月 1 日出生于秋月城，15 岁入继秋月藩藩士藤野家为养子，从福冈中学毕业后至东京三岛毅创立的汉学义塾求学，1883 年任秋月小学校首席训导（校长代理），1885 年就职于福冈学务处，1886 年 6 月又入东京河野敏谦家塾，同时进入英语夜校学习英语。1888 年，他任读卖新闻社记者，声名鹊起。1894年他又转入东京日日新闻社整顿社务。同年，甲午战争发生，以从军记者身份到中国报道战事。他战后回国写作了关于平壤之战的著作，② 在日本

---

① 林楽知・蔡爾康著，藤野房次郎訳『中東戦紀本末』。
② 这里指藤野房次郎编『平壌包囲攻撃』博文館、1896 年。

十分流行。①

与前述围绕井上辻吉、有贺长雄、索瓦等人的西文战史译写不同，围绕汉文战史《中东战纪本末》日文译本的知识互动发生在中日两国之间。一部战史将战前来华的日本汉学家宫岛咏士、在东京致力于传授汉学的三岛毅父子、甲午战时随军记者藤野房次郎、战后回国的参战武官、日本驻上海领事小田切万寿之助、参战主要将领山县有朋和大山岩等人勾连在了一起，同样通过介绍、赠送、购买、阅读、作序、译写等一系列与知识环流相关的活动，进入了东亚围绕战争史叙展开的知识史脉络。

当日本人井上辻吉和有贺长雄选择以英文、法文等西方语言书写战史的时候，他们应该是在寻求某种新的"共同"书面语，以进入他们当时认为更具潜力的欧美读写知识圈。不过，19、20世纪之交，东亚精英的读写环境并没有完全西化。随着明治时期小报等民众媒体的勃兴及基层教育的普及，和文书面语在日本公共社会生活及共同政治生活领域内声势渐盛。而在中、日、朝等东亚国家的知识精英间，汉文书面语仍在通行。对甲午战争的战史书写与转译有一个比较特殊的个案，是日本人以和文译写朝鲜武官写的汉文战史。

韩国启明大学的宋好彬发现东洋文库内藏有一个特殊的抄本，是日本著名朝鲜史研究者币原坦在1941年9月捐赠的。这是一个16卷单册抄本，以汉文抄就。该抄本封面标《西京稗史》及小字注"浿隐堂抄略"，内容是依时序"以编年体的形式记述了以平壤为中心的清日战争的战况和前后政局"。宋好彬根据抄本标题标注"本朝开国五百一二年"，认定其抄写时间为1903年，又据抄本内所记作者身份"浿隐堂（现带西营军马职在城内）"，推测作者浿隐堂是甲午战争的亲历者、李氏朝鲜的武官李谨相。"李谨相本贯是平昌，1847年出生，一生居住在平壤，1887年以亲军营文案初仕，正式开始官场生活，多次晋升，1903年7月20日成为一等军司兼

---

① 福岡県朝倉郡教育会編『朝倉郡郷土人物誌』1926年、122-123頁。

陆军正尉（正三品）。"① 不过这个 1903 年的抄本并不是李谨相的原稿，而是经过币原坦重抄存世的。

　　宋好彬随后又比对了日本军事教育会明治时期发行的《军事新报》，其第 1、2、5 号连载有署名为"朝鲜人汭隐堂搜辑"的战纪《平壤战争及其前后之记》与《平壤战争及其前后之记（续）》，连载时间为 1897 年的 6 月 12、19 日和 7 月 10 日。这个连载战纪是以"日语的文语体散文之一的汉文训读所记载"，也是依时序"叙述了以平壤战斗为开端的清日战争的展开过程与相关事件"。根据连载本《平壤战争及其前后之记》内文所载信息可知，这是一个由日本参谋本部译的日文译本，其底本"最晚是在 1895 年前后到了日本人手里"。因此朝鲜武官李谨相亲历战争所留下的战纪就至少有两个版本，其一是至晚完成于 1895 年的本子（《军事新报》译《平壤战纪》的底本），其二是经过增补、删改至 1903 年整理出来的抄本（币原坦《西京稗史》抄本的底本）。李谨相的战纪除了依据亲身经历，还引用了不少他当时在朝鲜能接触到的文献，计有李朝的"朝报（官报）、报状等传统汉文资料"和朝鲜文近代媒体《汉城新报》等。②

　　据此，我们得到了一种 19 世纪末发生在东亚国家之间，围绕甲午战史而展开的知识生成图景：朝鲜武官李谨相、将抄本携回本国的日本军官、日本陆军参谋本部翻译官及日本的朝鲜史研究者币原坦等人构成了一个读写群体，他们以汉文书面语书写战史，以朝鲜的汉文官报、朝鲜文《汉城新报》、日本军方的和文连续出版物《军事新报》及日本朝鲜史研究者的汉文抄本等为媒介，发生了一种跨越国族疆界或公共书写语言的知识交互表达，它的知识形式正是近代战史。

　　甲午战争后，清朝顶层制度变动较大，科举各层级考试的内容和方式随之不断变动。出版市场因应其变，侧重于"各国政治艺学"。这类科考新内

① 宋好彬「『西京稗史抄畧』と「平壤戦記」─清日戦争に関する記録と漢文の位置」『第 5 回東亞漢籍交流国際学術会議論文集』2018 年、5-7 頁。
② 宋好彬「『西京稗史抄畧』と「平壤戦記」─清日戦争に関する記録と漢文の位置」『第 5 回東亞漢籍交流国際学術会議論文集』2018 年、7-8 頁。

容的编、译图书开始流行，其中就出现了中译日文（东学）甲午战史。

如前文所述，日本明治时期的著名新闻记者松井广吉1889年开始撰写并出版《日本帝国史》，并数次出版修订本和增订本（1890、1891、1896）。至1896年增订本《增订新撰大日本帝国史》，在前几版的最后一篇"今代史"上做了较大增补。篇幅从一编变为上下两编，其中第十篇为"今代史（上）"，第十一篇为"今代史（下）"。"今代史（上）"与1891年增订版无异，而"今代史（下）"则是完全新增的，篇内共有16章，分别为：

> 第一章"日清ノ干繋"、第二章"豐島及ヒ牙山ノ役"、第三章"宣戰ノ公布"、第四章"平壤ノ役"、第五章"黄海ノ役"、第六章"九連ノ占領"、第七章"旅順ノ陷落"、第八章"海城ノ占領及ヒ逆襲"、第九章"威海衞ノ陷落"、第十章"北洋水師ノ全滅"、第十一章"蓋平、營口及ヒ牛莊ノ占領"、第十二章"澎湖嶋ノ占領"、第十三章"大總統府ノ前進"、第十四章"媾和條約"、第十五章"凱旋及行賞"、第十六章"台灣ノ平定"。

松井广吉在为此版新撰的序中特别写道："如今征清之战一举，以振古未曾有之事迹而一新举世之耳目，令帝国立于前人未到之地位。因之，特述其始末，以完叙此伟大光辉之大日本帝国历史。"因此，1896年版《增订新撰大日本帝国史》的最后一篇"今代史（下）"实际上就变成围绕甲午战争的专题史叙了。

光绪壬寅年（1902）仲夏，上海会文编译社发行了由范枕石译、赵林士校阅的《新译日清海陆战争史》，署其底本著者为"松井广吉"。查松井广吉并无甲午战史专著行世，经过比对，《新译日清海陆战争史》的底本即为上述1896年版《增订新撰大日本帝国史》的最后一篇"今代史（下）"的内容。译本亦为十六章，第一章"日清之干系"、第二章"丰岛及牙山之役"、第三章"宣战之公布"、第四章"平壤之役"、第五章"黄海之役"、第六章"九连之占领"、第七章"旅顺之陷落"、第八章"海城之占领及逆

袭"、第九章"威海卫之陷落"、第十章"北洋水师之全灭"、第十一章
"盖平营口及牛庄之占领"、第十二章"澎湖岛之占领"、第十三章"大总督
府之前进"、第十四章"媾和条约"、第十五章"凯旋及行赏"、第十六章
"台湾之平定"。与 1896 年版《增订新撰大日本帝国史》最后一篇内容正
合。今录译者序如下。

　　稗官氏之言曰：灭自己之雄风，长他人之锐气。斯言也，本反语相
诋也。明明欲长自己之雄风而曰灭，明明欲灭他人之锐气而曰长。噫！
何其自待之骄也。自有此言而上下习闻矣，且自有此言而四万万人之脑
质中相率而中毒者多矣。中东构衅之初，人人有直捣扶桑之思想，藐尔
倭邦，固不难并朝鲜而尽入我版图。及与交战也，一败于牙山，再败于
九连，三败于盖平、营口。噫！昔日之雄风而今安在哉？且当是时海上
各报章闻警电之传来，虽据事直书者固多，然粉饰夸张者又殆居大半。
直至丧师偿金，割地以还，通国始得周知战败之情形，意自骄实不足以
骄人也。译者曰：胜败固兵家之常，失马亦安知非福。昔越之败于吴
也，曾几何时而卒收平吴之功。今我中国之失志于日本也，苟痛丧失于
既往，亦何难图报复于将来？不佞即本此意以译行是书。愿我国民阅是
书而痛国耻之所存。人人历苦身焦思之劳，人人励尝胆卧薪之志。吾知
众志可以成城，反弱即可为强。异日收全功一旦，显帝国之光荣，不特
译者此时私心所窃幸，抑亦四万万生民所同深欣幸也。不然者，承平歌
舞，上下相蒙蔽，阅是书而不知警觉，且互相诋诽，反以为灭祖国之雄
风长邻邦之锐气，则译者之罪大矣哉。
　　光绪壬寅仲夏月下浣　译者识①

译者序与日文原序体现了两国知识精英对甲午战史书写截然不同的认
识：在日本，战争被视为"振古未曾有之事迹"，增补这一段历史，有助于

①　松井广吉著，范枕石译，赵林士校阅《新译日清海陆战争史》，上海会文编译社 1902 年印
　本，译者序。

彰显"伟大光辉之大日本帝国历史"，因此甚为必要；而在中国，甲午战败成为"国耻"，该译事本身有被视为"灭祖国之雄风长邻邦之锐气"的嫌疑。东亚知识环流中的同一个文本，被赋予截然不同的意义。

第三节　战史译写：东亚近代知识空间缔结之一环

从知识史的角度来看，被甲午战争勾连起来的中日朝三国，原本属于"汉字文化圈"，能以汉文读写的知识精英是参与本国共同政治生活和公共社会生活的主要人群。到 19 世纪末，这种情况正在悄然发生变化，各国朝野的一些变革正在朝向打破共同政治生活的知识壁垒并向下沉降这个方向发展。以往学界的研究和公众舆论大多在现代化范式或启蒙主义单一视角下观察这一趋势，并将讨论分别局限于这三个国家的本国史框架内部展开。如果从 19 世纪末 20 世纪初甲午战争即时战史的书写、转译与阅读传播的具体情况来看，这种局限显然阻碍了对更为整体层面展开的历史脉络的把握。

就清朝中国来讲，19 世纪上半叶嘉道之际的官修军事方略编写，已经出现了从高度事务化史叙转向事件化独立战史的趋势。这一取向转变特征较为典型的私修军事史文集《圣武记》迅速被传播到日本。① 不久，该书成为日本明治时期专业军事院校战史课程所促生的近代战史的编纂体例参考之一。到甲午战后，在明治日本发展了的体例又随着中国湖北武备学堂等军事学校的战史编写回流中国。

具体到甲午战史的书写，中国官方的档案和情报归集原来因为军、政制度设计分归外政（总理衙门）和军事（军机处）两条线。从这两条线分别留存下来的总理衙门《朝鲜档》和军机处战时日常制作的各类档册是官、私史叙最主要的史源之一。前者侧重战争的政治、外交局势线索，后者侧重战役进程和前线实况。通过战时东亚三国间的情报译写、战后的战史译写转

---

① 参见刘岳兵《魏源的〈圣武记〉在近代日本》，阎纯德主编《汉学研究》总第 20 集。

抄，这两条线索各有侧重的史叙逐渐发生了归并与融合，变成了兼重外交与军事的全局性视角历史叙述，这是战史译写活动影响于东亚知识史的方式之一。

在明治日本，战史书写也有类似受现实军、政机制影响的区隔，主要发生在陆军和海军之间。日本陆军参谋本部有《明治二十七八年日清战史》，只关注陆军行动；日本海军军令部有《明治二十七八年海战史》，聚焦海军行动。

通过上述译写活动，这种区隔也逐渐在转写本中发生了消弭与融合。而李氏朝鲜的情况则是亲历者视角的国族属性被不断淡化、官私史源在转写中交融。比如前述朝鲜武官李谨相的汉文战史书写，其史源就融合了亲历、官源和报刊报道，又在币原坦和参谋本部的节选转抄和节译中强化了亲日取向。

而有贺长雄、井上辻吉的西文战史和广学会源自《万国公报》报道史源的《中东战纪本末》则确立了战争解释的国际法伦理和"文明"决定论模式。到 1902 年范枕石在上海译出松井广吉 1896 年版《增订新撰大日本帝国史》的最后一篇为《新译日清海陆战争史》时，他在例言中明确写道，"本书悉合编者口气，照原文直译，书中间有华文书籍中不经见之字，而字意可意会者，悉仍其名，冀输进文明之一助"，直视战史译写为"输进文明"的一项工作。并且，"华文书籍中不经见之字"也可以不转译，只要能"意会"就没必要对应上出自华文书籍的旧有经典表述。这或许表明，在如《新译日清海陆战争史》这类新书的目标读者群体里，某种新的"会意"知识沟通基础正在形成。

原本在东亚国家内部旧有史叙机制中展开的各类战史，通过上述译写活动，便将原作者、文本信息提供者、译者、序跋对话者、书目索引编纂者及读者等，借由几个高度关联的具体文本联结了起来。不仅如此，这些人群还从各自的国族生活疆界、语文读写圈层及专业知识领域中被暂时别立出来，通过围绕知识文本的译写活动缔结为一个文本共享群。在这个基础上进行沟通，对旧的话题展开讨论，并开辟新的话题。文本共享群在某种程度上，便因此而逐渐转变为一种近代知识的"共同体"雏形。近代意义上的"战史"作为一种特定的史叙文类和知识样式，在这个意义上，其实是开辟了一种超越物理边界的新的社会性"知识空间"。

结语：

成为"知识"的近代战争

　　从近代知识史的角度来看，甲午战争的历史叙述，尤其是产生于 19 世纪末至 20 世纪前 20 年的史叙，具有一些值得注意的特点。其一，穿透单一民族国家的疆域和语文边界。其二，史叙对象具有"即时性"。即历史叙述开始不再一味强调叙事主体与对象的时间距离，而将史叙的价值从"后见之明"转移到对叙述对象建立内在一致性结构的文体特性上。其三，史叙来源向民间开放，除了纳入那些经史教育背景以外亲历者的个人视角，更采用了来自现代制度媒体的情报信息、新闻报道及消费性出版物的叙史文本。其四，使用在近代全球知识流通过程中产生的图像类型，如速绘、版画、庞奇画和战地摄影等。其五，在口岸城市的出版发行网络，以及由其重构的近代文化版图中流通并发生知识的"再生产"，等等。

　　上述特点的产生，还与东亚及近代西方国家一系列制度层面的变革相关联，如近代出版业、报业及学校教育体系的建立与发展，打破了以"正史""野史"之分确立的史叙正统性差序格局；近代军事院校标准化教育方式在东亚各国的制度性传播，导致新的独立"战史"文类在这类院校流行，脱出了本国的史部传统等。很显然，甲午战争"即时"史叙的建立，触及了与中国近代知识转型相关的许多面相，如东亚各国语言文字注音化的发展，由全球情报图书网络搭建的新的叙史"资源"，由标准化跨语言翻译与出版活动联结的新的全球化叙史讨论空间，新的知识传播技术与空间导致的史叙传播范围与形式的变化，等等。这些面相都值得通过梳理与细致研究有关甲午战争在跨越单一民族国家疆域边界产生的"史叙"，及其生产与传播的实相与机制来加以观察与揭示。

本书已在引论部分详述，目前学术界有关甲午战争的丰富研究大量集中在讨论战争的历史过程。近年来即使渐有涉及"战史"出版物的讨论，但仍稍嫌零散孤立而未能做较为全面的整理、校订与梳理。与本书最主要的区别在于，那些讨论的问题意识仍然以史叙所反映战争历史过程的准确性为评价与取舍标准，着眼点在于"说了什么"，而不是追问"如何说""为何说"及"在怎样的机制中说"，以便进而讨论转型中的近代知识生产与传播机制。

一　甲午战史的知识史考察

本书以甲午战争早期史叙的书写语言为经，以作者属国、出版、发表或者流通的地域为纬，在收集、考订、翻译各类史叙文本的基础上，详细讨论它们被书写时所处的不同知识生产机制。将文本还原到其历史脉络中去加以考察，尝试呈现 19 世纪末 20 世纪初，全球围绕"战史"这一知识类型的近代转型折射出的各种机制性变化。

具体来说，本书的第一章、第二章讨论了中国在甲午战争期间及结束后短期内形成的史叙。第一章围绕清廷官修史展开，第二章则关注处于晚清新的知识生产、传播机制下的非官方叙史活动。

在有关官修史传的部分，是从厘清当时战事入史的机制、文本来源及其逐渐成形的历史过程着手，并在此基础上观察与分析众多官修史传的脉络、特点及其在民初大变局时期的具体转变问题。

通过研究，笔者发现，清代有关甲午战争的官方史叙文本，其具体形式有档册（由枢廷、京内各衙署日常累积编纂）、起居注、实录、国史馆传稿等。就叙史而言，其经纬主要有纪事与叙人两类。纪事者或分散在依时序编排的起居注、实录、《夷务始末记》（稿本）中，直接采撷公文，几近于文献汇编；或以片段散入国史馆所修传、志底稿，于民初移交给清史馆各有去向。叙人者则以国史馆所编各种将士臣僚单传、合传存世，几经改易，按例划一处理、稿本众多。

就清代官方修史机制而言，其脉络异常丰富，呈现出多线并进的复调叙史形态：设起居注馆注记本朝皇帝言行，按期结束成册；设国史馆负责编撰本纪、传、志、表；新帝登基内阁设实录馆修前朝实录，并随时进呈皇帝参阅；军机处下设方略馆，修兵事方略；至晚清，总理衙门还根据日常抄录的清档册等材料，编纂道咸以降各朝《夷务始末记》（稿本），等等。于是，这些馆阁衙署的文书工作便自然与累积修史素材密切关联。日常公文的文本按各种原则被定期编纂成档册，有的成为不同体裁官方史叙的素材，有的直接被汇编成史稿史传。关于甲午战争各阶段战事的官方叙史文本，也是在上述行政文书的日常流转中逐渐成文、转录定形、累积与入史的。

值得注意的是，这些史叙文本并不是在战事终了之后方才形成，而是在与战事相伴生的行政过程中不断生成的。并且，这些行政过程又是高度制度化的。直接参与战事的各部门在日常政务沟通中形成的战况奏报、谕旨确认、纠劾查处、恤功参罪等公文，以及围绕国史馆修传而进行的履历查询咨会等文移，随时以各种形式汇总、摘抄、编辑、归档，从而累积为史叙文本。这些归档活动与战事相始终，依战事进程而动，又与上述清代多头并进、体式多样的馆阁书史制度密切绾结。这就有可能使得相关史叙在逐渐获得线性发展线索的同时，也就具有了复调呈现的形态。

就这些史叙文本的形成而言，至少与三类政务的日常运转密切绾结。它们包括以章奏、谕旨等来沟通内外政务军情的日常文书行政；上述以馆阁档案册、起居注稿本、国史馆长编档册、《夷务始末记》（稿本）等形式转录定形的修史之政；以及宣付史馆立传、设祠立祭，以调取档案修纂将士臣僚传稿来推进的国家劝忠之典。这几类政务彼此关联，文本互相递转，渐次形成了关于战事的官方史叙。总体而言，因其相对固定的形式，叙史的经纬按照写事与记人两个方向展开，很少有自战前冲突起至战争善后讫本末俱全、分期确定的整体史叙。要厘清其中的因由，须从文本形成的上述政务环节来加以考察。

关于以"写事"为经纬的甲午战争官修史史叙文本，笔者从清理、比对总督战事的北洋大臣在战争期间对中枢及朝廷的三类军务汇报——日常军报、定时军情汇总、专折详奏入手，讨论关于单一战役的叙事是如何从日常军报撰写和反复转录的行政过程中被逐渐固定下来，进入馆阁修史归档流程，并最终成为史叙文本的。笔者进一步讨论了朝廷谕旨、翰詹科道的纠劾章奏、北洋大臣平行文移衙门如总理衙门及吉林将军衙门的咨会等不同层级、类型的行政过程文书对上述战报文本的质疑、转录、固定、归档。笔者发现，这类随着公文陈述自然发生的层层裁汰、增补、汇总，使得战争的面貌在文字层面逐渐清晰起来，并通过馆阁归档及清廷既定的起居注、实录、国史馆传稿、方略等制度性修史过程，由以沟通内外政务军情为目标的文书行政环节直接进入修史之典，逐渐沉淀为官方战争史叙诸多规范表达的依据。

关于以"记人"为经纬的甲午战争官修史史叙文本，笔者通过将阵亡将官的 72 份不同传记稿本放回到它们书写时所处的具体历史脉络。以凤凰城战役阵亡将领永山等人的报恤立传为个案，观察当时出于朝廷劝忠之典的报恤、围绕"宣付史馆立传"的诸公文流转，以厘清历史过程和实际行政机制。基于此，对甲午阵亡将领官修传稿的成立与王朝行政文书表述结构之间相互绾结的关系展开分析讨论。笔者发现，清代有关战争的官方史叙文本，其具体形式有档册、起居注、实录、国史馆传稿等，其中国史馆的纪、传、志、表为馆阁修史的主要形式。关于战争的官方叙述，原先分散于与国家军事、政治过程相伴生的各种公文之中：有些出于沟通内外的日常文书流转之制，有些从属于国家劝忠之典，有些则成于王朝撰修书史之常务。甲午战史诸传稿，即是在清代这一与日常行政过程绾结共生的馆阁书史修纂制度结构中成形的。传稿有一个叙史以外极为重要的行政功能，相较于解释过去或指导未来而言，更着眼于修传时的当下——奖恤劝忠。到清代后期，它已经与日常旌表、设祭祠祀等制度联结在一起，成为劝忠之典不可分割的一部分。

辛亥革命终结了帝制，馆阁书史修纂作为王朝常规政务亦随之结束。到 1914 年，北洋政府在原清国史馆的基础上成立清史馆，"仿照《明史》，继承传统正史体例，大规模启动修史工程"。至 1927 年《清史稿》问世时，清史馆内除"已刊《清史稿》排印本的原稿外，还含有大批未刊纪、志、表、传内容不同的及其他稿本",[①]以及本书所使用的清国史馆旧有传稿的初辑、复辑、黄绫定本等诸稿本。此时，传记的去取原则和历史叙述的史源、表述都发生了颇值得注意的变动。那些成形于制度过程的历史叙述，渐渐与旧有官方史传的修史机制及意图解纽。着眼于"饰终""恤忠"这类国家人事福利典制的主导权，"宁滥无缺"的入传原则与配合进入恤典条款而书写的史叙格式悄然发生了转变。官传去取原则，从着眼于国家劝忠待遇的"宁滥无遗"，转向正史的"千秋论定"宗旨。同时，从甲午时期将领的史传来看，清史馆采撷了诸如《中东战纪本末》《中日兵事本末》《清稗类钞》《黑水先民传》等民间纂修、刊行、流行的史叙文本。这些转变，与前文所述清史馆稿放弃清国史馆稿在史叙中保留的公文装叙套叠结构及其所内嵌的文字等级，并就此进行悄然删改与重修等取向，无不体现出清王朝旧有战事入史的制度脉络已经发生了深刻的近代转型。

本书第二章关注清季私修史叙。从梳理甲午战后短期内出现的各种民间私修战辑、战纪的文本脉络开始，勾勒这些战史文本形成的具体历史过程。这一考察后来发现，清季十余年间出现的这些民间战史文本，大致分别出于三个不同的区域空间——武昌、上海与广东，恰与辛亥革命前后现实军、政变革展开的空间脉络重叠。其中，武昌的战史以姚锡光《东方兵事纪略》及该书所采的各种战争亲历者口述回忆、日记为代表。这些作品的叙史史源和视角多为军旅生涯的身历见闻，并与战后湖北武备学堂和长江炮台的筹建、两湖书院的兵法史课程教学等现实层面的区域军事性建制活动密切相关。上海则以广学会《中东战纪本末》等为代表，其史源主要来自该会《万国公报》的战时外媒报道摘译。同时广东还有王炳耀编《中日战辑》，因其史源同样来自战时外媒报道，还曾与《中东战纪本末》陷入版权纠纷。实际上《中日战辑》的史源是《香港华字日报》的战时报道。出自这三个不同区域的甲午战争即时史叙，不仅在叙史视角、内容和主张上各不相同，

---

① 庄吉发：《清史馆与清史稿：清史馆未刊纪志表传的纂修及其史料价值》，《文献足征——第二届清代档案国际学术研讨会会议论文集》，第1页。

其主要发售的渠道也是以自身区域内口岸城市的媒体和出版发行网络为中心向外辐射的，彼此并不重叠。总体而言，上海的《中东战纪本末》和广东的《中日战辑》，对此战败因持文明决定论观点，认为清朝中国之败于明治日本，其决定性因素乃在于军事之外的"文明"欧化程度深浅。而以武昌的《东方兵事纪略》为代表的身历者，则视此败为将帅无能、军事教育和国防建制落后所致。因此《中东战纪本末》指出的强国方案为引进西方教育制度等一系列"文明"变革方案，而《东方兵事纪略》则将战史叙述汇入了武昌军事学校"兵法史略学"等课程的新知识建设。通过观察这些经验过程，可以发现清季官、私战史修纂活动和军、政、文教体制的深刻缠绕，已经把"战史"这一从"兵学"与"记事文"中脱范而出的特殊知识形式，逐渐汇入中国近代史部转型的内在知识生发机制，成为人们理解、叙述与评价过去的重要资源，并参与构筑中国近代知识常识的历史过程。

本书第三章至第五章分别探讨海外以汉文、和文、西文三类文字书写的甲午战史。第三章讨论了中国以外的汉文即时战史。通过讨论东亚"汉字文化圈"的汉文读写传统及其在移译"兰学""西学"等过程中发生的近代转变，诸如汉字文化圈内汉文书面语经典文本范围扩大、新的"共同文本"创生并替换部分旧经典等，考察日本近代汉籍的特征，将日本人以汉字书面语书写的几种甲午战史置于文本原初的历史脉络里去观察。本书还对三种不同类型的汉籍战史文本，亦即分别处于中国近代史、综合战史、区域史叙事中的甲午战争史叙做了详细考订及基于知识史的分析与评价。此章还对朝鲜方面的甲午战史撰述进行了考察。在与甲午战争关联的东亚三国之中，李氏朝鲜是比较特殊的。相较于明治日本而言，它不仅在官修史叙体制和精英读写语文形式上与中国文化传统有更深的渊源，而且在现实政治环境变化和国族近代化历程上遭遇了异常复杂的情况。通过考察处于不同史叙知识层级的李氏朝鲜官修史书《承政院日记》《日省录》《高宗实录》对诸如高丽王宫被围事件、东学党起义、公使会谈等节点性事件的记录，我们发现在李氏朝鲜，高度事务化的官修史叙同样没有给事件化的叙史需求留下足够的空间。并且，在日本殖民政府的强势控制下，初级史料被严重增删、曲解和添加导向性解释，1894 年至 1945 年朝鲜半岛包括甲午战史在内的历史知识论域，实际上成了殖民知识建制的一项重要内容。除了官修史，此章还比对了李氏朝鲜四种不同类型的私修甲午战争即时史叙，分别来自亲历战事的武官李谨相、在野殉国文人黄玹、战时金弘集亲日内阁重要成员金允植和春秋馆史官李晚焘。他们有关这场战争的史叙视角各异，却又都用汉文写就。这一切都提示着，汉语书面语、修史知识形式等原先东亚各国知识精英所共有的读写、表达方式，到 19 世纪末已经发生了剧烈的变动。而东亚作为一个知识空间，新的论域与知识秩序正在孕育与缔结。

本书第四章讨论日本以和文书写的甲午战争即时战史。这部分的讨论从两个方向展开。一是日本官方的即时历史书写，二是日本非官方的即时历史书写。两者都从清理基本文献入手，梳理文本产生的历史机制，并将诸多文本置于它自身的历史脉络去观察、讨论与分析。由于当时日本海军、陆军分别受控于不同的藩系军阀，日本的甲午战争官方史叙也呈现出海战与陆战分裂、彼此不统属的特征。本书有关日本官方即时历史书写部分，主要讨论参谋本部编的《明治二十七八年日清战史》和海军军令部编的《明治二十七八年海战史》。关于日本非官方的史叙，本书从五种不同类型的史叙展开文本清理与具体讨论：媒体战地报道及图像，战地日记与书信，构建国民历史常识的游艺形式，学校体系中使用的教材、普及读物，公开出版的战史与传记。通过观察可以发现，在 19 世纪末日本官、私两种机制分别参与对甲午战争即时叙史的过程中，某种旧有的知识壁垒被打破了。以汉文读写精英为目标读者群的大报报道开始使用汉字注音，以区域读者为目标的地方小报开始大量使用和文报道战争、刊登战地书信与日记。战史进入了报刊、图像、游戏、教材、普及读物、歌曲、戏剧等社会文化的各类载体，知识精英旧有的文化壁垒和读写语文垄断在明治日本朝野的战争大动员中趋向消弭。附着于读写语文、信息来源、经典文本、制度媒介等背后的旧有知识秩序开始松解并走向重组。

本书第五章集中讨论全球以西文书写的即时战史。甲午战争中及战后短期内，除了前述以汉文、和文等东亚语言书写的即时战史，还有不少英文、法文、德文及俄文的战争史叙出版。值得注意的是，这些以西方语言书写的甲午战史与前述汉文、和文战史类似，并非全出自母语读写者或本国人之手。甲午战史的撰述，在当时已经跨越了单一民族国家的疆域与文化边界，日本人与西方人同样参与其中。因此，此章就分别从日本人的西文书写与西方世界的西文书写两个部分展开研究。笔者发现，如战时日本的外务部翻译官、军中法律顾问和翻译官、大藏省官员、主流媒体记者等，多为明治时期留学归国的政治、文化精英，其中有不少人曾以独著、合著或序跋的方式参与了甲午战史的英文书写。很显然，他们选择西方语言，迅速以史书体裁对这一战争做历史叙述，企图针对国际社会及其主要传播媒体与公共舆论，借助"史叙"的力量，为这场战争及一系列关联事件建立某种"内在一致性"——把它放到超越两国利益冲突，更为宏大的历史进程解释框架中去论证侵略的"合法性"与"必要性"，并借此引导国际社会对这一战争的主流认识与评价。关于西人 1920 年代前各种以西文编撰出版的"战争史叙"，以往并未完全得到学界的关注、梳理与集中讨论。笔者从清理 20 世纪以来中国学界对西方世界西文史叙的现有研究开始，对它们做了勘误与补遗工作。并按出版时序，将以往未关注到或论述有讹误的文本列出、介绍、摘译与考订，以便较为完整地观察甲午战争在全球范围内建立"史叙"的最初情况。

本书的第六章和第七章试图稍稍跳出从不同区域国别及语言文字的角度来观察"甲午战争即时史叙"的视角，从战史和近代知识空间两个不同的知识史脉络，来观照甲午战史的时代特征。第六章侧重探讨 19 世纪以降东亚国家围绕"战史"形式而展开的知识史转变，旨在将之前有关"甲午战争即时史叙"的梳理，还置于东亚近代"战史"形式和知识空间生成的知识史脉络中加以观察。

第六章首先梳理清朝中国有关军事史叙的旧有知识载体，如图书文献传统、叙述文类形式等在 19 世纪发生的新转折，进而观察国家在新的军事、政治环境中出现的"战史"新知识形态。清中叶，嘉庆朝频繁的内部"动乱"与道光时期渐炽的海警夷氛，推动了方略等官修军事专史的连续修纂。

又通过颁赏、谢恩、朱谕、明旨等围绕方略后续展开的常规行政流程，将高度事务化的官修史叙开放为私修史的史源，从而出现了大量使用官方史源，同时事件化取向又颇为明显的私修军事专史，改变了官方史源的叙史方向。

与此同时，围绕这些修纂、阅读、序跋、征引活动，一个新的战史知识论域逐渐形成，参与其中的人群包括外官衙署的主官、中下级官员、僚属，在京枢机、一级部衙堂官、副职、宗室、直接参与军事活动的主要将领等。这些人中又有不少逐渐变成了清朝中国私修战史的纂著者。在这个特殊的知识论域中，甚至出现了不少政治性议题依托战史讨论而展开的情况。在这些人中，属意军、政制度变革及军事知识更新者，如魏源、胡林翼等，先后分别通过《圣武记》《读史兵略》等重建军事知识文本，提出融合兵学与史学，要求战史复现经典战役，并为行军用兵及重建王朝国防体系提供实际的经验指导。这一主张到19世纪末被陈庆年概括为"兴兵学于史学"，并在两湖书院和湖北武备学堂开设"兵法史略学"课程。

清朝中叶，中国围绕军事史叙出现了新的知识史论域。这一论域由偏向"事件化"取向的官、私军事专史新文类、强调"兵法史略"的新战史文本、依托战史讨论展开政治性议题沟通的日常行政流程，以及被这些活动绾结起来的官、绅人群等构成。清朝中国在内外军、政环境变化的压力下发生的这一系列知识史变化，是东亚国家近代化历程中的一类典型模式。而另一类，则在明治日本。

以1883年陆军大学校开办为界，日本分别在法国兵学和德国军事学不同影响下展开战史修纂。相较于清朝中国，明治日本的战史修纂与法国、德国等欧洲军事强国有着更密切的联系，并基本上是在诸如陆军省陆军士官学校、陆军大学校、参谋本部编纂课、陆军文库等日本近代国防体系新文教建制的架构下展开的。甲午战争和日俄战争两次发生在东北亚的大战，在日本催生了大量官、私战史。就日本军事史叙的知识形式转变而言，其中最值得注意者为，从此前翻译战史的"欧洲战争"中心视角，转变为立足"东亚"观察"世界战争"的东洋史取向。

第七章仍回到甲午战争即时史叙这一焦点，讨论跨语际流动中的甲午战史译写与东亚近代知识空间的缔结。具体来说，此章从全球制度媒体的战时报道和各国军事情报机构的官方情报译写，观察即时战史文本的出现。通过梳理日译西文、汉文战史和中译日文战史的译写目标、过程、参与人群、具体文本脉络等，分析这种跨语际的战史译写活动，如何逐渐越过了中、日、朝等国家军、政活动的疆界限制和东亚精英语文的壁垒，变成了一种区域性的知识活动。

二 近代知识史的新动向

概而言之，在 1920 年代以前，围绕甲午战争出现的各类史叙已折射出了近代知识史一些极为重要的变动。举其要者，这些变动主要包括知识建制、知识空间、知识形式三个方面。

知识建制。通过对甲午战史早期叙事的综合考察，我们发现，战史知识的生产、流转与使用，除了仍受此前已有制度的影响，一系列新制度也在其中扮演了越来越重要的角色。这些新制度包括制度媒体、出版工业、专业出版基金、口岸发行网络及近代教育体系等相关知识建制。这些建制同时催生出一些特殊人群，并将其联结为某种知识共同体。例如，从法国、德国、荷兰、明治日本到清朝中国及李氏朝鲜等逐渐扩散开来的近代军事院校及其标准化教育模式就关联一些特殊的知识人群——教官、军事图书编译者、文库主管、参谋本部编译课成员（兼任陆军士官学校和陆军大学校战史教授）、近代武备学堂的筹备者和这些院校的学生等。

知识空间。新的知识建制借由近代海陆交通线、跨越语文边界的专业术语媒介和共同知识文本，重新缔结了近代知识空间，如军事院校的建立将与此关联的人群联结为新的知识群体。他们通过相似的制度模式、共同的知识文本及专业术语等，开始得以进入某种超越军、政空间及语文边界的近代"专业"知识领域，展开深入的对话与互动。其中，共同的知识文本包括从国别官修史行政文书的单一史源中不断向下开放，并吸纳制度媒体报道及译写文本而成立的各种新“史叙”。如民初《清史稿》、李氏朝鲜黄玹《梅泉野录》、明治日本土屋弘《近世大战纪略》等都将《中东战纪本末》作为史源，而《中东战纪本末》本身又多取材于《万国公报》对西方媒体战时报道的摘编。这些文本不仅在新的知识空间中被反复征引、译写（如藤野房次郎对《中东战纪本末》的日译）与讨论，有时候也会因成为军事院校的参考书，或进入各类专业文库（如明治日本陆军文库等），或被编入如《西学书目表》《陆军文库书目》这样通行的新索引文献而成为真正意义上的共同体知识资源。

在清廷对日正式宣战的次日（1894 年 8 月 2 日），翰林院编修丁立钧复命进呈《东藩事略》以便及时满足光绪帝了解清朝与朝鲜关系的知识需求。《东藩事略》及附于这个知识文本一起陈奏的丁立钧《东事条陈》五条军政意见，于数日之内，在翰林院编修丁立钧、其即将入值军机的老师翁同龢、翰林院掌院大学士麟书、大学士徐桐、诸军机大臣及光绪帝本人之间，通过编写、代递、私人信函沟通、阅看、“赐公同阅看”及逐条评议等动作，进行了一次基于共同知识文本的政治沟通。《东藩事略》在其开辟的知识空间中，承担了展开政治性议题讨论锚点的功能。丁立钧在私函中对翁同龢言：“又本日钧有《东事条陈》一件，大率人云，无甚深切之言。缘私心所窃虑者，率非代奏所可详尽。”这中间其实有两点值得加以注意：其一，在前述由章奏、谕旨等行政文书搭建的常规政治沟通空间中，确实已经需要借“大率人云”这类有些滥俗的话来参与共同政治议题讨论；其二，丁立钧致函翁同龢并呈送《东藩事略》还附有其他更私密的政治议题。

> 缘私心所窃虑者，率非代奏所可详尽。故敢忘其狂瞽，复据臆直陈于函丈之前，唯吾师垂听焉。向来北洋把持款局牢不可破，近观枢译两曹无事不仰北洋鼻息。此次局面将来如何收拾，似已商有密谋。即如译电不尽详实，及驻韩袁道称病不即来京，种种均属可疑……①

---

① 《丁立钧上翁同龢书》，《镇江文史资料》第 21 辑，第 91—92 页。

原来，军事、政治性议题在特定群体和不同信息共享圈层中的逐一展开，是需要附着在具体的知识性议题和文本之上的。正如本书第六章在讨论嘉庆朝后期，朝廷最核心政治精英圈围绕《平定教匪纪略》的编纂、颁赏、谢恩、朱批、明发上谕等行政流程来寻求政治意见统一时所发现的，这些知识性议题和共同文本，已经逐渐成为某种军、政共同意见达成机制的介质。这类现实层面的军、政机制动向，也是促使近代知识空间拓展及不断变化的动因之一。

知识形式。18 世纪中叶以降，东亚新的军、政、文、教机制需求和物质环境促使不少领域内的知识表达从其旧有的语文形式、文类体裁、叙述结构及内容框架中脱范而出，逐渐成为独立的知识门类。如清朝中国的军事史叙就从官修传、志、方略和私纂笔记的旧文类中逐渐别立，融合"兵学"知识与"史学"功能。从鸦片战争前夕魏源重新定义"纸上谭兵"的知识意义，到甲午战后陈庆年为武昌军事院校筹建"兵法史略学"，强调"兴兵学于史学"，都很明显能看到现实层面的需求动力在近代知识史发展轨迹上的投射。就叙述结构而言，原先官修史行政文书史源高度事务化的取向已经不能继续满足"兵法史略"的需求。甚至连李氏朝鲜的汉文官修史《承政院日记》《日省录》及依此而撰的《高宗实录》，都无法为"高丽王宫被围"事件等留下足够的史叙空间，以至于当晚大院君即入宫出面斡旋这类极为重要的事件细节，只能由春秋馆史官李晚焘以私人日记（《响山日记》）来记录。因而，军事史叙开始依托高度事件化的书事文、独立战纪等展开。值得注意的是，这些独立战史的具体内容与视角，也不再限于笔记史叙旧有的亲历者见闻和传说，而大量吸纳了以咨会、章奏、谕旨等行政文本为基础的官方史源。官方史源在行政流程中分司别存的文档归集痕迹，也就因此而在事件化的过程中逐渐弥合。

道光二十四年，魏源在苏州重订《圣武记》，对其做了一些重要增删。在原第 13 卷《武事余记·事功杂述》中，添出一段文字详细分析了"军报"在军事活动中的作用。

军报以贼情、地势、兵机三端为要。满洲将帅罕长汉文，唯高其倬、鄂尔泰材兼文武，故云贵用兵诸奏一简明一详畅。次则傅恒，督师金川时，幕府参佐，多军机章京，练达军事，故奏报情形，聚米画沙，前记已载其全疏。至额勒登保经略川楚，奏带郎中胡思显代具奏稿，每有小纽直陈不讳，上嘉其不欺，特加胡思显三品卿衔。然其疏质实有余，明畅不足。至参赞德楞泰马蹄冈之战，保全川西，为第一奇功。蜀人谭之，至今勃勃有生气。乃检方略原疏，了无精采，盖是战之奇，在于转败为胜，万死一生，兼有天幸。奏报时乃掩其前半陷伏急危之形，与冉天元锋锐汹汹之势，但称遇贼接战，禽获渠魁，其意盖欲饰为全胜，不知盖失机宜，反晦劳烈也。①

魏源特意在《圣武记》添出这段话，逐一评价各重要将领军事奏报的书写能力，这是与他以《武事余记》强调军事史叙现实功能的知识追求相一致的。实际上他已经发现，当具有"欲饰为全胜"之类实际叙功恤忠诉求的一线战报成为战史的史源时，是很容易"失机宜"的。高度事务化的史叙遂很难满足提供"贼情""地势""兵机"等军事知识要素的要求，除非战史能从事务化的叙史结构中脱范而出，提供高度事件化的史叙文本。

综观甲午战史相关知识的生成与流转过程，不妨说，随着19、20世纪交通、贸易、物资及人员流动、军事扩张、国家外交等人类活动在全球范围内的拓展，知识史的区域物理屏障被不断突破，发生了包括知识建制、知识形式、知识媒介、知识人群在内的急剧变动。这些变动终于突破了旧有知识空间内的知识秩序（如东亚被学界标识为"汉字文化圈"的区域内原先拥有共同知识文本的读写精英，大多曾是国别共同政治生活的参与者和社会生活的主导者。因而这种读写形式及其共享文本就处于该区域内知识秩序的较高阶位。而这种情况在本书讨论的时空，正发生剧烈的变动），新的知识空间正在被开辟，新的共同知识文本正在被生产，新的以近代标准化教育体系

---

① 参见《武事余记·事功杂述》，魏源：《圣武记》第13卷，第5页，道光二十四年古微堂藏版"新增校对无讹"重刻本。

内学科界别为主要区格的知识精英共同体正在缔结。

留给我们去进一步思考的问题或许在于，上述区域内旧秩序的变动如何重组为新的知识秩序，如旧的知识壁垒如何被突破，新的知识建制如何形成，知识空间如何拓展，知识的新形式如何出现，新的知识群体如何聚集？简言之，这些变动如何改变了近代全球知识史的图景？

本书以考察 1920 年代以前，人类对一场有第三方媒体随军观战并进行全球报道的国际战争进行即时叙史的经验过程，试图梳理这些叙史活动和史叙文本各自所处的不同知识史脉络与传统。最主要的意图，便是通过经验研究在微观层面的认识锋锐，触碰上述复杂并重要的问题。正如在夜空下燃放一支烟花，欲以时空截面上的漫天火星，求映见历史的图景于万一与一瞬。

参考文献

未刊史料

《臣工列传》，传稿（包）-传稿，台北"故宫博物院"图书文献处藏。

《承政院日记》，韩国奎章阁藏。

《崇厚列传》，传稿（包）-传稿，台北"故宫博物院"图书文献处藏。

《邓世昌列传》，传稿（包）-传稿，台北"故宫博物院"图书文献处藏。

《丰升阿传包》，传稿（包）-传包，台北"故宫博物院"图书文献处藏。

关豫：《关承孙先生日记残稿不分卷》，稿本，上海图书馆藏。

陈庆年：《横山乡人类稿十三卷》，抄本，上海图书馆藏。

《军机处档折件》，台北"故宫博物院"图书文献处藏。

《军机处录副奏折》，中国第一历史档案馆藏。

《刘步蟾传包》，国史馆传稿（包）-传包，台北"故宫博物院"图书文献处藏。

《刘永福列传》，传稿（包）-传稿，台北"故宫博物院"图书文献处藏。

《马玉昆传包》，传稿（包）-传包，《清史满蒙汉忠义传》（原题名：《稿本清史满蒙汉忠义传》），台北"故宫博物院"图书文献处藏。

《聂士成传包》，传稿（包）-传包，台北"故宫博物院"图书文献处藏。

《平定教匪纪略总档》，台北"故宫博物院"图书文献处藏。

《清史大臣列传不分卷》，台北"故宫博物院"图书文献处藏。

《日省录》，韩国奎章阁藏。

《宋庆传包》，传稿（包）-传包，台北"故宫博物院"图书文献处藏。

《温绍原列传》，国史馆传稿（包）-传稿，台北"故宫博物院"图书文献处藏。

泗隐堂（朝鲜武官李谨相）：《西京稗史》，币原坦抄本，日本东洋文库藏。

《希元列传》，传稿（包）-传稿，台北"故宫博物院"图书文献处藏。

《杨寿山列传》，传稿（包）-传稿，台北"故宫博物院"图书文献处藏。

张黎源：《洋员记录的威海卫投降真相》，参见微信公众号"船坚炮利"2018 年 11 月 16 日。

《姚怀祥列传》，传稿（包）-传稿，台北"故宫博物院"图书文献处藏。

《依克唐阿传包》，传稿（包）-传包，台北"故宫博物院"图书文献处藏。

《夷务始末记》（稿本），台北"故宫博物院"图书文献处藏。

《永山传包》，传稿（包）-传包，台北"故宫博物院"图书文献处藏。

《郑国魁列传》，传稿（包）-传稿，台北"故宫博物院"图书文献处藏。

《郑国魁列传》，传稿（包）-传稿，台北"故宫博物院"图书文献处藏。

《中西和战述略残稿》，清光绪间抄本，上海图书馆藏。

《忠义戴宗骞传》，传稿（包）-传稿，台北"故宫博物院"图书文献处藏。

《忠义列传　戴宗骞》，传稿（包）-传稿，台北"故宫博物院"图书文献处藏。

《总理各国事务衙门档案全宗·朝鲜档》，"中央研究院"近代史研究所档案馆藏。

《左宝贵列传》，传稿（包）-传稿，台北"故宫博物院"图书文献处藏。

已刊史料

《大清会典则例》，全国图书馆文献缩微中心据文渊阁四库全书本影印，2005。

《大清世祖章皇帝实录》，中华书局，2008。

《德宗景皇帝实录》，中华书局 1987 年影印本。

《东学乱记录》，韩国国史编纂委员会，1959。

《郭嵩焘日记》，湖南人民出版社，1983。

《嘉靖倭乱备抄》，续修四库全书本，上海古籍出版社，1996。

《康熙朝议修实录圣训等事题稿档》，《文献丛编》第 5 辑，1937 年。

《李朝实录》，学习院东洋文化研究所 1967 年影印本。

《清国史（嘉业堂钞本）》第 14 册，中华书局，1993。

《清穆宗实录》，中华书局，1987。

《选录：甲午中日海战见闻记》，天津《海事》第 5 卷第 2、3 期，1931 年。

《庸庵海外文编》，清光绪二十一年乙未孟秋无锡薛氏刻本。

阿伦著，兰言译《旅顺落难记》，《新新小说》第一至八回、第九回未完，
　　第 2 年第 7、8、9 号，1905 年。

阿英编《中日战争文学集》，北新书店，1948。

阿英编《甲午中日战争文学集》，中华书局，1958。

北平故宫博物院编《清光绪朝中日交涉史料》，北平故宫博物院，1932。

曹履泰：《靖海纪略》，清道光间海昌蒋氏别下斋刻咸丰六年续刻别下斋丛
　　书本。

陈庆年：《兵法史略学》，清光绪二十九年明溥书局铅印本。

陈庆年：《兵法史略学口义》，清光绪二十七年两湖书院刻本。

陈旭麓等主编，季平子等编《盛宣怀档案资料·甲午中口战争》，上海人民
　　出版社，2016。

戴乐尔：《我在中国海军三十年：戴乐尔回忆录（1889—1920）》，张黎源、
　　吉辰译，文汇出版社，2011。

邓俊秉、马嘉瑞译《在龙旗下——甲午战争亲历记》，中国社会科学院近代
　　史研究所近代史资料编辑室编《近代史资料》总第 57 号，中国社会科学
　　出版社，1985。

丁立钧辑《东藩事略》，故宫珍本丛刊本（据清光绪间内府抄本影印），海
　　南出版社，2001。

杜俞：《普法兵事记》，海岳轩丛刻，光绪庚子十二月申江重刻本。

方德骥、都启模编《冯军门萃亭（子材）军牍汇存》，台北：文海出版社，1976。

费青、费孝通合译《中日战争目击记（亦名"龙旗下"）》，《再生》第 1 卷第 7、8、9 期，1932—1933 年。

高岱：《鸿猷录》，续修四库全书本，上海古籍出版社，1996。

公奴：《金陵卖书记》，宋原放主编《中国出版史料·近代部分》第 3 卷，湖北教育出版社、山东教育出版社，2004。

故宫博物院、中国第一历史档案馆编《清宫武英殿修书处档案》，故宫出版社，2014。

故宫博物院编《清仁宗御制文初集》，故宫珍本丛刊本，海南出版社，2000。

顾廷龙、戴逸主编《李鸿章全集》，安徽教育出版社，2008。

广东省地方史志编纂委员会编《广东省志·人物志》，广东人民出版社，2002。

归与：《中日黄海海战纪略（附图表）》，《海事月刊》第 8 卷第 5 期，1934 年。

归与：《中日海战评论撮要（附图）》，《海事月刊》第 9 卷第 12 期，1936 年。

归与：《中日海战评论撮要（续）》，《海事月刊》第 10 卷第 1—3 期，1936 年。

胡林翼等编辑《读史兵略》，清咸丰十一年武昌官署刻本。

胡林翼等编辑《读史兵略续编》，清光绪二十六年排印本。

黄维翰：《黑水先民传》，黑龙江人民出版社，1986。

黄玹：《梅泉野录》，韩国国史编纂委员会，1955。

纪昀总纂《四库全书总目提要》，上海古籍出版社，2014。

蒋湘南：《七经楼文钞》，同治八年马氏家塾重刻本。

蒋湘南：《七经楼文钞》，民国庚申年陕西省资益馆排印本。

蒋湘南：《七经楼文钞》，李叔毅等点校，中州古籍出版社，1991。

金允植：《续阴晴史》，韩国国史编纂委员会，1960。

昆冈修《钦定大清会典事例》，光绪二十五年（1899）重修本。

兰簃外史（盛大士）：《靖逆记》，上海书店出版社1987年影印本。

李鼎芳译《乙未威海卫战事外纪》，天津《大公报·史地周刊》第33期，1935年。

李圭：《金陵兵事汇略》，文海出版社，1979。

李化龙：《平播全书》，续修四库全书本，上海古籍出版社，1996。

李晚焘：《响山日记》，时事文化社，1985。

梁廷枬：《夷氛闻记》，邵循正校注，中华书局，1959。

辽宁省档案馆编《中日甲午战争档案汇编》，辽宁人民出版社，2014。

刘文明编《西方人亲历和讲述的甲午战争》，浙江大学出版社，2015。

吕思勉：《高等小学校用　新法历史参考书》，张耕华编《吕思勉全集》本，上海古籍出版社，2016。

罗浮山人：《旅顺倭寇残杀记八则》，思恢复生编《中倭战守始末记》，文海出版社，1987。

茅瑞征：《万历三大征考》，续修四库全书本，上海古籍出版社，1996。

彭孙贻著，李延昰补编《靖海志》，江苏广陵古籍刻印社，1987。

桥本海关著，吉辰校注《中国海军稀见史料：清日战争实记》，山东书画出版社，2017。

瞿九思：《万历武功录》，续修四库全书本，上海古籍出版社，1996。

全国图书馆文献缩微复制中心编《京报（邸报）》，全国图书馆文献缩微复制中心，2003。

盛大士：《蕴愫阁诗集》，清代诗文集汇编本，上海古籍出版社，2010。

施琅：《靖海纪事》，台中：文听阁图书有限公司，2007。

舒赫德等：《钦定剿捕临清逆匪纪略》，清乾隆四十二年内府刻本。

司督阁：《甲午之战时辽居忆录》，陈德震译，天津《大公报·史地周刊》第140期，1937年。

孙建军整理校注《丁汝昌集》，山东画报出版社，2017。

泰莱著，张荫麟译《甲午中日海战见闻记》，《东方杂志》第 28 卷第 6、7
　　期，1931 年。

《甲午中日海战见闻记（续）》，《东方杂志》第 28 卷第 7 期，1931 年。

万国报馆编《甲午——120 年前的西方媒体观察》，三联书店，2015。

王明伦选编《反洋教书文揭帖选》，齐鲁书社，1984。

王在晋：《三朝辽事实录》，续修四库全书本，上海古籍出版社，1996。

魏源：《圣武记》，道光二十四年，古微堂藏版"新增校对无讹"重刻本。

魏源：《圣武记》，古微堂藏版，道光二十二年。

魏源：《圣武记》，上海：世界书局，1936。

温达等：《亲征平定朔漠方略》，清康熙四十七年内府刻本。

翁同龢著，翁万戈编，翁以钧校订《翁同龢日记》，中西书局，2012。

夏燮：《中西纪事》，续修四库全书本，上海古籍出版社，1996。

谢兰生著，李秀成述《军兴本末纪略》，台北：文海出版社，1976。

薛福成：《浙东筹防录》，文海出版社，1973。

阎镇珩：《北岳山房诗文集》，陶新华校点，岳麓书社，2009。

奕䜣等：《钦定剿平粤匪方略》，清光绪内府铅活字本。

誉田甚八：《日清战史讲授录》，训练总监部军学编译处译，文海出版社
　　1976 年（据训练总监部军学编译处 1935 年版影印）。

张本义、吴青云主编《甲午旅大文献》，大连出版社，1998。

张鉴等：《阮元年谱》，黄爱平点校，中华书局，1995。

赵德馨主编《张之洞全集》，武汉出版社，2008。

赵尔巽等：《清史稿》，中华书局，1977。

赵省伟编，张维懿、兰莹译《遗失在西方的中国史：英国画报看甲午战
　　争》，中国画报出版社，2020。

中国第一历史档案馆编《光绪帝起居注》，广西师范大学出版社，2007。

中国第一历史档案馆编《嘉庆道光两朝上谕档》，广西师范大学出版
　　社，2000。

中国第一历史档案馆编《嘉庆帝起居注》，广西师范大学出版社，2006。

中国第一历史档案馆编《清代军机处电报档汇编》，中国人民大学出版
　　社，2005。

中国第一历史档案馆编《清代军机处随手登记档》，国家图书馆出版
　　社，2013。

中国史学会主编《第二次鸦片战争》，上海人民出版社，1978。

中国史学会主编《中日战争》，新知识出版社，1956。

"中央研究院"近代史研究所编《清季中日韩关系史料》，1972。

周世澄：《淮军平捻记》，续修四库全书本，上海古籍出版社，1996。

朱珪：《知足斋进呈文稿》，丛书集成初编本，商务印书馆，1936。

朱克敬编《边事汇钞》，清光绪六年长沙刻本。

朱师辙：《清史述闻》，三联书店，1957。

诸葛元声：《两朝平攘录》，续修四库全书本，上海古籍出版社，1996。

『出版年鑑』東京堂、1934 年。

『大人名事典』第 5・6 巻、平凡社、1957 年。

『類聚伝記大日本史』第 14 巻、雄山閣、1935 年。

巴爾鐵爾密著，陸軍士官學校訳『兵學教程讀本』内外兵事新聞局、
　　1878 年。

参謀本部編『明治二十七八年日清戦史』第 1 巻、1904 年。

参謀本部陸軍部編纂課編『征西戦記稿』陸軍文庫、1887 年。

車江居士（磯崎嘉行）編『征清大勝利双六図解』早川熊次郎、1894 年。

大堀万里『乾堂先生遺文』神奈川県立第三中学校校友会、1911 年。

大田才次郎編『日本兒童遊戯集』平凡社、1901 年。

第二師団従軍寫眞師遠藤誠編『征台軍凱旋紀念帖』裳華房、1896 年。

第二師団従軍寫眞師遠藤陸郎編『戦勝国一大紀念帖』遠藤照相館、
　　1895 年。

福岡県朝倉郡教育会編『朝倉郡郷土人物誌』1926 年。

富永岩太郎『教育的遊戯の原理及実際』同文館、1901 年。

広瀬伊三郎編『簡易遊戯法』柳旦堂、1886 年。

河野通之・石村貞一同輯『最近支那史』林平次郎、1899 年。

忽來道人著，三木愛花・田中従吾軒釈義『続水滸伝：校訂』博文館、
　　1900 年。

教育研鑽会編『全国小学校教員試験問題及解答』（尋常科　准教員之部）、
　　学海指針社、1909 年。

林楽知・蔡爾康著，藤野房次郎訳『中東戦紀本末』東京、1898 年。

陸軍参謀局編輯『佐賀征討戦記』陸軍文庫、1875 年。

馬蒙著，辻本一貫訳『軍制要論』陸軍文庫、1883 年。

内閣官報局『明治二十年（十一月三十日現在）職員録』（甲）、東京、
　　1889 年。

坪井玄道・田中盛業編『戸外遊戯法：一名戸外運動法』金港堂、1885 年。

前野関一郎編『新撰遊戯全書』熊谷久栄堂、1895 年。

日本参謀本部戦史編纂委員会編『日本戦史・関原役』元真社、1893 年。

三木愛花（貞一）『社会仮粧舞：百鬼夜行』東京府平民千叶茂三郎出版、
　　1887 年。

三木愛花（貞一）編『日清太平记』（正编、後编）、巌々堂、1895 年。

松井広吉編『新撰大日本帝国史』博文館、1896 年。

藤野房次郎編『平壌包囲攻撃』博文館、1896 年。

田村維則編『征清戦史』東京、1896 年。

西主一・野本衛佐美『新案海軍遊戯法』同文館、1896 年。

下村泰大編『西洋戸外遊戯法』泰盛館、1885 年。

須郷正臣編『帝国立憲三十年史』帝国実業公論社本郷支社、1918 年。

英人某著，辻本一貫訳『仏国略史』陸軍文庫、1875 年。

誉田甚八『日清戦史講究録』偕行社、1922 年。

ヴィアル著，辻本一貫訳『近世戦史略』陸軍文庫、1885-1887 年。

マキシム・サーブァージュ著，成沢茂馬訳『日清戦史』小林又七、
　　1907 年。

"China and Japan," *Times*, 18 Apr. 1895.

"FROM A CORRESPONDENT Some Naval Lessons from The Yalu," *Times*, 15 Oct. 1894.

"FROM OUR CORRESPONDENT AT SHIMONOSEKI: The British Fleet in The Far East," *Times*, 6 June 1895.

"Imperial Decrees," *The North-China Daily News*, 3 Nov. 1894, p. 4.

Imperial Decrees/Declartion of War Against Japan, *Translation of The Peking Gazette 1894* (Shanghai), 1895.

"Japanese Losses at the Yalu," *Times*, 24 Nov. 1894.

"Naval Aspects of the War," *Times*, 27 Apr. 1898.

"The Battle of the Yalu," *Times*, 20 June 1904.

"The Battle of the Yalu," *Times*, 28 Sept. 1894.

"The China-Japan War (Sampson Low)," *Times*, 6 Dec. 1895.

"The Course of the Korean War," *Times*, 3 Dec. 1894.

"The Invasion of Korea," *Times*, 28 Aug. 1894.

"The War in the East," *Times*, 29 Aug. 1894.

"The War in the East," *Times*, 29 Sept. 1894.

Amedeo Alberti, *La Guerra Cino-Giapponese 1894–1895* (Napoli: Melti & Joele, 1904).

Auguste Frédéric Louis Viesse de Marmont, *De L'esprit des institutions militaires* (Paris: Librairie Militaire, 1845).

Auguste Frédéric Louis Viesse de Marmont, *The Spirit of Military Institutions: Or, Essential Principles of the Art of War* (Philadelphia: J. B. Lippincott & Co., 1862).

Auguste Gérard, *Ma mission en Chine 1893–1897* (Paris: Plon-Nourrit et cie, 1918).

C. Hojel, "Brardus Henricus Brouwer," in *Militaire Spectator*, 1879 Serie 4 Deel 4 Nummers 1–12 complete jaargan (Breda: Bij Broese & Comp., 1879).

Carl Heinrich von Schütz, *Geschichte Der Staatsveränderung In Frankreich Unter König Ludwig Xvi. Oder Entstehung, Fortschritte Und Wirkungen Der Sogenannten Neuen Philosophie In Diesem Lande*, 1 - 3（Leipzig：F. A. Brockhaus, 1827）.

Carl Heinrich von Schütz, *Geschichte Der Staatsveränderung In Frankreich Unter König Ludwig Xvi. Oder Entstehung, Fortschritte Und Wirkungen Der Sogenannten Neuen Philosophie In Diesem Lande*, 4 - 6（Leipzig：F. A. Brockhaus, 1829）.

Charles Denby, *China and Her People, Being the Observations, Reminiscences & Conclusions of An American Diplomat*（Boston, 1906）.

Edward Shippen, *Naval Battle of the World*（Philadelphia and Chicago：P. W. Ziegler & Co., 1898）.

Einhundert Jahre des Geschäftshauses Ernst Siegfried Mittler und Sohn, *Königliche Hofbuchhandlung und Hofbuchdruckerei in Berlin. Ein Zeitbild*（Berlin：Ernst Siegfried Mittler und Sohn, 1889）.

Erardus Henricus Brouwer, *De geschiedenis der oorlogen in Europa sedert het jaar 1792*（Breda：Drukkerij van Broses & Comp., 1942）.

F. MacNair, *Modern Chinese History, Selected Readings*（Shanghai：The Commercial Press, 1923）.

F. Warrington Eastlake and Yamada Yoshi-aki, *Heroic Japan：A History of The War between China & Japan*（London：Sampson Low, Marston & Company Limited, 1897）.

Giichi Ono, *Expenditures of the Sino-Japanese War*（New York：Oxford University Press, 1922）.

H. Rowan-Robinson, *The Campaign of Liao-Yang*（London：Constable and Company, Ltd., 1914）.

Henry Davenport Northrop, *The Flowery Kingdom and the Land of the Mikado or China, Japan and Corea*（London, Ontario：Mcdermid & Logan, 1894）.

Hosea Ballou Morse, *The International Relations of the Chinese Empire*, Vol. Ⅲ, *The Period of Subjection 1894–1911* (London, New York, Bombay, Calcutta: Longmans, Green, And Co. , 1918) .

J. Vial, *Histoire abregee des campagnes modernes* (Paris: Imprimerie et Librairie Militaires J. Dumaine, 1874) .

James Allan, *Under the Dragon Flag: My Experiences in the Chino-Japanese War* (London: William Heinemann, 1898) .

John D. Ford, *An American Cruiser in the East: Travels and Studies in the Far East*, 2nd edition (New York: A. S. Barnes and Company, 1898) .

John W. Foster, *Diplomatic Memoirs* (Boston, New York: Houghton Mifflin Company, 1909) .

Jukichi Inouye, *A Concise History of the War Between Japan and China* (Osaka: Z. Mayekawa; Tokyo: Y. Okura, 1895) .

Jukichi Inouye, *The Japan-China War: Compiled from Official and Other Sources* (Yokohama, Hongkong, Shanghai and Singapore: Kelly & Walsh, Limited, 1895) .

Text by Jukichi Inouye, illustrations by Eiki Yamamoto, *Scenes from the Japan-China War* (Tokyo: Shobei Inaba & Motoye Kagami, 1895) .

Jules Paul Vialand C. Vial, *Histoire abrégée des campagnes modernes*, cinquiéme édition (Paris: Librairie Militaire de L. Baudoin, 1894) .

Jules Paul Vial and C. Vial, *Histoire abrégée des campagnes modernes*, sixième édition (Paris: Librairie Militaire R. Chapelot, 1911) .

Max August Scipio von Brandt, *Drei Jahre Ostasiatischer Politik 1894 – 1897* (Stuttgart: Strecher & Moser, 1897) .

Maxime Joseph Marie Sauvage, *La guerre Sino-Japonaise 1894–1895* (Paris: L. Baudoin, 1897) .

Nagao Ariga, *La Guerre sino-japonaise au point de vue du droit international* (Paris: A. Pedone, 1896).

Robert P. Porter, *Japan: The Rise of a Modern Power* (Oxford: the Clarendon Press, 1919).

Sakuye Takahashi, *Cases on International Law During the Chino-Japanese War* (Cambridge: Cambridge University Press, 1899).

Trumbull White, *Glimpses of the Orient or the Manners, Customs, Life and History of the People of China, Japan and Corea* (Philadelphia & Chicago: P. W. Ziegler & Co., 1897).

Trumbull White, *The War in the East: Japan, China, and Corea* (Philadelphia; St. Louis, MO: P. W. Ziegler & Co., 1895).

Vladimir, *The China-Japan War: Compiled from Japanese, Chinese, and Foreign Sources* (London: Sampson Low, Marston and Company, Limited, 1896).

W. H. Du Boulay, *An Epitome of the Chino-Japanese War* (London: Harrison and Sons, 1896).

Wilhelm von Blume, *Strategie: Eine Studie* (Berlin: E. S. Mittler & Sohn, 1882).

William Ferdinand Tyler, *Pulling Strings in China* (London: Constable & Co. Limited; Leipzig, Bombay, Calcutta, Madras: Oxford University Press; Toronto: The Macmillan Company of Canada, Limited, 1929).

专著

彼得·伯克：《什么是知识史》，章可译，北京大学出版社，2023。

大谷正：《甲午战争》，刘峰译，社会科学文献出版社，2019。

戴逸编写《北洋海军》，中华书局，1963。

邓绍兴等：《中国档案分类的演变与发展》，档案出版社，1992。

海登·怀特：《元史学：19 世纪欧洲的历史想象》，陈新译，译林出版社，2013。

海军司令部《近代中国海军》编辑部编著《近代中国海军》，海潮出版社，1994。

姜鸣：《龙旗飘扬的舰队》，上海交通大学出版社，1991。

金文京：《汉文与东亚世界》，上海三联书店，2022。

刘宣阁编著《公牍文研究》，上海：世界书局，1946。

刘知幾著，浦起龙通释，王煦华整理《史通通释》，上海古籍出版社，2009。

马光仁主编《上海新闻史（1850—1949）》，复旦大学出版社，2014。

聂溦萌：《中古官修史体制的运作与演进》，上海古籍出版社，2021。

戚其章、孙克复、关捷：《甲午中日海战史》，黑龙江人民出版社，1981。

戚其章、孙克复、关捷：《甲午中日陆战史》，黑龙江人民出版社，1984。

戚其章：《中日甲午威海之战》，山东人民出版社，1962。

戚其章：《北洋舰队》，山东人民出版社，1981。

戚其章：《甲午战争史》，人民出版社，1990。

戚其章：《甲午战争国际关系史》，人民出版社，1994。

戚其章：《甲午战争与近代中国和世界》，人民出版社，1995。

戚其章：《国际法视角下的甲午战争》，人民出版社，2001。

乔治忠：《中国官方史学与私家史学》，北京图书馆出版社，2008。

乔治忠：《中国史学史》，中国人民大学出版社，2011。

乔治忠：《增编清朝官方史学之研究》，天津古籍出版社，2018。

石泉：《甲午战争前后之晚清政局》，三联书店，1997。

孙克复：《甲午中日战争外交史》，辽宁大学出版社，1989。

王记录主编《中国史学史》，大象出版社，2012。

王信忠：《中日甲午战争之外交背景》，北平：国立清华大学出版事务所，1937。

吴丰培：《吴丰培边事题跋集》，新疆人民出版社，1998。

夏剑钦、熊焰：《魏源研究著作述要》，湖南大学出版社，2009。

谢贵安：《清实录研究》，上海古籍出版社，2013。

徐望之：《公牍通论》，上海：商务印书馆，1931。

薛轶群：《万里关山一线通——近代中国国际通信网的构建与运用（1870—1937）》，社会科学文献出版社，2022。

寻霖、刘志盛：《湖南刻书史略》，岳麓书社，2013。

姚继荣：《清代方略研究》，西苑出版社，2006。

章清、陈力卫主编《近代日本汉文文献丛刊》第 1 辑，上海古籍出版社，2022。

宗泽亚：《清日战争（1894—1895）》，世界图书出版公司北京公司，2012。

兵東政夫『歩兵第十八連隊史』歩兵十八連隊史刊行会、1964 年。

陳力衛『和製漢語の形成とその展開』汲古書院、2001 年。

陳力衛『近代知の翻訳と伝播―漢語を媒介に』三省堂、2019 年。

大谷正、原田敬一編『日清戦争の社会史：「文明戦争」と民衆』フォーラム・A 企画 、1994 年。

大谷正『兵士と軍夫の日清戦争：戦場からの手紙をよむ』有志舎、2006 年。

大谷正『日清戦争：近代日本初の対外戦争の実像』中央公論新社、2014 年。

大谷正・福井純子編『描かれた日清戦争：久保田米僊『日清戦闘画報』』創元社、2015 年。

徳富猪一郎『蘇峰自伝』中央公論社、1935 年。

高橋秀直『日清戦争への道』創元社、1995 年。

亀井孝・大藤時彦・山田俊雄編『日本語の歴史』第 2 巻（文字とのめぐりあい）、平凡社、1963 年。

檜山幸夫『日清戦争：秘蔵写真が明かす真実』講談社、1997 年。

檜山幸夫『近代日本の形成と日清戦争：戦争の社会史』雄山閣出版、2001 年。

今野真二『振仮名の歴史』岩波書店、2020 年。

井上清『日本の軍國主義』東京大学出版会、1953 年。

井上祐子『日清・日露戦争と写真報道：戦場を駆ける写真師たち』吉川弘文館、2012 年。

内田慶市、沈国威合編著『言語接触とピジン― 19 世紀の東アジア：研究と復刻資料』白帝社、2009 年。

朴宗根『日清戦争と朝鮮』青木書店、1982 年。

沈国威、内田慶市編『近代東アジアにおける文体の変遷—形式と内実の相克を超えて』白帝社、2010 年。

沈国威編著『漢字文化圏諸言語の近代語彙の形成—創出と共有』関西大学出版部、2008 年。

松下芳男『改訂明治軍制史論』上、国書刊行会、1978 年。

藤井忠俊『兵たちの戦争：手紙・日記・体験記を読み解く』朝日新聞出版、2000 年。

西嶋定生『中國古代國家と東アジア世界』東京大学出版会、1983 年。

小野秀雄『日本新聞発達史』毎日新聞社、1922 年。

岩切信一郎『明治版画史』吉川弘文館、2009 年。

野村雅昭『現代日本漢語の探究』東京堂出版、2013 年。

有山輝雄『徳富蘇峰と国民新聞』吉川弘文館、1992 年。

原田敬一「軍夫の日清戦争」東アジア近代史学会編『日清戦争と東アジア世界の変容』下巻、ゆまに書房、1997 年。

中塚明『日清戦争の研究』青木書店、1968 年。

Hugh Cortazzi, *Georges Bigot and Japan*, *1882–1889*: *Satirist*, *Illustrator and Artist Extraordinaire*, eds. by Christian Polak and Hugh Cortazzi (Amsterdam: Amsterdam University Press, 2018).

Jonathan Culler, *Structuralist Poetics*: *Structuralism*, *Linguistics*, *and the Study of Literature* (Ithaca: Cornell University Press, 1975).

Michel Foucault, *The Order of Things*: *An Archaeology of the Human Sciences* (New York: Vintage Books, 1973).

Roger Chartier, *The Order of Books*: *Readers*, *Authors*, *and Libraries in Europe between the Fourteenth and Eighteenth Centuries*, trans. by Lydia G. Cochrane (Stanford: Stanford University Press, 1994).

论文

包楠楠:《〈溪山卧游录〉考释》，硕士学位论文，陕西师范大学，2017。

常萌萌：《〈叻报〉对甲午战争报道的研究》，硕士学位论文，山东大学，2015。

陈捷先：《清代起居注馆建置考》，氏著《清史杂笔》（一），台北：学海出版社，1977。

邓庆：《清高宗御制萨尔浒山之战事碑与恩赐和珅"赏单"刍议》，《沈阳故宫学刊》第 24 辑，现代出版社，2021。

冯明珠：《〈光绪朝筹办夷务始末记〉述介》，《故宫文物月刊》第 5 卷第 2 期，1987 年冬季。

冯明珠：《再论〈清季外交史料〉原纂者——兼介台北故宫藏〈光绪朝筹办夷务始末记〉》，中国第一历史档案馆编《明清档案与历史研究论文集》上册，新华出版社，2008。

郭海燕：《有关甲午战争宣战前日本报刊对中国报道的研究——以〈朝日新闻〉报道李鸿章及清军动向为中心》，《社会科学战线》2014 年第 10 期。

郭海燕：《李鸿章与近代中朝军事通讯网的建立——以架设朝鲜半岛电报线为中心的研究》，《聊城大学学报》2015 年第 6 期。

韩晶：《晚清中国电报局研究》，博士学位论文，上海师范大学，2010。

黄东兰：《"吾国无史乎"——从支那史、东洋史到中国史》，孙江、刘建辉主编《亚洲概念史研究》第 1 辑，三联书店，2013。

黄东兰：《作为隐喻的空间：日本史学研究中的"东洋""东亚"与"东部欧亚"概念》，《学术月刊》2019 年第 2 期。

黄良元：《〈道光洋艘征抚记〉并非魏源手定》，《安徽史学》1989 年第 2 期。

黄艳红：《贝尔纳·葛内的中世纪史学研究述略》，《世界历史评论》2021 年第 1 期。

吉辰：《〈明治二十七八年日清战史〉编纂问题再考——兼论日本官修战史的编纂》，《世界历史评论》2020 年第 4 期。

李纪祥：《袁枢〈通鉴纪事本末〉与"纪事本末体"》，《时间、历史、叙事——史学传统与历史理论再思》，台北：麦田出版公司，2001。

李敬：《甲午战争期间的〈字林沪报〉舆论》，硕士学位论文，华东师范大学，2006。

李鹏年：《国史馆及其档案》，《故宫博物院院刊》1981 年第 3 期。

李尚英：《天理教新探》，《华南师院学报》1981 年第 5 期。

李子归：《路透社与晚清上海国际电报新闻发布制度的演变》，《近代史研究》2023 年第 5 期。

刘文明：《"文明"话语与甲午战争——以美日报刊舆论为中心的考察》，《历史研究》2019 年第 3 期。

刘岳兵：《魏源的〈圣武记〉在近代日本》，阎纯德主编《汉学研究》总第 20 集，学苑出版社，2016。

逯耀东：《列传与本纪的关系》，氏著《抑郁与超越：司马迁与汉武帝时代》，三联书店，2008。

吕志国：《东亚三国甲午中日战争叙事比较研究——以甲午战争爆发后二十年间的小说为中心》，硕士学位论文，山东大学，2015。

戚其章：《英人泰莱〈甲午中日海战见闻记〉质疑——兼与董蔡时同志商榷》，《近代史研究》1982 年第 4 期。

戚其章：《中日甲午战争史研究的世纪回顾》，《历史研究》2000 年第 1 期。

戚其章：《西方人研究中的旅顺大屠杀》，《社会科学研究》2003 年第 4 期。

乔治忠：《清代国史馆考述》，《文史》第 39 辑，中华书局，1994。

任勇胜：《作为媒体行为的朝鲜特派员——甲午战争前期朝日新闻通讯报道的媒介研究》，《汉语言文学研究》2017 年第 4 期。

沈蕾：《清代官府往来文书的装叙结构分析——以〈葆亨咨文〉为例》，《档案学通讯》2019 年第 3 期。

师道刚：《"道光洋艘征抚记"作者问题的再商榷——兼答姚薇元先生》，《历史研究》1960 年第 4 期。

师道刚：《关于"洋务权舆"一书——"道光洋艘征抚记"的作者问题》，《光明日报》1959 年 9 月 3 日。

石瑜珩：《〈泰晤士报〉等英国报刊的近代日本报道研究（1868—1936）》，博士学位论文，吉林大学，2019。

孙卫国：《论朝鲜王朝〈时政记〉之纂修及其特征》，《郑州大学学报》2012 年第 3 期。

唐权：《清末版画中的甲午战争》，《21 世纪经济报道》2014 年 9 月 9 日。

唐雯：《〈旧唐书〉中晚唐人物列传史源辨析——以〈顺宗实录〉八传为中心》，《中华文史论丛》2022 年第 2 期。

唐益年等：《清代档案与清史修撰》，《清史研究》2002 年第 3 期。

王记录：《百余年来中国古代史馆制度研究述评》，《殷都学刊》2007 年第 2 期。

王记录：《论清代史馆修史、幕府修史及私家修史的互动》，《史学史研究》2007 年第 2 期。

王记录：《清代史馆制度的演变及其阶段性发展的特点》，《史学史研究》2008 年第 2 期。

王琦：《甲午战争中新加坡华媒对旅顺大屠杀的报道与评论》，《大连城市历史文化研究》第 5 辑，万卷出版公司，2021。

王庆华：《论“书事”文体》，《文艺理论研究》2023 年第 6 期。

王铁军：《日本的中日甲午战争研究》，《日本研究》2009 年第 1 期。

王璇：《〈字林西报〉中日甲午战争新闻评论研究——中国政治形象的塑造与传播》，《新闻爱好者》2020 年第 2 期。

王钟翰：《清国史馆与〈清史列传〉》，《社会科学辑刊》1982 年第 3 期。

魏忠册：《清代天理教起义的重要史料——〈靖逆记〉简述》，《中原文物》1981 年第 1 期。

吴静超：《〈承政院日记〉的编纂、存补与史料价值》，硕士学位论文，东北师范大学，2017。

夏宏图：《清代起居注的纂修》，《档案学研究》1996 年第 3 期。

冼玉清：《关于〈夷艘入寇记〉问题——与姚薇元、师道刚二先生商榷》，《学术研究》1962 年第 2 期。

谢家模、任昆石：《漫话日本战争画》，《世界美术》1990 年第 3 期。

辛德勇：《盛大士〈靖逆记〉版本源流之判别》，《故宫博物院院刊》总第124 期，2006 年第 2 期。

邢科：《"高升号事件"中的英国舆论——以〈曼彻斯特卫报〉为例的分析》，《全球史评论》2017 年第 2 期。

徐建平：《甲午战争时期的天津〈直报〉及其对战后的舆论导向》，《历史档案》2004 年第 3 期。

许军：《〈说倭传〉史料来源及作者考辨》，《文献》2013 年第 4 期。

姚薇元《关于"道光洋艘征抚记"的作者问题》，《历史研究》1959 年第12 期。

姚薇元《再论〈道光洋艘征抚记〉的祖本和作者》，《历史研究》1981 年第4 期。

姚颖冲：《甲午战争期间的〈新闻报〉舆论》，硕士学位论文，华东师范大学，2006。

尤淑君：《津海关道与 1880—1894 年中朝关系的变化》，《史林》2024 年第1 期。

詹姆斯·A. 西科德：《知识在流转》，吴秀杰译，薛凤、柯安哲编《科学史新论：范式更新与视角转换》，浙江大学出版社，2019。

张伯伟：《明清时期女性诗文集在东亚的环流》，《复旦学报》2014 年第 3 期。

庄吉发：《清代国史馆的传记资料及列传的编纂》，《幼狮学志》1980 年第1 期。

庄吉发：《整修清史刍议——以清史本纪为例》，氏著《清史论集》（二），台北：文史哲出版社，1997。

庄吉发：《中日甲午战争期间翰詹科道的反应》，氏著《清史论集》（二），台北：文史哲出版社，1997。

庄吉发：《清史馆与清史稿：清史馆未刊纪志表传的纂修及其史料价值》，《文献足征——第二届清代档案国际学术研讨会会议论文集》，台北："故宫博物院"，2005。

邹爱莲：《清代的国史馆及其修史制度》，《史学集刊》2002 年第 4 期。

邹振环：《东文学社与〈支那通史〉及〈东洋史要〉》，王勇主编《书籍之路与文化交流》，上海辞书出版社，2009。

大谷正「「新聞操縦」から「対外宣伝」へ——明治・大正期の外務省対中国宣伝活動の変遷」『メディア史研究』（5）、1996 年 11 月。

大谷正「メディアの伝える戦争——台湾出兵・西南戦争・日清戦争」『宮城歴史科学研究』（63・64）、2009 年 1 月。

大久保遼「明治期の幻燈会における知覚統御の技法：教育幻燈会と日清戦争幻燈会の空間と観客」『映像学』（83）、2009 年 11 月 25 日。

渡边桂子「近現代史部会 日清戦争における武官・新聞記者の従軍依頼と政府・軍による対応：外国人従軍者に対する規定からみる」『日本史研究』（645）、2016 年 5 月。

福永知代「久保田米僊の画業に関する基礎的研究（2）久保田米僊と日清戦争—『国民新聞』におけるルポルタージュを中心に」『お茶の水女子大学人文科学紀要』（57 ）、2004 年 3 月。

工藤豊「近代日本の戦争とナショナリズム：日清戦争期までを中心として」『仏教経済研究』（49）、2020 年 5 月。

谷藤康弘・井上芳保「国民創出装置としての日清戦争」『社会情報』8（2）、1999 年 3 月。

吉馴明子「日清戦争義戦論とその変容」『明治学院大学キリスト教研究所紀要』（48）、2016 年 2 月。

蔣海波「漢学者橋本海関と中国の維新変法運動」『孫文研究』第 73 号、2024 年 1 月。

木村直也「高宗朝初期の日朝関係と朝鮮史料——『高宗実録』の問題を中心に」『歴史評論』総第 595 号、1999 年 11 月。

木下直之「画家たちの日清戦争」『芸術新潮』44（12）、1993 年 12 月。

三輪公忠「「文明の日本」と「野蛮の中国」——日清戦争時「平壌攻略」と「旅順虐殺」のジェイムス・クリールマン報道を巡る日本の評判」『軍事史学』45（1）、2009 年 6 月。

三木三郎「父三木愛花——明治の一新聞記者の生涯」『風俗：日本風俗史学会会誌』15(2/3)、1977 年 3 月。

石倉和佳「独歩と蘇峰——『国民新聞』における日清戦争報道より」『関西英学史研究』(5)、2010 年。

松村啓一「新聞特派員の日清戦争報道：京都『日出新聞』特派員堀江松華の記事をめぐって」『戦争責任研究』(77)、2012 年。

宋好彬「『西京稗史抄畧』と「平壌戦記」—清日戦争の記録と漢文の位置」『第 5 回東亞漢籍交流国際学術会議論文集』、2018 年。

土屋礼子「日本の大衆紙における清仏戦争と日清戦争の報道」『Lutèce（リュテス：Études de langue et littérature française ）』(37)、2009 年。

西尾林太郎「碑・玩具・版画に表現され、記録された日清戦争：新たな教材と資料を求めて」『現代社会研究科研究報告』2006 年 1 号。

細淵清貴「日清戦争従軍日記の特色に関する一考察」『人間文化』(26)、2009 年 11 月。

越智治雄「「威海衛陥落」論——日清戦争劇を観る」『国語と国文学』42(11)、1965 年 11 月。

塚本隆彦「旧陸軍における戦史編纂——軍事組織による戦史への取組みの課題と限界」『戦史研究年報』(10)、2007 年 3 月。

James L. Huffman, "Edward Howard House: in the Service of Meiji Japan," *Pacific Historical Review* Vol. 56, No. 2 (1987): 231-258.

附　录

第三卷

第五篇　旅順半島ノ作

第四卷

第六篇（上）　遼河平原ノ作戰

第五卷

第六篇（下）　遼河平原ノ作戰

第六卷

第七篇　山東半島ノ作戦

第八篇　南清及直隷ニ対スル作戦

二　直隸平野作戰準備運動

第九篇　平和克復

第三十七章　媾和

一　媾和談判開始及休戰ノ締約

二　媾和成立及批准交換

第三十八章　凱旋、復員及占領地守備

一　征清軍ノ撤去

二　奉天半島ノ守備及撤去

三　混成第十一旅團ノ威海衛駐屯

附插圖

附　錄

第七卷

第十篇　臺湾ノ討伐

第三十九章　基隆、台北ノ占領

一　近衛師團ノ三貂灣上陸

二　基隆ノ攻略

三　臺北ノ占領

第四十章　台湾北部ノ戡定

一　阪井支隊ノ新竹占領

二　近衛師團殘部ノ台北集合

三　大料崁溪河盂ノ掃蕩

四　臺北、新竹間ノ掃蕩

第四十一章　南進軍ノ編成及台南ノ占領

一　南進軍ノ編成及出發

二　近衛師團ノ嘉義ニ向フ前進

三　混成第四旅團布袋口ノ上陸

三　兵器、彈藥、器具、材料ノ補給

第四十六章　野戰給養

一　糧秣給養ノ要規及計畫

二　平壤戰鬪ニ至ル迄ノ給養

三　第一軍ノ給養

四　第二軍ノ給養

五　臺灣ニ於ケル給養

第四十七章　野戰衛生附馬匹衛生

一　戰地衛生

二　患者後送

三　內地衛生

四　檢疫

五　救護事業

六　馬匹衛生

第四十八章　民政其他ノ施設

一　占領地ノ民政軍

二　陸軍司法及憲兵

三　測量事業

四　俘虜ノ取扱

五　戰利品ノ整理及

六　戰地遺骸ノ處分

七　通譯及從軍者

八　恤兵

第十二篇　戰捷ノ淵源並ニ其結果

第四十九章　我國體ノ戰役ニ及ホシタル影響

一　皇室ノ慈仁

二　國民ノ忠誠

二　明治日本公开出版的甲午战争写真册大致情况①

（1）1894 年，陆军参谋本部陆地测量部摄影《日清戦争写真帖》，和装合订 1 册。发行兼印刷者：原田庄左卫门（东京市神田区西小川町二丁目五番地）；印刷所：小川写真制版所本店（东京市神田区三崎町三丁目一番地）；发兑：博文堂（东京市神田区西小川町二丁目五番地）；开本：28cm×36cm。共 28 页，收甲午战争辽东战场（主要是金州和旅顺口）战地写真照片 45 张。照片下注有和字标题，前 22 张并标明拍摄日期。左边页及中缝注明版权所有者、印刷发兑所情况及"版权所有"四字。所收照片分别为第 1 页　金州城東門外墓地ニ於ラ第二軍戰死者招魂祭式場ノ圖（明治廿七年十二月廿一日撮影）、金州城東門外墓地ニ於ラ第二軍戰死者招魂祭步兵第二聯隊及第三聯隊參拜ノ圖其一（明治廿七年十二月廿一日撮影）；第 2 页　金州城東門外ニ墓地ニ於ラ第二軍戰死者招魂騎兵第一大隊參拜ノ圖（明治廿七年十二月廿一日撮影）、蘇家屯西方海岸ニ於ラ野戰炮兵第一聯隊行幸紀念當日ニ於クル遙拜式ノ圖（明治廿七年十二月廿三日撮影）；第 3 页　金州城東門外墓地ニ於ラ第二軍戰死者招魂步兵第二联队參拜ノ圖（其二）（明治廿七年十二月廿一日撮影）；第 4 页　旅順口西方方家屯附近ニ於クル步兵第一聯隊戰鬪ノ光景（明治廿七年十一月廿一日撮影）；第 5 页　旅順口摸珠礁炮台全部ノ光景（占领后）（備炮ハ克式八珊廿五口徑ニシテ門楣ニ顔ヤル文字ハ摸珠礁炮台ノ五字ナリ②明治廿七年十一月廿三日撮影）、旅順口老蛎嘴炮台卜行營炮台トノ中間ニ新築中ナル兵營ノ光景（明治廿七年十一月廿八日撮影）；第 6 页　旅順口椅子山第一炮台ノ光景（明治廿七年十一月廿一日撮影）、旅順口老蛎嘴副炮台入口ノ光景（地面ハ橢圓形ナル小色石ヲ填布シ各種ノ模樣ヲ染出セリ③明治廿七年十一月廿一

---

① 为便于读者查阅原文献，这部分保留了日文书名和照片名。
② 图片标注大意为"备炮为克式八珊廿五口径　门楣五字为'摸珠礁炮台'"。
③ 图片标注大意为"在地面上填上圆形的小色石，染出各种花样"。

日撮影）；第 7 页　旅順口椅子山第一炮台ヨリ二龍山及ヒ松樹山ノ方向ノ
遠望ノ光景（其一）（明治廿七年十一月廿一日撮影），仝上　其二；第 8 页
旅順口饅頭山炮前台全部ノ光景（明治廿七年十一月廿八日撮影）、旅順口
蠻子營炮台ノ全景（明治廿七年十一月廿八日撮影）；第 9 页　旅順口黄金山
炮台全東方副炮台面ノ光景（明治廿七年十一月廿九日撮影）；第 10 页　旅
順口城头、饅头、蠻子ノ諸炮台，及親兵左營等ノ光景（其一）（明治廿七年
十一月廿八日撮影）；第 11 页　其二；第 12 页　旅順口威远炮台ノ西方ヨリ
旅順港内遠望ノ光景（其一）、其二（明治廿七年十一月廿八日撮影）；第 13
页　旅順口黄金山炮台ヨリ老虎尾炮台及人字牆堡遠望ノ光景（明治廿七年
十一月三十日撮影）；第 14 页　旅順口黄金山副炮台旅順口ヨリ海峽遠望ノ
光景（其一）、其二；第 15 页　黄海の役西京丸より撮影したる海戰の實景、
其二；第 16 页　其三、仝上　敵艦超勇號沈沒の實景；第 17 页　軍艦赤城
黄海海戰の際蒙りたる艦尾四吋炮揹の彈痕、軍艦赤城黄海海戰の際蒙りた
る右舷後甲板の彈痕；第 18 页　軍艦赤城黄海海戰後長崎港に凱旋の實景、
軍艦赤城黄海海戰の際蒙りたる大檣及煙突の彈痕；第 19 页　敵炮臺攻撃
ノ景、敵艦狙撃ノ景；第 20 页　我艦、撃破セラレタル敵艦揚威ノ景、西
京丸黄海海戰後船中ノ實況、西京丸黄海海戰後甲板破壞ノ實況；第 21 页
黄海海戰後我軍艦の水雷を撃破せられた清艦揚威の真景、西京丸黄海海
戰後船中の實況、西京丸黄海海戰の際蒙りたる甲板破壞の實況；第 22 页
兵燹後ノ鳳凰城真景、大連灣和尚鳥西炮台ノ大連灣和尚島西炮台、全 内
部ノ景；第 23 页　金州城炮撃ノ景、敵兵戰沒ノ景；第 24 页　花園口陸揚
場ノ景、其二；第 25 页　貧民ニ施粥ノ狀況；第 26 页　金州城攻撃ノ景、
花園口幕營ノ景。

　　(2) 1894 年，陆军参谋本部陆地测量部摄影《日清戰爭写真帖》，和
装 1 册，开本：13cm×27cm，共 16 页。收甲午战争平壤战场写真照片 16
张，每张照片左页边有毛笔手写汉字标注“版权所有”“京桥区银座三丁
目十八番地　竹内拙三”。所收照片分别为朝鲜国平壤兵站司令部、清兵
ノ架設セル大同江軍桥、兵燹ニ遇ヒタル平壤附近民家、平壤捕虜治疗场、

平壤役战死者ノ墓标、平壤朱雀门ヨリ敌垒ヲ望ム、平壤捕虏、平壤市中、平壤敌垒、大同江北岸ノ敌垒、牡丹台平壤敌垒ニ遗弃セル砲器等、大同江ヨリ前面ノ堡垒ヲ望ム、平壤於ケル第三師團司令部、九連城堡垒我軍雪中ノ穴居、分捕大砲護衛ノ狀。

（3）1894 年 11 月，武信由太郎、村松恒一郎《日清戦争写真画谱》，东京：箸尾寅之助编辑兼发行；印刷所：八重洲桥活版所，1894年 10 月 20 日印刷、11 月 2 日发行。收甲午战争摄影 17 张，其中 7 张为日本相关军政要人像。照片底部有和、英两种文字对照图片标题，每张配一页左右篇幅带有标题的内容说明文字，以和、英两种文字分别书写对照，和文附有注音假名（振假名）。卷首列日本明治天皇宣战诏书和英文译文，从介绍人物"陸軍の三將官"开始，以图片及内容说明串联连缀，叙述战史。

（4）1894 年 11 月，陆军参谋本部陆地测量部摄影《日清戦争写真帖》，和装 1 册，开本：13cm×27cm，共 16 页。收平壤、大同江、牡丹台、九连城等战场照片 16 张。封二有软笔手写和字目录 2 页。内页每张照片左页边有毛笔手写汉字标注"版权所有　明治年七年十一月　京桥区银座三丁目十八番地　竹内拙三"，右边页标注照片标题。

（5）1894 年 11 月，《日清戦争写真帖》，版权所有：京桥区银座 3 丁目18 番地，竹内拙三，收甲午战争平壤、九连城等战役战地摄影 16 张，皆为此版初次刊印。

（6）1894 年 12 月，潮涛外史（池村鹤吉）《黄海激戦名誉軍艦写真：附・各艦操縦顛末》，55 页，记录了军舰的规模、船员人数等，文中插入照片。收入 10 名战死将校志摩清直、永田廉平、高桥义笃、瀬户口觉四郎、伊东满嘉记、浅尾重行、三宅良造、村越千代治、石冢铸太的简历，以及吉野舰、浪速舰、秋津洲舰、高千穂舰、松岛舰、桥立舰、千代田舰、岩岛舰、扶桑舰、比叡舰、赤城舰、西京丸等军舰照片。

（7）1894 年 12 月，竹内拙三《清国戰地写真集録》，报行社出版发行，和装折本，1 册，开本：14cm×18cm，收原版印刷战场照片 24 张。

（8）1895 年 1 月，陆军参谋本部陆地测量部摄影《日清戦争写真帳》，和装 1 册，开本：36cm×47cm，共 20 页。收金州照片 2 张，旅顺口照片 18 张，共 20 张照片。封二有软笔手写和字目录 2 页，内页中缝标明"明治二十八年一月　版权所有　陆地测量部"，每图下标注照片标题和摄影日期。所收照片为 1、旅順市街全景 ；2、其二；3、旅順黄金山遠眺ノ景；4、同上；5、旅順口ニ於テ第一師團本隊開進功績准備ノ光景；6、其二 ；7、旅順諸炮台及親兵左營等ノ光景；8、其二；9、旅順口椅子山炮台口ヨリ遠望ノ光景；10、同上；11、旅順口饅頭山炮台全部ノ光景 ；12、金州ノ南方ヨリ步兵前進ノ光景；13、旅順ノ西北炮擊ノ光景；14、旅順黄金山炮臺ノ光景 ；15、旅順蠻子營炮台ノ全景 ；16、旅順ノ西北炮擊ノ光景；17、旅順西方敵兵屯集ノ光景 ；18、旅順口戰鬥ノ光景；19、金州城內牧蓄場ノ狀況 ；20、旅順口慶字正營ノ全景。

（9）1895 年 1 月，陆军参谋本部陆地测量部摄影《日清戦争写真帳》，和装 1 册，开本：36cm×47cm，共 25 页，收金州照片 13 张、旅顺口照片 5 张、花园口照片 4 张、貔字窝照片 2 张、大连湾照片 1 张，其他照片 7 张，共 32 张照片。封二有软笔手写和字目录 2 页。内页中缝标明"版权所有 陆地测量部"。中缝所标版权日期每页常有不同，计有"明治二十七年十二月　发行""明治二十八年一月　发行""明治二十八年二月　发行"三种。每图下标注照片标题和摄影日期。

（10）1895 年 1 月，陆军参谋本部陆地测量部摄影《日清戦争写真帖》，和装 1 册，开本：36cm×47cm，共 6 页，收旅顺、金州战场照片 10 张，封二有软笔手写和字目录 1 页。内页中缝标明"明治二十八年一月　版权所有　陆地测量部"。每图下标注照片标题和摄影日期。

（11）1895 年 1 月，陆军参谋本部陆地测量部摄影《日清戦争写真帖》，和装 1 册，开本：36cm×47cm，共 6 页，收旅顺、金州战场照片 10 张，封二有软笔手写和字目 1 页。内页中缝标明"明治二十八年一月　版权所有　陆地测量部"。每图下标注照片标题和摄影日期。

（12）1895 年 1 月，陆军参谋本部陆地测量部摄影《日清戦争写真帖》，开本：30cm×41cm，收 1894 年 11 月 14 日至 1895 年 11 月 25 日战地摄影 20 张，其中 10 张为此版初次刊印。

（13）1895 年 1 月，陆军参谋本部陆地测量部摄影《日清戦争写真帖（2）》，开本：30cm×41cm，收 1894 年 10 月 29 日至 1895 年 1 月 6 日战地摄影 32 张，其中 24 张为此版初次刊印。

（14）1895 年 1 月，堀健吉复摄影兼编辑《盛京省之内占領地写真　附金州没落の始末》，东京：春阳堂，1 册，开本：20cm×26cm。共 15 页。定价 45 钱。收照片 14 张，分别为征清第 2 军将校、花園口第 2 军幕営の景、花園口揚陸場臨時架設桟橋、花園口海岸に於ける第 2 軍用貨物揚陸場、花園口沖碇泊船艦、貔子窩港全市の景、貔子窩港干潮の景、貔子窩港満潮の景、金州城遠望の景、我炮火に対し金州城より応炮の景、野戦炮兵陣地より金州城炮撃の景、金州城の北面より歩兵及炮兵総進撃の景、金州城攻撃の際歩兵第 2 連隊の一部城壁に薄るの景、金州城北門の楼閣（落取後）、金州城市街の大半（中央の道路は北大街とす）、金州城路取後第 1 師団長の傍に於て捕虜乱問の状況、高家窨南方丘上の畑中に戦没せる敵兵（金州略取後）、金州城内副都統衛門前に於て第 2 軍司令部より貧民に於粥の景、大進湾柳樹屯桟橋の景。

（15）1895 年 2 月，陆军参谋本部陆地测量部摄影《日清戦争写真石版》，和装 1 册，开本：43cm×33cm，共 15 页，收照片 38 张。

（16）1895 年 2 月，小川一真《日清戦争写真帖》，1 册。收甲午战争金州、旅顺口、黄海海战等战役战地摄影 41 张。

（17）1895 年 4 月，陆军参谋本部陆地测量部摄影《日清戦争写真帖威海卫一（上）》，和装 1 册，开本：36cm×47cm，共 19 页，收威海卫战场照片 16 张。封二有毛笔手写和字目录 2 页，内页中缝标明“明治二十八年四月　版权所有　陆地测量部”。每图下标注照片标题和摄影日期。

（18）1895 年 4 月，陆军参谋本部陆地测量部摄影《日清戦争写真帖威海卫一（下）》，和装 1 册，开本：36cm×47cm，共 14 页，收威海卫战场照片 14 张。封二无手写目录，内页中缝标明“明治二十八年四月　版权

所有 陆地测量部"。每图下标注照片标题和摄影日期。

（19）1895 年 4 月，陆军参谋本部陆地测量部摄影《日清戦争写真帳》，和装 1 册，开本：36cm×47cm，共 37 页，收威海卫、刘公岛等地战场照片 37 张，封二有软笔手写和字目录 3 页。内页中缝标明"版权所有 陆地测量部"。中缝所标版权日期每页有两种，为"明治二十八年一月"与"明治二十八年四月"。每图下标注照片标题和摄影日期。

（20）1895 年 4 月，小川一真《日清戦争写真石版（2）》，折本，1 册，开本：29cm× 32cm。收小川一真制版的战地摄影 29 张，其中部分为日本"陆地测量部随军写真班"所摄照片，已随该部《日清戦争写真帖》先行出版。

（21）1895 年 5 月，小川一真《日清戦争写真石版》，开本：30cm×46cm，收小川一真制版的战地摄影 34 张，其中部分为日本"陆地测量部随军写真班"所摄照片，已随该部《日清戦争写真帖》先行出版。这 34 张照片分别为敵艦靖遠写沈没の情景、我水雷艇の破壊したる敵の定遠号、沈没敵艦威遠号、劉公島に於ける信号台及電燈台、劉公島市街及び同港内諸艦集合の図（其 1 至其 5）、栄城県龍睡湾探錨の諸船艦（其 1 至其 3）、威海衛港西岸北山嘴炮台の全景（其 1、其 2）、威海衛港西岸北山嘴炮台後側面の図（其 1、其 2）、威海衛港西岸北山嘴に於ける水雷営炮弾のために破壊の光景、同港の東岸趙北嘴炮台（其 1、其 2）、同港の東岸龍廟嘴炮台の全景、同港東岸龍廟嘴炮台北方路辺敵兵の惨状、同港の東方揚峯嶺副炮台の一部、同東方金山頂に於る工兵第 2 大隊、第 2 中隊の土木作業、同港黄島炮台の全景、同港東岸摩天嶺堡塁の一部（其 1、其 2）、威海衛港西口の西方北山嘴の西なる高地より射撃せる我臼炮に対し敵艦の応炮、我水雷艇第 22 号沈没の状況、敵艦靖遠號沈没後黄南西の海上に輻湊せる諸艦、威海衛港に於る降虜の上陸（其 1 至其 3）、威海衛港劉公島占領後我艦隊同港内に投錨の図（其 1、其 2）。

（22）1895 年 7 月，丸木利陽《征清凱旋之盛況（東京市奉迎）》，开本：32cm×36cm，收 1895 年 5 月东京内凯旋门欢迎日军凯旋照片共 12 张，照片尺寸为 20cm×27cm，分别为新桥停车场前东京市奉迎凯旋门（其 1、其 2）、东京市商人有志者奉迎凯旋门表面、芝区二叶町奉迎凯旋门东京市商人有志者奉迎凯旋门（其 1、其 2）、东京市商人有志者奉迎凯旋门全景、东京商人有志者奉迎凯旋门内部、樱田御门外东京市奉迎凯旋门（其 1、其 2）、东京市商人有志者奉迎凯旋门全景、东京市商人有志者奉迎凯旋门内部、樱田御门外东京市奉迎凯旋门、东京市商人有志者奉迎凯旋门里面、东京市芝浦奉迎船、东京市芝浦奉迎船。

（23）1895 年 8 月，陆军参谋本部陆地测量部摄影《日清戦争写真帖》和装 1 册，开本：28cm×36cm，共 13 页。收鸭绿江、九连城、安东县、大连湾、金州城、旅顺港口、和尚岛炮台、旅顺港、黄金山炮台等作战地区共 13 张照片。封二有软笔手写和字目录 1 页。内页每页右侧页边印有"明治廿八年八月　版权登陆　价金五钱　在朝鲜仁川港　印刷者　樋口宰藏　东京市神田区三崎町三丁目一番地　发行者　版权所有者　小川一真"字样。每图右边页上方有软笔手写图片标题，无摄影日期。

（24）1895 年 8 月，陆军参谋本部陆地测量部摄影《日清戦争写真帖》和装 1 册，开本：28cm×36cm，共 32 页。收混成旅团仁川着港、炮兵上陆、仁川、平壤、牡丹台、义州等作战地区共 32 张照片。封二有软笔手写和字目录 2 页。内页每页右侧页边印有"明治廿八年八月　版权登陆　价金五钱　在朝鲜仁川港　印刷者　樋口宰藏　东京市神田区三崎町三丁目一番地　发行者　版权所有者　小川一真"字样。每图右边页上方有软笔手写图片标题，无摄影日期。

（25）1895 年 8 月，樋口宰藏、小川一真《日清戦争写真帖》，开本 28cm×35cm，收甲午战争鸭绿江、九连城、安东县、大连湾、金州城、旅顺港、黄金山炮台等地战地摄影 13 张，皆为此版初次刊印。

（26）1895 年 11 月，陆军参谋本部陆地测量部摄影《日清戦争写真帖　威海卫二（上）》，和装 1 册，开本：36cm×47cm，共 20 页，收大连、旅顺、荣成县威海卫港各炮台等战场照片 22 张。封二有软笔手写目录 2 页，内页中缝标明"明治二十八年十一月　版权所有　陆地测量部"。每图下标注照片标题和摄影日期。

（27）1895年11月，陆军参谋本部陆地测量部摄影《日清戦争写真帖 威海卫二（下）》，和装1册，开本：36cm×47cm，共17页，收威海卫战场照片17张。封二无手写目录，内页中缝标明"明治二十八年十一月 版权所有 陆地测量部"。每图下标注照片标题和摄影日期。

（28）1895年11月，陆军参谋本部陆地测量部摄影《日清戦争写真帖 旅顺口（上）》，和装1册，开本：36cm×47cm，共19页，收旅顺口战场照片29张。封二有软笔手写和字目录2页，内页中缝标明"明治二十八年十一月 版权所有 陆地测量部"。每图下标注照片标题和摄影日期。

（29）1895年11月，陆军参谋本部陆地测量部摄影《日清戦争写真帖 旅顺口（下）》，和装1册，开本：36cm×47cm，共19页，收旅顺口战场照片18张。封二无手写目录，内页中缝标明"版权所有 陆地测量部"。中缝所标版权日期每页常有不同，计有"明治二十八年七月""明治二十八年十一月"两种。每图下标注照片标题和摄影日期。

（30）1895年11月，陆军参谋本部陆地测量部摄影《日清戦争写真帖（第五辑）》，和装1册，开本：36cm×47cm，共25页，收金州、大连湾等辽东战场照片33张。封二有软笔手写和字目录3页，内页中缝标明"明治二十八年一月 版权所有 陆地测量部"，中缝所标版权日期每页常有不同，计有"明治二十八年七月""明治二十八年十月""明治二十八年十一月"三个日期，可能是三册合订版本。每图下标注照片标题和摄影日期。

（31）1895年11月，陆军参谋本部陆地测量部摄影《日清戦争写真帳》，和装1册，开本：36cm×47cm，共29页，收甲午战争台湾战场照片29张，封二有软笔手写和字目录2页。内页中缝标明"明治二十八年十一月 版权所有 陆地测量部"。每图下标注照片标题和摄影日期。

（32）1895年11月，陆军参谋本部陆地测量部摄影《日清戦争写真帖（3）》，开本：30cm×41cm，收1895年2—3月战地摄影37张，都为此版初次刊印。

（33）1895年11月，陆军参谋本部陆地测量部摄影《日清戦争写真帖

（4）》，开本：30cm×41cm，收 1895 年 9—11 月战地摄影 29 张，都为此版初次刊印。

（34）1895 年 11 月，陆军参谋本部陆地测量部摄影《日清戦争写真帖（5）》，开本：30cm×41cm，收 1894 年 11 月到 1895 年 7 月战地摄影 33 张，其中 25 张为此版初次刊印。

（35）1895 年 11 月，陆军参谋本部陆地测量部摄影《日清戦争写真帖（6）》，开本：17cm×19cm，折本 1 册，收 1894 年 11 月 19 日到 1895 年 1 月 11 日战地摄影 10 张，都为此版初次刊印。照片幅面为 11.1cm（宽）×14.6cm（长）。

（36）1897 年 5 月，龟井兹常《明治 27·8 年戦役写真帖（上卷）》，开本：28cm×39cm，收甲午战争战地摄影 74 张。

（37）1897 年 5 月，龟井兹常《明治 27·8 年戦役写真帖（下卷）》，开本：28cm×39cm，收甲午战争战地摄影 75 张。

（38）1897 年 5 月，龟井兹常《明治 27·8 年戦役写真帖》，开本：28cm×39cm，收甲午战争战地摄影 50 张。

（39）1897 年 5 月，龟井兹常《明治 27·8 年戦役写真帖》，开本：28cm×39cm，收甲午战争战地摄影 15 张。

三　*The War in the East: Japan , China ,*

and Corea 全书目次

TABLE OF CONTENTS.

(7)

四 蒋湘南《书刘天保》

刘天保，河南睢州人也。幼无赖，习奔命法，能闭气行四十里始一喘，雨随其后不能及。年二十贩盐山东界上，与群枭斗，解其魁一臂，肩之行。枭夥期复仇，天保应期，独身往。群枭怪之，拔刀出，天保笑曰："饿矣！速具酒肉，饱乃公。"解衣盘礴，连尽数巨碗。一人刃举大胾，咤曰："吞。"天保张口，从刀尖上吞肉大嚼。群枭愕眙，相率推排，拜庭中，请长其群，曰："今日乃服公。"天保笑而起。久之，折节读书，应童子试。督学使者疑其文，摈之。天保怒投牒，试弓马，遂入武库。河南巡抚杨公国桢闻其名，招置麾下为材官。连擒巨盗，撤千里桴鼓，累功至光州营都司。道光二十一年，英夷陷宁波。天保慨然思一当大敌，会两江总督牛鉴檄天保守上海，而扬威将军奕经亦奏调天保赴浙。天保至浙，见官兵不可用，白幕府，请回光州募健儿五百人，异军特起。当是时，天保气锐，甚思生擒渠酋，俾之返侵地自赎，奏而赦之，沿海可保无事。若徒为宁波驱除，非永靖海疆计也。吴祥为宁波语聒门者，入宁波。裴小狗夜半跃城入，与祥会，留三日，画图条列贼守状，取鼓楼上夷字书还，以为左验。小狗者，息县猾贼；吴祥者，固始白役，皆天保所遣也。于是，天保上状将军，请为前锋取宁波。而将军已于十月中潜结陆心兰。心兰本倡家，受英夷官。将军亦赏心兰花翎五品衔，约夜半举火献城。又用术者言，须五虎，以次年正月二十八日始进兵。五虎者，年月日辰皆寅，领兵官亦寅命也。军中唯段帅永福寅命，故以宁波委段帅而令天保与山东都司聂某取镇海。期久谋泄，心兰以情输贼，贼使心兰给将军不可举炮。将军乃下令人携刀绳各一，有携火器者按军法。以故军覆，段永福与三百人免还，而天保隔六十里未之知。天保所将乡兵皆旧捻子中奇材剑客也，练火器，举抬炮四十，鸟铳百。聂某以将军令难之，天保不得已，置镇海西十里庙中。夜半抵西关，候至黎明无火，裴小狗登城，瞰城内列铳如林，喊曰鬼子有备，语未绝，而火铳及。小狗跳免，山东乡兵遁。天保令缚大石二千斤，三百人举之撞门。门破而火铳排出。天保率众匿两厢檐下，相持未决，趣使二百人取抬炮。贼忽启南门，出数百人，自西关外夹攻之。天保与众登屋走，至骆驼桥，火器亦至。列阵再战，追贼至城下，人少不敢攻。旋闻宁波败，信还。于是，将军以败贼入奏而令天保屯慈溪，与参赞为犄角。参赞以非战期，火药不时发。无何，贼大至，天保飞骑告，药匮，身发炮击贼。贼至山下，有死者不敢上，天保亦不敢连击。撑拒间，飞骑还曰：参赞全军去矣，众遂溃，二月初四日也。天保尝言贼大炮无准，不足畏。足畏者，连环排铳也。然铳五发必热，须冷再用，而五百人故善避铳。望烟则伏，闻响则起，无一伤者。天保好读书终日，静坐长须伟然，下笔洒洒数千言立就。待士卒如子弟，人乐为死。尝从余问《汉书》十志，三诵无不熟者。其论将贵胆曰："胆出于识，识出于学，不读书恶得为名将哉？"升参将，病免，卒不获一效。以道光二十四年卒于家。余访其月日不详，轶事尚多，因据所知者书之，俟得其状，再补为传。①

---

① 蒋湘南：《七经楼文钞》第 5 卷，第 46 页。

后　记

搁笔之际，思绪万端。朋友们说，恭喜！终于！现在……至少可以去喝一杯了吧？可是，那种"告一段落"时理该出现的如释重负感却并没有如期而至。反而心头鹿撞、志忑难宁。似乎有些话如果不写下来让它们外化掉，一切就没法真的在凝视中告一段落。

如果说任何形式的公开写作到后来都不免会有预期读者，从而平添出一些期待，那么这本小书未来又将有怎样的遇合呢？此刻缠绕在心中最大的不安，可能就是这个。

从个体经历来说，学术性写作最初往往出于非常私人的需求。在日常工作的阅读、思考、学习、讨论和教学中遇到了想要记录的点点滴滴，从页边涂鸦、随手笔记到资料长编，然后变成某个会议的论文或者一篇须尾齐全、格式规范的"草稿"，再然后或许就留在文件夹里，持续那种"未完成"的状态。直到遇见合适的机缘，或者获得特别的动力，修剪打磨，反复夯实，最终得见天日。这种随时看天挖坑，坑满种花，花落收果子的劳作方式，满足的无非自己治学中的"对象化"需求。写出来，以便正视、打量和校正。收成自然有一搭没一搭的，却又似护住了某种好奇和敏感。获得的三五斗，虽未深想到底能给读者什么，但确实一步一步推着自己往前走了。有迹可循，有案可查。若有读见者，便是同行人。

直到有一天，突然感觉到这样的节奏不再合适了。

困难和变化首先来自社会角色。从一名学生变成了领工资的从业者，又从一个除了吃饭睡觉可以任性支配所有时间用于"治学"的人变成了一个需要承担责任的母亲。于是，突然发现，在控制时间、合理分配精力、工作断点再续、思维持久度和耐力等方面，自己都几乎是一片空白。不再能整天泡在图书馆，不再能一写就连续几个小时，甚至通宵达旦不断，还怎么继续松弛积累，突击写作？换言之，要如何才能将读书与治学再次日常化。它应该是日复一日的生活，而不再能是一场场需要特别动员的战役。

其次是日益理解前人所谓"学问"乃"商量培养之事"。专业、严肃、有效的学术进步需要在一个良性沟通的共同体里进行。思维需要被对象化，意见需要去熟悉化。即使可以尝试和微信"文件传输助手"对话，但批判性的意见和以共识为基础的激励究竟无法自足。然后，抬起头来，发现人类大环境中的读写壁垒、语言障碍等似乎已经可以轻易突破，但信息茧房、学科畛域似乎又将一个个科学共同体划分为更小的区块，新的意见巴别塔好像又竖立了起来。我们还有可能在更大范围内找到沟通、交流与达成共识的基础吗？

或许，其实我仍然不确定，写作这本小书能给它未来有幸遇到的读者以何种具体的收获。但对作者而言，写作过程本身，在她面对上述两种困难时给予了信心与启迪。那就是，学术工作者需要良性互动的群体，找到共识性的范式、问题意识并对解决问题的路径、方法有较为清晰的认知、界定、持续关注和探索。问题的关键其实是，需要重新找到讨论得以真正展开的基础，因为我们确实需要彼此。

这本小书在酝酿、材料收集、问题析出、写作等的漫长过程中，不断得到各种帮助和激励。学术背景各异的师长们从科学史、知识史、语言接触、东亚研究等角度不断锐意进取，创造并解决着一个个具体而微的问题；同门们逐渐从学有专长步入对"邃密深沉"的追求，给予了笔者十分具体的启发、教益和信心。除此以外，因为相似的兴趣，便有幸与跨时段、跨领域、跨学科的优秀同行相识相交，在收获友谊的同时也得到了最强的辅助。知道遇到不认识的字、读不懂的材料、不知道来龙去脉的文献、图片、理论问题可以去向谁求助，从而得到无以名状的安全感。解决问题和学习的过程虽然不时会收到促狭的揶揄、善意的怜悯或痛心疾首怒其不争式的喟叹"你连这个也不知道?! 这是常识啊!"，却又因此而乐趣无穷，快乐弗及。甚至在此刻想到那些当时情形，还几乎要笑出声来。

因为这本小书的主题，笔者对知识的形式问题较为留意。因此也很清楚，学术性写作极少是能被高度抽离于具体形式来呈现的。甚至，形式本身就是学术创造的一部分。私人化的思考、观察与探索，最终能以一种规范的形式进入共同体的视野，离不开曾帮助它们进行规范性打磨的专业编辑者的智慧。实际上，规范与标准本身就是一种科学共同体共识，而学术编辑则是规范的执行人。这部小书的责任编辑及其中有些章节独立发表时的期刊编辑们，都是这个共同体最重要的成员之一。

最后，当然是读者。这本小书的一些章节曾以稍为简洁的形式先期独立发表，也有一些在某些公开的讨论会中做过各种形式的口头发表。至今难以忘怀，打开邮箱，收到读者来信时的惊喜与悸动。随后往复讨论，细致建议，只论文章，不及其余。那种恳切、直率与拳拳爱护，实在很难想象是发生在完全陌生的两个人之间。除了用共同体纽带来解释，又将何以定义这种珍惜?

因此，唯愿这本小书可以是一只投向时间长河的漂流瓶，封缄一段恒河沙数般的人类经验与思维痕迹，等待它再被振响共鸣音符时的神奇遇合吧。

2024 年 10 月 27 日于缓节安歌庐

图书在版编目（CIP）数据

知识的秩序与环流：甲午战争早期史叙的知识史考
察／孙青著.--北京：社会科学文献出版社，2024.
12.--（启微）.--ISBN 978-7-5228-4636-1
Ⅰ. K256.307
中国国家版本馆 CIP 数据核字第 202445YC72 号

·启微·
知识的秩序与环流：甲午战争早期史叙的知识史考察

著　者／孙　青

出 版 人／冀祥德
责任编辑／李期耀
责任印制／王京美

出　　版／社会科学文献出版社·历史学分社（010）59367256
　　　　　地址：北京市北三环中路甲 29 号院华龙大厦　邮编：100029
　　　　　网址：www.ssap.com.cn
发　　行／社会科学文献出版社（010）59367028
印　　装／南京爱德印刷有限公司

规　　格／开　本：787mm×1092mm　1/16
　　　　　印　张：22.25　字　数：340 千字
版　　次／2024 年 12 月第 1 版　2024 年 12 月第 1 次印刷
书　　号／ISBN 978-7-5228-4636-1
定　　价／89.00 元

读者服务电话：4008918866